POSCO 본질, 실행, 현장 중심의 일하는 문화
포스코(포항제철) 오디세이아

백인호 지음

도서출판 정음서원

박태준(朴泰俊) 포항제철 창립 사장·회장, (前) 세계철강협 이사, (前)11,13대 의원(민정), (前)한·일의원연맹 회장, (前)민자당 최고위원 대행, 포스코 명예회장 역임

1968년 11월 12일. 롬멜하우스(초기 건설본부)를 나서는 박정희 대통령과 박태준 사장 일행 (출처_박태준 미래전략연구소)

포항제철 1기 설비 착공식에서 박태준 사장, 박정희 대통령, 김학렬 경제부총리(왼쪽부터)가 착공 버튼을 누르고 있다. (1970. 4. 1.)

3기 설비 준공식에서 박정희 대통령과 박태준 (1978.12.8)

포항 1고로 전경

포스코_포항제철소 전경

박정희 대통령 묘소에서 4반세기 대역사 완공을 보고하는 박태준 (1992.10.3)

포스코 FINEX2공장 전경

광양제철소 전경 (출처_박태준미래전략연구소)

광양 4기 설비 준공식을 겸한 포항제철 4반세기 대역사 종합 준공식 (1992.10.2)

서 문

철강은 주권(主權)이다. 철강의 도움 없이는 선진강국은 성립되지 않는다.

한국은 1968년 철강산업을 일으켰다. 국민 소득 200달러도 되지 않는 빈국이었다. 철강산업은 거대한 자금, 고도의 기술, 훈련된 인력이 필수다. 한국은 이 세 가지 요건 중 어느 하나도 갖춰지지 않았다.

박정희 대통령은 철강산업을 일으켜 중화학공업을 발전시키고 경제 선진국으로 뛰어갈 구상을 갖고 있었으며 이를 성공시킬 인재를 찾고 있었다. 박 대통령은 박태준 당시 대한중석 사장을 적임자로 점찍었다. 박 대통령의 사람을 보는 안목은 뛰어났다.

박태준 사장은 그가 철강산업의 주역으로 결정된 때만 해도 철강산업에 대해 높은 수준의 이해는 없었다. 그 역시 문외한이었다. 그렇지만 그는 소임이 맡겨진 순간부터 철강산업의 특수성, 후진국이 철강산업을 일으키는데 오는 국제적 장애요인이나 환경을 빠른 속도로 파악했다.

한국이 당면한 최대의 과제는 소요 투자 재원을 확보하는 것이었다. 초기 최소 필요자금은 1억 달러 수준이었다. 한국은 KISA(대한 국제 철강 차관단)와 소요 자금 제공 협약을 맺었으나 와해되고 말았다.

KISA 협약국은 미, 영, 프랑스, 이탈리아 등 국제 철강 메이저들이었다. 한국의 철강 생산국 꿈이 이 단계에서 무산되는 위기를 맞았으나 박태준 사장의 이른바 "하와이 구상"으로 기사회생의 길을 찾았다.

박태준 사장은 선진 철강 메이저들의 자금 제공에 기대기보다는 "대일청구권 자금"을 철강산업에 투자하는 길을 찾아낸 것이다. 대일청구권 자금은 사실 전쟁 배상금이었다. 일제가 36년간 수탈한 경제적, 인적 피해를 보상해 주는 돈이었다. 그런 의미에서 포항제철은 조상의 피(血)의 대가로 지어진 국민기업 성격을 가지고 있다.

박태준 사장은 꺾일 줄 모르는 뚝심의 소유자였고 청렴결백했다. 그의 그런 리더십으로 전사원이 철강산업에 무지했지만 이들을 통솔하고 지휘해 포항제철 건설에 성공하고 세계적인 철강회사로 키웠다. 한국이 세계 10위의 경제부국이 된 데는 포철 박태준 사장의 기여가 컸다. 박태준 사장은 교육자이기도 했다. 그는 연구 중심 대학 포스텍(POSTECH, Pohang University of Science and Technology)을 창학, 세계 수준의 공대로 키웠고 12개의 유, 초, 중, 고를 세웠다.

박태준 사장은 생전에 앤드루 카네기를 뛰어넘은 철강왕 칭호를 받았고 포항제철이 수많은 철강 기술 특허를 소유하도록 했다. 오늘의 포항제철이 존재하는 것은 박태준 사장의 강력한 리더십도 있었지만 초창기 포항제철 임직원의 피와 땀도 평가받아 마땅하다. 그들의 헌신이 없었다면 오늘의 포철은 없는 것이다.

이 책은 포항제철의 성장사에 주안점을 두고 썼으며 그렇기 때문에 박태준 회장의 정치인 생애는 다루지 않았다. 저자는 초창기 황경로 회장 등 34인의 제선, 제강 등 각 분야 간부들의 증언을 기록할 수 있는 자료를 확보해 그들의 증언을 쓴 것을 자랑스럽게 생각한다.

그들의 증언은 박태준 회장의 리더십을 입체적으로 이해할 수 있게 해주는 반면 포철이라는 거대한 조직이 어떻게 이루어졌는가를 소상히 알수 있게 해준다.

  이 책은 포스코 50년사(史), 박태준 리더십(아시아 출판), 박태준 경영철학(아시아), 박태준의 삶과 시대정신(K.K. Seo, 서갑경 지음, 윤동진 번역, 일곡문고), 박태준 생각(포항지역사회연구소), 우리 쇳물은 제철보국이었네(아시아)를 참고했다.

  저자는 상공부(현 산업자원부) 출입기자단 일원으로 포항제철 공사 현장을 시찰할 때 포철 현장을 두루 보았으며 박태준 회장이 국무총리로 재직할 때 삼청동 총리공관에서 만찬 대화를 한 경험을 되살리며 집필했다는 것을 밝힌다.

  정영의 전 재무장관의 조언에 감사를 드린다. 이 책 출간을 결심하신 정음출판 박상영 사장님께 감사드리며 노고를 아끼지 않은 편집진에게도 감사드린다. 윤승진 박사의 교열 및 감수에 감사드린다.

2025.7.28.

저자 백 인 호

차례

■ 서 문 ··· 5

제 1 부

1 철강산업(鐵鋼産業, Steel Industry) 시대 ································ 14
2 박태준의 소년 시절 삶 ·· 22
3 박정희 혁명 사령관 비서실장 박태준 ···································· 33
4 정부나 여당의 간섭은 안 됩니다 ·· 42
5 KISA(대한 국제 제철 차관단) 발족 ······································· 46
6 비행장을 짓는 것 아니오? ·· 58
7 KISA의 차관 거절 ··· 62
8 일본 정부를 설득하다 ·· 70
9 닻(Anchor)을 올리다 ··· 81
10 박태준의 '하와이 구상'에 대한 부정론 ································· 88
11 박정희 대통령의 종이 마패(馬牌) ·· 101
12 열연(Hot Acting)공정 건설 '비상 선언' ······························· 110
13 박태준 자신이 포철 울타리(Fence)가 되다 ·························· 131
14 포항공대(POSTECH) 출범 ·· 140
15 박태준, IBRD 자페와 만나다 ·· 154
16 각하께 불초 박태준 보고드립니다 ······································ 166

제 2부

17 장부를 없애고 코드(Code)로 관리하라 ····················· 182
18 조업 첫해에 흑자를 낸 포스코 ······························· 201
19 길(吉) 수다니 신부(神父)님과 약속했던 그 진정성으로 ········ 220
20 우리 손으로 제철소의 DNA 설계 ····························· 239
21 철이 없으면 주권을 지킬 수 없다 ····························· 257
22 공장부지 만들기와 중앙도로의 사연들 ························ 277
23 KISA(국제 차관단)의 발족부터 기본협정까지 ················· 294
24 자금과 원료 확보 때문에 늘 긴장했던 나날들 ················ 308
25 "하루하루의 결과를 이튿날 아침까지 보고하시오" ············ 317
26 인간한계에 도전했던 영일만 사람들 ·························· 328
27 최소비용으로 최대공장 건설 ·································· 343
28 중장비를 조작할 운전 기능공 태부족이 문제였다 ············· 361
29 일본을 능가하는 냉연공장(Cold Roller Steel)을 만들자 ······· 381
30 포항제철 주요 설비 구매 비사 ································ 399
31 재무전산화 금기사항을 깬 포스코 ····························· 415
32 100톤 전로(轉爐, converter) 국산화에 성공하다 ··············· 435
33 포항 3고로의 냉입사고(冷入事故)와 싸우다 ··················· 452
34 철강거인 박태준 겨울에 떠나다 ······························· 466

제 1 부

1
철강산업(鐵鋼産業, Steel Industry) 시대

현대 산업국가 완성은 철강산업 도움 없이는 불가능하다. 철강산업은 경제 부국의 뿌리다. 21세기 경제 대국 대부분은 대량 철강 생산국이다.

1965년 초 어느 날 박정희 대통령은 박태준(朴泰俊) 대한중석 사장을 청와대로 불렀다.

"임자도 알다시피 나는 제철소 건설을 제1차 경제개발 5개년계획의 최우선 사업으로 정하고 심혈을 기울여 왔어. 그런데 나라에 돈이 없는 데야 어쩌겠나. 외국이 우리를 믿지 못하겠다는 거야. 그래도 내 기필코 제철소를 건설하여 그들의 콧대를 꺾어놓고 말테야. 임자, 어디 좋은 생각 없나?"

박 대통령은 박 사장에게 하소연 겸 무슨 돌파구가 없는가 해서 말문을 열었다.

"각하 말씀대로 경제가 발전하려면 우리 손으로 철강을 만들어야 합니다."

"맞아. 철강을 자급하지 않고서는 국가 경제를 바로 세울 수 없어."

당시 한국 경제는 제1차 경제개발계획을 강력하게 추진한 결과

1962년 4%, 63년 9.3%, 64년 9%씩 성장했으며 1966년에는 11% 이상 성장할 것으로 전망됐다. 수출은 그 기간동안 3,200만 달러에서 2억 5,000만 달러로 급증했다. 모든 지표가 성장 가능성을 강력하게 시사해 주고 있었다. 반면 외환보유고는 바닥이 드러날 정도이고 물가 상승률도 매우 높았다. 향후 경제 발전은 확실해 보였다.

"각하, 기름과 철은 현대 산업을 발전시키는 원동력입니다. 기름(Oil)이야 어쩔 수 없다지만 철은 우리 손으로 만들어 낼 수도 있을 것 같습니다."

"가능할까? 국운이라는 것이 따로 있는 모양이지. 일본은 세계대전에 패하고도 전후에 기적처럼 경제를 살려 내는데 말이야."

"일본은 1868년 명치유신(明治維新)으로 과감하게 서구 문물을 받아들였습니다. 1880년대에 이미 근대적인 제철소를 세웠고 여기서 나온 철로 제조설비, 군수품과 무기를 만들어 부강한 산업 국가가 되었습니다." (일본 명치유신은 막부를 타도하고 중앙집권체제를 복구하여 정치, 경제, 문화 전 분야에 걸쳐 근대화를 성공시킨 일련의 개혁을 말한다.)

"배후에 어떤 인물이 있었기에 가능했을까?"

"전후 세워진 제철소로는 가와사키(川崎) 제철소가 으뜸입니다. 니시야마(西山) 야타로 사장의 집념이 그 제철소를 세웠다고 들었습니다."

"어떻게 일본이 성공하게 됐는지 그들의 경험을 철저하게 연구하고 우리의 방안도 강구해야 돼. 임자가 일본통이니까 니시야마 사장을 우리나라로 불러올 수 없겠나?"

일본의 철강산업은 1950년 당시 연산 500만 톤으로 종전 수준을 회복하더니 1960년에는 2,200만 톤을 돌파하여 세계적인 철강 생산국이 되었다.

"각하, 니시야마 사장을 초청하는 일은 그리 어렵지 않을 것입니다. 그보다도 우선 우리 제철소 건설 계획이 무산된 원인을 규명하는 것이 급선무라고 봅니다. 문제가 무엇인지 정확히 알면 해결 방안은 나올 것입니다."

"바로 그거야."

"철강 산업은 거액의 자본이 들어가기에 장기적인 안목을 가지고 투자해야 성공할 수 있다고 봅니다. 종합제철소는 수많은 장비와 시설로 구성되므로 소규모로 건설해서는 성공하기 어렵습니다."

"우리처럼 힘없고 가난한 나라가 어떻게 그 많은 돈을 마련할 수 있단 말인가? 그렇다면 규모를 줄일 수밖에 없지 않겠나?"

"하지만 각하, 먼 장래를 생각하고 대규모로 건설하는 것이 필요하다고 생각합니다. 당장은 돈도 시간도 많이 들어 어렵겠지만 결국은 훨씬 경제적일 것입니다."

"임자말이 옳아. 연구해서 이 일을 진척시킬 수 있는 방안을 강구해 보세. 그리고 니시야마 사장을 모셔 와서 우리를 도와줄 수 있는지 한 번 알아보게. 나는 곧 미국을 순방할 계획이네. 거기서 제철소 몇 군데를 돌아보고 우리의 제철소 건설 계획에 대해 미 정부 관계자와 철강사 대표들과 이야기를 나눌 생각이네."

당시는 박 대통령이 미국의 존슨 대통령 초청으로 국빈 방문을 앞두고 있는 시점이었다. 박태준의 심정도 대통령처럼 착잡했다. 그러나 결의는 한층 굳어졌다. (독자들이여, 우리는 박 대통령과 박태준 사장의 짧은 대화에서 한국의 제철 산업, 즉 포스코(포항제철) 건설이 거의 무(無) 상태에서 '의지'만으로 태동되었다는 것을 알 수 있다. 뜻이 있는 곳에 길이 있다. – Where there's a will, There's a way.)

박정희대통령 미국존슨대통령(1965)

철강 외교 시작되다 – 박 대통령 피츠버그 방문

1965년 5월 박정희 대통령은 워싱턴을 방문했다. 국빈 방문이었다. 베트남 전쟁에 국군 2천 명을 파월키로 한 데 대한 보답이었다. 박 대통령은 이 기회에 제2차 5개년계획에 필요한 원조를 조기에 확정하고자 했다. 박 대통령은 필요하다면 추가 파병의 복안도 가지고 있었다. 월남 파병은 경제적인 목적 이외에도 한국전쟁 때 자유를 수호하기 위해 싸웠던 미군의 희생에 대한 보답의 의미도 있었고 공산 침략으로부터 자유 진영을 수호한다는 의미도 있었다.

장엄한 카퍼레이드 속에서 뉴욕 시민들로부터 열렬한 환영을 받은 박 대통령은 존슨 대통령으로부터 따뜻한 영접을 받았다. 미국에서의 박 대통령 이미지는 독재자가 아니라 목숨을 걸고 자유 진영을 지키는 수호자로 탈바꿈했다. 또한 미국 국민들로부터 부정부패를 청산하고 경제 건설에 열정을 쏟는 지도자로 인정받았다. 워싱턴 순방 외교로 박 대통령은 국제적인 인물로 인정받게 되고 국내에서도 그의 권위는 한층 높아졌다.

박 대통령은 방미 마지막 일정으로 피츠버그(Pittsburgh) 철강 공업지대를 방문했다. 피츠버그는 미국 펜실베이니아 주 서부 도시로, 철강산업으로 엄청나게 발달한 도시다. 연간 1억 톤 이상을 생산하고 있는 세계 철강 공업의 메카다. 제철 산업의 꿈을 꾸고 있는 박 대통령의 이곳 방문은 의미심장한 것이었다.

박 대통령은 세계적인 철강 엔지니어링 업체인 코퍼스의 프레드 포이 회장을 만나 한국의 제철소 건설에 대한 의견을 물었다. 극동의 빈국 대한민국이 세계 철강 시장에 명함을 내미는 순간이었다.

"대통령 각하, 종합제철소는 막대한 자금이 필요한 사업이므로 업계와 국제 금융기관 사람들을 만나 그들의 의견을 타진해 보겠습니다. 한 가지 알아두셔야 할 것은 50만 톤 규모나 되는 제철소를 건설하기 위해서는 국제적인 컨소시엄(Consortium)을 결정해야 합니다."

컨소시엄은 공통의 목적을 위해 결성된 협회나 조합을 말한다. (독자들이여, 포이 회장이 말한 컨소시엄 때문에 한국의 종합제철 건설 프로젝트가 좌초 위기를 맞는 시련을 겪게 된다.)

포이 회장은 몇 가지 전제를 달며 국제 차관단(國際借款團)을 구성해보겠다고 말했다. 이에 고무된 박 대통령은 출국할 때보다도 훨씬 가벼운 마음으로 귀국했다.

일본 니시야마(西山) 사장 방한

박정희 대통령은 귀국하자마자 박태준 사장을 불렀다.
"임자, 니시야마 사장을 어서 모셔 오도록 하게."
박태준 사장은 다시 한번 야스오카 마사히로(安岡正篤, 1898~1983) 선생을 찾아가 니시야마 사장의 방한을 성사시키는 데 필요한 조언을 구했다.

야스오카는 일본 양명학계의 거두로 그의 철학을 통해 일본의 전후 총리를 포함, 많은 사람에게 가르침을 준 사람이다. 젊어서부터 양명학(陽明學)으로 이름을 날린 야스오카는 47세 이전 1945년 무위 무관이면서 히로히토의 항복 선언 연설문에 손을 댔다. 현대판 왕사(王師)라 할 만했다.

야스오카 마사히로

야스오카의 사고의 3원칙이 있는데 첫째, 눈앞에 보이는 것에만 집착하지 말고 멀리 볼 것, 둘째, 하나의 측면에 집착하지 말고 여러 가지 관점에서 볼 것, 셋째, 사물은 지엽적으로 겉만 보지 말고 본질을 파악할 것이 그것이다.

양명학이란 중국 명나라의 학자인 왕수인(王守仁)이 세운 신유학의 학파로 기존의 주자학(朱子學)이 교조화로 변질되어 학문으로서 제구실을 못 하게 되자, 유교의 본래 정신을 찾기 위해 유교를 새롭게 재해석한 것이다. 곧 양명학에서는 '자신의 마음이 곧 우주이며 우주의 일이 곧 자신의 마음'이라고 해석한다.

박태준 사장은 야스오카를 방문해 '니시야마 사장을 한국의 박 대통령이 만나기 원한다'고 하면서 니시야마 사장을 한국에 갈 수 있

니시야마 야타로 사장

도록 설득해 달라고 간청했다.

1965년 6월, 박 대통령의 초청이 있은 지 3주 후 니시야마 사장이 서울에 도착했다.

"각하, 초청해 주셔서 감사합니다. 한국의 경제 발전과 제철소 건설에 큰 뜻을 품고 계시는 각하께 조금이나마 도움이 된다면 저로서는 커다란 영광입니다."

그 자리에는 국무총리, 경제기획원 장관 등이 배석했다. 대화는 한국의 경제 발전과 종합제철소 건설 계획으로 모아졌다.

다음날 박태준 사장은 그 평가를 바탕으로 제철소 입지로 거론되어 왔던 인천, 울산, 포항 등 5개 지역으로 그를 안내했다. 니시야마 사장은 각 지역의 입지 타당성을 상세하게 평가하고 박태준 사장은 제철소 입지에 대한 지식과 안목을 쌓아갔다. 박 사장은 제철소 건설이 경제 발전에 절대 필요하다는 니시야마 사장의 신념에 전적으로 동감하면서 대통령의 집념이 틀리지 않았다는 것을 알게 되었다.

또 중요한 점은 제철소 '규모(Scale)'에 관한 것이었다. 세계적 추세로 보아 100만 톤부터 시작하는 것이 경제성이 있다는 그의 말에 박태준 사장은 놀랐다. 당시 정부 관계자들은 100만 톤 규모는 꿈도 꾸지 못했다. 모든 사람들이 제철소의 생산 규모를 30만 톤에서 60만 톤 정도에 기준을 두고 있었기 때문이다. 당시 국내 제철소들은 5만 톤이나 10만 톤 수준이면 꽤 큰 제철소로 평가받고 있었다.

박태준 사장은 니시야마 사장의 평가를 바탕으로 보고서를 작성해 대통령에게 브리핑(Briefing)했다.

"박 사장, 대한중석(大韓重石)을 정상화해 흑자를 낸 사람은 임자

뿐이야. 이제부터는 제철소를 건설하는 일로 나를 도와주게. 계획 단계부터 참여해서 차질 없이 진행되도록 하게. 나는 누가 뭐래도 임자의 뚝심과 능력을 알고 있지. 만성 적자에 허덕이던 회사를 1년 만에 순이익 12억 원의 회사로 만들어 놓은 사람이 바로 임자 아닌가? 골칫거리인 대한중석을 완전히 새로운 회사로 만들어 놓았으니 제철소 건설 프로젝트도 잘해 나갈 것으로 믿네."

대한민국 제철산업 출발을 알리는 역사적 대화였다.

한국은 1965년 9월, 철강산업 조사단을 파견해 달라는 요청서를 일본 정부에 전달했다. 한국 정부는 국제부흥개발은행(IBRD, International Bank for Reconstruction and Development)에 똑같은 내용의 과제를 의뢰했다. IBRD는 세계은행의 2가지 구성체 중 하나이다. 다른 하나는 IDA(International Development & Association, 국제개발협회)이다. IBRD는 1945년에 설립되었다. 그 당시 제2차 세계대전으로 파괴된 국가들의 부흥이 목적이었지만 그 후 빈곤 퇴치 쪽으로 임무가 확장되었다. 한국은 종합제철소 꿈을 달성하는 첫 길목에 들어서게 된 것이다.

2
박태준의 소년 시절 삶

(독자들이여, 우리는 종합제철 건설 프로젝트 이야기는 잠시 멈추고 그 주역인 박태준의 소년 시절의 삶을 잠시 들어가 보는 것도 포항제철 신화를 이해하는 데 도움이 될 것이다.)

박태준은 1927년 음력 9월 19일 경남 기장군(현 부산시) 장안읍 임랑리에서 태어났다. 이곳은 동해와 남해의 바닷물의 섞이면서 유명한 '기장 미역'을 키워내는 갯마을이다.

박태준이 태어날 때의 조선은 일제의 강점이 정점에 이르러 있는 때였다. 이 마을에도 일제의 상업자금이 손을 뻗쳐 어업권을 하나 둘 씩 사들였다. 어민들은 수백 년 동안 생업으로 지켜오던 어업권을 팔고 결국 고향을 하나 둘 떠나갔다. 박태준의 집안도 예외가 아니었다. 큰아버지가 먼저 일본으로 건너갔고 이후 박태준 일가도 큰아버지의 주선으로 일본으로 건너갔다. 박태준 6세 때의 일이다. 이때 아버지 박봉관 씨는 아타미(熱海)에 자리를 잡고 이즈반도 철도 부설 공사장에 터널을 뚫는 현장의 노동자로 일했다. 아타미는 일본 시즈오카현 동쪽에 위치하고 있는 인구 3만 명의 소도시로 온천으로 유명하다.

"아버지, 이런 옷을 입고 일해요?"

고사리손이 만지작거리는 '이런 옷'이란 거추장스러운 시커먼 '고무 옷'이었다.

"그래, 임마. 기찻굴을 뚫는데 그 안에서 온천수가 터져 나오니까 이런 옷을 입어야 한다고 정해져 있어."

아버지의 거친 손이 귀여운 아들의 머리를 쓰다듬었다.

'조센징'이란 차별이 소년 박태준의 의식에 상처를 만들었다. 조센징(ちょうせんじん)은 일본에서 한민족을 비하할 때 쓰이는 욕설이다. 박태준은 그것을 극복하는 현실적 방법은 공부든 운동이든 일본 학생들에게 뒤지지 않는 것이라고 생각하고 행동했다. 중학교 2학년에 유도 2단에 오르는 그의 남다른 정열은 일본인 학생과 체력으로 겨뤄도 뒤지지 않아야 한다는 자신의 나침반에 순응한 결과였다. 그는 이따금 노래를 부르거나 하모니카를 불었다.

1945년 봄, 미군 폭격기 '삐상(B29)'들이 도쿄를 비롯한 일본 대도시를 폐허로 만드는 그때 박태준은 와세다(早稻田)대학교 기계공학과에 입학해 일단 징병을 모면했다. 그는 미군의 폭격을 피해 군마현 산골 마을로 옮겨 갔다. 그해 5월에는 히틀러가 베를린에서 자살하고 독일이 항복했다. 8월 6일 히로시마에 원자폭탄이 떨어졌다. 8월 9일 나가사키에도 원자폭탄이 떨어졌다. 8월 15일 일본이 항복했다. 박태준 가족은 고향으로 돌아왔다. 박태준도 귀향했다.

박태준은 모국어(母國語)부터 다시 익혀야 했으나 그는 자신이 알지 못하고 있는 몇 가지 재산을 가지고 있었다. 수학과 과학 지식, 완벽하게 구사하는 일본어와 몸에 밴 일본 문화, 순수하게 간직한 민족의식, 건강하게 잘 지켜낸 몸, 만 18세 청년의 늠름한 기상이었다. 그의 내면에 고인 민족의식이 깨어나 해방 조국을 향한 애국심으로 전환된다면 대한민국 건국 과정에서 어느 자리에서건 매우 유용하게 쓰일 수 있는 자산(資産)이었다.

건국(建國)에는 건군(建軍)이 있어야

고향에서 돌아온 박태준은 서울로 올라와 학업(學業)을 모색했다. 취직자리도 알아보았다. 그러나 해방을 맞아 이념 대립과 정치적 혼란의 소용돌이에 빠진 신생 독립국은 그에게 길을 안내하지 못했다. 신탁통치 찬반 분쟁에 이어 남북(南北)의 분단(分斷)이 확정된다. 박태준은 혼자서 도쿄로 돌아갔다. 히비야 공원(日比谷 公園)은 그대로 있었다.

히비야 공원은 1903년 문을 연 일본 최초의 서양식 공원으로 봉건시대 막강한 다이묘의 번저가 있었던 곳이다. 이곳은 박태준이 패망 직전 양명학 대가로 알려진 야스오카(安岡正篤)의 강연을 귀담아들었던 곳이기도 했다. 그는 '지도자에게 요구되는 가장 중요한 자질은 사심(私心)을 버리는 것이다'라고 했다. 그 말은 청년 박태준의 머리에 새겨져 있었다.

그런데 패망의 도쿄 역시 혼란의 도가니였다. 그는 와세다대학 학업을 포기하고 다시 고향으로 돌아왔다. 무엇을 할 것인가? 박태준은 갈림길에서 헤맸다. 긴 고민 끝에 군인(軍人)의 길을 택했다. 박태준의 이 선택은 그 자신에게도, 신생 조국에게도 커다란 행운을 가져다주게 된다. 창군에 바쁜 조국은 장교 확보가 시급했고 단기과정 장교를 육성하는 육군사관학교에 박태준은 입교했다. 그는 육군사관학교 강의실에서 그의 인생 30대 후반부터 20여 년에 걸쳐

지대한 영향을 끼치는 박정희(朴正熙) 교관과 처음 만나게 되며 졸업 후 소위로 임관돼 38선 포천에서 중대장으로 근무하는 중 6.25 전쟁과 맞닥뜨린다.

박태준은 어느 날 "아버지, 군인이 되기로 했습니다. 국방 경비대에 입대하겠습니다." 맏이가 불쑥 내놓은 뜻밖의 선언에 아버지는 못마땅한 반응부터 보였다.

"대학까지 공부했는데 군인이 되겠다는 거냐?"

"건국에는 반드시 건군(建軍)이 있어야 합니다. 훈련만 받으면 사관학교에 들어갈 수 있다고 하니 우선 그렇게 시작하겠습니다. 무슨 일이든 조국에서 뜻깊은 일을 하고 싶습니다."

6.25 전쟁 발발 3일째 저녁, 박태준 중대는 비 내리는 미아리 고개 일대에 진을 쳤다. 이미 중대장 12명 중 10명이 전사했다. 적의 소련제 탱크에 속수무책 당하는 후퇴와 죽음의 시간이었다. 그는 거기서 죽을 각오였다. 그러나 전령이 와서 남은 병력은 한강을 건너라고 했다. 박태준은 운 좋게 살아남았다. 그리고 후퇴의 연속이었다. 포항 형산강까지 밀렸다.

9월 15일 맥아더 장군이 인천상륙작전에 성공했다. 이번에는 북한 인민군대가 후퇴할 차례였다. 박태준은 북진을 거듭해 원산, 흥남, 청진까지 올라갔다. 하지만 중공군(中共軍)이 두만강, 압록강을 건넜다. 44만 병력이었다. 흥남 철수, 1·4 후퇴, 38선을 울퉁불퉁한 곡선으로 대체한 전쟁이 계속되었다.

1953년 7월 29일 휴전 협정 체결, 중령 계급장의 박태준은 멀쩡하게 살아남았다. 가슴에는 무공훈장 세 개가 달려 있었다. 그것은 '폐허의 시대'에 살아남은 자들에게 나라를 재건하기 위해 제대로 일을 해달라고 요구하는 채권증서 같았다. 만약 청년 장교 시절에 운이 나빴다면 일찌감치 그의 인생은 순국의 비석에 이름 석 자를 새기면서 종지부를 찍었을 것이다. 그랬다면 산업화 시대의 대한민국은 세계 철강 산업사(史)에서 전무후무한 불후의 금자탑을 남기는 '불세출의 일꾼'을 잃었을 것이다. 그는 좌우명을 결정했다. '짧은 인생을 영원 조국에', '절대적 절망은 없다'.

맞선으로 결혼

휴전 직후 지리산은 한국정부에게 '공비(共匪)의 산'으로 토벌의 대상이었다. 공비란 공산 비적의 준말로 무장을 하고 떼를 지어 다니면서 사람들을 해치는 공산주의자 도적을 말한다.

박태준 중령은 5사단 병력을 지리산으로 이동하고 배치하는 극비 작전을 완벽하게 수립하고 전공을 세웠다. 군단장으로부터 칭찬을 받고 연대장으로 나갈 기회를 맞았다. 그러나 그는 기회를 스스로 포기하고 그간 텅 빈 머리를 채우기 위해 1953년 11월 육군대학에 입교했다.

이듬해 6월 수석으로 졸업하여 대통령상을 받고 금시계를 기념품으로 받아 손목에 찼다. 육군사관학교 교무처장으로 부임했다. 당시 육사 교장 박병권 장군은 신병 훈련소의 박태준이 육사에 들어갈 수 있도록 추천해 준 선배이기도 했다. 전쟁 중 진해로 남하했던 육사를 다시 서울 태릉으로 옮겨오는 작전을 훌륭하게 완수했다.

1954년 12월 만 27세의 박태준 중령은 마침내 고향의 어머니의 주선으로 아내를 맞이하게 되었다. 신부는 이화여대를 졸업한 만 23세의 부산 아가씨 장옥자 양, 청년 장교와 갓 대학을 나온 처녀는 틈틈이 전광석화와 같은 만남을 가졌다. 당시는 은밀하게 젊은 연인들이 만나는 것이 트렌드였다. 두 남녀는 화톳불을 가운데 놓고 대화를 나눴다.
"육사에는 생도가 몇 명이나 되는가요?"
처녀는 오랜 시간 생각 끝에 찾아낸 질문이었다.
"그건 군사 기밀이어서 알려줄 수 없습니다."
연인의 대답은 아니었다. 공사(公私)가 뚜렷한 청년 장교 그대로였다. 1955년 봄날 신랑은 대령으로 진급했다.

참모장 부임과 가짜 고춧가루 사건

1956년 1월 박태준 대령은 국방 대학원에 입교한다. 영국은 1927년, 미국은 1946년에 각각 국방 대학원을 설립했다. 한국은 1955년에 설립했다. 국방대학교(National Defense University)는 국방에 필요한 병기, 장비 및 물자의 조사, 연구, 개발, 시험 등을 담당하는 연구기관이다. 주요 동문으로는 정항래, 채명신, 정승화, 곽상훈, 송영무, 박희도, 정호용, 이진삼, 공정식, 정래혁, 박명철, 조성태 등이 있다. 이 대학원에서는 전쟁은 군인의 전유물이 아닌 모든 국민의 문제로서 국가의 총력으로 수행된다는 개념하에 경험과 이론에 의거해 고위 장교들을 재교육시키고 군대 지휘를 국가 경영의 차원에서 공부한다.

박태준, 장옥자 부부는 머리맡의 자리끼에 살얼음이 끼는 단칸 셋방에서 걸음마도 못 해보고 숨을 멈춘 첫딸을 가슴에 묻는 아픔을 겪게 된다. 국방대학원을 졸업한 박태준은 국방대학 교수로 근무하던 중 1956년 11월 국방장관의 부름을 받아 국방부 인사과장으로 부임한다. 요직이었다. 부패가 전횡을 부리는 시대 국방부 인사과장

국방대학 교수시절 박태준(앞줄 가운데)

자리는 온갖 청탁이 드나드는 출입구와 다름없었다.

부패는 국방 분야에도 깊숙이 박혀 있었다. 뒷구멍을 몰래 열어두기만 하면 마치 부엌의 음식을 훔쳐 나르는 영특한 쥐를 키우는 것처럼 청탁의 재물을 소복소복 쌓을 수 있는 요직이었다. 그러나 그따위 뒷거래를 경멸할 뿐 아니라 박멸해야 한다고 생각하는 박태준에게는 그것은 무엇보다 자신과의 투쟁을 요구했다. 셋방살이 처지를 유혹하는 부정한 돈에 넘어가지 않기, 부당한 압력과 청탁에 굴복하지 않기, 이는 바로 자기 자신과의 가혹하고 치열한 투쟁이었다. 딸깍발이(가난한 선비) 장교 박태준은 부패의 늪 위에 자신이 만든 외나무다리를 놓았다. 그 외나무다리를 건너는 그의 모습이 타인의 눈에는 아슬아슬해 보였는지 몰라도 스스로는 언제나 당당한 걸음걸이였다.

야 이 새끼야! 쏘아 죽이기 전에 당장 꺼져

딸깍발이 장교 박태준이 남긴 유명한 일화는 1957년 11월 25사단 참모장 때의 '가짜 고춧가루' 사건이다. 사단 참모장으로 부임한 박태준 대령의 첫 번째 큰일은 사단장병의 월동(越冬) 준비에 매우 중요한 김장 과정에서 일어났다. 당시 다른 부식이 없는 군부대에서 김치를 공급하는 김장은 군의 사기와 관계되는 매우 민감한 것이었다.

박태준 대령이 참모장으로 부임했을 때는 각종 김장 재료들이 납품돼 김장이 막 진행되고 있었다. 그는 김장을 담그는 현장에 나가 보았다. 그런데 이상했다. 산더미처럼 쌓여 있는 고춧가루 자루에서 전혀 매운 냄새가 나지 않았다. 동행한 병참 장교에게 "고춧가루 자루 하나 가져오고 물 한 양동이 떠와 봐."라고 지시했다. 갑자기 분위기가 살벌하게 바뀌었다.

"고춧가루 부어봐."

순식간에 말간 맹물이 뻘겋게 물들어 버렸다. 박 대령은 소매를 걷고 양동이에 팔을 넣었다. 그의 손에 잡혀 올라온 것은 톱밥 같은 물질이었다.

"이런 걸 병사들에게 먹여! 이런 개돼지 같은 새끼들. 적이고 반역자야."

그가 손에 잡혀 있는 톱밥을 병참 장교의 가슴과 얼굴에 뿌렸다. 양동이를 그의 머리에 뒤집어씌웠다. 박 대령은 오른발 왼발을 번갈아 몇 차례 움직였다. 당시 사회에서는 고춧가루뿐만 아니라 가짜 참기름 등 각종 음식과 재료들이 가짜로 뒤범벅인 상태였다. 이승만 정권 말기의 사회적 병폐의 단면이었다.

박태준 대령은 울화통과 분노가 치밀어 올랐다. 본때를 보이자면 당장에 줄줄이 불러들여 가짜 고춧가루를 한 줌씩 입에다 집어넣고 싶었다. 하지만 박 대령은 신속하게 사후 처리에 착수했다.

"가짜 고춧가루가 얼마나 되는지 확인하라. 납품업자의 신상을 들고 오라. 병참 계통의 관계자들을 조사하라."

재고 물량부터 파악했다. 김장용을 빼더라도 70포대 정도가 남아 있다는 보고였다. 납품업자의 신상 보고도 올라왔다. 보나 마나 인맥이 줄줄이 엮여 있을 것이다. 박태준 대령은 '가짜 고춧가루' 사건을 사단장에게 보고했다. 사단장의 반응이 밋밋했다. 뭐 그만한 일로 흥분하느냐고 은근히 책망하는 듯한 감이 느껴졌다. 적당히 넘어가는 것이 누이 좋고 매부 좋다라는 암시 같았다.

박 대령은 만만한 길을 아니겠군. 그는 야무지게 입술을 깨물었다. 30분쯤 지나자 더 높은 상부의 전화가 걸려왔다. 납품업자를 교체하지 말고 앞으로 진짜 고춧가루를 납품하겠다는 선에서 타협하고 마무리하라는 압력이었다.

그날 저녁이었다. 박태준의 숙소로 낯선 사내가 방문했다. 문제의 납품업자였다. 납품업자의 입가에 미소가 피었다.

"참모장님, 다 저의 잘못입니다. 앞으로는 절대 그런 일이 없도록 약속하겠습니다. 한 번만 봐주십시오. 이번에 참모장님이 저의 뒤를 봐주시면 저는 두고두고 참모장님의 뒤를 봐 드리겠습니다. 이게 다 세상 사는 이치 아니겠습니까?"

매끄러운 하소연을 마친 사내가 오른손을 호주머니에 넣더니 봉투를 꺼냈다. 박태준의 눈에서 불꽃이 튀었다. 오른손에 권총을 잡았다.

"야 이 새끼야! 그 더러운 돈 가지고 당장 꺼져. 쏘아죽이기 전에. 다시는 우리 부대 근처에 얼쩡거리지도 마!"

사내가 부리나케 봉투를 들고 뒤도 돌아보지도 않고 줄행랑을 쳤다.

사건이 터지고 사나흘 뒤였다. 트럭 한 대가 연병장으로 들어서자 휴식을 취하고 있던 병사들이 모두 환호성을 질렀다. 코를 찌르는 매콤한 고춧가루 냄새가 연병장을 채웠다. 만연한 비리와 부패가 판치는 병영에서 웃어넘기기에는 너무 심각한 사건이었다.

박정희 장군의 인사 참모 제의

1960년 1월 하순 어느 날 육군 본부 인사 처리 과장 박태준 대령의 어깨를 툭 치는 손이 있었다. 박정희 장군이었다.

"박 대령, 이번에 내가 부산 군수기지 사령부 사령관으로 발령받았네. 나와 함께 사령부 인사 참모로 가세."

"알겠습니다. 영광입니다."

그때부터 거사를 꿈꾸고 있던 박 장군은 유능하면서도 신뢰할 수 있는 인재들을 모으고 있는 중이었다.

박정희 사령관의 인사 참모인 박태준은 부산에서 이승만 대통령의 하야와 자유당 독재 정권의 붕괴로 이어지는 4·19 혁명을 보았고 계엄 상황에서 부산시청 통제관으로 나가 당시 한국 행정의 낙후성과 부패의 단면을 확인했다. 그리고 장면(張勉) 정부의 국방부가 부산 군수 기지 사령부의 동태를 수상쩍게 여겨 1960년 7월 박정희 사령관을 광주 쪽으로 전임시키고 박태준 대령은 8월 하순부터 4개월 일정으로 미국 육군 부관학교로 연수를 보냈다.

1961년 새해 귀국한 박 대령은 육군본부 경력 관리 기구 위원으로 발령받았다. 강대한 부자 나라의 '육군 부관학교'에서 박태준은 최신 행정 이론과 관리 제도를 중점적으로 배웠다.

1961년 1월 귀국하는 그의 가방에는 '금속제 모형 선박'이 들어 있었다. 아내를 위한 선물이었다. 그가 왜 모형 선박을 선물로 정했는지는 의문이다. 미제 화장품을 기대하고 있던 아내는 시무룩했다. 그나마 그 선물은 공돈으로 산 것이었다. 미국 안내자가 한반도의 촌놈들에게 주눅을 먹이려고 돌아오는 길에 데려간 라스베이거스 그 도박의 요지경에서 박태준은 빙고에 덤벼 잭팟으로 단번에 먹은 돈으로 선물을 마련한 것이었다.

3

박정희 혁명 사령관 비서실장 박태준

1961년 5월 16일 새벽, 박정희 군대가 한강을 건너 곧바로 정부의 주요 시설을 장악했다. '거사'라고도 불린 쿠데타에 대해 당시 한국 지성계를 대표하는 '사상계(思想界)' 발행인 장준하(張俊河)는 사상계 1961년 6월호 권두언에 이렇게 썼다.

'4·19 혁명이 입헌 정치와 자유를 쟁취하기 위한 민주주의 혁명이었다면 5·16 혁명은 부패와 무능과 무질서와 공산주의 책동을 타파하고 국가의 진로를 바로잡으려는 민족주의적 군사혁명이다. 따라서 5·16 혁명은 우리들이 민주주의를 육성하고 개화시켜야 할 민주주의 이념에 비추어 볼 때는 불행한 일이고 안타까운 일이 아닐 수 없으나 위급한 민족적 현실에서 볼 때는 불가피한 일이다'

장준하는 1918년 평북 의주군에서 태어나 일제 강점기의 독립운동가이고 정치인, 종교인, 사회 운동가이다. 사상계는 당시 우리 사회의 이념의 방향을 정하는 데 막대한 영향력을 발휘했다.

박태준은 5월 18일 저녁 박정희 장군의 전화를 받았다.

"박 대령, 내 비서실장을 맡아주게."

"저는 그 자리가 부적절합니다. 그 방면에 아무 경험이 없습니다."

"내가 혁명 동지 명단에서 자네 이름을 왜 뺀 줄 아나? 자네를 아끼고 믿기 때문이었어. 국가적인 이유와 개인적인 이유야. 우리 계획이 중도에서 실패로 돌아간다면 자네라도 무사히 살아남아서 우리 육군을 제대로 이끌어 나갈 지도자가 되어야 한다는 것과 개인적으로는 혁명이 실패해서 형장의 이슬로 사라지면 내 처자를 자네한테 부탁하려는 생각에서였네."

박정희 의장은 강권하다시피 비서실장을 맡아 달라고 했다.

최고 권력자의 비서실장을 맡아 박태준은 빈틈없이 업무를 처리했고 5·16에 반대한 이한림(李翰林) 장군, 강영훈(姜英勳) 장군(추후 국무총리), 김웅수(金雄洙) 장군 등을 미국으로 유학 보내자고 건의해 그들을 미국으로 보냈다.

박태준은 1961년 8월 육군 준장으로 진급한 뒤 자리를 옮겨 국가재건 최고회의 상공(商工) 담당 최고위원을 맡았다. 마침내 박태준의 삶이 '경제'와 만나게 되었다.

산업 현장을 뛰어 다니다

1961년 9월 4일, 상공 담당 최고위원에 부임한 박태준은 경제개발 5개년 계획을 수립할 학자들을 추천하고 이제 막 시작하는 한국의 지지부진한 산업 현장을 찾아다니며 열악한 실상을 눈으로 직접 확인했다. 시야를 넓히는 기회가 찾아왔다.

1961년 12월 유럽 통상 사절단 단장으로 이탈리아, 서독(통독 이전) 등 선진 공업국 산업 시설을 둘러보았다. 5·16 군사혁명이 일어난 지 겨우 1년이 지났는데 혁명 정부는 공업화를 위해 유럽 공업

1961년 국가재건최고회의 상공담당 최고위원 시절 (가운데) (출처_박태준미래전략연구소)

선진국을 가 본 것이다. 군사 정부의 열정과 방향이 보이고 있었다.

1962년 1월부터 한국도 공식적으로 달력 등에서 '단기(檀紀)'를 버리고 서기(西紀)를 사용하기로 했다. 근대화를 향한 상징적인 선택이었다.

그러나 무엇보다 1960년대 전반기의 한국 정부가 근대화에 도전하는 눈부신 조치는 종합제철(綜合製鐵) 건설이었다. 종합제철 사업은 제선, 제강, 압연의 세 부문을 한 지역에 통합시킨 일관제철소를 말한다. 조국 근대화를 부르짖는 박정희가 제1차 5개년계획에 '제철공장 건설'을 포함하지 않을 리 없었다.

1962년 5월 삼척(三陟)시 삼화제철 용광로 화입식이 열렸다. 삼화제철은 일제가 전쟁 막바지 시절인 1943년 건설한 남한 최초의 고로 제철소다. 박태준은 현장에 달려갔다. 그러나 삼화제철의 고로 불은 그다음 날 꺼져 버렸다.

다른 한편으로 박태준은 장면(張勉) 정권이 미완으로 남겨둔 일본과의 외교 관계 정상화를 진행하는 과정에서 일본 양명학(陽明學)

대가이며 일본 정·재계의 막후 실력자인 야스오카 마사히로(安岡正篤)의 최측근으로 알려진 재일 조선인 박철언(1926년 평북 강계 출생, 도쿄의 맥아더 사령부에서 문관으로 근무하며 판문점에 파견된 경력도 있고 그때 박태준을 만나 친교를 가지고 있다)을 만났다. (독자들이여, 우리는 일본 유명 철학자인 야스오카 마사히로를 꼭 기억해 둘 필요가 있다.) 박철언은 1969년 상반기에 이르러 포항제철 건설 프로젝트에 일본 정부의 협력을 끌어내는 과정에서도 박태준에게 많은 도움을 주게 된다.

철(鐵)이 있어야 철길도 깔고 교량을 만들어 도로도 연결하고 항만 설비도 갖출 수 있다. 철이 있어야 건물도 짓고 공장도 짓고 학교도 짓는다. 철이 있어야 선박도 만들고 자동차도 만들고 밥을 지을 솥도 만든다. 옷을 짓는 바늘도 철이 있어야 만든다. 한국은 빚을 내서라도 철을 수입해야 한다. 나라를 강하게 만들고 사람들 생활을 윤택하게 하는 게 '철'이다.

녹색혁명(綠色革命, Green Revolution)의 출발점에서
– 무연탄 매장량 3천만 톤에서 15억 톤 발견

녹색혁명은 일반적으로 농업 분야에서 품종 개량 등 새로운 농업기술의 도입으로 많은 수확을 올리는 것을 말한다. 당시 한국에서는 산을 푸르게 만드는 정책을 녹색혁명으로 명명했다. 6.25 전쟁 이후 1960년대에도 한국의 모든 산은 민둥산들이었다. 민둥산이란 산에 나무는 없고 황토색 흙만 있는 것을 말한다.

박정희 정권이 민둥산을 나무가 우거진 숲으로 만들려는 정책을 시작한 것은 1962년 새해 어느 날이었다. 그 자리를 만든 두 사람은 박태준과 이정환 국립 광물지질연구소장이었다. 1962년 당시의 국내 형편에서 '연료 문제' 대전환이 선행되지 않으면 국토 녹화는 공염불이 될 수밖에 없었다. 아무리 나무를 심어 봤자 땔감으로 베어다 써버리면 헛수고에 불과하다. 그렇다면 나무를 대체할 연료 정책이 확보되어야 한다. 이 함수 관계를 박태준은 명백히 인식하고 있었다. 이정환 소장은 다음과 같이 회고한다.

"1962년 1월 5일 자로 연구소장 서리에 임명된 나는 어떻게든 지하 광물 자원을 경제개발 5개년계획에 포함시키기 위한 묘안을 짜내기에 부심했다. 결론적으로 산림 녹화를 위해서는 국내 자원을 개발해야 한다. 무연탄(無煙炭, Anthracites)을 쓰면 자원도 되고 산림 녹화도 된다는 취지의 캐치프레이즈를 내걸기로 하고 밤을 새워 가면서 상부 기관에 보고할 브리핑 자료를 마련했다. 나는 초면인 박태준 위원 앞에서 1시간 30분에 걸쳐 당시 3,000만 톤에 불과했던 무연탄 매장량을 15억 톤으로 늘릴 수 있으니 이를 위해 연구소 인원을 25명에서 220명으로 늘리고 연간 3억 원씩 5년간 15억 원의 예산을 투입해 줄 것을 건의했다. 그러나 박 위원의 반응은 의외로 무표정했고 가부의 말 없이 그냥 돌아가 있으라고만 하기에 광물 자원 대개발에는 그다지 관심이 없는 사람으로 생각하고 낙담한 채 돌아왔다. 그런데 이틀 후에 예고도 없이 박 위원이 박정희 최고회의 의장을 모시고 남영동 소재 연구소를 직접 방문해 '지난 번 보고한 내용을 자세하게, 그리고 소신껏 박 의장께 보고 드리라'고 일러주었다. 그 자리에 참석한 사람들은 모두 군장성급들이었고 공무원복 차림은 나를 포함한 두 명뿐이어서 긴장감이 더했다. 열과 성을 다한 설명 및 건의가 끝난 뒤 박 의장은 이 사업의 중요성을 실감하고 그 자리에서 연구소 정원을 나의 건의 대로 220명으로 대폭 늘리고 연간 예산도 전년의 2천만 원에서 15배로 늘려 3억 원으로 늘리도록 관계 장관에게 지시했다. 기존 기관의 인원 및 예산이 이런 정도로 크게 확대된 것은 유례가 없는 일이었던 만큼 다른 기관들의 부러움도 대단했던 것으로 기억된다." (한국경제 신문 1984년 10월 19일)

박태준은 이정환의 캐치프레이즈를 보는 순간 지음(知音)을 만났다고 생각, 박정희 의장에게 보고했다. 지음이란 서로 마음이 통하는 상대란 뜻이다. 박 의장은 박태준의 설명에 귀를 기울였다.

'치산녹화 7개년계획(1965-1971)이 벌거숭이 붉은 산에 끈덕지게 묘목을 심는다. 수계별 산림 복구 종합계획(1967-1976)도 가세한다. 무연탄 개발로 전국 각지에 연탄 공장이 탄생한다. 십구(19)공탄, 서민의 온갖 애환을 태우는 19개의 조그만 불구멍이 서민들의 방을 데우고 밥을 짓고 찌개를 끓인다'

나무 심기와 나무 지키기는 그렇게 손발이 맞아떨어졌다. 1970년대에도 연탄을 싣고 가는 달동네의 리어카는 빈곤과 소외의 상징이었고 연탄가스 중독사고 뉴스들이 국민의 가슴을 아프게 했다. 그런 쓰라린 사연을 뒤로 하고 민둥산들은 푸르게 우거져 갔다. 가난한 농촌 사람들이 '사방 사업'의 일당을 받으면서 지칠 줄 모르고 심어주는 묘목들은 마치 잃었던 아이들을 되찾은 어미처럼 키워낸 우리네 붉은 산들, 그 대지의 모성을 일깨우고 북돋운 강한 기운은 박정희의 산림 녹화정책이었고 그것을 지켜준 소중한 울타리 하나는 박태준과 이정환의 보이지 않는 착안이었다.

일본 특사(特使)로 일본을 훑다

특사란 특별한 임무를 가지고 외국에 파견되는 외교 사절을 의미한다. 1963년 가을, 군복을 벗은 박정희 후보와 야당을 대표한 윤보선(尹潽善) 후보가 치열하게 접전을 벌이는 대통령 선거가 열렸다.

10월 15일 투표가 끝났다. 투표용지를 일일이 손으로 세는 개표가 순탄하게 진행되었다. 박정희와 윤보선, 끝까지 아슬아슬하게 자웅을 겨룬 두 후보의 득표 상황은 특이하게 나타났다. 박 후보는 영남과 호남에서 압승을 보였고 윤 후보는 서울을 비롯한 충청도, 강원도에서 큰 승리를 거두었다. 표차는 불과 15만 6천 28표, 그러나 낙선자는 깨끗한 승복의 표시로 당선자에게 축전을 보냈다. 이 대선의 특징은 이른바 '정치적 지역 감정'이 전혀 나타나지 않은 점이다.

(독자들이여, 우리는 인간 박태준의 성향을 이 장에서 아주 확실하게 알 수 있을 것이다.)

박정희는 대선을 앞두고 "임자, 국회에 진출해 보게."라고 정계 진출을 권유했다. 박태준은 이를 거절했다.

"정치판은 불합리의 종합판 같습니다. 저는 당이 결정해도 안 맞으면 반대할 놈입니다. 저를 골치 아픈 말썽쟁이로 만들지 마십시오."

박정희는 대선에 승리한 직후 장관 자리를 권유했다. 박태준은 사양했다.

"저와 같은 사람이 내각에 들어가면 각하의 새 정부가 민정이 아니라 군정의 연장 같은 인상을 주게 됩니다."

박태준은 차제에 미국에 유학을 가서 좀 더 좋은 공부를 해 실력을 쌓고 싶었다. 박태준은 5·16을 반대한 뒤 미국으로 떠났던 김응

수 장군이 교수로 재직하는 워싱턴 대학으로 가게 되어 있었다.

대선 승리를 통해 박정희는 군사혁명을 통한 집권자라는 이미지를 벗고 집권의 정당성을 확보하고 어느 날 박태준을 청와대로 불러 술잔을 건네며 "임자, 유학을 포기하고 일본 특사로 다녀오게."라고 권유했다. 기간은 10개월, 또다시 사양하려 드는 박태준에게 박 대통령은 편지 하나를 보여주었다. 일본 자민당 총재가 한국 대통령에게 붓글씨 친서로 보낸 편지는 특사를 한 사람 보내줄 것과 특사의 조건으로 세 가지를 요구하는 것이었다.

①일본에서 학교를 나온 사람 ②통역이 필요 없는 일본어가 유창한 사람 ③그리고 대통령이 가장 신임하는 사람이었다. 박 대통령은 세 번째 조건을 충족시킬 사람은 '임자밖에 없다'고 했다. 박태준은 더 이상 거절하지 못했다.

"미력하지만 최선을 다 해보겠습니다, 각하."

이 순간은 역사적으로 중요하다. 한국의 제철 사업 '포항제철'의 싹을 틔울 밀알이 떨어지는 순간이다.

박 대통령은 박태준에게 집을 마련하는 데 보태라며 봉투를 건넸다. 박태준은 그때까지 전세살이었다. 이때 그가 생애 처음 마련한 '내 집'이 북아현동 주택이었다. 북아현동 뒷산은 금화산이다. 당시는 부촌으로 알려졌다. 정치인 이기택, 이만섭(추후 국회의장) 등이 인근에 살고 있었다.

박태준의 북아현동 자택은 역사적인 미담을 갖고 있다. 박태준은 그로부터 35년이 흐른 뒤 그 집을 팔아서 '이 돈의 절반은 대통령의 하사금이니 사회에 환원해야 한다'며 '아름다운 재단'에 기부했다.

1964년 한국 사회는 '한일 국교 정상화 반대 운동'으로 끓어올랐다. 거침없는 흑백 논리가 세워졌다. 반대하면 무조건 민족주의 세력이고 찬성하면 무조건 대일종속세력으로 몰렸다.

특사 박태준은 홋카이도에서 가고시마까지 일본 열도를 종단하고 있었다. 거의 모든 산업 시설을 시찰했다. 이 젊은 한국의 인재를 알아본 일본인은 양명학 대가 야스오카 마사히로(安岡正篤)였다. 두 사람의 대담 시간은 예정 시간을 훨씬 넘게 계속되었다.

"침착, 중후한 인물이오. 마치 큰 바위를 대하는 듯한 무게가 있었소."

박태준을 만나고 난 야스오카는 배석했던 야기와나(박철언, 재일 교민)에게 한 말이었다.

박태준, 야스오카 두 사람의 이때의 만남은 뒤에 오는 포항제철 건설에서 그 성패를 가늠하는 막중한 역할을 하게 된다. 뒷날 박태준은 청암(靑巖)이라는 아호를 사양하지 않았다. 청암이란 이끼가 낀 바위를 말한다. 이끼가 낀 커다란 바위는 우리에게 뭔가 신비감을 준다.

우리 재계에는 바위(巖)를 아호로 쓰는 분들이 많다. 이병철 삼성그룹 회장의 아호는 호암(湖巖)이고 한화그룹 김종희 회장의 아호도 현암(玄巖, 거문 바위)이다. 푸른 바위를 택하는 그의 마음에는 1964년 야스오카의 큰 바위라는 칭송이 스며들어 있었다

4
정부나 여당의 간섭은 안 됩니다

박태준은 1964년 늦가을에 서울로 돌아왔다. 세밑에 박정희 대통령이 그를 청와대로 불렀다.

박 대통령은 "임자가 대한중석(大韓重石, Korea Tungsten.Co)을 맡아주어야 한다'고 말했다. 이번에는 권유가 아니고 아예 맡는 것이 의무인 것으로 말했다. 대한중석은 텅스텐(중석)을 수출하는 국영기업이었다. 박태준은 정치의 자리가 아니라 경제의 자리여서 두말없이 받아들였다.

1960년대 초반까지 만해도 텅스텐은 우리나라 수출 총액 3,000만 달러 중 600만 달러를 차지하는 으뜸 수출 품목으로 그때까지 '달러박스'였다. 그래서 바로 그만큼 정치적 스캔들에 휘말리곤 하면서 부실 경영에 시달렸다. 항공공사, 전기 3사 등 24개의 국영기업체 중 가장 부실이 컸다.

1965년부터 대한중석 개혁에 착수한 박태준은 육사에서 만났던 황경로(黃慶老, 추후 포철 회장)를 불러들여 재무관리부터 일대 혁신을 시작했다. 인재의 적재적소 배치, 외압 배격, 투명 인사, 영업 원리 개선, 사원 후생 복지 개선 등을 힘차게 밀어붙였다. 그의 경영

1964년 대한중석 사장 부임 직후 영월 상동광산 막장을 둘러보고 있는 박태준

철학과 원칙이 철저히 관철되자면 무엇보다 청와대를 비롯한 권력자들의 간섭을 막아내야 했다. 이것을 그는 관철했다.

만성 부실 경영에 시달려온 대한중석은 박태준 사장을 만나 1년 만에 흑자 경영의 건실한 기업으로 거듭났다. 대한중석에서 박태준은 기업경영 제1장을 성공리에 마무리하면서 장차 대형 기업체도 훌륭하게 이끌 수 있는 자질이 있다는 것을 증명했다.

박태준 사장은 대한중석에서 뛰어난 능력을 가진 인적자산도 얻었다. 고준식, 황경로, 노중열, 장경환, 안병화, 홍건유, 김규원, 이종열, 이원희, 심인보, 김완주, 이상수, 이영직, 도재한, 형영환 등 포스코(POSCO) 창립 요원 34명 중 16명은 대한중석에서 그와 함께 이적하게 된다. 그들이 포스코 창립 뼈대를 이루는 것이다.

어느 날 박태준은 박정희 대통령을 진지하게 쳐다보면서
"건의드릴 게 있습니다."
"뭔가?"
"현재 대한중석의 심각한 외부적 문제는 중공(中共, 현 중화인민공화국)입니다. 소련과 중공의 관계가 나빠서 소련이 중공산 텅스텐 수입을 금지하자 중공이 서방 국가들에게 덤핑으로 내다 팔기 때문에 우리가 수출 경쟁에서 불이익을 당하고 있습니다. 그런데 더 중요한 것은 내부적 문제입니다. 과거에 대한중석은 정치적 부정부패에 휩싸이기 일쑤였고 또 그것이 부실 경영을 더 악화시켰습니다. 파벌도 심각합니다. 공군 파다, 경기고 파다, 뭐다 이것도 퇴치해야 합니다. 그래서 저에게 맡기신 이상 앞으로는 정부나 여당에서 일절 회사 경영에 간섭하지 않도록 보장해 주십시오."

"약속하지."

기분 좋게 청와대에서 물러난 박태준에게 드디어 '경영의 실제'가 기다리고 있었다. 종합제철 건설 프로젝트가 그것이었다.

세계 챔프 김기수의 후견인

박태준 사장이 프로 권투 챔프 후견인이었다는 사실은 그렇게 널리 알려지지 않았다. 물론 그는 권투광도 아니었다. 박태준 사장은 정점에 다다르기 위해 끈질긴 노력을 하는 그 자세 자체를 높이 평가하면서 후원을 아끼지 않았다.

한국 최초의 프로 권투 세계 챔프는 김기수(金基洙) 선수다. 그는 1938년 함경남도 북청에서 태어났다. 1·4 후퇴 때 혈혈단신으로 내려와 전남 여수에서 성장했다.

1966년 6월 25일, 전쟁 16주년 밤, 장충체육관, 그는 주니어 미들급 WBA 세계 챔피언에 올랐다. 김기수의 도전을 받은 챔피언은 이탈리아 니노 벤베누티(Benvenuti)로, 그도 1938년 생으로 김기수와 동갑내기이며 1960년 하계 올림픽 웰터급 금메달을 따낸 뒤

1961년 1월 프로로 전향했다.

대한중석 박태준은 그에게 '주먹으로 세계 1등이 되라'는 뜻으로 〈권일 도장〉을 지어주며 훈련에 전념할 환경을 제공했다. 헝그리 복서 시대에 그것은 권투계에 활력을 불어넣어 주었다.

시합은 밤 10시가 넘어 끝났다. 한국 심판은 김기수 승, 이탈리아 심판은 벤베누티 승을 내놨다. 라디오에 귀를 대고 있는 국민은 초조했다. 미국 주심이 김기수 승을 적어 냈다. 국민들은 환호했다.

한동안 사회 분위기가 김기수의 승리로 활기차게 확 바뀌었다. 한국인도 세계 1등을 할 수 있다는 자신감을 불어넣어 준 것이다. 세계 최초의 챔피언 탄생.

이튿날 김기수 선수 내외가 북아현동 박태준 사장 집으로 인사를 왔다. 갓 탄생한 챔프의 얼굴은 군데군데 시퍼렇게 멍들어 있었다.

"사장님 덕분에 운동에만 전념한 결과입니다. 정말 감사합니다."

"아니야, 고맙고 장해. 국민들에게 그만큼 기쁨을 자네가 아닌 누가 줄 수 있겠는가?"

5

KISA(대한 국제 제철 차관단) 발족
(Korean International Steel Asssociation)

(독자들이여, 우리 이야기는 다시 포항제철 건설 쪽으로 돌아오게 된다.)

박정희 대통령은 1966년 미 존슨 대통령 초청 국빈 방문을 마치고 귀국, 박태준을 청와대로 불렀다. 독대였다. 박 대통령은 방미 중 세계 제일의 철강 도시 피츠버그에 들러 미 철강업체 코퍼스 대표 포이와 만나 한국의 종합제철 건설에 관한 그의 긍정적인 반응에 고무되어 있었다.

"임자, 대한중석을 그대로 경영을 계속하면서 종합제철 프로젝트에 처음부터 깊이 관여하게."

박 대통령은 이어

"나는 고속도로를 직접 감독할 거야. 자네는 제철소를 맡아. 고속도로(경부 고속도로) 되고 제철소가 되면 공업국가의 꿈은 실현되는 거야."

박태준은 육중한 철근이 어깨 위에 앉히는 것 같았다. 그러나 이번에도 그 임무를 거절할 수 없었다.

"황무지를 개간하라고 하시는군요."

1966년 7월 경제기획원은 국제 컨소시엄에 참가해 달라고 세계적인 철강회사들에 요청서를 발송했다. 총 건설 자금 1억 6,250만 달러 중 2,350만 달러는 내자로, 나머지 1억 3,900만 달러는 외자로 충당한다는 것이다.

미국 코퍼스의 포이 회장은 컨소시엄을 구성하기 위해 노력했으나 별다른 성과 없이 계획 예정일을 넘겼다. 또한 일본 회사들도 한국이 제철소를 건설하는 것은 시기상조라며 냉대를 보냈다. 자금, 기술, 인력이 태부족한 한국 상황을 부정적인 시각으로 본 것이다.

얼마 후 영국과 이탈리아가 호의적인 반응을 보였다. 1966년 12월 피츠버그에서 서독, 영국, 이탈리아, 프랑스 등 5개국 38개 업체가 첫 번째 공식 회의를 개최하고 KISA(Korean International Steel Association)를 정식 발족시켰다.

KISA는 1967년 4월 한국 정부에 예비 제안서를 제출했다. 주요 내용은 제철소는 2단계로 나누어 건설하되 첫 단계 50만 톤 규모는 1억 5천만 달러의 공사비용이 예상된다는 것이었다. KISA의 한국 파트너는 실무적으로는 한국 정부의 부총리나 장 차관급 관료들이고 최종 결정권자는 종합제철 건설의 기획자인 대통령이었다.

KISA는 1969년 1월부터 움직였다. 4월 6일에는 KISA의 대표가 한국의 장기영 부총리와 가협정을 체결했다.

그 복사본을 넘겨받은 박태준은 일본 조사단이 준비해 준 서류와 비교했다. 박태준은 아연실색했다. KISA의 속임수가 보였다. 일본의 것보다 소요 예산이 두 배 가까이 부풀려져 있었다. 또한 KISA의 제안대로 50만 톤 규모로 두 번에 나눠서 100만 톤을 건설하는 것보다 100만 톤 규모를 일시에 건설하는 것이 총공사비의 30% 이상을 절감할 수 있다는 것이 드러났다. 그러나 박태준은 아직 공식적으로 종합제철 프로젝트의 어떤 직책도 맡지 않은 상태였다.

1967년 9월 박태준은 대한중석 수출 업무로 유럽을 순방하는 가운데 대통령 비서실로부터 '종합제철 건설 추진위원회 위원장으로 결정되었으니 즉시 귀국하라'는 연락을 받았다. 하지만 남들은 모르고 있었지만 2년 전부터 대통령 명에 의해 이 프로젝트를 연구해 왔기 때문에 남은 일정을 소화하고 개천절 앞에 귀국했다.

   장기영 부총리가 포항의 부지 조성 기공식에 동행하자고 했다. 정부는 앞서 종합제철 건설 계획을 발표하고 기공식을 갖게 되어 있었다. 경제기획원 장관(부총리)은 축하의 말을 한 후 박태준에게 사인펜을 건네주었다.

   "종합제철 추진위원장으로 임명되었으니 어서 여기에 서명하시오."

   박태준은 KISA와의 계약서를 한 번 훑어보았다.

   "죄송합니다. 저는 아직 발령을 받지도 않았고 법률 전문가와 각서를 검토하지 못했기 때문에 서명을 할 수 없습니다."

   부총리는 예상하지 못한 사태에 펜을 쥔 손이 떨렸다.

   "저는 어떠한 일이 있더라도 원칙을 지키기로 굳게 결심했습니다. 정식 임명되고 계약서를 검토한 다음 서명하겠습니다."

   "박 사장, 기공식이 3일 앞으로 다가왔습니다. 기공식 행사는 예정대로 진행시켜야 되지 않겠소?"

   화가 난 부총리가 그에게 서명하라고 재촉했다.

   "아닙니다. 제철소 건설은 조국이 나를 믿고 맡긴 사업인 만큼 목숨을 바쳐서라도 그 믿음에 보답하지 않으면 안 됩니다. 일은 확실하게 해야 합니다. 위원장이라는 자리는 도장이나 찍는 자리가 아닙니다."

   박태준의 태도는 완강했다. 장기영 부총리는 대통령에게 달려갔다. 그의 마음을 움직일 수 있는 사람은 대통령뿐이라 생각했기 때문이었다. 한편 박 사장은 합의 각서 사본을 들고 미국 변호사를 찾아갔다.

"합의 각서에는 몇 가지 치명적인 문제점이 있습니다. 가장 큰 문제는 건설 자금에 관한 조항입니다. 8개 사가 협력한다고만 되어 있지 각 회사가 언제 얼마를 투자하고 어떻게 책임을 질 것인지 구체적으로 명시되어 있지 않습니다."

그로부터 이틀 후 부총리가 직접 전화를 걸었다.

"박 사장, 내일이 기공식이오. 추진위원장 자격으로 참석해 주시오."

"죄송합니다. 저는 기공식에 참석하지 않겠습니다."

그날 오후 박태준은 청와대로 불려 갔다.

"나는 임자가 제철소 프로젝트를 이끌어갈 것이라고 생각했는데 기공식에 참석하지 않겠다고 그랬다며. 왜 반기를 드는 건가?"

박 대통령은 격한 감정을 애써 눌렀다.

"이것 봐, 임자? 너무 까다롭게 굴지 마. 그렇게 해서 적을 많이 만들면 맡은 일을 제대로 끝낼 수 없잖아. 복잡하게 생각할 것 없이 내일 포항으로 내려가 기공식을 원만하게 끝내도록 하게."

"각하 말씀대로 기공식에 참석하는 것은 쉬운 일입니다. 또한 다른 사람들과도 원만하게 지낼 수 있는 방법이기도 합니다. 하지만 그렇게 해서는 각하께서 저를 믿고 이 일을 맡기실 때 바라던 바를 이룰 수가 없습니다."

"그래, 어디 한번 임자 생각을 설명해 보게."

"저는 합의 각서의 문제점을 지적해 남을 헐뜯을 생각은 전혀 없습니다. 그러나 첫출발부터 이렇게 일이 허술하게 진행되어서야 어떻게 제철소를 제대로 지을 수 있겠습니까?"

박태준은 조심스럽게 합의 각서의 허점들을 지적했다. 박태준이 일찍이 일본 측 제철소의 윤곽을 공부해 놓은 것이 빛을 발하는 순간이었다. 대통령은 그가 제기한 문제점들을 주의 깊게 듣더니 믿기 어렵다는 듯이 말했다.

"계약서를 내가 훑어볼테니 놓고 가게나."

10월 3일 포항에서는 기공식이 성대하게 열리고 있었다. 그러나 정작 참석해야할 건설 추진위원장의 모습은 보이지 않았고 기공식장으로 가는 도중에 장기영 부총리는 자신의 해임 소식을 들었다.

(독자들이여, 장기영 부총리가 그 시점에서 해임된 이유는 공식적으로 기록은 없다. 다만 이런 추측은 가능하다. 경제기획원(장관 장기영) 측이 KISA와 맺은 합의 각서가 국익에 충실하지 않았기 때문이었지 않나 하는 것이다.)

후임으로 임명된 박충훈(朴忠勳) 상공부 장관이 종합제철소에 관한 전반적인 일을 주도하게 되었다. 이 시점부터 박태준은 종합제철소 프로젝트를 실질적으로 관리운영하는 책임자가 된 것이다.

합의 각서에 서명하지 않은 그의 뜻은 보다 깊은 데 있었다. 박태준은 자신의 원칙인 철저함과 완벽함을 계속 지켰고 대통령이 자신에게 맡긴 임무는 신중하게 처리해야 한다는 소신을 지킨 것이다.

공사 규모를 놓고 논쟁이 벌어지다

1967년 11월 박태준은 종합제철 건설 추진위원장으로 공식 임명되었다. 추진위원회는 12명의 정부 관료, 학자 및 민간인 대표들로 다시 구성되었다. 추진위원회의 중요 임무는 관료주의의 폐해를 최소화하고 장기적인 차원에서 제철소 프로젝트를 지원하도록 정부를 설득하는 것이었다.

첫 실무회의에서 항만 시설(Harbor, 港灣) 규모를 놓고 격렬한 논쟁이 벌어졌다. 항만이란 바닷가가 굽어 들어가서 선박이 안전하게 머물 수 있고 사람과 화물이 선박으로부터 육지에 오르내리기 편리한 곳이다. 건설부는 항만 규모를 5만 톤급 선박이 접안할 수 있도록 건설하고 점차 늘려가자고 주장했다. 세계 각국의 제철소를 조사한 박태준은 시작부터 항만 규모가 작으면 제철소 규모도 크게 뻗어나갈 수 없다는 점을 들어 건설부 안에 즉각 반대했다.

"항만 시설은 10만 톤 이상의 선박이 접안할 수 있어야 하며 앞으로 25만 톤급 규모로 확장이 가능하도록 건설하지 않으면 안 됩니다."

고위 관료들은 아직도 경제 성장의 견인차가 될 종합제철소에 대한 비전(Vision, 미래상)을 공유하지 못하고 있었다.

"나중에 항만 시설을 확장하게 되면 막대한 추가 부담이 발생할 뿐 아니라 공장 가동도 멈춰야 할지도 모릅니다. 이 공사는 제2차 경제개발 5개년 계획의 핵심 사업입니다."

박태준은 철강산업을 수입 대체 산업이 아닌 수출 산업으로 육성하겠다는 꿈을 가지고 있었다. 품질을 향상하고 비용을 절감하면 경쟁력 있는 철강 수출국이 될 수 있다는 것을 그는 자신했다. 결국 추진위원들도 그의 의견에 따랐다.

제1차 실무회의의 내용을 보고 받은 박 대통령은 관계 부처 장관들을 모아놓고 종합제철소에 대한 자신의 각오를 피력하며 전력을 다해 지원해 줄 것을 지시했다. 그리고 이러한 취지를 담은 종합제철소 건설 일반지침이 관계자들에게 배포되었다.

한편 박태준의 파트너는 엄연히 KISA(국제 차관단)였다. 차관 조달까지 책임지겠다는 KISA가 '달러'를 한국으로 들여와야 건설이 시작될 터이지만 어쨌든 한국 정부는 KISA를 믿으며 포항 영일만에서 항만 공사를 시작하고 1968년 4월 1일 박태준은 서울 명동 유네스코(UNESCO, United Nations Educational Scientific and Cultural Organization) 회관 3층에서 역사적인 포항종합제철 주식회사(영문 약자 POSCO) 창립식을 조촐하고 엄숙하게 진행했다. 물론 그때까지 KISA가 약속한 달러는 한 푼도 들어오지 않은 상태였다.

서울 사무실의 요원들은 사람의 키 높이만큼 높이 쌓인 영문 기본 기술 계획과 일본의 그것을 마치 학생들이 시험공부 하듯이 꼼꼼히 읽는 노동을 했고 영일만 소수 인력은 건설에 대비한 준비 작업에 들어갔다. 박태준은 관료들이 KISA와 손잡고 추진하는 종합제철을 지켜보느라 속을 끓이면서 가까운 사람들에게는 불만을 터뜨리곤 했다.

"우리는 임해(臨海) 제철소로 가야 하는데 미국에는 임해 제철소가 없어. 피츠버그 제철소들은 주로 펜실베이니아 탄전의 석탄을 쓰고 슈피리어호(湖) 서쪽 호안에서 나오는 철광석을 많이 쓰고 있어. 호주 같은 외국에서 철광석을 싣고 와야 하는 우리 조건하고는 천양지차야. KISA 놈들은 장사꾼이야. 생각이 다른 나라들, 생각이 다른 회사들이 설비나 팔아먹을 꿍꿍이속으로 국제 컨소시엄이다 뭐다 해서 뭉친 거지, 그것들은 한마디로 어중이떠중이야. 까딱하면 국가 대들보가 무너지는 수가 생겨. 그러나 지금은 어떡해, 잘 살펴보면서 앞으로 나아가는 거지."

박태준은 일본의 제철소 부지나 세계의 많은 제철소들을 보아왔지만 영일만처럼 임해 제철소의 입지 조건을, 특히 자연조건을 이토록 완전하게 갖춘 곳은 본 적이 없었다. KISA가 구성되기 이전부터 박태준과 접촉이 있었던 가와사키 제철소의 상무이사 우에노 나가마쓰의 조언에 큰 영향을 받았다.

박태준은 '모든 성공 여부는 지금 이 시점부터 우리에게 주어진 직접적인 사명이며 따라서 우리 자신의 잘못은 영원히 기록되고 추호도 용납될 수 없으며 가차 없는 문책을 받아야 할 것이다'라고 마음속에 새겼다.

회사 설립 형태 - 상법상 주식회사냐 국영기업이냐

박태준은 회사의 설립 형태를 상법상의 주식회사로 할 것인지 아니면 특별법에 의한 국영 기업체로 할 것인지 고심했다. 국영기업 형태는 재정적인 지원은 받을 수 있지만 경영 효율성과 국제 경쟁력 측면에서는 불리할 것이다. 반면 민간기업 형태는 막대한 자금을 조달하기가 불가능하다는 단점이 있으나 경영 효율 면에서는 큰 장점을 지니고 있는 것이다. 국제 금융기관도 국영기업 형태를 불신하고 있었다.

두 가지의 기업 형태를 놓고 장단점을 비교해 본 결과 이들의 장점만을 결합한 제3의 형태를 생각해 냈다. 상법상 민간기업 형태로 설립하되 재원 마련을 위해 정부가 대부분을 인수하는 방식이었다. 그렇게 하면 회사의 일상적인 관리에 대해 정부의 간섭에서 벗어날 수 있을 뿐 아니라 관료주의가 만연하는 폐해도 막을 수 있는 것이다. 아주 멋진 새로운 발상이었다.

박태준이 제시한 방안은 매우 생소했기 때문에 정부 관리들은 즉시 반대했다. 간섭이나 규제를 좋아하는 정부 관리들은 자신들의 권력이 약화되는 것을 받아들일 수 없었다.

박태준은 대통령을 찾아가 종합제철소가 성공하기 위해서는 경영의 자율성과 조직의 유연성이 반드시 필요하다고 역설했다. 박 대통령은 박태준의 의견을 받아들였다. 이렇게 해서 종합제철소 회사 설립 형태는 주식회사 형태로 설립되어 자율권을 보장받을 수 있게 되었고 정부의 지원도 받을 수 있게 되었다.

포항종합제철의 창립

(독자들이여, 앞으로 이 책에서는 종합제철을 '포항종합제철'로 쓰게 될 것이다. 우리가 여태까지 보아온 것처럼 애초에는 '종합제철'이었으나 회사가 창립식을 갖고 정식으로 출범하는 마당에는 회사명이 결정되어야 한다. 설립 준비위는 복수의 회사명을 만들어, 즉 고려종합제철, 포항제철 등을 청와대 낙점을 물어본바 박 대통령은 포항에 건설되는 만큼 포항제철이 좋겠다는 전갈을 보내온 것이다.)

1968년 4월 1일 창립식을 거행하고 첫 번째 포항제철 직원회의를 개최했다. 제조, 판매, 회계 및 재무 분야에서 뛰어난 기량을 지닌 38명의 창립 요원을 선발했다. 이들 중에는 박태준 사장이 대한중석에서 함께 일했던 사람들이 많았다. 박태준은 이들을 일일이 면담하고 충성심, 인내심, 성실성, 정직성 등 그들의 성품과 신체적 건강을 기준으로 선발했다.

그날부터 '제철보국'을 강조하며 창립 요원들의 어깨에 포항제철과 한국의 장래가 달려 있다고 역설하면서 항상 근면 성실하고 자기를 희생할 줄 알아야 한다고 강조했다. 제철보국이란 철을 만들어내 나라를 이롭게 한다는 뜻이다.

"우리는 한배를 탄 공동 운명체입니다. 서로 돕지 않는다면 배가

포항종합제철주식회사 창립식(1968.4.1)

가라앉을지도 모릅니다. 하지만 모두 힘을 합쳐 노력한다면 우리 앞에 닥칠 문제점들을 효율적으로 해결해 나갈 수 있다는 것을 명심해 주기 바랍니다. 우리는 철강산업에서 세계적인 기업이 될 것입니다. 여러분 행동 하나하나가 바로 포항제철을 대표하는 것이라고 생각하고 노력합시다."

롬멜(Rommel) 하우스

롬멜은 2차 세계대전 중 가장 유명한 독일군 원수 중 한 사람이다. 특히 그는 아프리카 사막 전에서 연승연전 하면서 '사막의 여우'라는 별명을 얻었다. 그는 '용기 있게 행동하라'는 명언을 남겼다.

1968년 새해는 김신조 등 북한이 남파한 특수부대원들의 청와대 습격 사건에 따른 무고한 시민들의 죽음으로 시작했다. 그러나 2월에는 경부고속도로가 착공되고 4월에는 포스코(포항제철)가 창립했고 향토 예비군이 창설됐다.

이제 대한중석을 떠난 박태준은 포스코 창립사에서 밝힌 것처럼 종합제철 건설 완수를 지상의 과제, 피할 수 없는 운명으로 받아들였다. 여전히 미심쩍은 KISA 차관 조달은 무소식이었지만 박태준은 선발대를 영일만 현장으로 파견했다. 공장부지로 확정된 지역 안에 거주하던 주민들이 이주한 다음에 헐어낸 가옥의 못 쓰게 되어 남아 있는 것들을 치우고 모래벌판을 평지로 정리하는 시간이었다.

5월 1일 목조 건물로 '포항 사무소'가 세워졌다. 사막전을 방불케 하는 모래벌판의 지휘소 역할을 맡은 이 볼품 없는 건물을 직원들 누가 먼저였는지 이심전심으로 '롬멜 하우스'라 부르게 되었다. 아마도 롬멜 원수의 탱크 부대가 아프리카 사막전에서 연전연승의 승전고를 올렸던 것처럼 우리도 기필코 성공해야 한다는 마음을 담아 건물의 이름을 지었을 것이다.

영일만 부지 조성에는 마음 아픈 사연도 있었다. 6.25 전쟁 이전부터 프랑스 출신으로 한국에 귀화한 루이 델랑제 신부(한국 성은 '길')가 일궈 놓은 큰 학교 같은 예수성심시녀회 고아원이 숲에 에워싸여 있었다. 예수성심시녀회는 로마 가톨릭교회 수녀회로 1935년 12월 8일 경북 영천군에서 설립되었다. 수녀 150여 명이 수도 생활을 하는 가운데 고아 500여 명과 노약자들을 돌보는 성스러운 시설이었다. 박태준은 예수성심시녀회가 가난한 나라의 소외된 국민을 위해 베풀어 온 사랑과 자비와 봉사에 대해 심심한 감사를 표하면서 델랑제 신부에게 시녀회 자리를 비워줄 것을 간청했다.

"공사에 차질이 생기지 않도록 일정을 잡아주십시오, 신부님, 수녀님. 이곳에 고아원을 계속 세워 둘 수는 없지 않습니까? 우리가 종합제철을 성공시켜 고아원을 더 짓지 않아도 되는 나라로 만들겠습니다."

수녀원을 철거하는 날 벽안의 신부는 모든 건물을 폭파시키는 다이너마이트의 도화선에 직접 불을 당겼다.

제철소가 되기는 되는 건가?

1968년 11월 5일 포스코와 KISA는 '포스코의 설계 변경과 예산 조정에 대한 요구안'을 협상으로 타결했다. 반가운 소식이었다. 하지만 정작 가장 중요한 차관 조달 소식은 감감했다.

11월 12일 박정희 대통령이 헬기 편으로 영일만 건설 현장을 방문했다. 아무것도 없었다. 황량한 모래벌판이 있을 뿐이었다. 더구나 KISA의 차관 조달 소식이 감감 무소식이라는 사실을 박 대통령은 알고 있었다.

박태준은 대통령을 롬멜하우스로 안내했다. 박 대통령은 몸을 일으켜 천천히 바깥으로 나가 난간을 짚었다. 옆에 박태준이 섰다. 초가집을 헐어낸 자리, 여기저기서 잔해를 태우는 불에서 피어오르는 연기, 이따금 길다란 모래 먼지를 일으키는 세찬 바닷바람, 그 을씨년스런 풍경은 치열한 전투를 치른 전쟁터 같았다.

마침 세찬 모래바람이 롬멜하우스의 유리창을 때렸다. 문득 박정희 대통령은 혼잣말하듯 "이거 남의 집 헐어놓고 제철소가 되기는 되는 건가?"

제철소 계획의 설계자인 그도 막상 당시의 현장을 보고는 그런 독백이 흘러나올 수밖에 없었다. 순간 박태준은 모골이 송연했다. 박 대통령의 독백을 들으면서 천근 무게의 중압감에 몸을 떨었다.

6
비행장을 짓는 것 아니오?

어느 날 이한림(李翰林) 건설부 장관이 포항 사무소를 방문했다. 항만 공사를 지휘하는 주무 장관이다. 이 장관은 5·16 군사혁명 때 거사를 반대한 장군 중 한 사람이다. 박 대통령이 육사 생도였을 때 이한림은 육사 행정부장이었다. 이 장관은 직접 건설 현장을 둘러보고는 어이가 없다는 듯이 말했다.

"아니, 제철소를 짓는 게 아니라 비행장을 건설하고 있는 것 아니오?" 제철소를 직접 눈으로 보지 않고는 제철소 규모가 얼마나 큰지 상상이 가지 않는다. 270만 평 부지가 웬만한 국제공항보다 훨씬 컸다. 처음부터 근무했던 포철 직원들은 이러한 초창기 시절을 '포철의 선사시대'라고 부른다.

요즘도 포철의 왕고참들은 신입직원들이 입사하면 초창기 시절의 이야기와 역경을 자랑스럽게 들려준다. 신입직원들은 수십 번이나 듣고 또 들으면서 인내와 역경으로 점철된 이야기에 사로잡히곤 한다. 한 세대에서 다음 세대로 내려가면서 이들은 함께 역사를 만들고 동지애를 느끼고 애사심을 키우는 것이다. 이런 식으로 포철 정신은 면면히 이어지고 결정적인 순간이 되면 굳게 뭉쳐 엄청난 힘을 발휘한다.

직원들 주택이 우선이다

부지 공사가 본격화되면서 건설 공사에 투입될 인원들을 대거 채용하기 시작했다. 그러나 직원 수가 급증하자 주택과 학교 시설이 턱없이 모자라 심각한 문제가 되었다. 일 년 사이에 포항 인구는 40%나 급증했으며 주택과 학교에 대한 수요가 폭발적으로 늘어나 직원들과 가족들의 생활은 매우 불편했다.

인사부장은 대도시로 떠나는 이직자가 증가하고 있다고 보고했다. '회사가 성공하려면 직원부터 보살펴라'는 경영학 신조를 실천해 왔던 박태준 사장에게 이를 지키기에는 당시 여러 가지 어려움이 있었다. 당시 회사 재정은 빠듯했고 수익도 전혀 없었다. 차관 교섭은 지지부진했다. 박 사장은 회사 자금이 거의 고갈되자 은행들을 찾아다니며 대출을 간청했다. 그러나 은행들은 담보가 없기 때문에 대출이 불가능하다고 거절했다. 박 사장은 마지막 남은 대형 시중은행 한일은행 하진수(河震壽) 행장을 방문했다.

"박 사장님, 포철은 잘 돼갑니까?"

"그럼요. 거국적으로 지원받고 있는데 어떻게 잘 안될 수가 있겠습니까?"

박 사장은 자신 있게 대답하고 장래 계획과 지금까지의 진척 상황을 설명했다.

"부지 공사는 계획대로 잘 진행되고 있으며 차관 문제가 마무리되면 곧바로 공장 건설에 착수할 계획입니다. 지금은 투자 규모가 워낙 커서 자금이 부족한 형편입니다. 행장님께서 도와주셨으면 합니다."

"담보가 없기 때문에 규정상 대출할 수가 없습니다만 박 사장님의 열의를 보니 포철은 틀림없이 성공할 것 같습니다. 특별히 도와드리겠습니다. 부탁드리고 싶은 것은 반드시 성공하셔서 우리 손으로 철강을 생산하게 해달라는 것입니다. 박 사장님께서는 반드시 해내리라 믿습니다."

"감사합니다. 행장님의 기대에 꼭 보답하겠습니다."

하진수 행장은 5대 시중 은행장 중에서 청렴하기로 이름 나 있었다. 한일은행의 대출로 직원들에게 제때 월급을 지불할 수 있었다. 이런 인연으로 한일은행은 포철의 주거래 은행이 되었다.

직원 주택 문제는 계획대로 밀고 나가기로 하고 정부 당국을 설득하기 시작했다. 직원 주택은 임대 주택이 아닌 자가 주택 방식으로 '내 집 마련' 제도를 만들었다. 직원들에게 장기 저리 대출을 포함하여 좋은 조건을 제시했다. 소유권을 갖게 되면 집에 애착을 느끼고 집을 잘 관리할 뿐 아니라 보다 열심히 회사 일도 할 것으로 믿었다. 이런 제도는 당시로서는 매우 매력적인 것이었다. 실업이 만연하고 직장만 있어도 행복했던 시기에 자가 주택 마련이 꿈인 직원들이 자기 소유 집을 갖는 것은 최상의 복지상태를 확보하는 것이었다.

그러나 일부의 시각은 박태준 사장의 직원 복지 확보 정책에 매우 비판적이기도 했다. 효자지구 20만 평 부지를 직원 주택 단지용으로 매입했지만 박 사장에게 정부 관료들은 직원 주택부터 짓는다고 못마땅해했고 언론들은 제철소보다 땅 투기에 관심이 많다고 매도했다. 그해 국정감사에서도 국회의원들은 나랏돈을 갖고 땅 투기를 한다고 따졌다. 온갖 비난에도 박 사장은 직원 주택과 함께 외국인 숙소를 계속 지어 나갔다. 옳은 일을 한다는 확고한 신념은 꺾이지 않았다.

주택 단지가 완성되자 여러 나라에서 주택 개발 모델로 삼았다. 주택 단지를 둘러본 방문객들은 박 사장의 선견지명을 칭찬하면서

'스위스의 휴양지' 같다고 감탄했다.

  1991년 8월, 소련의 외교 아카데미 원장이 주택 단지를 둘러보고 감탄했다. "제철소에 아주 가깝게 있으면서도 이렇게 깨끗하고 쾌적할 수 있다니 놀랍습니다. 바로 이곳이야말로 소련 인민들이 레닌 동지 이래로 꿈꾸어 왔던 이상향입니다."

  '내 집 마련' 제도는 직원들에게 자부심과 애사심을 고취시켰다. 또한 가정생활이 안정되면서 직원들은 회사 자산을 아끼게 되었고 회사가 자신들을 돌보고 있다는 느낌을 받았다. 그 덕분에 생산성 향상 효과가 나타나기 시작했다. 포철의 양호한 노사관계는 좋은 근무 환경을 회사가 먼저 제공했던 결과이며 결국 노사 양측이 모두 승자가 되었다.

7

KISA의 차관 거절

　한국의 종합제철 프로젝트는 소멸될 위기에 처했다. 국운을 건 중대한 프로젝트가 침몰의 순간에 처한 것이다. 제철소가 계획대로 완공되기 위해서는 늦어도 1969년 1월부터 공장 건설 공사가 시작되어야만 했다. 그러나 차관 협상은 지지부진하고 이에 따라 포철의 불안감은 점점 커져만 갔다. KISA와 체결한 예비 계약서에는 차관을 확보하기 위해 한국 정부와 함께 노력한다고만 되어 있었다. KISA 회원사들의 역할은 제철소 건설에 필요한 기자재를 팔고 컨설팅 서비스를 제공하며 한국 정부의 차관 교섭을 지원하는 데 불과했다. 법적으로 구속하는 조항이 계약서 어디에도 없었다.
　한국의 차관 도입이나 무역의 역사는 짧다. 국제 사회에서 무역이나 금융의 역사는 수천 년 전부터 시작되었다. 국제무역은 인류 역사의 시작과 함께 였으며 경제 발전에 중요한 촉매 역할을 해왔다. 고대 문명 시대에는 계약서 작성 없이도 가능했다. 하지만 점차 무역 규모가 커지고 거래 형태가 다양해지면서 정밀한 법적 효력을 갖는 계약서가 필수사항이 되었다. 경제 후진국들은 국제 거래 계약서 기술에서도 선진국과 같을 수가 없다. 하기 때문에 국제 거래에서 바가지를 쓰는 경우도 발생한다. KISA와의 예비 계약서도 대개 이런 경우에 해당되고 있다. 의무 조항이 없는 합의 각서는 휴지와 동일하다.

1968년 11월 한국 정부는 실망스러운 소식을 접했다. 세계은행(IBRD)이 한국의 제철소 프로젝트의 타당성에 의문을 제기하고 원리금 상환이 어려울 것이라는 결론을 내리며 종합제철소보다는 기계 장비 사업에 우선순위를 두어야 한다고 했다. 한국 정부가 목표하고 있는 것과는 맞지 않는 엉뚱한 결론이었다. 한국 정부는 당혹해 했다. 미국으로부터 차관 도입이 불투명해지자 서유럽으로 차관선을 돌렸다. 외교 채널을 통해 상의한 다음 곧바로 현지 금융기관과 접촉했으나 결과는 신통치 않았다. 그때까지 차관 협상을 정부에 맡겨 놓은 채 박태준 사장은 포항 현지에서 공장부지 조성에만 전념하고 있었다.

1969년 1월이 저무는 즈음 박태준 사장은 자신이 직접 차관 교섭에 나설 수밖에 없다고 판단했다. 박 사장은 배수진을 쳤다. 포스코 관리부장 황경로를 불러 비밀리에 지시를 내렸다.

"나는 피츠버그로 날아가서 KISA 대표 포이와 담판하겠소. 하지만 회사 청산 절차를 준비해 두시오."

비장한 결심을 보여준 것이다. 차관 교섭이 성공하지 못하면 종합제철 프로젝트를 해산시키겠다는 것이었다. 포스코의 문을 닫겠다는 말이었다. 박태준 사장은 영어 잘하는 최주선, 안병화(추후 상공장관)와 함께 피츠버그로 날아갔다.

상대는 백전노장 노회한 사업가 KISA의 대표 포이 회장. 박 사장은 포이와 두 차례 만나 종합제철 프로젝트의 중요성과 시급성을 강조하면서 KISA가 당초 작성한 계약서대로 차관을 일으켜줄 것을 설득했다. 그러나 포이 회장은 "IBRD와 접촉해 주시오. 그들을 잘 설득하면 좋은 결과가 있을 것입니다."

그는 IBRD를 방패 삼아 한국 정부와 약속하고 2년 동안 진행해 온 종합제철 프로젝트를 접겠다는 뜻이었다.

IBRD는 이미 '한국의 종합제철 건설은 시기상조'라는 보고서를 낸 상태였다. IBRD가 이런 부정적인 결론을 내는 데는 수석 이코노미스트 '자페'가 있었다. 그는 한국을 불신하고 있었다. 한국이 종합제철소를 짓지 않아야 한다는 의견만을 집중적으로 지적하는 부정적인 보고서를 작성했다.

추후 한국이 종합제철 건설에 성공, 당당히 제철 생산국이 되었을 때 그는 그때 왜 그렇게 부정적인 견해를 가졌는지에 대한 질문을 받고, (평가가 잘못된 것이 아니라) "한국에 박태준이 있다는 것을 몰랐기 때문이었다'고 대답했다. 아주 유쾌한 대답이었다.

문제의 핵심은 차관 1억 달러야!

KISA는 한국 정부를 농락하고 배반했다. 박태준은 허탈감으로 휘청임을 느꼈고 분개심으로 몸을 떨었다. 원대한 철강 생산국의 꿈은 어떻게 된다는 건가? 박 대통령의 믿음에 대한 보답은 어떻게 해야 이루어질 수 있다는 건가? 온갖 상념에 휩싸였다.

포이 회장은 아주 노련한 사업가였다. 박태준의 실망감을 뻔히 들여다보듯 "박 사장님! 제가 하와이에 콘도를 하나 가지고 있습니다. 귀로에 그곳에 며칠 머물면서 심신의 피로를 푸십시오." 박태준은 그의 제안에 따라 하와이에서 하루를 묵었다. 그의 눈에는 와이키키 해변의 아름다운 경치가 새까맣게 보일 뿐이었다.

'포기는 아주 나쁜 선택이라고 했지!'

박태준은 정신을 가다듬고 이 상태에서 벗어날 수 있는 방안이 무엇인가를 골똘히 생각하기 시작했다.

'문제의 핵심은 1억 달러를 확보하는 거야. 1억 달러면 포항제철 공장 건설은 완성될 수 있다.'

1968년 1억 달러를 원화로 환산해 원화 가치로 계산하면 약 4조 원이다. 참고로 1968년 한국 정부의 예산은 약 2천214억 원으로 통계청의 기준에 따라 그 가치를 2019년 기준으로 환산하면 6조 900억 원이다. 그러니까 1968년의 한국 정부에게 1억 달러는 총예산의 70%를 넘보는 거의 절대적 금액으로 KISA에 의존하는 차관 도입이 아니고서는 국내 조달이 불가능한 규모였다.

박태준은 일본을 생각해 보았다. 그는 고개를 저었다. 일본은 한국에 대일 청구권 자금을 지불하고 있으니 불가능하다. 그런데 이런 생각 중에 별안간 '대일 청구권 자금'에 그의 사고는 멈췄다. '오! 대일 청구권 자금을 전용(轉用)해 볼 수 없을까?'

대일 청구권 자금은 일제 강점기 때 강제 동원 피해자들에 대한 피해 보상 명목으로 일본이 한국 정부에 지급하는 돈이다. 1965년 한·일 협정 체결로 무상 3억 달러, 유상 2억 달러를 10년에 걸쳐 지급하는 돈이다.

박태준의 이 생각은 우리 경제 성장사(史)를 바꾸는 위대한 것이었다. 궁즉통(窮則通)이란 말이 있다. 궁하면 통한다는 것이다. '궁'이란 철저하게 온 힘을 다한다는 뜻이다. 무슨 일을 함에 있어서 '더 할 수 없을 만큼 막다른 지경까지 간다'는 것이다. 박태준은 궁즉통의 경지에 왔다. 절박한 상황에서 떠오른 '청구권 자금 전용 발상'은 종합제철 프로젝트를 기사회생시키는 계기를 만들어 주었다.

박태준은 대통령에게 전화를 걸었다.

"각하, KISA의 차관 제공은 가능성이 없습니다. 결국은 우리가 자금 조성을 해야 하는데 대일 청구권 자금을 전용해 쓰는 방안을 생각해 볼 수는 없을까요? 1억 달러 수준이면 되겠습니다."

"아직 1억 달러쯤은 남아 있어. 그런데 그 돈은 한국의 농업 발전에 쓰는 것으로 일본과 사인을 해둔 것이야."

박 대통령은 박태준의 아이디어를 의미 있게 생각하면서 그 돈을 전용하려면 일본과 협상을 통해서 전용 결정을 해야 할 것이라고 말했다. 박 대통령은 극비사항까지 알려 주었다.

우선 1억 달러 수준이 남아 있다는 것이 천만다행이었다. 박태준은 뛰기 시작했다. 전용 결정 협상에 앞서 해결해 두어야 하는 시급한 과제가 있었다. 한국의 종합제철 건설에 일본 철강 업계가 기술적으로 협력하겠다는 약속을 받아두는 일이었다.

1969년 2월 중순 박태준은 하와이에서 도쿄로 날아갔다. 박태준의 전보를 받은 박철언은 야스오카 마사히로(安岡正篤)를 예방할 일정을 잡아주었다. 독자들이여, 우리는 일본 양명학의 대가 야스오카를 이미 알고 있다. 철강 업계 관련 일에 고명한 철학자가 등장하는 것은 의외다. 그러나 야스오카는 일본 정·재계에 강력한 영향력을 가지고 있으며 박태준은 야스오카를 통해 일본 철강 업계와 접촉하는 것이 이 일을 성공시키는 지름길인 것으로 확신했다.

야스오카는 박태준의 설명을 듣고 일본 철강 연맹 회장 이나야마 요시히로(稻山嘉寬)를 연결해 주었다. 이나야마 회장은 신일본제철을 이끄는 일본 철강 업계의 거물이었다. 이나야마 회장은 박태준에게 '서로 기술도 다르고 생각도 다르고 문화도 다른 나라들이 모여서 종합제철을 건설한다면 실패할 가능성이 높아지니 KISA와 하지 않는 것이 바람직하게 되었다'면서 '기술 협력에는 고도의 정치성을 띠기 마련이지만 적극 협력하겠다'고 약속해 주었다. 한국의 종합제철 프로젝트는 다시 살아났다. 박태준의 하와이에서의 발상을 뒷날 포스코에서는 '하와이 구상'으로 부르면서 성공담의 하나로 기억하고 있다.

"임자답구만."

박태준 사장은 서울로 오자마자 정부와 접촉하기 시작했다. 그는 경제 수석에게 KISA는 더 이상 기대할 것이 없다고 보고한 뒤 자신의 아이디어를 설명했다.

"결국 KISA는 더 이상 희망이 없다는 말씀이시군요."

"하지만 워싱턴에서 대표단이 돌아올 때까지 기다려 봅시다. 새로운 소식을 가져올 지도 모르니까요."

"선진국들의 농간 때문에 이미 10년의 세월을 허송했습니다. 더 이상 시간을 낭비하지 맙시다. 각하께서 결단을 내릴 수 있도록 제 구상을 보고해 주십시오."

그러나 김학렬 경제수석은 심사가 뒤틀린 듯 "청구권 자금을 전용하자는 아이디어는 실현이 불가능합니다. 국회의원의 80%가 농촌 출신으로 그들이 가만히 앉아 있을 것 같습니까?"

"대일 청구권 자금은 본래 취지가 우리 경제 발전을 위해 쓰도록 되어 있는 것입니다. 우리 농수산업의 기계화도 그 발전의 일부지요. 제철소를 세우면 트랙터와 경운기 같은 농기계를 우리 손으로 직접 만들 수 있지요. 또한 조선소를 지어 어선을 만들 수도 있습니다. 철강은 농수산업과 대체 관계에 있는 것이 아니라 보완 관계에 있습니다."

그는 김 수석에게 자기의 구상을 확신시킬 수 없다는 것을 깨닫고 대통령에게 직접 보고하기로 결심했다.

그가 피츠버그에서의 일이 잘 안됐다고 보고하자 박 대통령은 실망한 얼굴로 창밖을 바라보았다.

"우리의 숙원 사업인 제철소 건설 계획이 사라진다는 생각에 며칠 동안 잠도 자지 못했습니다. 청구권 자금을 제철소 건설 자금으로 전용할 수 있다면 굳이 외국에 기댈 필요가 없다는 생각이 들었습니다."

박 대통령은 어리둥절해서 그를 쳐다보았다.

"각하, 남아 있는 청구권 자금만으로도 충분히 제철소를 지을 수 있습니다. 정부가 1억 달러를 지원해 준다면 나머지 자금은 제가 책임지고 조달하겠습니다. 저를 믿어주십시오. 저는 각하가 포항 현장을 방문하셨을 때 수많은 가옥들이 철거된 광경을 보시고 얼마나 가슴 아파하셨는지 잘 알고 있습니다. 기어코 저 황량한 모래벌판 위에 거대한 제철소를 세워 놓고 말겠습니다."

대통령의 집무실에는 무거운 침묵이 감돌았다. 드디어 대통령의 얼굴에 미소가 감돌기 시작했다.

"임자답구먼! 끝없는 절망 속에서도 아이디어를 갖고 오다니. 임자 구상은 정말 기가 막히네. 하지만 쉽지는 않을 거야. 국회가 거세게 반발할 것이고. 그러나 나는 임자 편이네. 가장 중요하고 시급한 일에 우선권을 주는 것이 당연하지. 그게 바로 '제철소 프로젝트'야."

그는 대통령에게 KISA의 지원 거부로 인해 느꼈던 울분을 토로했다.

"KISA를 욕하지 말게. 그들도 나름대로 다 이유가 있겠지. 그래서 하루빨리 경제를 발전시켜 선진국의 원조로부터 벗어나자는 것 아닌가."

 박 대통령은 경제수석을 불러 청구권 자금이 얼마나 남아 있는가를 물었다. 경제수석은 약 8천만 달러가 남아있다고 보고했다. 곧 박 대통령의 명령이 떨어졌다.

 "동결시키게. 박 사장이 훌륭한 아이디어를 가지고 왔는데 그렇게 되면 우리 경제에 대한 기여도가 몇 배나 높아지겠지. 이 구상을 잘 살펴보도록 하게."

 김학렬 경제수석은 못 믿겠다는 듯이 대통령을 바라보았다.

 "우리 모두 이 계획을 절대 비밀에 부쳐야 할 것이오. 청구권 자금의 사용처에 대해서는 이미 일본과 협정이 맺어졌고 국회 비준까지 끝난 상태가 아니오. 국회 동의는 내가 책임지고 받아내겠소."

 "일본의 지지를 끌어내는 것은 임자 몫이야."

8

일본 정부를 설득하다

　정부는 우여곡절 끝에 청구권 자금을 종합제철 건설 자금으로 전용키로 결정했다. 그러나 일본 정부는 전용에 부정적이었다. 일본 정부는 협정 체결 때 한국의 농어촌 개발 분야에 쓰는 것으로 정해진 것을 종합제철 건설 쪽으로 돌리는 것은 호랑이 새끼를 키우는 것으로 염려했을 것이다. 한국이 종합제철 공장 건설에 성공한다면 일본 철강업계는 한국이라는 수출 시장을 상실하게 되는 것이다. 한국은 당시 일본 철강 제품의 수입국으로 경제개발 계획 성공으로 철강 수요가 매년 폭증하는 아주 매력 있는 시장이었다.
　"우리는 어떻게 해서든지 일본 정부가 태도를 바꾸도록 해야만 돼. 무슨 좋은 방법이 없을까?"
　대통령은 자신의 심정을 털어 놓았다.
　"각하, 우리 힘만으로는 일본 정부를 설득시킬 수 없습니다. 하지만 일본 철강 연맹이 우리 프로젝트를 지원하겠다고 약속해 준다면 일본 정부도 우리를 도울 것입니다."
　"그렇지만 일본 철강업계를 설득하는 것이 더 어렵지 않을까?"
　대통령의 얼굴 표정은 몹시 어두웠다.

"각료 회담이 열리는 8월 말까지는 시간이 얼마 남지 않았는데 말이야."

"그렇습니다, 각하! 이번 기회를 놓치면 농어민을 중심으로 조직적인 반대 운동이 일어날 수도 있습니다. 시간이 늦어지면 정치적인 문제로 확산될 가능성도 있습니다."

대통령은 잠시 침묵을 지키다가 입을 열었다.

"이 문제를 해결할 만한 사람은 임자밖에 없는 것 같아. 그러니 임자가 맡아주게. 임자를 개인 특사로 임명하겠으니 무슨 수를 써서라도 일본 철강 연맹을 설득해 봐!"

박 대통령은 박태준과 둘이만 있을 때는 '임자'라는 호칭을 쓴다. 임자는 아랫사람을 높여 이르는 2인칭 대명사다. 대개 '자네'라고 부르기가 거북하게 쓰지만 그보다는 자신의 다정함을 나타내는 의미가 있다.

특사(特使)란 특별한 임무를 띤 사절을 말한다. 박태준은 일본 정부는 기업체에 대해 매우 민감하다는 것을 알고 있었다. 재계를 움직이면 일본 정부는 호응하는 것이다.

박태준은 급히 일본 도쿄로 날아갔다. 그는 또다시 야스오카 선생을 찾아갔다.

"선생님, 한 번만 더 도와주십시오. 박 대통령께서는 청구권 자금을 전용하기로 결정하셨습니다. 다음은 일본 정부의 동의가 필요합니다. 제 생각에 일본의 주요 철강회사들이 기술 지원을 하겠다는 의지를 표명하면 일본 정부도 우리의 제안을 받아들일 것으로 보입니다."

생각에 잠겨 있던 야스오카 선생은 곧 이나야마 사장에게 전화를 걸었다. 이나야마 사장은 신일본제철 사장이자 일본 철강 연맹 회장

박태준과 이나야마 요시히로 일본철강연맹 회장

을 맡고 있다. 야스오카 선생은 박태준의 계획과 한국 정부의 입장을 자세하게 설명했다.

"이나야마 사장님. 지금 한국 박태준 사장님이 중요한 임무를 가지고 이곳에 와 있습니다. 그가 당신을 한 번 더 뵙고 싶어 합니다. 바쁘신 줄 알면서도 부탁드립니다."

박태준은 야스오카 선생의 호의와 능력에 매우 놀랐다. 원래 일본의 사업 관행상 약속도 없이 고위 경영층을 만난다는 것은 상상도 할 수 없는 일이었다. 일본 최고 경영자들은 외부 인사를 만나기 전에 철저한 검토 과정을 거친다. 특히 중요한 안건으로 만나는 경우 사내 여러 부서에서 합의를 이루어야 하므로 오랜 시간이 소요된다.

이나야마 사장이 박태준을 반갑게 맞아주었다. 그는 제철소 부지 조성 공사 상황과 박 대통령의 확고한 결심, 그리고 청구권 자금 전용에 일본 정부가 동의하도록 정부를 설득해 달라는 부탁을 했다.

다행히 이나야마 사장은 그렇게 하도록 노력해 보겠다고 약속해 주었다. 박태준 사장은 그 뒤 며칠 동안을 일본 재계 인사들의 마음을 읽는 방법을 터득하고 이들을 설득해 지지를 끌어냈다.

일본의 신일본제철 등 3대 제철소는 기술을 제공하겠다고 합의했다. 이를 위해 일본 철강 연맹은 총회를 개최하고 KISA 보고서와 한국의 철강 수요 예측을 다시 검토했다. 박태준이 짧은 기간에 일본의 정·재계 인사들과 면담하고 청구권 자금 전용 및 기술 지원 약속을 받아낸 것은 놀라운 일이었다.

일본 정부의 반대

박 사장이 막후에서 활동하는 동안 정문도(鄭文道) 경제기획원 차관보는 일본 정부를 움직이는 관료들을 만나고 있었다. 그는 대장성과 외무성 장관을 방문하여 한국 정부의 제철소 계획을 설명하고 협조를 구했다.

그러나 이들의 노력에도 불구하고 일본 정부는 내부적으로 합의를 보지 못하고 있었다. 청구권 자금 조기 상환은 원래의 협정에도 어긋날 뿐 아니라 유사한 협정을 체결한 다른 나라에도 좋지 않은 선례로 작용할 수 있기 때문이었다.

오히라 마사요시(大平正芳) 장관을 무너뜨리다

청구권 자금 조기 상환을 가장 반대하고 나선 사람은 오히라 통상성 장관이었다. 그는 추후 68대, 69대 총리대신을 지냈다. 우리에게는 1962년 한·일 협상 과정에서 '김(김종필), 오히라 메모' 담판으로 잘 알려져 있다.

　박태준은 자신이 구축한 일본 인맥 중 통상성 인맥이 가장 약하다는 것을 깨달았다. 일본 내각은 전원 합의체 의사결정 구조를 가지고 있어 각료들 간에 의견이 조금만 달라도 거부될 수밖에 없었다. 따라서 가장 영향력이 있는 오히라 장관의 지지가 절대적으로 필요했다.

　박태준은 한국 정부의 특사 자격으로 오히라 장관을 만나 한국 정부의 계획을 설명하며 설득했다. 그러나 오히라 장관은 한국의 제철소 계획이 타당하지 않다며 자신의 주장만을 되풀이했다.

　"장관님 말씀도 일리가 있습니다. 하지만 일본이 중일(中日) 전쟁 직후 '야하타(八幡) 제철소'를 세운 사실을 알고 계십니까? 그때에도 수익성이 주된 문제였습니까? 아닙니다. 전시 상태였기 때문에 제철소 건설의 가장 중요한 기준은 국가 안보(安保)였습니다. 한국은 지금 준 전시 상태입니다. 북한은 소련으로부터 막대한 원조를 받아 계속 군비를 확장하고 있습니다. 그들은 이미 남한보다 5배나 많은 철강을 생산해서 무기를 만들고 있습니다. 자주국방은 한국이 직면한 최우선 과제입니다. 한국의 안보가 튼튼해야 일본도 안심할 수 있을 것입니다. 한국에 제철소를 짓는 것은 수익성뿐만 아니라 안보까지 고려한 일입니다."

　박태준의 일본 제철사(史)를 공부해 둔 저력이 발휘되고 있는 순간이었다. 박태준은 오히라 장관의 마음이 흔들리고 있다는 것을 감지했다.

　"일본의 오늘날의 화폐 가치로 1인당 GNP가 100달러 미만일 때 제철소를 짓기 시작했습니다. 한국의 GNP는 현재 200달러에 육박하고 있습니다. 왜 한국이 제철소 건설을 할 수 없다고 생각하시는 겁니까?"

박태준은 계속해서 한국의 제1차 및 2차 경제개발 5개년 계획의 괄목할 만한 성과 등을 설명했다. 그리고 일본 철강산업의 역사에 대한 해박한 지식을 바탕으로 일본의 과거 경험과 한국의 현 실정을 비교해 가며 포철 프로젝트의 타당성을 역설했다.

드디어 박태준의 끈질긴 설득과 야스오카 선생의 영향력으로 오히라 장관이 마음을 바꾸어 한국의 제철소 건설을 지원하겠다고 대답했다.

"박 특사님, 대단하십니다. 한국의 종합제철소 건설 기술 지원을 돕겠습니다."라고 오히라 장관은 흔쾌히 약속했다.

1969년 8월, 일본 철강 연맹은 '한국 제철소 건설 위원회'를 구성했다. 다음날 박태준은 야하타제철, 후지제철, 니혼강관 사장들이 공동으로 서명한 '포항제철소 계획에 대한 검토'라는 고무적인 내용의 보고서를 받아냈다. 박태준은 일본 철강 연맹의 이례적이고 신속한 행동에 용기를 얻었다. 일본 산업계의 합의를 이끌어 내는 과정은 정밀하고 섬세하기 때문에 어떤 합의가 이루어지는 데는 많은 시간이 걸리는 것이 관행이었다.

바로 일본 정부는 다가오는 한·일 각료 회담의 의제를 검토하기 위한 각의를 소집했다. 포철 프로젝트가 핵심 안건이었다. 박태준은 서둘러 서울로 돌아왔다.

문서(文書, Document)로 만들어 오시오.

박태준은 상황이 잘 돌아가고 있는 것에 고무되어 있었으나 또 다른 난관이 버티고 있었다. 국내에서 부딪치는 난관이었다.

박태준은 김학렬 부총리에게 그간의 일본에서의 경과와 일본 내각의 움직임을 보고하고 우리 측의 대응에 대해서 보고했다. 부총리는 설명을 다 듣고는 지극히 사무적인 태도로 말했다.

"일본이 청구권 자금 전용 문제는 동의했지만 기술 협력에 대해서는 동의하지 않을 수도 있으니 일본 철강회사들의 기술 지원 약속을 문서로 받아오시오."

"일본 철강회사들의 의도는 분명히 기술 지원까지 포함하는 것입니다. 문서를 요구한다는 것은 생각할 수도 없는 일입니다. 내 판단에는 언약으로도 충분하다고 봅니다."

부총리에게 항의하듯 말했다. 김학렬 부총리도 판단이 빠르고 대단히 깐깐한 각료로 소문 난 사람이다. 부총리의 요구는 일본의 사업 관행상 예의를 벗어나는 일이었다.

"국가 간 관계란 그렇게 단순하지 않습니다. 이번 각료 회담이 개최되기 전에 철강회사 사장단의 공동 성명서를 받아오시오."

"저보고 '당신네 말은 못 믿겠으니 문서로 만들어 서명해 주시오'라고 말하라는 것입니까? 부총리님!"

"박 사장, 일을 완벽하게 처리하려면 그 정도 수고는 하실 수 있지 않습니까?"

"좋습니다. 조국이 원한다면 어떠한 일이라도 하겠습니다."

박태준은 여장도 풀지 못한 채 다시 일본으로 날아갔다. 박태준은 괴로운 심정으로 이나야마 사장에게 한국 정부의 입장을 설명하고 도움을 요청했다.

"박 사장님께서 부탁하시는 서류를 만들려면 저 말고도 나가노 사장, 아카사카 사장의 서명이 필요합니다. 하지만 그 전에 우선 우리 정부의 입장을 알아봐야 할 것 같습니다. 두 분 사장과 이야기를 나눈 다음에 내일 연락드리도록 하지요."

이나야마 사장은 한국 정부의 요청에 깜짝 놀란다는 듯이 말했다. 박태준은 매우 난처했다. 그날 안으로 서명이 있는 문서를 확보해야 했다. 대외적으로 중요한 공문서는 전문가들과 정책 당국의 토의를 거치는 것이 일본의 통상적인 절차였다. 사업 관행상 이러한 과정은 보통 수 주일이나 수개월이 걸렸다. 하지만 우리에게는 그럴 시간이 없었다.

"이나야마 사장님, 다시 한번 부탁드립니다. 각료 회담까지는 4일밖에 남지 않았습니다. 세 분 사장님의 서명을 받아 오늘 서울로 돌아간다 해도 회담 준비기간이 2, 3일밖에 안됩니다. 시간이 없습니다."

박태준은 절박한 목소리로 말했다.

"하여간 최선을 다해 보겠습니다. 다른 분들께 전화하겠습니다. 조금만 기다려 주십시오."

지금까지 부여받은 사명 중 가장 어려운 일이었다.

"박 사장님, 정말 다행입니다. 나가노 사장과 이카사카 사장이 사무실에 계십니다. 박 사장을 기다리고 있으니 어서 서두르십시오."

잠시 후 이나야마 사장이 종이 한 장을 들고나오며 말했다. 박태준은 이나야마 사장에게 제대로 인사도 하지 못한 채 사장실을 나왔다. 박태준은 진땀을 흘리며 다른 사장들의 서명을 받기 위해 부지런히 뛰었다.

마지막 서명을 받고 오후 5시발 비행기를 타러 하네다 공항으로 향했다. 박태준은 부총리의 지시를 완수했다는 자부심을 느끼며 문서를 들고 들어섰다. 서류를 검토하던 부총리의 얼굴이 굳어졌다.

"서류에는 1백만 톤 규모의 포항제철 건설 계획을 검토한 결과 일응 타당성이 있다고 판단되며 추후 자세한 검토가.... 라는 구절이 있군요. '....일응 타당성이 있다' 이 대목이 분명치가 않아요. 여차하면 제철소 프로젝트에 대해 마음이 바뀔 수도 있다는 것으로 볼 수 있습니다. '일응'을 빼고 '타당성이 있다'라고 쓰여진 문서를 다시 받아오시오."

사실 부총리의 지적은 날카로운 면이 있었다. 일응(一應)은 일본식 한자어인데 '우선', '일단'의 뜻으로 쓰이며 이 경우 확실한 결정으로 볼 수 없기 때문이다. 박태준의 얼굴은 창백해졌다. 회담 날짜는 48시간 후 2일밖에 남아 있지 않았다. 부총리는 간단한 일로 생각하는 듯이 보였다. 그러나 문서의 자구를 수정해 다시 받는 일은 쉬운 일이 아니다.

그러나 박 사장은 다시 일본으로 떠났다. 이때 이나야마 사장은 하코네에, 나가노 사장은 고향에, 아카사카 사장은 히로시마에 있었다. 휴가 중인 사장들을 방해하게 되어 박태준은 몹시 난처했다. 그것은 일본의 통상적인 예의나 사업 관행에도 극히 어긋나는 일이었다.

그는 이나야마 사장실로 갔다. 사장님과 연락을 취해 달라고 비서에게 부탁했으나 거절당했다. 할 수 없이 야스오카 선생에게 도움을 청할 수밖에 없었다. 그러나 야스오카 선생도 직접 이나야마 사장에게 전화하기가 난처한지 사장의 비서를 설득했다. 서명을 받는 것도 지극히 어려운 일이였는데 자구까지 고쳐 달라는 요구까지 하고 있으니 그들이 어떤 반응을 보일지 예측할 수가 없었다.

"귀찮게 해서 미안합니다. 하지만 한국 정부는 '일응 타당성이 있다'라는 말뜻을 보다 확실하게 해줄 것을 요청하고 있습니다."

야스오카 선생의 부탁에도 비서는 난처한 듯 고개를 숙이고 있더니 한참 만에 휴양지에 있는 이나야마 사장에게 전화를 걸었다. 그리고 박태준이 찾아온 용건의 자초지종을 설명했다. 주의 깊게 듣고 있던 이나야마 사장이 비서에게 지시했다.

"박 사장님이 원하시는 대로 해드리게. 나가노 사장에게는 내가 전화할테니 자네는 히로시마에 있는 아카사카 사장에게 전화해서 상황을 말씀드리게."

우여곡절 끝에 문서는 한국 정부가 원하는 대로 다시 작성되었다. 박태준은 세 명 사장의 서명을 받기 위해 일일이 휴양지로 찾아갔다. 하루 반 만에 서명받는 일은 끝났다. 심신이 지친 박태준은 야스오카 선생과 세 명의 사장에게 일생일대의 빚을 졌다는 생각을 지울 수가 없었다. 그러나 그 일은 한국 제철 역사에서 기념비적인 일이었다.

1969년 8월 26일, 제3차 한·일 각료 회담이 열렸다. 부총리가 중심이 된 외무, 재무, 농림, 상공, 교통부 장관 등으로 조직됐다. 반대편 테이블에는 일본 정부 고위 각료들이 앉아 있었다. 이들은 모두 수 주일 전부터 박태준이 로비활동을 했던 인물들이다. 오히라 장관도 물론 각료 석에 있었다.

수개월 전에 정해진 회담 의제에는 종합제철소 프로젝트가 상정되지 않았으나 양국 정부는 이것을 의제로 채택했다. 일본 정부는 원칙적으로 그 프로젝트에 찬성하지만 철강업계와 상의한 후에 검토하겠다고 했다. 바로 이때 한국 측의 부총리는 일본 대표적인 대철강회사들의 서명이 되어 있는 각서를 제시했다. 극적인 장면이었다. 각서는 '1백만 톤 규모는 경제적으로 타당성이 있다'라는 요지 아래 일본 3대 철강회사들이 협력하겠다는 내용이었다. 박태준 사장이 1주일에 일본에 두 번이나 다니면서 숨 가쁘게 만들어낸 각서를 한국의 김학렬 부총리는 제시했다. 한국 측의 승리였다.

박태준은 일본을 수십 차례 오가며 일본의 정·재계 인사들에게 강하고 호의적인 인상을 심어주었다. 그의 강한 신념, 그리고 일본 문화와 정서에 정통했던 점이 그들의 지원을 이끌어내는 데 결정적인 역할을 했다. 그는 시대를 리드해 가는 인물이다.

박태준은 서갑경 하와이대 교수와의 인터뷰에서 "돌이켜 생각해 볼 때마다 대체 어디서 그런 힘이 솟아났는지 알 수가 없습니다. 가족처럼 한국의 입장을 이해해주고 도와주신 야스오카 마사히로 선생님의 도움은 결코 잊을 수가 없습니다. 어려운 고비마다 선생님은 복잡하게 얽힌 문제들을 해결하는 데 큰 도움을 주셨지요. 공장 건설 과정에서 그리고 공장이 완공된 후에도 선생님은 항상 애써 주셨습니다. 또한 일본 철강업계의 사장들에게 우리나라의 입장을 이해하고 설득해 주신 이나야마 사장님의 헌신적인 노력도 잊지 못할 것입니다. 오늘날 포철이 세계적 기업으로 우뚝 서게 된 것은 여러 사람들의 피눈물 나는 노력의 덕분이기도 하지만 그중에서도 단연코 박정희 대통령, 야스오카 선생, 이나야마 사장의 도움이 제일 컸다고 생각합니다."

9

닻(Anchor)을 올리다

 닻을 올리다는 배가 출항하는 것을 말하지만 일반적으로 무언가 새로운 일을 시작할 때 사용하는 말이다.
 1969년 12월 3일 한·일 양국의 고위 관료와 기업인들이 포항제철의 기본 협정에 서명했다. 한국에게는 희망과 기쁨이 가득한 서명식이었다. 포항제철 측은 일본의 확실한 자본과 선진 기술 지원이 확보되었기에 장밋빛 희망에 흠뻑 빠져들 수 있었다. 10여 년에 걸쳐 모든 어려움을 이겨내고 '꿈의 제철 보국'의 첫발을 내디던 것이다.
 그러나 세계 철강업계는 한·일 간의 철강동맹에 질시와 불만을 표했다. 일본은 메이저 철강 세력과 관계를 고려하여 세계은행(IBRD)이 포철(POSCO)을 지지하도록 많은 노력을 기울였다. 국제 철강업계를 좌지우지하는 철강 메이저들과 관계를 원만히 설정하는 것은 매우 중요하다. 세계은행의 조사단장은 6개월 전에 한국경제를 부정적으로 평가했던 '자페'였다. 그럼에도 세계은행 조사단은 포철 프로젝트의 타당성을 인정했다.
 그렇다면 세계은행은 왜 그들의 입장을 바꾸었을까? 또 일본 철강업계가 KISA(대한철강 국제 차관단)에 참여하지 않은 진짜 이유는 무엇일까? 일본 철강업체들은 구미 회사들이 제멋대로 하자 그것을 못마땅하게 여긴 것이 진짜 이유라고 할 수 있다. 더구나 다국적 컨소시엄은 조직 관리가 어렵고 다양한 의견을 조정하기가 힘들다고 생각해서 참여하지 않았던 것이다.

한일 양국이 서명한 포항제철 프로젝트의 기본 협정 내용은 다음과 같았다.

1. 제철소의 규모 : 설비 구성 및 건설 공정은 한국 측이 계획한 연산 103만 톤에 따르되 일본 측이 필요하다고 생각하면 수정할 수 있다.

2. 일본은 청구권 자금을 제철소 건설로 전용하는 데 동의한다. 3,080만 달러의 무상자금과 일본 대외 협력기금 무이자 차관 4,190만 달러를 제공한다. 또 일본 수출입은행 장기 저리 금융 5천만 달러를 제공하기로 하며 총융자금액은 1억 2,370만 달러로 한다.

협정 체결로 포철 직원들의 사기가 올라가자 건설 현장의 분위기가 급변했다. 이번 협정으로 박태준은 '하와이 구상'을 실현하게 되었으며 대통령은 국민에게 약속한 대로 제2차 경제개발 5개년계획을 달성할 수 있었다.

제1 단계 공사

1969년 9월, 박 사장은 KISA와의 기본 협정이 자동 폐기되자 곧 건설 기획 조정위원회를 설치하여 본격적인 활동에 들어갔다. 그러나 포철은 종합제철소 건설 프로젝트를 감당할 만한 경험이 없었다. 결국 감독 업무를 일본 기술 자문단에 맡기기로 했다. 부지 건설, 공장 건물 신축에 대한 업무는 포철이 전담했다.

건설 기획

종합제철소 건설은 자동차 공장이나 조선소 건설보다 훨씬 복잡하다. 이런 이유로 여러 가지 공사를 동시에 추진하게 된다. 즉 부지 조성 공사, 지원 설비 공사, 제철 설비 설치 및 사양서 검토 등과 같은 업무를 동시다발적으로 추진하는 특성을 지니고 있다. 한국 특유의 문화 '빨리빨리'의 전형이었으며 공기 단축의 모양이었다.

따라서 제철소 건설 관계자는 이러한 복잡성에 압도당하지 않을 수 없었다. 그러나 관련 공직자와 기술자 중에서 오로지 박태준만이 어떤 일을 어떻게 해야 하는지 알고 있었다. 여러 해 동안 그는 이 일을 위해 선진국의 제철소 건설과 운영 방식을 직접 연구하고 관찰해 왔다. 그는 프로젝트의 복잡성을 이해하고 전력투구하지 않으면 실패할 가능성도 크다는 것을 알고 있었다. 제철소 건설은 한국 역사상 가장 큰 규모의 공사였으며 총공사비가 인프라를 포함해 3억 달러에 이르렀다. 이것은 당시 병행하고 있던 경부(京釜)고속도로 건설 공사비의 3배에 달하는 액수였다.

후방건설 방식

1950 ~ 1960년대에 건설된 다른 제철소들과 같이 포철도 후방건설 방식에 따라 압연공장을 제일 먼저 건설하고 제강공장을 지은 다음 마지막으로 고로(高爐)를 세웠다. 후방건설 방식이란 첫 공정부터 시작하는 것이 아니라 마지막 뒤 공정부터 해나가는 것을 말한다.

후방건설 방식은 경영에 있어서 메리트(Merit)가 대단히 크다. 뒤 공정부터 시작, 후판(厚板, 두꺼운 철판) 생산공정부터 공사를 시작해서 후판을 팔아 돈을 버는 일을 하면서 공사를 해나가는 것이다. 만약 이 공사를 처음부터 차근차근 시작했다면 쇳물을 고로에서 뽑아낸들 철근 하나 만들지 못하고 돈 구경은커녕 거의 물 쓰듯이 돈을 쏟아붓고도 몇 년간 적자를 면치 못했을 것이다.

포철은 후방공정이 완성되는 즉시 돈을 버는 경영을 할 수 있었고 1년 만에 흑자 경영을 해냄으로써 세계의 철강업계를 놀라게 했다. 정주영 현대그룹 창업회장도 그리스의 선주로부터 배 2척의 수주를 먼저 받고 울산 미포의 모래밭에서 배를 만들면서 조선소를 완성해 가는 방식으로 성공했던 것이다.

포철은 1970년 10월 공사를 시작하여 1972년 8월 후판공장을, 그리고 1972년 10월 열연공장을 완공하고 나머지 공장들이 완공되기 1년 전부터 이들을 가동하는 스케줄을 만들었다.

철강 제조 공정

철강은 약 30여 개의 상이한 원료를 가공하여 만든다. 철강의 역사는 장구하고 인류는 철강에 의해서 폭발적인 성장을 이룩했다.

철을 가장 먼저 활용한 곳은 현재 튀르키예 아나톨리아 지역의 고대 국가인 히타이트 왕국이다. 이곳에서 기원전 1,500년 경 사람들이 처음으로 철광석에서 철을 야금(Metallurgy)하는 기술을 터득했으며 기원전 1,200년 경 히타이트 왕국이 멸망하면서 이 기술이 다른 나라에도 전파되어 철기 시대가 도래했다. 그 후 철강 생산은 급속히 증가하였고 주로 강철로 가공되어 각종 구조물, 선박, 자동차 등 여러 기계 제작의 재료로 사용되고 있다.

30여 개의 원재료 중 가장 중요한 것은 철광석과 유연탄, 30만 톤의 석회석이다. 제철 산업에서 철광석의 부존 여부와 확보는 절대적이다. 종합제철소는 22개의 대형 건물로 구성된다. 이들 중에는 30층 높이의 공장도 있고 길이가 1km인 것도 있다. 또한 종합제철소는 제품의 두께 0.01mm의 오차도 허용되지 않는 정밀함을 요구한다.

250만 평의 공장 부지에는 많은 공장이 세워져 있다. 소결 공장, 석회 소성 공장, 제선 공장, 코크스 공장, 주조 공장, 제강 공장, 빌레트 공장(Billet, 철강 제품의 핵심 소재), 열연 공장, 후판 공장, 브름과 슬레브 공장 등 각종 공장 설비들과 원료 야적장 및 하역 시설, 그리고 각종 지원 설비로 이루어져 있다. 고로의 높이는 100m가 넘으며 내부 공사를 감독하기 위해 사다리를 오르내리는 데만 몇 시간이 걸릴 정도다.

포철은 많은 인프라를 필요로 했다. 그중 원료의 수입과 제품의 수출을 위해서는 항만과 철도가 필요하다. 또 제철에는 물은 필수적이다. 매일 10만 톤 이상의 공업용수를 사용하게 되며 철강 품질이 용수에 의해 좌우되므로 안정적으로 용수를 확보하기 위해 안계 저수지를 건설하여 하루 13만 톤의 용수를 확보할 수 있었다. 안계저수지는 1971년 안계댐의 건설로 생긴 저수지이다. 기계천(杞溪川)의 흐르는 물을 가두어 만들어졌다.

복잡한 공장을 제 때에 건설하기 위해 설비의 선정과 설치, 자재 구매와 관리, 인프라의 건설과 인력 훈련 등을 동시다발적으로 진행해야 한다. 이러한 설비들을 동시에 건설하여 비용 절감과 공기 단축을 위해서는 효과적인 시공 관리가 필요했다. 이러한 공정 관리를 위해 PERT(Program Evaluation and Review Technique) 기법을 도입했다. PERT 기법은 정해진 공기와 예산 내에서 효율적으로 프로젝트를 진행하기 위한 공사의 실행 계획이다. 이는 공사 일정이나 공기를 산출하는 데 안성맞춤이며 상호 의존 활동을 조정하는 데 적합한 기법이다. 박태준은 포철의 건설업체들에게 공정관리 기법을 전파하고 '우리도 할 수 있다'는 자신감을 심어준 것에 대해 대단히 자랑스러워했다.

기술 도입 계약

1969년 12월 한·일 간에 기본 협정이 체결되자 제1기 공사를 1973년 7월까지 완공하기 위해 전력투구했다. 설계와 엔지니어링, 설비 구입과 설치, 공정 관리와 건설 엔지니어링, 품질 검사와 교육 훈련 등 모든 분야에 걸쳐 기술과 노하우를 도입하고 축적할 필요가 있었다. 이에 따라 일본은 기술 자문단을 파견했다.

포철은 기술 자문단에게 지나치게 의존하는 것을 염려해 이들을 객관적으로 검토해 줄 평가단을 찾았다. 그렇게 해서 찾아낸 것이 호주의 BHP였다. BHP(Broken Hill Proprietary Company)는 1851년에 설립되었으며 세계 최대의 광산 업체이다. BHP에게 컨설팅을 의뢰했으며 이들은 일본 기술 자문단이 제시한 설계와 엔지니어링, 가격과 성능 보장 등을 검토했다. 그리고 일본 기술 자문단과 BHP의 자문에 대해서는 한국과학기술원(원장 최현섭, 과학기술 장관 역임)이 계속 평가하고 검토했다. 3중의 기술 자문 망을 설치한 것이다.

포철은 구매 업무를 조정하기 위하여 5명의 부장들로 '구매위원회'를 구성하고 구매 전략을 수립하고 실행했다. 언제나 구매 부분에서 부패 문제가 발생하기 때문에 이를 방지하기 위해 구매위원회

시스템을 도입한 것이다.

  구매단과 일본 기술 자문단의 노력으로 포철은 공사 일정에 맞추어 설비를 인수할 수 있도록 구매 계약을 체결했다. 오스트리아의 푀스트가 공급하는 압연설비를 제외하고는 모두 일본 공급 업체들에게 발주했다. 미쓰비시 5건, 미쓰이 6건, 도멘 3건, 그리고 이토추와 마루베니가 각각 1건 수주했다. 당시 국제 철강 시장이 침체기였기에 양호한 품질의 설비를 저렴한 가격으로 구입할 수 있었다.

10

박태준의 '하와이 구상'에 대한 부정론

포철 성장사에서 박태준의 하와이 구상 즉 대일 청구권 자금을 포철 건설 자금으로 전용하는 아이디어는 가장 극적인 것이었다. KISA의 차관 제공 거절로 포철 프로젝트가 자금 조성 실패로 좌초 위기 때 1억 달러 청구권 자금 조달 아이디어는 그야말로 신의 한 수였다. 그런데 그 아이디어가 박태준의 아이디어가 아니었다는 이해하기 힘든 주장이 튀어나왔다.

1969년 2월 박태준이 KISA와 차관 제공 담판에 실패하고 귀로에 하와이에 들렀을 때 청구권 자금을 포철 건설 자금으로 전용하는 발상을 한 것은 우리는 잘 알고 있는 사실이다. 그런데 포스코가 '하와이 구상'이라 부르는, 박정희가 박태준의 전용 아이디어를 재가하고 강력히 밀고 나간 사실에 대해 부정하는 시각과 회고 글까지 등장했다.

음모론은 어느 시대에나 있는 것으로 보인다. 송성수(宋成守) 국내 작가의 주장과 박정희 정권의 경제팀에서 중화학 공업 정책 입안자로 알려진 오원철(吳源哲) 경제수석 회고록이 대표적이다.

송성수 저자는 서울대학교 무기재료공학과를 졸업한 뒤 서울대학교 대학원 과학사 및 과학 철학 협동과정에서 석사 학위와 박사 학위를 받았다. '과학기술의 경영과 정책', '고전의 힘', '과학의 본성과 과학 철학' 등의 저서를 가지고 있다.

오원철 수석은 1945년 경성공업전문학교에 입학했다. 1946년 경성공업전문학교가 국립 서울대학교로 통합되면서 서울대학교 공과대학 화학공학과로 졸업했다. 이후 최초의 국산 자동차인 시발자동차에서 공장장으로 재직하다 5.16 군사혁명 후 국가 재건회의 기획위원회 조사과장으로 기용되었고 상공부(현 통상자원부) 화학 과장으로 옮겼다. 그는 1972년 청와대 경제 제2 수석 비서관으로 오르면서 정점에 달했다.

송성수 작가는 2002년 〈한국과학사회학지(誌)〉의 「한국 종합제철 사업 계획의 변천 과정 : 1958~ 1969」에서 '하와이 구상'에 대한 반론을 펼쳤다. 그는 '포항제철 10년사(史)'와 '포항제철 건설지'를 근거로 박태준이 1969년 1월 KISA에 차관 조달 가능성을 타진하기 위해 미국에 간 것은 사실이 아니라고 주장하고 애초에 존재하지 않았던 '하와이 구상'이 1989년을 전후하여 인위적으로 만들어진 것이라고 판단했다. 그리고 오원철 수석의 회고록을 참조하여 1969년 4월 하순에 도쿄에서 열렸던 한·일 각료 회의를 전후하여 한국 정부의 교섭팀은 일본 정부를 대상으로, 박태준은 일본 철강업계를 대상으로 협력 여부를 타진했다고 볼 수 있다고 주장했다.

송성수 작가의 주장은 박태준이 1969년 1월에 미국에 간 사실이 없다는 것이 주장의 핵심이었다. 박태준이 그때 미국에 가지 않았기 때문에 돌아오는 길이여야 하는 하와이에 들른 일도 없고 '하와이 구상'도 있을 수 없다는 것이었다. 그러니까 포스코의 하와이 구상이 조작이라는 송성수 작가 주장은 무엇보다도 1969년 1월 31일에 박태준이 미국으로 출국하지 않았다는 점을 근거로 삼고 있다. 그런데 그 근거가 허위 주장으로 드러난다면 어떻게 되겠는가? 그 허위 주장 위에 세운 논리들은 다 붕괴될 수밖에 없다.

1969년 1월 31일 서울과 김포공항에 폭설이 내렸다. 그러나 김포공항에서 미국으로 비행기는 출항했다는 박태준의 주장을 뒷받침하는 결정적인 자료가 존재했다. 그것은 1969년 2월 1일 자 〈매일경제신문(현 매일경제)〉의 제2면에 자리 잡은 '공항 왕래'라는 알림 기사. 당시 수도권 주요 일간지들은 공항 왕래라는 알림 코너를 두고 그날의 VIP들의 공항 출입국 상황을 보도하고 있었다. 주요 인사들의 출입국 동정을 알려주는 바로 그 코너에 '박태준 1월 31일 14시 45분발 KAL편'으로 출국한 사실이 선명하게 나와 있는 것이다. 출국 목적이나 정부의 동행자도 정확히 나와 있다. 출국 목적이 KISA와 공장 건설에 따른 확정 재무계획 협의차 2주간 예정으로 미국에 간다고 되어 있으며 같은 비행기에 경제기획원(EPB) 운영 차관보 정문도가 박태준과 같은 용무(외자 도입 협의차)로 탑승한 사실도 이 기사는 알려주고 있다.

또한 박태준이 그의 회고록에서 그때 홋카이도 무로랑제철소에 연수 나가 있던 최주선이 통역 담당으로 도쿄에서 합류했다고 했는데 미국 가는 그 대한항공(KAL) 여객기가 도쿄에 들른다는 점을 확인해 주듯 매일경제신문 기사에는 성강산업 대표이사 장소(張邵) 씨가 사업차 20일간 예정으로 일본에 간다는 것을 알려주고 있다. 그뿐만 아니라 그 날짜 신문들은 박태준의 폭설 기억을 증언해 주듯 일제히 '폭설 피해' 기사를 싣고 있다.

포스코가 '하와이 구상'이라는 명명을 하기 전에 박태준 스스로가 1969년 2월 하와이와 관련하여 직접 언급한 공식 기록 중에 가장 빠른 것으로 확인되는 자료는 포스코가 소장하고 있는 '임원 간담회의 회의록' 제3권의 1975년 5월 26일 발언으로 '포항제철 10년사'가 발간되기 3년 앞서 박태준이 포항제철 건설 초창기에 이뤄진 주요 사항을 임원과 중간간부들에게 들려준 말 중 속기록으로 남아 있는 것이 있는데 다음과 같다.

"1968년 4월 1일 회사 창설 이후 KISA와 IBRD(세계은행)가 된다, 안된다 해서 근 10개월 동안 허송세월을 하다가 더 이상 기다릴 수도 없고 해서 1969년 1월 31일 눈이 산더미 같이 쌓여 다른 여객기는 결항이 되고 마침 KAL만 운행한다고 해서 KAL을 잡아 타고 정문도(鄭文道, 경제기획원 운영 차관보)와 같이 피츠버그에 갔음. 그때 워싱턴과 뉴욕에서 웨스팅하우스(Westinghouse)와 Blaw Knox의 사장 및 Exim Bank(수출입은행) 등이 모여서 설명회를 개최한다고 전부 약속이 되어 있고 전용기까지 내놓으면서 야단법석인데 그때 사람의 육감(六感) 같은 것이 있어서 가지 않고 본인은 피츠버그에서 하루 종일 잠만 잤음. 그때 이미 마음속으로는 이 사람들만 믿고 있다가는 안 되겠다는 결심을 하게 되었음. 귀로에 일본 측과 교섭해 보아야 되겠다고 결심을 하고 야하타(八幡)의 이나야마 사장과 만나자고 전보를 치고 이나야마를 만났는데 그때 기술 협력을 해주겠다고 하는 결정적인 코멘트를 받은 것임. 그리고 귀국하여 회사에 돌아와 '안 된다'고 하면 전부 포기하고 도망갈 것 같아서 '잘 되어 간다'고 했지만 마음속으로는 청구권 자금을 사용해야 되겠다고 하는 결심을 하고 있었음."

이 속기록에 담긴 박태준의 육성을 들으면 박태준의 '하와이 구상'은 1989년 전후한 시기에 인위적으로 재구성되었다는 송성수 작가의 주장과는 달리 실제로 1975년 시점에서 거의 동일한 내용이 박태준에 의해서 회고되었다는 점을 확인할 수 있다. 생사고락을 같이하는 임원들과 중간 간부들 앞에서 왜 있지도 않았던 얘기까지 꾸며내는 수고를 했겠는가? 그것은 박태준의 성격에도 전혀 맞지 않는 일이거니와 더구나 그때는 박정희 대통령이 막강한 지도력을 가지고 있는 가운데 KISA와 교섭했거나 종합제철에 관여했던 정부 측 관료들이 한창 위세를 떨치고 있는 때였다. 낮말은 새가 듣고 밤말은 쥐가 듣는다고 무엇 때문에 박태준이 자기 성품에도 맞지 않는 거짓말을 꾸며내서 박 대통령의 신뢰를 훼손하거나 관료들과 부질없는 다툼을 일으키는 화근을 자초하겠는가?

그날 박태준의 설명에는 포이 회장의 동정적인 호의에 의해 하와이에 있는 그의 콘도에서 휴식했다는 전후 사정은 빠져 있다. 하지만 돌아오는 길에 일본과의 교섭을 구상하고 야하타제철소의 이나야마 사장에게 만나자는 전보(電報)를 쳤다고 했다. 전보를 치는 장소는 분명 해외의 어느 지점에 이루어진다. 비행기 안에서는 전보를 칠 수 없는 것이 당시의 기내 통신 시스템이다. 박태준이 하와이에 들른 것이 이것만으로도 확실한 사실로 드러나고 있다.

그날 속기록에는 '하와이'라는 지명이 등장하지 않지만 1969년 2월 하와이에 대한 박태준의 회고는 언제나 한결같았다. 그해 1월 31일 김포공항 폭설 상황이 그러했고 매일경제 신문 공항 주요 인사 왕래 기사가 그러했고 '회사 청산 절차를 준비하라'는 비밀 지시를 받은 황경로의 기억이 그러했고 포이 회장이 주선해 준 하와이 콘도가 그러했다.

그때 박태준의 미국행에 통역을 담당하기 위해 일본 하네다공항에서 합류했던 최주선은 하와이에서 대일 청구권 자금 전용 아이디어를 '시적인 영감'으로 포착하고 매우 좋아하던 박태준의 모습을 들려주었으며 포항제철 사사(社史)를 쓰기 위해 박태준의 회고를 장시간 받아 적은 이대공(추후 포항제철 부사장)도 그때 '하와이 아이디어'를 대단히 중요한 사건으로 기억했다.

오원철(吳原哲) 경제수석의 회고의 문제점

역사적 성공에 대한 공로 다툼은 시대를 초월한다. 오원철 청와대 경제수석의 포철의 대일 청구권 자금 전용에 대한 회고도 오해를 일으킬 소지가 다분하다.

오원철 수석은 1928년 황해도에서 태어나 1957년 한국 최초의 자동차 공장인 '시발자동차' 공장 공장장을 지낸 경력이 보여 주듯이 엔지니어 출신으로 1961년 국가재건 최고회의 기획조사 위원회 조사과장을 맡아 박정희 정권과 인연을 맺었고 1970년 상공부(현 산업자원부) 차관을 거쳐 이듬해 대통령 경제 2수석 비서관이 되고 1974년부터는 중화학 공업 기획단장도 맡았다. 그에게는 '제1호 테크노크라트(Technocrat, 기술 관료)', '한국경제 설계자'라는 닉네임이 따른다. 그는 1990년대 후반 '한국형 경제개발'이라는 회고록도 펴냈는데 그의 '포항제철 건설과 대일 청구권 자금 전용 아이디어'에 대한 회고는 사이트 '한국형 경제모델(www.ceoi.org)'에서 만날 수 있다.

오원철 수석은 박충훈 부총리 일행이 1969년 4월 파리에서 열린 IECOK 회의를 마치고 귀국할 때 도쿄에서 있었던 일을 다음과 같이 기억한다.

"박 부총리 일행은 IECOK 회의 후 서독과 미국을 방문하고 동경에 도착했다. 공항에는 박태준 사장이 기다리고 있다가 나에게 종합제철에 대한 그간의 교섭 내용을 물어보기에 IECOK의 분위기를 설명하니 몹시 우울해했다. 사절단 일행은 호텔에 모여 그간의 교섭 내용을 정리하는 회의를 가졌다. 박 대통령의 특명 사항인 종합제철에 대한 차관 획득에 실패했으니 모두 암담할 뿐이었다. 이때 양윤세(梁潤世) 투자 진흥관이 대일 청구권 자금을 요청하면 가능성이 있을 것 같다는 의견을 내놓았다. 나는 이 말을 듣자마자 회의장 밖으로 나와 주일 대사관 직원에게 부탁해서 일본 통산성 담당 국장과의 면회를 신청했다."

그리고 2013년 9월 12일 〈포스코 신문〉에 오원철 수석 인터뷰가 실렸는데 관련 내용은 다음과 같이 정리 돼 있다.

도쿄에 도착하니 박태준 사장이 공항에 나와 있었다. 대표단으로부터 회의 분위기를 전해 들은 박태준 사장은 침울해했다. 호텔로 가서 논의를 거듭하는 중에 대일 청구권 자금 전용을 요청하면 가능성이 있다는 이야기가 나왔다. 분위기가 이렇게 돌아가자 오 전 수석은 떠오르는 것이 있었다.
'내가 나서서 무언가 해야겠다는 생각이 들더군.'
대일 청구권 자금을 사용한다는 것은 자금 문제가 해결된다는 이상의 그 무엇이 있다고 생각했다. 일본의 설비와 기술까지 들여올 수 있다는 판단이 뇌리를 스쳤다.
그는 회의장을 빠져나와 주일 대사관 직원에게 부탁해 일본 통산성 고토 철강국장에게 전화를 신청했다. 고토 국장은 쾌히 승낙하면서 통산성 사무실에서 만나자고 했다.

"한국에서 성공하면 일본은 세계시장을 노크할 수 있을 것이다." 이렇게 설득해 들어갔다.

고토 국장은 한참 생각하다가 부하 직원들을 불러 이야기를 나누더니 결정을 내린 듯 "야리마쇼(해봅시다). 나는 윗선에 보고할 테니 당신도 한국 정부에 보고하시오." 했다.

오 전 수석은 순간 전율을 느꼈다고 했다. 사실 이 대목은 한국의 종합제철 건설 역사에서 일대 분수령이 되는 순간이었으며 포항제철 건설 사업이 성공으로 방향을 잡는 결정적인 계기가 되었다.

"나는 즉시 이 사실을 박충훈 부총리에게 보고했고 다음 날 아침 하네다공항에서 박태준 사장에게도 이야기해 주었다. 박 사장의 표정이 상당히 밝아지더군."

오원철 수석의 두 회고에서 좀 흥미로운 것은 IECOK 회의에 참석했다가 일단 도쿄에 내린 한국 관료들이 챙겨온 소식을 박태준이 듣고는 몹시 우울해했는데 이튿날 아침에 하네다공항에서 대일 청구권 자금 전용에 대한 소식을 듣고는 '상당히 밝아지더군'이라는 대목이다. 어떤 독자는 행간에서 어쩐지 회고자의 '박태준을 향한 즐겁지 못한 감정' 같은 낌새를 맡을 수도 있다. 두 사람 사이에 남들이 모르는 어떤 불쾌한 사연이 있었나? 이런 생각이 언뜻 스쳐 가기도 한다.

1969년 IECOK 파리 총회는 4월 17일에서 18일까지 양일간 열렸다. 그때는 박태준이 그해 1월 31일 출국해 피츠버그, 하와이, 도쿄를 거친 뒤 서울로 돌아와 청와대에서 박정희 대통령과 대일 청구권 자금 전용에 대한 의견을 나눈 날로부터 두 달쯤 지나는 무렵이었다. 그래서 하루빨리 KISA와는 손을 털고 일본의 손을 잡아야 한다고 생각한 박태준은 4월 중순 다시 도쿄로 들어가 일본 철강업계와 정·관계 지도자들과 접촉하고 있었다.

파리에서 돌아온 박충훈 부총리 일행으로부터 공항에서 '일이 끝났다'는 소식을 들으면서 박태준은 오히려 속으로 '그거 참 듣던 중 반가운 소식'이라 여겼다. 그렇다면 오원철 수석이 아주 오래된 기억들 중에 '박태준의 표정 변화'에 약간의 착오가 있었을 수 있다. 박 대통령의 뜻을 받들어 함구(緘口, 입을 다물다) 중이던 박태준이 그렇게 표정 연기를 잘한 것이다. (독자들이여, 우리는 여기서 포항 종합제철 프로젝트가 박정희 대통령이 관료 집단과 박태준 중심의 기업인 두 축으로 추진했던 것을 알 수 있다.)

박태준과 오원철은 포항 종합제철 프로젝트에 관련하여 각자 접촉한 인물들이나 활약한 영역이 크게 달랐다. 예컨대 1969년 4월 오원철이 양윤세 투자 진흥관 말을 듣고 즉각 일본 통산성 철강국장과 면담을 했다는 그즈음, 박태준은 일본 내각 각료들이나 정계 지도자, 철강업계 대표자들과 만나고 다녔다.

또한 1969년 4월 오원철은 상공부 국장급(기획관리실장)이어서 대통령 박정희와 포항제철 사장 박태준이 가끔 독대하면서 둘이서 얘기한 극비사항을 알아차릴 위치에 있지 않았다. 그때 박태준의 권력적 위상은 1969년부터 최장수 비서실장을 지낸 김정렴(金正濂)도 증언했다시피 박 대통령이 박태준에게 '독대(獨對, 단둘이 만나는 것)'를 허용해 준 것이다.

박태준은 대통령과 언약한 일을 표면으로 공식화하기에 앞서 오원철, 양윤세 등 관료나 제3자에게 밝힐 까닭이 없고 그렇게 입이 가벼웠으면 박 대통령의 신임이 두터워질 수도 없었을 것이다. 오원철 수석은 박태준의 고유한 영역에서 어떤 일들이 전개되고 있었던 가를 자세히 알지 못했을 뿐이다. 그래서 오원철은 대일 청구권 자금 전용 아이디어가 '양윤세, 오원철의 것'이라고 회고 했을 수 있다. 자신들이 수행한 시각에서 보면 그렇게 말할 수 있을 것이다.

박태준과 오원철의 격돌

박태준과 오원철이 날카롭게 대립한 일이 있다. 두 사람은 1961년 5·16 군사혁명 직후 국가 재건 최고회의에 진입했다. 박태준은 박정희 국가 재건 최고회의 의장 비서실장으로 출발했으며 오원철은 기획조사위원회 조사과장으로 일을 시작했다. 권력 서열 격차가 컸다.

이 두 사람 사이에 그로부터 17년이 지난 1978년 포항종합제철 '제2 제철소 실수요자' 선정에서 '파워게임(Power Game)'이 벌어졌다. 파워게임이란 상대에 맞서 자신의 힘을 겨루는 싸움이다.

포항제철이 성공을 거두고 제2 제철소를 건설하게 되자 제2 제철소의 실수요자를 누구로 결정하느냐가 국민적 관심사로 떠올랐다. 실수요자로 선정되는 사람은 포항 종합제철소 규모의 철강회사를 하나 짓게 되고 재계 판도를 바꾸게 되는 것이다. 정주영 현대그룹 회장은 조선과 자동차 산업을 이끌어가면서 철강의 대 수요자로 제철공장이 절대 필요했다.

정부에서 현대그룹과 포항제철 두 파로 나뉘어 지지하는 양상이 벌어졌다. 오원철-정주영과 박태준-최각규 상공 장관 이렇게 짝을 지워 파워게임이 전개되었다. 당시 오원철은 청와대 경제 2수석(중화학공업 기획단장)이었다. 박정희 대통령은 '박태준의 포철'을 선택했다. 박태준은 그때 그 일 때문에 오원철에게 마음이 좀 상했다고 추후 덤덤히 회고했다.

롯데(Lotte) 신격호 사장이 포철 주인 될 뻔했다

신격호 롯데 사장(당시 직책)은 1968년 어느 날 이후락 청와대 비서실장 초청으로 청와대를 갔다.

신격호 사장은 일본에서 제과업 특히 '츄잉껌' 사업으로 대성했다. 그는 한일 국교 정상화가 되고 재일교포 기업인들이 모국 투자를 시작하자 이 물결을 타고 서울에 왔다. 신격호 사장은 롯데제과를 남영동에 세우고 제과업을 하면서 제조업 분야 진출을 모색했다. 신 사장이 원하는 제조업 분야는 제철, 정유였다.

정부에서는 그에게 방위산업을 권했다. 방위산업은 국토를 지키고 국민의 생명을 보호하기 위해 군수품을 생산하는 사업이다. 방위산업체는 군사 위성, 전차, 총기, 전투기, 통신 장비, 잠수함 등을 생산한다. 당시 북한의 군사력 증강에 대비하기 위해 방위산업은 필수불가결한 산업 분야였다.

신격호 사장은 그 분야에 진출하는 것을 반대했다. '내가 사업으로 돈을 버는 것도 좋지만 사람을 살상하는 총기류를 만들 수는 없다'는 것이 반대 이유였다. 일견 일리가 있는 것으로 보이지만 방위산업의 본질을 깊이 이해하지 않은 것이다. 신 사장이 다른 제조업 분야를 찾는 중 이후락 실장의 초청을 받은 것이다.

"신 사장님, 롯데가 제철 사업을 원하신다는데 그렇게 하시도록 도와드리겠습니다."

이 실장은 그렇게 말하면서 김학렬(金鶴烈) 경제수석을 불렀다.

"김 수석, 신격호 사장이 제철 사업을 하시겠다고 하시니 제철 전문가를 한 사람 소개해 드리십시오."

(독자들이여, 우리는 박정희 대통령이 제철 사업을 국가적 중요 사업으로 결심, 박태준과 모색하는 중이라는 사실을 알고 있다.)

김학렬 경제수석은 메모지를 꺼내 '김철우(金鐵佑) 교수'라고 적힌 메모를 건네주었다.

"신 사장님, 김철우 교수는 일본 동경대학 제철학과 교수입니다. 세계적인 명성이 있는 분입니다. 많은 도움이 되실 겁니다."라고 김 수석은 말했다. 신 사장은 추후 그의 회고록에서 김학렬 수석이 그날 적어준 김철우 교수 글씨가 달필(達筆)이었다고 회고했다.

신격호 사장은 그 길로 동경에 와 김철우 교수를 만났고 한국이 종합제철을 건설하려는 계획을 갖고 있고 롯데그룹에서 이를 추진하게 되었다며 종합제철 설계도를 만들자고 제의했다. 김 교수는 그날부터 종합제철 사업의 전체적인 구도와 공장 설계를 만들기 시작했다.

3, 4개월의 작업 끝에 공장 설계도는 거의 마무리되었다. 그러던 어느 날 신격호 사장은 서울에서 왔다는 박태준의 방문을 맞았다.

"서울에서 온 박태준입니다. 이번 정부의 종합제철 사업은 민간 베이스가 아닌 국영(國營)으로 하기로 결정되었습니다."라고 말했다. 신격호 사장은 더 이상 무슨 의견을 말할 수 없었다.

"잘 알겠습니다. 김철우 교수가 작업한 설계도를 넘겨 드리겠습니다."

이렇게 해서 제철 사업권은 롯데에서 포철로 넘어왔다. 신격호 사장은 추후 그의 회고록에서 꽤 거금을 들여 설계도를 만들었는데 포철은 그 설계도를 참고했을 텐데 포철 제철사(史)에 한마디 언급도 없는 것에 대해 대단히 서운하다고 쓰고 있다.

11

박정희 대통령의 종이 마패(馬牌)

　마패란 조선시대 관원이 공무로 여행할 때 역마를 이용할 수 있는 권한이 주어진 구리로 만든 패(증표)를 말한다. 조정, 즉 임금이 직접 지급했기에 어명의 성격을 가진 막강한 권위의 상징물이다.

　포철 건설의 출발선을 막 떠난 박태준 앞에는 장애물들이 기다리고 있었다. 설비 구매 과정은 그것 중 하나였다. 포철의 설비 구매 과정은 상당히 복잡했다. 포철이 청구권 자금을 직접 사용할 수 없어 일일이 당국의 승인을 받아야 했다. 이 절차는 복잡하고 시간 낭비가 많아 설비 공급업체와 효율적으로 협상을 진행할 수가 없었다. 포철이 면밀히 검토한 후 설비 공급업체를 선정했는데도 정부 기관인 주일(駐日) 구매사무소가 다른 업체로부터 구매하겠다고 주장하는 일도 흔히 있었다.

　특히 정치인들은 공급업체로부터 리베이트(Rebate, 사례금)를 받아내기 위해 압력을 가했다. 당시는 리베이트란 명목으로 정치 헌금이 공공연히 행해졌고 정부 측은 심한 관료주의가 지배하고 있었다. 좋은 조건의 구매 협상을 하기가 갈수록 어려워졌다. 박태준은 구매 절차에 대한 권한을 포철에 넘겨달라고 정부에 설득해 보았으나 소용없었다.

마침내 그는 비장한 결심을 했다. 1972년 박태준은 대통령을 찾아갔다. 공사 현황 브리핑이 끝나자 박 대통령은 곧 비서실장과 수석 비서관들을 내보냈다.

"임자, 더 이상 보고할 필요가 없네. 완벽주의자인 임자가 잘 알아서 하고 있을 테지. 그래 일은 잘되어 가는가?"

박태준은 복잡한 구매 절차와 정치 헌금을 어떻게 설명해야 할지 난감했다. 대통령의 불같은 성격 때문에 정치권에 큰 회오리가 일어날지도 모른다. 하지만 기한 내에 제철소를 완공하기 위해서는 대통령의 도움이 절대적으로 필요했다.

"각하, 구매 절차 때문에 공기 차질이 발생할까 봐 염려스럽습니다. 지금의 구매 절차는 너무 복잡해서 공사가 제 때에 진척되지 않습니다. 구매 창구를 '포철'로 일원화해 주시고 자금 사용 운영 절차를 줄여 주십시오."

"그러니까 정부의 간섭 없이 재량권을 갖고 싶다는 말 아닌가? 지금 건의한 사항을 여기에 간략히 적어 봐."

박태준은 대통령이 경제장관회의 때 자료로 쓰려는가 생각하면서 메모지에 자신이 원하는 바를 적었다.

- 포철은 설비 공급업체를 정부의 간섭 없이 자유롭게 선정한다
- 대금 지불 및 구매 계약 등의 절차를 간소화한다. 그리고 정치 헌금 요구와 불필요한 정부 개입을 배제할 수 있게 해달라는 등의 내용이었다.

대통령은 내용을 훑어본 다음 메모지 왼쪽 위에 자신의 사인을 서명해서 다시 돌려주었다. 친필 서명을 함으로써 대통령은 자신의 권한을 그에게 위임한 것이다. 박태준은 지금까지 대통령이 이런 식으

로 재가하는 것을 본 적이 없었다.

"감사합니다, 각하!"

"빠듯한 예산을 가지고 제철소를 건설하느라고 고생이 많을 텐데 소신대로 밀고 나가."

박 사장이 대통령으로부터 백지 위임장을 받았다는 소문이 돌자, 정부 관료들은 불쾌감을 드러내며 얼굴을 붉혔다.

후에 대통령의 서명이 든 메모지는 '종이 마패'라고 불리며 곧 유명해졌다. 그러나 실제로 그 메모지를 본 사람은 거의 없었다. 제철소 프로젝트에 깊이 관여되어 있는 극소수의 사람들에게 보여 주었기 때문이다. (이 메모지는 1979년 10월 26일 박정희 대통령의 급사 후에 고인의 포철에 대한 집념을 회고하면서 일반에 처음 공개되었다.)

구매 절차가 간소화되긴 했지만 여전히 정치 헌금을 내라는 압력을 정치권으로부터 받고 있었다. 정치권의 요구는 끈질기고 집요했다. 그는 '종이 마패'를 언급하면서 이런 요구들을 묵살하거나 정중하게 거절했다. 그럼에도 포철은 정치적 압력에서 벗어나기가 쉽지 않았다. 그는 분명 정치인들이 좋아하는 타입은 아니었다. 하지만 많은 기업인은 그의 용기를 칭송했다.

박태준은 서갑경(K.K.Seo) 교수와의 인터뷰에서도 "결정적인 기회가 올 때 주저해서는 안 됩니다. 또 자신의 자리를 내놓을 각오로 밀어붙일 건 밀어붙여야 합니다. 포철은 이런 결정적인 순간들을 몇 번이나 맞았습니다. 그때 결단을 내리지 못했다면 오늘의 포철은 없었을 것입니다." (서갑경 하와이대 교수는 철강왕 박태준(The Steel King : the Story of T. J. Park)의 저자로 이 책을 집필하기 위해 3년 동안 15회에 걸쳐 50시간 이상을 함께 했다.)

어느 누구의 청탁도

어느 날 비서가 머뭇머뭇하면서
"사장님, 서울 사무소에 문제가 생겼습니다."
"뭐 사고라도 났나?"
"날마다 여기저기서 인사 청탁과 납품업자를 도와달라는 전화가 오는 바람에 업무가 마비될 정도랍니다."
"누가 그런 짓을 해. 명단을 이리 줘봐."
"하지만 이것만은 배려해 주셔야 할 것 같습니다."

그것은 청와대 실세인 박종규(朴鐘圭) 실장의 편지였다. 그는 나는 새(鳥)도 떨어뜨릴 만큼 막강한 권력을 휘두르고 있었다. 박태준은 편지를 뜯어보지도 않고 쓰레기통에 집어넣었다.
"이 일은 내가 책임질 테니까 나가봐."

화가 난 박태준은 주먹으로 책상을 내리쳤다.
"KISA가 차관을 거절해 포철의 장래가 불투명했을 때 그 사람들은 대체 어디서 무엇을 하고 있었던가? 우리의 장래가 밝아 보이니까 벌떼처럼 몰려들고 있잖아. 나는 지금까지 어떤 청탁도 받아들인 적이 없네. 자격 없는 사람이나 납품 업자가 회사에 발을 붙이게 되면 내부부터 썩어들어가 결국 부실기업이 되고 말아. 이 말 명심해!"

그 일이 있고 난 후 어떠한 청탁이 들어와도 감히 입을 열지 못했다. 하지만 박태준 자신은 줄곧 온갖 종류의 청탁과 압력에 시달려야 했다. 청탁을 거절하는 것은 '내 뒤를 돌봐주면 나도 네 뒤를 돌봐주겠다'는 식으로 당시 관행과 정면으로 배치되는 것이었다. 청탁을 거절당한 사람들은 기회만 오면 그를 궁지에 몰아넣으려고 했다. 박태준 사장은 당시의 일을 회상했다.

"실세들의 청탁을 거절했기 때문에 나는 수십 번 곤경에 빠졌습니다. 하지만 선조(先祖)들이 흘린 피의 대가(대일 청구권 자금)로 세운 회사에 어떻게 자질이 부족한 사람들을 고용할 수 있겠습니까? 무엇보다도 회사의 이익이 우선이었습니다. 그래서 나는 화가 난 이들을 접대하느라 밤늦게까지 술을 마시면서 내 허물(청탁 거절)을 양해해 달라고 설득한 적이 한두 번이 아니었습니다."

소통령(小統令)이라는 닉네임

당시 한국에서는 정치 헌금이 관행이었다. 차관(借款)이 도입될 때 아예 리베이트는 필수였다. 특히 정부가 발주하는 공사는 리베이트가 당연시되었다.

1971년 4월 공화당의 김성곤(金成坤) 재정위원장은 상당한 규모의 정치 헌금을 요구했다. 재정위원장의 역할은 정치 헌금을 확보하여 선거에서 여당 후보를 지원하는 것이다. 당시 한국은 금권 선거가 기승을 부리고 있었다.

"박 사장님. 다가오는 선거를 생각해서 정치 자금을 내주셨으면 좋겠습니다. 포철의 설비 입찰이 있다고 들었는데 마루베니(丸紅, Marubeni, 일본의 5대 종합상사 중 하나로 전자제품 및 산업플랜트로 유명하다)로 낙찰해 주시오. 무슨 말인지 아시겠지요? 자신과 회사를 생각해서라도 도와주십시오. 내 뜻을 따라주리라 믿습니다."

김 위원장도 당을 우지좌지하는 위세가 당당한 실세였다.

"자격을 갖춘 응찰자 가운데 최저 입찰자를 선정하는 것이 우리 회사의 방침입니다. 그 회사가 최저 입찰자라면 당연히 낙찰되겠지요."

첫 번째 입찰 결과가 발표되었을 때 박태준은 김성곤에게 불려 갔다.

"박 사장님. 이번 입찰에서 내가 부탁한 회사가 낙찰을 받지 못했습니다. 다음 입찰에서는 꼭 도와주시기 바랍니다."

"여러 일본 업체들이 응찰했고 계약은 당연히 최저 입찰자에게 돌아갔습니다. 부탁하신 그 회사의 입찰가는 무려 20%나 높았습니다. 특정 회사에 특혜를 줄 수 있는 방법은 없습니다. 그런 식으로 하다가는 포철을 제대로 완공할 수 없습니다."

박태준은 무려 5번이나 김성곤으로부터 특혜 압력을 받았다. 그러나 마루베니의 응찰 가격은 항상 높았으므로 어쩔 도리가 없었다. 마루베니의 응찰 가격이 높을 수밖에 없는 것은 응찰 가격 속에 리베이트가 계산되어 있기 때문이다.

입찰이 모두 끝났을 때 또다시 불려갔다.

"박 사장. 마지막 설비 입찰이 지난주에 끝났지요? 당신이 부르짖는 '제철보국(製鐵報國)'에 내가 반대하는 것은 아니오. 그렇긴 해도 내 입장을 전혀 고려해 주지 않는 것은 심하지 않소? 나도 당신만큼 애국자요. 나 역시 각하께 충성을 바치고 있소. 당신이 소통령이라도 된다는 거요?"

"그런 별명을 붙이시려거든 차라리 중통령(中統令)이라고 불러주십시오."

박 사장의 응수도 대단하다. 정치 헌금을 거부하는 것은 당시 우리 정치 구도나 관행으로 볼 때 회사에 대한 사형 선고나 마찬가지였다. 하지만 그는 단 한 푼의 정치 헌금을 내지 않고 위험한 곡예를 하듯 자신의 소신을 밀고 나갔다.

사올 아이젠버그(Saol Eisenberg) 제압

박태준은 설비 구매의 전권을 확보했다. 그런데 독일 출신 유대인 사올 아이젠버그가 막강한 국내 인맥을 동원해 중후판 시설을 한국에 팔려고 시도했다. 사올 아이젠버그는 생각보다는 국제적 거상이었다.

아이젠버그는 1921년 독일 뮌헨에서 태어났다. 그의 가계는 오늘날 폴란드와 우크라이나 양국에 걸친 과거 오스트리아·헝가리 제국 영토이자 유대인 밀집 지역인 갈라치아 출신이다.

1939년이 되자 나치의 유대인 박해를 예감하고 독일을 떠나 스위스와 네덜란드를 거쳐 중국 상하이로 갔다. 당시 일본 점령지였던 상하이에는 약 3만 명의 유대인들이 게토(ghetto, 유대인 거리)를 이루고 살았다.

아이젠버그는 45년엔 미국 정치하에 있던 일본으로 건너가 미군을 상대로 생활용품과 고철을 팔았다. 일본의 혼혈 여성과 결혼한 그는 도쿄에 거점을 두고 한국과 태국 등 아시아 지역을 대상으로 사업을 벌였다.

그는 한국전쟁 정전(停戰) 무렵 한국에 진출했다. 자유당 정권 시절 반도호텔(현 롯데호텔)에 오파상 사무실을 내고 목재, 철강, 섬유 등 수입품 브로커 사업을 했다. 당시 오스트리아 여권을 소지했던 그의 한국 진출은 이승만 대통령의 오스트리아인 부인 프란체스카 여사의 주선으로 이루어진 것으로 전해진다.

아이젠버그는 61년부터 한국에서 본격적으로 사업을 시작했다. 5·16 직후 미국의 무상원조는 점차 줄어드는 추세였다. 아이젠버그는 61년 가을 한국의 군사정부를 위해서 서독(西獨, 통독 이전) 차관의 도입을 중개했다. 당시 국제 사회에서 한국에 차관을 주겠다는 나라는 없었다. 그는 차관 도입을 알선하면서 많은 커미션을 챙겼다. 그가 주선한 차관은 62년부터 시작된 제1차 경제개발 5개년계획 재원의 상당 부분을 충당했다.

이후부터 아이젠버그는 한국 정계의 실력자들과 인맥을 형성해 국가 주요 사업에 관여했다. 그는 전화 교환기 설비, 화력 발전소, 시멘트 공장, 원자로 도입 등 굵직한 사업에 필요한 외자 도입을 주선했다. 1973년 우리 원전 3호기인 가압 중수형 캐나다 캔두원자로 도입 땐 유럽 30개 은행의 차관단 컨소시엄을 구성해 공급하는 비상한 수완을 발휘했다.

박태준에게는 아이젠버그를 물리치는 것도 버거운 일이었다. 1965년 1월 박 대통령의 독일 방문 때도 먼저 호텔 로비에 와서 진을 치고 위세를 과시하고 국내 유력 정치인과도 깊이 연관되어 있는 사실이 박태준의 생리에 잘 맞지 않았다. 더구나 아이젠버그는 포항에 '조일제철'이라는 중후판 공장을 짓겠다고 설치고 있었다. 중후판은 두께가 6mm 이상인 강판을 말한다.

박태준은 그를 내쫓고 포철이 직접 중후판 공장을 건설하기로 했다. 문제는 중후판 공장이 대일 청구권 자금의 전용 대상에 포함되어 있지 않은 것이었다. 하기 때문에 박태준 사장이 독자적으로 차관과 기술을 도입해야 했다.

박태준은 오스트리아 철강업체 푀스트 알피네의 회장인 아팔터 집무실 문을 두드렸다. 푀스트 알피네는 철강 제품을 생산, 가공 유통하는 기업체로 철강 평판 및 장강 제품을 공급하는 세계적 강자였다.

박태준은 아팔터 회장과 함께 국립 오스트리아 은행 총재 헬무트

하세를 만났다. 차관을 일으키기 위해서였다.

아팔터 회장은 "세계의 모든 철강인들이 과연 포스코가 성공리에 건설될 수 있을까에 대해 반신반의하고 있을 때였습니다. 그러나 우리는 매우 큰 규모의 차관을 포스코에 제공하기로 결정했습니다. 일부 사람들은 우리의 결정을 마치 자살 행위로 보는 듯했어요. 박태준은 매우 끈기 있는 사람입니다. 모든 상황이 불리한 여건에서의 협상이란 피곤하기 마련입니다만 그는 나를 꾸준히 설득하여 우리가 포항제철 1기 공장에서 큰 역할을 하도록 했습니다."

아팔터는 자신의 집무실에 박태준 사진을 걸어 놓는가 하면 포스코에 와서 작업복으로 갈아입고 박태준 앞에 서서 신난 아이처럼 '명예사원 선서'까지 했다.

1972년 7월 31일 최초의 국산 중후판 62톤이 호남정유 여수공장 유류 저장탱크 제작용으로 트럭에 실렸다. 박태준은 첫 생산 제품에 '품질로써 세계 정상'이란 기념 휘호를 썼다.

12

열연(Hot Acting)공정 건설 '비상 선언'
(하루에 700m² 콘크리트를 타설하라)

    종합제철소에서 강판(Steelplate)은 제조공정에 따라 열연강판, 혹은 냉연강판으로 대별된다. 열연 공정은 판을 정해진 두께와 폭으로 조절하고 용도에 맞는 마무리 온도에서 양호한 표면, 형상으로 압연하는 공정이다.
    1970년과 1971년에 걸쳐 박태준은 내우외환의 고독한 투쟁을 벌이고 있었다. 외환에 대한 투쟁이란 아이젠버그 같은 거물급 상대를 물리치는 것이었고 비록 설비는 아직 아무것도 없는 상태지만 호주에 가서 일본과 동등한 조건으로 철광석, 석탄 같은 원료를 계약하는 것, 빠듯한 자금을 제 때에 조달하는 것, 그리고 설비 구매를 통해 검은돈을 만들어 정치 자금을 헌납하라는 집권 여당의 집요한 압력에 '소통령'이라는 손가락질을 받는 가운데 '종이 마패'는 내밀지 않으면서도 끝까지 굴복하지 않는 것이었다.
    내우(內憂)에 대한 투쟁이란 건설 현장의 일꾼들에게 '안전 준수가 곧 생명 보호'이며 '안전의식이 곧 동료애'라는 안전 제일주의를 강력하게 일깨워 주는 것, 공기(工期) 지연이 발생되지 않도록 모든 현장을 철저히 감독하는 것이었다.

박태준은 호주 시드니에서 일본과 동등한 조건으로 원료 구매 계약을 성공리에 마치고 기쁜 마음으로 영일만에 돌아왔으나 열연 공장 기초공사가 '3개월 지연'이란 엄청난 보고를 받았다.

박태준은 지연된 공기를 만회하기 위해 '비상조치'가 필요하다고 판단했다. 공기 지연은 인건비를 포함한 건설비를 증대시켜 생산 원가를 높임으로써 국제 경쟁력을 악화시킬 뿐만 아니라 각종 설비나 원료의 인도 시일을 늦출 수밖에 없어 계약을 제대로 지키지 못함으로써 신인도 하락으로 이어지게 된다.

박태준은 1971년 8월 하순에 '열연 비상'을 선포했다. "9월 중에는 무조건 하루에 700㎡의 콘크리트를 타설하라." 이 목표에 미달한 조장을 문책하겠다는 엄명도 붙였다. 하루 300㎡를 타설해 온 공사장은 밤낮없는 전장으로 변했다. 주야 돌관 작업이 불가피해 야간에는 250V 조명 등으로 대낮처럼 밝혔다. '회사가 죽느냐 사느냐 갈림길에 서 있다. 우리가 조상들에게 죄를 지을 수는 없다. 우리가 우향우하느냐, 조상들에게 얼굴을 똑바로 들겠느냐' 둘 중의 하나였다. (포철에서 '우향우'라는 말의 의미는 박태준 사장이 공장 건설에 실패하는 경우 공장 부지에서 걸어 나가 우향우하면 바다에 빠져 죽게 되어 있어 죽기 살기로 일을 하자는 뜻이다.)

박태준은 잠시도 지휘봉을 내려놓지 않았다(박태준 사장은 평소 작업 현장을 둘러볼 때는 약 70cm 길이의 지휘봉을 가지고 다녔다). 그는 작업화를 벗지 않은 채 사무실에서 새우잠을 붙이기 일쑤였다. 비가 내리면 판초우를 걸치고 인부들과 함께 현장을 누볐다. 심야와 새벽을 가리지 않았다. 전투 지휘관에게 밤과 낮, 궂은 날과 맑은 날이 따로 없었다.

'비상 선포' 악전고투는 헛되지 않았다. 비상 선언 이후 불과 2개월 만에 5개월 분량의 콘크리트 타설을 완료했다. 지연된 공기를 완전히 만회한 1971년 10월 31일 박태준은 비로소 '열연 비상'을 풀었다. 모두 감격의 만세를 불렀다. 직원들과 작업부들의 눈물겨운 노고가 아름다운 결실을 맺는 현장이었다.

1972년 10월 3일 포철은 1기 건설의 핵심 설비 중 하나인 열연공장(Hot Acting)의 준공 테이프를 컷팅했다. 박태준은 첫 열연 제품에 '피와 땀의 결정체'라는 기념 휘호를 쓰며 뜨거운 가슴을 진정시켰다. 역사적이었다.

볼트(Bolt) 24만 개 교체 사건

볼트는 건설 및 기계 설계에 사용되는 일반적인 요소로 건물을 고정하는 데 사용된다. 볼트의 기능은 두 물체를 죄거나 접합하는 데 쓰는 공구(工具)이다.

박태준은 해외 출장을 나가면 최고 수준의 국제 신사, 공사 현장에 들어가면 전장 최일선의 소대장으로 변신한다. 국제 신사의 고매한 옷을 벗어 던진다. 공사 현장의 소대장, 이것은 부실공사와 안전불감증을 추방하는 강력한 무기와 같았다.

제강공장의 파일에 콘크리트를 먹이는 날, 그것이 포철의 미래를 위한 무슨 천우신조였는지는 몰라도 박태준 사장은 그날도 지휘봉을 들고 높다란 철 구조물 위에 올라가 작업 현장을 지켜보았다. 그런데 묘한 현상이 목격되었다. 레미콘 트럭이 쏟아 내는 콘크리트를 받아먹는 땅속의 파일들이 슬며시 한쪽으로 기울지 않는가! 순간 그의 눈은 불꽃이 튀었다.

박태준은 즉각 공사를 중단시키고 불도저를 불러오게 했다. 가까운 다른 현장에 있던 중장비가 느린 속도로 달려오는 동안 어느덧 비상이 걸려 간부들이 하나둘 모여들었다.

"밀어 봐."

불도저가 비스듬히 기운 파일을 건드리자 맥없이 쓰러졌다. 옆의 똑바로 서 있는 파일도 건드려 보았다. 역시 맥없이 쓰러졌다. 더욱 경악할 일은 파일 길이를 맞추느라 잘라낸 자투리를 아예 모래밭에다 나무처럼 꽂아둔 것도 있었다. 있을 수도 없는, 도저히 있어서는 안되는 장면에서 박태준은 인격이라는 옷을 헌 옷처럼 벗어 던져야 했다. 순간은 야수의 모습이 된 것이다.

"책임자 나왓!"

현장 책임자는 일본 설비회사의 하청을 받은 한국 건설회사의 현장소장이었다. 박태준은 그의 지휘봉으로 그의 안전모(安全帽, 헬멧)를 내리쳤다. 단번에 지휘봉이 두 동강이가 났다. 지휘봉의 나무로 된 연결 부위가 부러진 것이다.

"이 새끼 이거, 너는 민족 반역자야! 조상의 핏값으로 짓는 공장에서, 야 이 새끼야, 저게 파일로 보이냐? 저건 담배꽁초야, 담배꽁초. 천장의 전로에서 쇳물이 엎질러지면 밑에서 일하는 동료가 타죽거나 치명적 화상을 입는 거야. 그래서 부실공사는 곧 적대 행위야!"

비서가 건네준 두 번째 지휘봉이 부실공사 책임자의 안전모 위에서 또 부러졌다. 공사 책임자는 꿇어앉았다.

"여기 일본회사 책임자 찾아와."

최종 책임자는 일본회사의 현장 감독이었다. 그가 하청 회사에 대한 공사 감독을 맡도록 계약되어 있었다. 일단 소낙비는 피하려 했던 일본인 감독이 포철 사장 앞에 죄인처럼 불려 나왔다.

"이 나쁜 놈아! 너희 나라 공사도 이런 식으로 감독하나! 우리가 어떤 각오로 제철소를 짓고 있는지 몰라, 이 나쁜 놈아!"

박태준의 세 번째 지휘봉이 일본인 감독의 안전모를 내리쳤다. 이번에도 그것은 단번에 부러졌고 얻어맞은 사람은 그 충격에 무너지듯 그래도 털썩 꿇어앉았다.

"죽을죄를 지었습니다. 정말 잘못했습니다."

큰 과오를 솔직히 인정하고 진실로 사죄하는 일본인 남성 특유의 자세와 목소리였다. 비로소 박태준의 분노는 한풀 꺾였다.

현장엔 잠시 바람이 죽어 있었다. 말소리도, 숨소리도 덩달아 죽어 있었다. 이제 곧 바람과 함께 말소리와 숨소리가 살아나면 제강공장의 꽁초 사건은 바람을 타고 아주 빠르게 모든 현장으로 번져나갈 것이다. '과연 무서운 소대장'이라는 말이 전체 현장으로 퍼져 나갈 것이다.

"현장에 나오면 나는 사장이 아니라 전쟁터 최일선의 소대장이다. 전쟁터의 소대장에겐 인격이 없다." 박태준은 평소에 이렇게 강조했다. 부실공사를 막고 안전제일의 생활화를 위해 현장에선 자신의 인격을 버리겠다는 선언이었다. 욕도 하고 지휘봉도 쓰고 경우에 따라서는 발길까지 쓰겠다는 선언이었다.

박태준의 이런 결기는 정주영 현대그룹 창업회장과 꼭 닮았다. 정주영 회장도 경부고속도로 건설 현장에서 게으름을 피우는 직원을 발견하면 어김없이 조인트를 걷어차거나 귀싸대기를 올려붙였다. 1970년대 한국의 건설업 수준에서 지휘자가 고매한 인격에 매달린다면 자신의 인격을 지키는 대신에 국가 대업을 망칠 수밖에 없다고 그는 확신하고 있었다.

1972년 6월 8일 포철은 '건설비 추진 본부'를 설립했다. 영일만으로 여름이 건너오고 있는 시점이었다. 비상 체제 선언으로 공기 지연의 손실을 극복했던 열연공장은 어느덧 준공일이 다가왔다.

제강공장의 대형 볼트 부실 사건

부실공사는 '적대 행위'라며 현장에 나타날 때마다 눈에 불을 켜는 박태준은 그날따라 기초공사에서 큰 말썽을 일으킨 제강공장 현장을 찾았다. 현장 철 구조물 공사가 진행되고 있었다. 솔선수범이 몸에 익은 그는 90m 높이의 제강공장 지붕으로 올라갔다.

주먹만 한 대형 볼트로 육중한 철 구조물을 연결하는 작업에는 볼트를 확실히 조이는 일이 가장 중요하다. 그게 부실하게 되면 대형 사고의 씨앗을 뿌리는 것이다. 수백 톤의 무게가 나가는 장비들의 반복 운동을 견디지 못하는 철 구조물이 예고도 없이 갑자기 무너질 수 있기 때문이다. 그래서 대형 볼트는 작업자의 조임 상태를 확인할 수 있는 구조를 갖추고 있다. 제대로 조여진 것은 대가리 부분이 떨어져 나가고 허술하게 조여졌거나 오차가 생긴 것은 대가리 부분이 지저분한 상태로 남는다.

문득 박태준의 발걸음이 멈췄다. 철 구조물에 남은 '볼트의 지저분한 대가리'가 눈에 띄었다. 자세히 보니 한두 군데가 아니었다. 아찔했다. 박태준은 자신의 몸이 까마득한 땅바닥으로 추락하는 것 같았다. 그는 현장 보는 것을 중단하고 사무실로 돌아와 간부들을 집합시켜 불호령을 내렸다.

"지금 즉시 모든 볼트를 하나도 남김없이 일일이 확인하라! 잘못 조인 볼트는 머리에 흰 분필로 표시하라. 서울 사무소에 연락해서 시공회사의 책임자를 즉각 현장으로 내려오게 하라!"

무려 24만 개의 대형 볼트 중 400개에 흰 분필이 칠해졌다. 그것은 모조리 교체되었다. 눈여겨보지 않았으면 언젠가 제강공장에서 붕괴 사고가 일어날 수도 있었다.

직원들 사이에선 '섬뜩할 만큼 예리한 육감을 가진 사람', '남의 눈엔 멀쩡해 보이는 것에서 문제점을 발견하는 비정상의 눈을 가진 사람'이라고 박 사장에게 애칭을 붙여주었다. 박태준의 특별한 감각은 결국은 미래에 느닷없이 덤벼들 우환을 막아주는 예방주사 같았다.

첫 쇳물이 쏟아져 나오다

용광로에서 높은 열에 녹아져 물같이 된 쇠가 나오는 것을 선출이라고 한다. 박태준은 아침에 몸을 다시 깨끗이 씻었다. 목욕재계였다. 중요한 일을 앞두고 부정을 타지 않도록 몸을 깨끗이 씻고 몸가짐을 다듬는 것은 우리 민족의 오랜 의식이었다.

박태준은 형산강 다리를 건넜다. 어느새 말간 해가 한발 남짓 올라와 있었다. 6월 9일 오전 7시 30분, 포철 사장을 포함한 임원들과 건설 요원들이 700m³ 고로의 제2 주상으로 올라섰다. 막 출선구 뚫기가 끝났다. 과연 한국 제철 역사상 최초의 대형 고로에서 쇳물이 터져 나올 것인가. 그리하여 22개 공장으로 구성된 '일관종합제철'은 정상적으로 가동될 수 있을 것인가.

'펑!' 굉음이 터졌다. 출선구를 뚫고 나온 오렌지색 섬광에 이어 천천히 불꽃이 스러졌다. 고로 안에 침묵이 가득했다. 그때였다. 숨을 죽이고 내려다보는 사람들의 발밑으로 꾸물꾸물 기어 나오는 물체가 있었다. 용암 같은 황금색 액체였다. 우리가 영화에서 보는 화산이 분출할 때 쏟아져 나오는 용암 그 자체였다. 아침마다 보는 영

1기 고로에서 첫 쇳물이 터져나온 순간 만세를 부르는 박태준 사장(앞줄 왼쪽 두번째)과 임직원 (1973. 6. 9. 오전 7시 30분)

일만의 일출, 맑은 아침 수평선에서 올라 있는 찰나의 태양이 내는 빛깔이었다. 쇳물이었다.

"나왔다, 나왔다."

순식간에 고로 내부는 환호의 도가니로 바뀌었다. 역사적 현장을 지켜보는 사내들의 눈에서 왈칵 눈물이 흘러내렸다

"만세! 만세!"

사람들의 두 팔이 머리 위로 힘차게 올라갔다. 박태준도 자신도 모르게 두 팔을 올렸다. 감격의 만세도 외쳤다. 영일만 제1 고로의 폭포 같은 첫 출선, 한국 현대 경제사(史)에 새 지평이 벅차게 열렸다.

제강 사고와 안전의 날

1977년 4월 24일, 박태준은 필리핀 마닐라에 출장 중이었다. 그

날 새벽이었다. 엎질러진 물이란 말이 있지만 엎질러진 쇳물이 바닥에 쏟아졌다. 엎질러진 물은 걸레로 닦아낼 수 있지만 엎질러진 쇳물은 닦아낼 수도 없다. 더구나 초고온의 쇳물이다. 이 쇳물은 식으면 쇳덩이로 변해 엉겨 붙는다.

사고는 제강공장에서 일어났다. 크레인 운전공이 깜빡 졸면서 조정 간을 잘못 조작한 실수 때문이었다. 레일들이 전로 바로 앞에서 기울어져 펄펄 끓는 쇳물 44톤이 바닥에 쏟아졌다. 다행히 인명 피해는 없었다. 그 사고의 가장 심각한 피해는 '공장의 신경계(神經系, Nervous System)라 할 수 있는 케이블이 타버린 것이다. 제강공장 지하에 매설되어 있던 케이블의 약 70%가 소실되었다. 총 142면의 운전 조작실 계기장치도 큰 화재를 입었다. 21면 완전 소실, 81면 부분 손실, 직접적인 재산 피해액 약 1억 6천만 원.

4월 24일부터 29일까지 박태준의 요청으로 포철에 도착한 일본 기술자는 모두 47명이나 되었다. 후지(富士)제철소의 각 창고에 보관되어 있던 케이블도 공수되었다. 그들은 완전 복구에 최소한 3~4개월이 걸린다고 했다. 그러나 포철 일꾼들은 한 달 만에 케이블 교체를 끝낸다는 목표를 세웠다. 이게 핵심 작업이었다. 비상 작업, 돌관 작업에 승부를 걸어야 했다.

박태준은 진두에서 지휘봉을 잡았다. 정상적인 하루 케이블 포설량은 3~5천m였다. 그러나 전원 삭발한 복구팀은 철야의 강행군으로 하루 최장 3만 7천m까지 포설했다. 기네스북에 오를만한 기록이었다.

3중의 점검 작업도 철저히 병행했다. 박태준은 임직원들에게 영혼의 목소리로 말했다.

"우리 세대는 희생하는 세대다. 다음 세대를 위하여 순교자적으로 희생해야 하는 세대다."

'한 달'이라는 목표는 달성되었다. 일본 기술팀은 다만 어안이 벙벙해서 혀를 내두르고 있었다.

박태준은 사고가 난 4월 24일을 '포철 안전의 날'로 정했다. 사고 재발 방지를 위해 이날을 안전의 날로 정하고 각 사업부별로 안전의식을 고취하도록 했다. 사고 조사 위원회는 크레인 운전공들이 항상 깨어 있도록 하는 세 가지 실천 방안을 마련했다.

- 단조로운 기계음을 상쇄하기 위해 라디오 음악을 들려준다.
- 야간 근무는 8시간 내내가 아닌 3시간씩만 하도록 교대 시간을 조정한다.
- 감독자를 증원해 자주 순찰하여 '졸음'을 예방해 준다.

나의 사전에 부실공사는 없다

1977년 8월 1일, 아침부터 불볕이었다. 박태준은 발전 송풍 설비 공사 현장 앞에 차를 세웠다. 기초 콘크리트 구조물이 80% 정도 진척되어 70m의 굴뚝이 올라가 있었다. 그는 기초공사 상태를 둘러보다가 지휘봉으로 한 지점을 가리켰다.

"야 인마, 저긴 왜 저렇게 울룩불룩 나와 있어?"

포철에서 나와 있는 감독의 낯빛이 새하얘졌다.

"문제의 부분을 뜯어내고 다시 하겠습니다."

감독이 잔뜩 긴장되어 조심스럽게 대답했다. 사장의 지휘봉이 빠르게 위로 올라갔다.

"턱"

안전모에서 소리가 났다.

"너, 정신이 있는 놈이야, 없는 놈이야? 그러면 콘크리트 양성 시기가 안 맞잖아?"

"예. 그건 그렇습니다."

박태준은 일본인 감독관도 앞으로 불렀다.

"너희는 뭐 했느냐?"

한국말과 일본말이 범벅이 되어 소나기 오듯 퍼부어졌다. 짧은 정적이 흘렀다.

"당장 폭파해!"

육중한 철근 같은 명령이 떨어졌다.

"무슨 말씀이신지?"

그는 폭파식 준비까지 알려주었다.

"먼저 드릴 가져와서 군데군데 구멍을 뚫어. 다이너마이트를 넣어야 하니까. 다이너마이트는 대한중석에 연락하면 금세 오게 되어 있어. 다이너마이트가 오게 되면 구멍에 넣고 가마니를 덮어. 그리고는 바로 폭파야."

현장 책임자에겐 바쁜 하룻밤이 지나갔다. 석산 현장에서 폭약을 구해오랴, 폭파 기사 대기 시키랴.

이튿날이었다. 그림자가 짧은 한낮에 '이상한 기념식'이 마련되었다. 포철 안에 있는 모든 건설 현장의 책임자와 간부, 외국인 기술자 감독, 그리고 포철의 임직원들이 한자리에 모였다.

'나의 사전에 불가능은 없다'라고 했다는 나폴레옹의 말을 떠올린 박태준은 문득 하나의 문장을 완성하며 미소를 머금었다. '포철의 사전에는 부실공사는 없다.' 진짜로 실현하려면 그런 말은 불필요하다고 생각했다. 80%나 진척된 굴뚝을 다이너마이트로 완전히 날려버리는 '거창한 폭파식'이야말로 어떤 호소나 명령보다 훨씬 뛰어난

발전송풍설비 불량 콘크리트 구조물 폭파 (1977년 8월 2일)

경각심을 불러일으킬 것이었다. 더구나 영일만의 건설 현장은 8년째 접어들어 기강이 좀 풀리거나 타성에 젖을 수 있는 시기였다.

"쾅. 쾅. 쾅."

굉음이 터졌다. 그간 퍼부은 예산과 시간과 노력이 한 순간에 먼지로 사라진 찰나 모여든 사람들은 입을 다물었다. 사라진 것들과는 견줄 수 없는 무형의 자산이 그들의 머리와 가슴에 남아야 했다.

박태준과 정주영의 대결

1978년 봄부터 박태준의 포철과 정주영의 현대(現代)는 '제2 제철소' 실수요자(實需要者, 직접 경영할 사람)가 되기 위한 본격적인 경쟁에 돌입했다. 조선과 자동차를 갖고 있는 정주영은 철강의 대량 수요자로 제철공장을 직접 갖는 것이 절대적이었다.

포항제철에서 연산 1,000만 톤을 생산한다고 하면 '철강 2,000만 톤 시대'로 가겠다는 국가 정책으로 최소 포항제철 규모의 제철소 하나를 더 건설해야 했다. 포스코가 맡느냐 현대가 맡느냐는 대단한 정책적 의미를 담고 있다. 제철 산업을 국영 1사로 계속하느냐 아니면 민간기업에게 제철소를 허용해 관·민 경쟁 체제로 가느냐의 의미를 담고 있다. 제철산업의 구도가 바뀌는 중대한 기로였다. (독자들이여, 우리는 이 책 앞 장에서 이 문제는 잠시 들여다본 일이 있다.)

정부 내에서는 양자 선택의 문제에서 청와대 비서진과 실무 부서인 상공부(현 산업자원부)로 의견이 갈라졌다. 청와대에서는 오원철 경제수석과 비서진은 현대를 밀고 최각규 상공부 장관 등 관련 장관들은 포스코를 밀었다.

그해 10월에 들어서야 '제2 제철소가 아니야, 포철 제2공장이지' 하는 박 대통령의 결정에 따라 박태준의 포철이 맡게 되었다. 박 대통령의 결정이 나기 전까지 양측은 국민적 여론의 우위를 차지하려는 홍보 경쟁도 치열했다. (저자는 당시 '매일경제' 상공부 출입 기자로 이 문제에 대해 많은 취재와 기사를 썼다.)

홍보 경쟁이 달아올랐을 때 박태준은 하나의 기발한 아이디어를 냈다. 당시 명문으로 영향력 있는 칼럼을 쓰는 '조선일보' 선우휘(鮮于輝) 주필과 대담, '차 한잔을 나누며'의 조선일보 지면을 통해 제2제철소의 실수요자가 포철이 되어야 한다는 소회를 피력했다. 선우휘 주필은 북한 정주에서 1922년에 태어났으며 경성사범학교를 거쳐 언론인이자 소설가, 작가, 반공주의 운동가였고 그의 글은 날카롭고 정연한 논리로 유명했다.

박태준은 대담에서
"새로운 제철소를 건설한다고 하면 여기(포철)에서 사람이 빠져나갈 수밖에 없는데 우리 회사에서 무작정 사람을 빼내 가게 되면 거기서 일어나게 되는 부작용은 상상하기조차 무섭습니다. 양쪽이 모두 잘못될 가능성이 큽니다. 제1공장이 이미 있는 상태에서 제2공장을 건설할 때에는 상호보완 관계가 많이 이루어지기 때문에 절약 요인이 많게 되지만 새로 하려면 그 낭비는 엄청날 것입니다. 불필요한 설비가 더 추가되어야 하니까 자연히 부담이 가중되는 셈이지요. 어떤 시기에 가서 민영화를 하더라도 저의 개인적인 생각으로는 정부 주도형 민영화가 바람직하지 않느냐 생각합니다.

국가 경쟁력의 측면에서 보더라도 오늘날 영국, 오스트리아, 일본, 이탈리아, 인도 등 대부분의 나라들이 소형 공장들을 계속해서 통합해 나가는 경향이 있는데 우리나라와 같이 시장이 크지도 않은 나라에서 왜 이 같은 국가의 중대한 기초 산업을 두 개, 세 개로 나누어 추진할 필요가 있느냐 하는 겁니다. 자유 경쟁의 효과를 말하는 사람이 있을는지 모르나 철(鐵)의 경우에는 미국도 현재 관리 가격 체제이고 기초 물자이기 때문에 정부에서 단속을 하고 있습니다."

(1978년 4월 18일 '차 한잔을 나누며')

그때 현대그룹 측에서 내세운 제 일의 주장은 현대가 제2 제철소를 맡아야 '철강 독점'의 문제점을 해소하면서 서로 '선의의 경쟁'을 하게 된다는 것이었다. 박태준은 그 '선의의 경쟁'이라는 말에 불편한 심기가 고여 있었다. 품질뿐만 아니라 가격 측면에서도 처음부터 한결같이 '독점의 경쟁'이 아니라 '제철보국의 경영'을 고수해 왔기 때문이었다.

'제품의 질에 있어서도 영국 로이드 선급협회(Lloyd's Register)를 비롯한 주요국의 권위 있는 기관으로부터 품질 및 규격에 있어서 인정을 받고 있다고 하며 국내 판매가격은 수입 가격의 22~42%까지나 저렴한 편으로 그에 따른 수입 대체로써 지난 한 해 동안에 1억 5천만 달러의 외화를 절약한 것으로 분석되고 있다'(1974년 7월 4일 자 조선일보 사설).

박태준의 회고

박태준은 현대그룹과의 대결에서 청와대에서의 마지막 장면을 서갑경 하와이대 교수와의 대담에서 다음과 같이 회고했다.

'당시 포철은 제3기 건설에 매진하고 있었습니다. 현대가 그렇게까지 공세적으로 나올 줄 몰랐습니다. 2년 전 포철이 제2제철소의 실수요자로 지정되었다는 부총리의 발표가 있었는데도 말입니다.

하지만 제2 제철소를 포철에 맡기겠다는 정부의 약속은 흔들리고 있었습니다. 그때 현대그룹은 중동에서 주베일 산업항 낙찰에 성공하는 등 큰 규모의 외화 획득을 했습니다. 현금 능력이 아주 풍부해졌습니다. 포철은 현대와 대결하기 위해 새로운 전략이 필요하다는 것을 깨달았습니다. 현대그룹은 민간기업이 제2 제철소를 맡아야 한다는 점을 강조하고 자신들은 자금력이 풍부하기 때문에 곧바로 착공할 수 있으며 계열사들의 역량을 활용하면 효과적으로 제철소를 건설할 수 있다고 주장했습니다.

당시 포철 임직원들은 막강한 자금력을 지닌 재벌그룹이 포철을 인수하지 않을까 걱정하고 있었습니다. 만약 포철을 인수한 대기업이 경쟁기업에 합당한 가격으로 철강재를 공급하지 않는 일이 벌어진다면 어떻게 될지 궁금해한 것입니다'

그 시기는 박태준에게 많은 고민을 안겨 주었다.

'그때 배후에서 어떤 일이 벌어지고 있는지 감지했지요. 저는 어떤 이유인지 청와대로 들어가는 문이 닫혀 있다는 것을 알게 되었습니다. 아마도 내가 제철소에 대한 전문 지식과 경험이 없었더라면 현대에 제2 제철소를 넘기는 것이 유리하다고 생각할 수도 있었습니다.

하지만 경쟁은 끝나지 않았습니다. 반전의 기회가 왔습니다. 최각규(崔珏圭) 상공장관이 포철의 운영 현황을 보기 위해 잠시 들렀습니다. 최 장관은 어느 기업이 제2 제철소의 주체가 되어야 하는지를 대통령에게 보고하는 주무장관입니다. "포철은 국산화 비율을 50~65%로 높이기 위한 계획을 세우고 있습니다. 더구나 포철은 제2 제철소를 우리의 힘만으로 지을 작정입니다. 제2 제철소를 포철이 맡게 되면 사내 유보금과 이익금을 바탕으로 내자의 60~70%를 충당할 계획입니다."'

최 장관은 포철이 이룩한 성과와 제2 제철소 건설 계획에 큰 감명을 받았다.

1978년 10월 초순 월간 경제장관 회의가 열렸다. 경제장관 회의는 1961년 6월부터 각령에 의해 설치됐는데 경제 관계 부처 간의 상호 협조를 하여 국민 경제의 효율적 운영을 도모하기 위한 회의였다. 회의가 진행되자 최각규 상공장관은 포철이 제2 제철소를 맡아야 한다고 주장하고 건설부 장관도 이에 동의했다. 청와대 관계자들은 깜짝 놀랐다. 정부 관계자들의 의견이 둘로 나뉘었다. 청와대 경제수석(오원철)은 민간기업의 육성과 시장경쟁의 촉진을 위해 '현대그룹'을 지지했다. 그는 현대가 중동의 산유국들과 밀접한 관계를 맺고 있기에 자금을 쉽게 조달할 수 있을 것이란 점도 내세웠다. 당시 중동의 산유국은 오일달러 위세를 앞세워 세계 경제를 쥐락펴락했다. 이에 대해 두 명의 장관은 포철이 지금까지 입증한 성과가 무엇보다 중요하다며 포철을 배제할 이유가 없다고 맞섰다.

"포철은 그동안의 노하우를 활용하여 제2 제철소를 훌륭하게 건설할 수 있습니다. 총비용의 50% 이상을 자체적으로 조달할 수 있고 세계 금융기관들로부터도 높은 신용등급을 받고 있었습니다. 이보다 훨씬 중요한 것은 경험이 많고 잘 훈련된 기능공 및 기술자들이 박태준 사장을 믿고 따른다는 점입니다. 이것이야말로 가장 귀중한 자산입니다. 돈으로도 살 수 없는 것들이지요."

논쟁은 더 이상 벌어지지 않았다.

철강은 역시 박태준이야!

박정희 대통령은 제2 제철소에 대해 최종 결정을 내리기 전에 박태준의 의견을 듣고 싶어 했다. 비서실장은 박태준을 청와대로 들어오게 하는 것이 탐탁지 않았으나 대통령의 지시를 거역할 수는 없었다. 박태준이 비서실에 도착했을 때 비서실장과 경제수석은 현대그룹에 양보하도록 강요했다. 박태준은 치밀어오르는 분노를 참으며 말했다.

"당신들이 포철의 계획이 무엇인지 물어보지도 않고 자신의 생각을 받아들이라고 강요하는 것은...."

비서실장은 박태준의 말을 중단시켰다.

"자 그만 들어갑시다."

박 대통령은 반갑게 박태준을 맞았다.

"임자, 이제는 얼굴 보기도 힘드는구만. 자 제2 제철소 건설에 대해 말해봅시다. 제2 제철소를 현대가 맡는 게 좋다는 의견으로 알고 있는데...."

대통령이 말을 꺼내자, 비서실장은 자신의 의도대로 모든 일이 끝난 것처럼 표정을 짓고 있었다. 그때 박태준이 조심스럽게 말했다.

"각하! 이미 결심을 굳히셨습니까? 그렇다면 굳이 저를 부르실 필요가 없으실 텐데요."

"임자의 말을 들어보고 결정하기로 했네."

"굳이 저에게까지 물으실 필요가 있겠습니까? 이미 보고가 끝난 것으로 들었습니다. 여기 계신 분들이 객관적으로 많이 연구하여 각하께 말씀드린 것으로 알고 있습니다."

"나는 포철 사장의 보고를 들어야겠어. 시작해 보게."

박태준은 자신의 모든 생각을 말하고 나서 끝맺는 말에 "만약 현대와 같은 사기업이 실패하게 된다면 정부는 결국 포철에게 인수하라고 할 것입니다. 그로 인해 국민에게 돌아갈 부담은 어떻게 하실 겁니까?" 모두가 듣고만 있었다.

박 대통령은 좌중을 둘러 보고는 "철강은 역시 박태준이야! 임자가 하는 일과 계획, 비전 등을 잘 이해할 수 있게 됐네." 대통령은 세 명의 수석 비서관을 흘끗 쳐다본 후 목소리를 가다듬고 말했다.

"아무리 생각해도 제2 제철소는 포철이 맡아야 하겠소. 그렇게 하는 것이 국가 발전에 보탬이 되는 길이라 생각합니다. 모두들 수고했습니다."

한국의 카네기 박태준

1978년 12월 8일 오후 3시, 당시의 기준으로 세계 최대 대형 용광로인 '3고로' 주상에서 열린 종합 준공식에는 박정희 대통령을 비롯한 관계 장관들, 이나야마 신일본제철 회장을 비롯한 해외 귀빈 등 300여 명이 참석했다. 1970년 4월 1일 첫 착공 때부터 영일만에 상주하며 기술적인 교사 역할을 담당해 준 일본 기술단이 비로소 일본으로 돌아갔다.

'제3 고로' 준공식은 어려운 여건 속에서 이루어진 것이어서 더 값진 것이었다. 당시 무엇보다도 건설 인력이 부족해 애를 태워야 했다. '중동 건설 붐'을 타고 수많은 건설 숙련공들이 '오일 달러'를 벌기 위해 열사의 땅으로 몰려갔기 때문이었다. 그 여파로 포철 3기에는 '공기 지연'이 발생할 수밖에 없었다. 특단의 조치를 통해 정신적 결집이 요구되는 때였다.

추석이 다가왔다. 그렇다고 추석 휴일을 쉴 수는 없었다. 박태준은 비상조치를 취했다. '합동 추석 차례상'을 마련한 것이다. '번영 위해 바친 추석', '조상님인들 탓할 쏘냐' 같은 피켓이 등장한 가운데 박태준은 추석날 아침에 회사 정문 앞에 다가가 기다린 차례상을 차려 맨 먼저 재배를 올리고 공기 준수를 위한 건설 비상에 돌입했다. 어떻게 하든 11월 30일까지는 3기 공사를 완벽하게 마무리하겠다는 것이었다.

그해 연말에 '동아일보'는 박태준을 올해의 인물로 선정했다. 국내 모든 언론은 정치 상황과 무관한 시각에서 포철의 위업에 찬사와 격려를 아끼지 않았으며 박태준을 '한국의 카네기'라 부르는 데 주저하지 않았다. '다른 욕심은 없느냐'며 은근히 정계 진출 의사를 타진할 질문도 나왔다. 그러나 그는 '철에 미친 사람으로서 전혀 다른 욕심을 없다'고 잘라 말했다.

일본 기술단은 포철을 떠나면서 다음과 같은 글을 남겼다.

"모든 역경을 딛고 포항제철은 단기간에 일본의 제철소에 버금가는 대규모 선진 제철소를 건설하는 데 성공했다. 이 회사가 4기 확장을 마칠 때면 아마도 생산능력과 시설 면에서 세계 최고가 될 것이다. 포항제철의 잠재 능력은 경영정보시스템, 연수원, 정비관리센터 등 독창적인 조직에 기인한다. 고급 인력과 최고 경영자의 탁월한 경영 능력이 합쳐져 포항제철은 머지않아 세계 최고가 될 것이다."

덩샤오핑(鄧小平) "박태준을 중국에 수입하면...."

덩샤오핑은 중화인민공화국의 3대(代) 최고 지도자다. 개혁 개방 정책으로 중국을 오늘의 경제 강국으로 만든 주역이다.

1978년 11월 중순 박태준은 도쿄로 날아가 맨 먼저 이나야마 회장 사무실을 방문했다. 12월 8일의 포철 3기의 종합 준공식에 은인을 초대하려는 걸음이었다. 포철의 승승장구를 진심으로 축하해 준 그가 미소를 머금고 뜬금없는 말을 꺼냈다.

"박 사장님. 중국에 납치되지 않도록 조심하세요."

"무슨 말씀이십니까?"

박태준은 조금 긴장했다. 이나야마 회장은 껄껄 웃었다.

"지난 10월에 중국의 덩샤오핑이 우리 제철소를 방문했습니다. 자본주의 경제 제도에 관심이 많은 것을 보니 '죽(竹)의 장막'에도 조금씩 문이 열리는 것 같습니다."

"몇 년 전에 벌써 조그맣고 가벼운 탁구공이 거대한 죽의 장막에 구멍을 내지 않았습니까?"

'탁구공'은 1974년 미국과 중국의 '핑퐁 외교'를 가리키는 말이었다.

"그렇지요. 그런데 덩샤오핑은 일본의 제철소에 대한 관심이 유난히 깊더군요. 기미츠제철소를 둘러보더니 뜻밖에도 '포철'의 이야기를 꺼냈습니다. 결론은 우리한테 포철 같은 제철소를 지어 달라는 것이었어요. 진심의 부탁이었는데 '가능할 것 같지 않습니다'라고 공손히 대답했습니다. 덩샤오핑은 조바심을 내는 것 같더니 그게 그렇게 불가능한 요청이냐고 정중히 되물었습니다."

이나야마는 훤한 표정으로 말을 이었다.

"제철소는 돈으로 짓는 것이 아니라 사람이 짓는데 중국에는 박태준이 없지 않으냐고, 박태준 같은 인물이 없으면 포철 같은 제철소는 지을 수 없다고 명백히 말해 줬습니다. 포철은 기적이라는 말과 함께요. 덩샤오핑은 잠시 생각에 잠기더니 그러면 박태준을 수입하면 되겠다고 했어요, 박 사장님. 중국이 당신을 납치할지도 모릅니다."

이나야마와 박태준은 함께 웃음을 터뜨렸다. 그때 이미 중국 지도부는 '박태준 파일'을 갖추고 있었다. 어떤 인물이 어떤 리더십과 어떤 신념으로 포철의 기적을 이룩했는지를 훤히 꿰차고 있었다. 1978년 이후 중국에서 한국의 경제인 가운데 박태준을 가장 **훌륭한** 인물로 인식시키는 계기가 되었다.

13

박태준 자신이 포철 울타리(Fence)가 되다

울타리는 토지를 분리하고 침입자로부터 보호하는 데 사용하는 장치다. 포철의 울타리는 박정희 대통령이었다.

박태준은 1979년 10월 26일 평범한 아침을 열었다. 8시 30분부터 영일만의 포철 본사 회의실에서 임원 간담회를 주재했다. 오후에는 포철 4기 건설 현장을 둘러본 뒤 단위 현장의 책임자들이 세미나(Seminar)를 열고 있는 제철 연수원으로 갔다. '자주 관리 운동의 의의와 필요성'에 대한 특강이 잡혀 있었다.

주제는 '국제 수준의 안목(Discerning)을 키우자'였다. 박태준은 기업의 성장 과정과 지도자의 역할을 좀 더 알기 쉽게 설명하기 위해 '국가의 성장 과정과 지도자의 역할'에 비유했다. 한국이 청년기에 들어섰다고 하면서 포철도 '청년기'에 들어섰다고 했다. 이제 청년기에 들어섰으니 모든 임직원이 스스로 알아서 하는 자주 관리 의식으로 무장하고 그 바탕 위에서 국제적 안목을 갖추는 공부를 열심히 해나가자고 했다.

그날 저녁 박정희 대통령이 서울 궁정동에서 무참히 시해(弑害)당했다. 시해란 신하가 자기 임금을 죽이다라는 뜻이다. 현대사를 바꾼 대사건이었다. 이 사건에 대한 만인의 시각은 다 다를 수 있지만 '포철이란 법인'의 입장에서는 포철로 불어오는 '정치적 강풍'을 막아주던 튼튼한 '울타리'를 잃은 것이다. 포철은 울타리가 없는 허허벌판에 서게 되었다. 박태준이 포스코로 불어오는 정치 외풍을 막아내는 울타리가 될 것인가 아니면 포스코에서 물러나게 될 것인가? 1980년 봄날의 정치적 대혼란 속에서 박태준의 진퇴는 신군부라 불린 조만간 '5공'이라 명명되는 정치 세력의 손에 달린 문제였다.

1980년 가을 어느 날 영일만에 박혀 묵묵히 철의 사나이로 지내고 있는 박태준을 최고 권력자 전두환이 서울의 모처로 불렀다. 박태준에게 전두환은 낯선 얼굴이 아니었다. 박태준이 육사(陸士) 교무처장으로 근무했을 때 전두환은 11기 생도였고 박태준이 대령으로 참모장이었을 때 전두환은 같은 연대의 중대장이었다. 과거에는 전두환에게 하대를 하면서 호통도 쳤지만 지금은 전두환이 그의 인사권자였다.

뒤바뀐 관계에서 새 권력자는 박태준에게 '도움'을 요청했다. 박태준의 내심에 도움 요청에 대한 수락 조건은 '포스코를 계속 맡는 것'이었다. 이 바람은 빗나가지 않았다. 박태준이 박 대통령에 이어 포스코의 울타리 역할이 부여되는 순간이었다.

전두환은 박태준에게 국가보위 비상대책위원회 재정경제위원장과 한일의원연맹 한국 측 회장을 맡아 달라고 요청했다. 그러면서 최고 권력자는 포철 제2 공장의 입지는 건설부의 의견대로 서해(西海) 아산만(牙山灣)으로 하도록 강력히 요청했다. 박태준은 반대했다. 서슬이 퍼런 새 권력자에게 반대 의사를 표명할 수 있는 사람은 박태준이 유일하다.

아산만 일대의 건설부 공무원들의 토지 소유 실태와 광양만 일대 포철 임직원들의 토지 소유 실태를 조사시켰다. 아산만에는 건설부 공무원들의 토지 투기가 있었고 광양만은 깨끗했다. 박태준은 충분한 과학적 자료들을 제출했다.

결국 박태준의 뜻에 따라 제2 제철소 입지는 '광양만(光陽灣)'으로 낙점됐다. 현재의 포철 광양제철소가 그것이다. 이러한 큰 일이 '박정희를 대신하는 박태준의 포스코 울타리 역할'이었다.

1980년부터 1984년까지 박태준은 여의도 국회의사당에 한발을 걸쳐 둔 채 포스코 경영 상황을 머리에 담고 '영일만 연산 850만 톤' 체제 확장 공사와 '광양만 부지 매립 공사'를 수시로 점검하고 직접 살폈다. 연산 300만 톤 체제 광양제철소 1기 건설의 착공 목표일은 1985년 7월로 잡았다.

그는 1982년에 이따금 광양만으로 내려갔다. (독자들이여, 5공 초 광양만과 아산만 입지 선정을 둘러싸고 마찰이 얼마나 격심했는지 유상부(劉常夫) 당시 포스코 설비기획 본부장(추후 포스코 5대 회장)의 회고를 보면 알 수 있을 것이다.)

삼청동 국보위에 도착해 건설 분과위원회 사무실에 들어서자 Y 국장, C 대령 등이 자리에 앉아 있었으며 Y 국장은 내가 자리에 앉기도 전에 언성부터 높였다. (성명 대신 이니셜만 쓰는 것을 이해해 주시기 바란다.)

"너 인마, 왜 말도 되지 않는 것을 박 사장한테 보고해서 이미 결정된 '아산'을 가지고 혼선을 가지고 오게 하는 거야! 광양은 연약 지반인데 어떻게 호안(護岸)을 쌓고 제철소를 짓는다는 거야! 100년이 걸려도 돌 하나 물 위로 올라오지 않아. 나는 항만을 27년간 해 온 사람이야. 네가 항만에 대해 뭘 안다고 그래!"

나는 일본에서 보고 온 여러 예를 들면서 국내에서는 시도한 적이 없었던 연약 지반 개량 공법을 설명했다. 그랬더니 Y 국장은 더욱 노발대발했다.

"야! 박태준의 시끼야! 기술자라면서 양심도 없고 말이지. 박 사장이 시키는 대로 되지도 않는 것을 된다고 고집을 부리고 말이야. 네가 그렇게 밥 먹을 데가 없으면 내가 당장 직장을 구해 줄 테니까 거기 그만둬. 그리고 너는 토목 기술자로서 자격도 없는 놈이야!"

그 뒤에 계속된 실랑이와 모욕은 내가 태어나서 받은 최고의 수모였다. 집에 돌아온 즉시 노트에 적어 놓고 언젠가는 광양의 입지 조건을 증명하여 반드시 되갚고야 말겠다고 다짐했다.

박태준의 어느 여름날 특별 지시

1983년 여름 어느 날 박태준은 문득 '한스 브링커'를 떠올렸다. 한스 브링커는 네덜란드의 바닷가 마을에 사는 소년이었다. 그는 학교 수업을 마치고 집으로 돌아오다 제방에 작은 구멍이 뚫려 있는 걸 발견했다. 한스는 즉시 손가락으로 그 구멍을 막고 나중에는 팔뚝을 집어넣어 막아낸 이야기다.

네덜란드는 물의 나라다. 수도 암스테르담을 하늘에서 내려다보면 하천과 저지대에 둘러싸여 있다. 홍수가 나면 그대로 거대한 호수로 변할 것 같은 지형이다. 나라 이름 자체가 그렇다. 현지어로 네덜란드는 '낮은 땅'이라는 뜻이다. 암스테르담은 암스텔강에 댐(Dam)을 건설해 물을 막고 그 진흙에다 수많은 기둥을 박아 만든 도시다. 그들은 제방을 만드는 데는 뛰어난 재능과 인내심을 갖고 있었다.

박태준은 한스 브링커의 생각이 나자 오싹하게 소름이 돋았다. 어떤 영감이 떠오른 것이다. 그는 즉시 전화기를 집어 들었다. 임원 회의를 소집하라고 명령했다.

광양만의 호안공사는 3공구(工區)로 나눠 대우, 삼성, 코오롱 건설이 맡았다. 설계도는 단면도만 보아도 몹시 까다로웠다. 본체를 구성하는 내부석(內部石), 외부의 파랑을 견뎌내고 방지하는 피복석(被覆石), 앞면의 구멍을 방지하는 근고석(根固石)과 매트, 뒷면의 토사 유출을 막기 위한 방사(防砂) 필터로 구성되었다. 소요되는 석재(石材)는 부지 안의 소당도, 금당도, 비운도, 내도 등 14개 섬을 발파하여 충당했다. 섬 발파로 얻은 파편에는 불량석이 많았다. 그것을 쓰면 부실공사로 이어진다. 대충대충 식으로 하면 부실공사가 된다. 부실공사는 미래의 재앙이다.

7월 1일 박태준은 호안공사 감사를 지시했다. 한종웅, 박두균 등이 광양으로 달려갔다. 그들은 눈에 불을 켰다. 공구마다 불량한 곳이 많았다. 그냥 지나칠 수 있는 문제가 아니었다. 돌의 강도, 규격, 시공 상태 등에 대한 보고서를 만들었다.

7월 13일 임원 회의가 열렸다. 한종웅의 보고가 끝나자 박태준이 물었다.

"시공 상태는 확인했어?"

"예, 예."

여태 보고한 것이 바로 그것이었다.

"바닷속의 시공 상태도 점검했느냐 말이야! 안 했지?"

"바닷속까지는...."

"무너지면 물속에서부터 터지지 물 밖에서 터지겠는가!"

바닷속의 돌까지 자세히 살피라는 엄명을 내린 박태준은 네덜란드를 떠올렸다. 바다부터 막고 바다를 메워 육중한 제철공장을 세우려는 그는 '호안 축조 공사'의 부실 방지에 집착할 수밖에 없었다.

감사팀은 먼저 포항 시내에 나가 스쿠버 장비부터 갖췄다. 그들은 잠수복을 어떻게 입는지, 오리발 헤엄을 하는지도 모르는 사람들이었다. 책을 구해 읽고 전문가들을 만나고 교육도 받았다.

다시 광양으로 갔다. 7월 하순은 마침 장마철이었다. 그들은 내리는 비를 무시했다. 35리의 호안을 따라 '물속의 돌'과 물 밖의 돌을 하나하나 확인해 나갔다. 규격 미달은 삼각표, 석질 불량은 X표, 짜임새 불량은 O표를 했다. 건설회사 책임자들은 독한 시어머니가 나왔다고 소곤댔다. 그러나 그들은 소용돌이가 몰아치는 위험 지역도 빼먹지 않았다.

8월 초에 그들이 서울에 올라갔다. 불량 시공의 실태를 보고받은 박태준은 눈썹을 치켜세웠다.

"대형 간판을 만들어 100m 밖에서도 보일 정도로 크게 세워!"

그의 지시에 따라 '공사 불량 재시공 지구'라는 간판이 광양만 호안공사의 문제 지점에 세워졌다. 대문짝만한 글씨였다.

그 후 공사는 품질이 눈에 띄게 좋아졌다. 큼직한 이정표처럼 세워진 그 간판은 이렇게 외치고 있었다.

'박태준의 사전에는 부실공사는 없다'

미국 진출 교두보(橋頭堡, Bridgehead) 만들기
- US 스틸 냉연강판 공장 지분 50% 인수

1984년 4월 스웨덴 스톡홀름에서 세계철강협회(WSA, World Steel

Association) 임시 이사회가 열렸다. 박태준은 미국 US스틸 로데릭 회장에게 적절한 기회에 한국을 방문해 줄 것을 정중히 요청했다. 상대는 반갑게 동의했다.

지난해 오스트리아 빈에서 광양제철소 건설을 못마땅해했던 로데릭 회장. 박태준보다 세 살 위인 그는 카네기 시대부터 세계적 철강도시의 명성을 누려온 US스틸의 본사가 있는 피츠버그 출신이었다. 경력도 녹록지 않다. 1956년 32세에 입사해 19년 만에 사장, 23년 만에 회장이 되어 지난 10여 년 동안 회사를 이끌어오고 있는 인물이었다. 국가적 배경으로 보나 개인적 경력으로 보나 철강 세계에서 발언권이 세고 콧대가 높았다.

박태준은 미국 철강업계의 콧대가 조금은 꺾일 때가 다가오는 것을 주시하고 있었다. 미국 경제는 전반적으로 경쟁력을 잃어갔다. 특히 제조업 공동 현상이 사회 문제로 대두되었다. 이것은 미국 내의 '보호무역'에 힘을 실어 주었다. 미국 의회와 재계는 수입 상품에 대처하기 위해 수입 규제를 강화하라는 목소리를 높였다. 툭하면 '덤핑 제소'를 내밀 판국이었다.

그 타개책으로 박태준은 US스틸을 파트너로 찍었다. 이왕에 최고와 손잡으려는 그는 조그만 나라의 박태준이 벌써 포철이 800만 톤도 넘었으니 로데릭과 박태준이 짝을 이뤄도 US스틸의 자존심이 상할 것은 없다는 자부심과 배짱이 있었다.

하지만 미국 철강업계의 지존은 그에 어울리는 무게를 보였다. 박태준의 방한 초청을 수락한 지 몇 달이 지났으나 일언반구의 연락이 오지 않았다. 박태준은 마냥 기다릴 수는 없었다. 미국 철강의 지존을 움직이게 하기 위해 한국 철강의 지존이 한 번쯤 먼저 조용히 움직여야겠다는 판단을 내렸다.

박태준은 미국으로 날아갔다. 박태준은 자존심 상하게 로데릭을 찾아갈 생각이 아니었다. 박태준은 전략가다. 그는 윌리엄 호건을 찾아갔다. 독특한 인물이었다. 미국 포덤대학(Fordham University) 경제학 교수로 30년 재직한 경제학자이자 가톨릭 교회 신부로서 미국 상무부 경제 담당 자문위원, 백악관의 산업 및 세금 특별위원회 위원, 세계 철강협회 명예 회원으로 위촉되기도 했다.

포덤대학은 뉴욕 브롱크스에 위치한 예수회 계열의 사립대학이다. 1841년에 세인트존스 칼리지로 가톨릭 뉴욕 주교에 의해 설립된 명문이다. 호건은 로데릭과는 절친한 친구이고 박태준과는 무척 가까운 포철의 해외 자문역이다.

"샌프란시스코 근교의 피츠버그시에 있는 US스틸 산하 냉연강판 공장의 지분 50%를 인수하는 합작 형태로 미국 진출의 교두보로 삼고 싶어. 현재 그 공장의 낙후성으로 보아 포스코의 참여는 윈윈을 창출할 거야."

박태준은 호건에게 말했다. 호건은 흔쾌히 받아 곧 로데릭과 만났다. "포스코는 승승장구의 일로에 있어. 지금 자네가 포스코와 손잡지 않으면 박 회장은 다른 회사와 합작할 가능성이 농후해."

호건의 이 조언은 즉시 효과를 냈다. 4월 22일 로데릭이 수석 부사장과 고문 변호사까지 데리고 김포공항에 내렸다. 미국 철강 산업계의 지존이 타고 온 비행기는 그 명성을 나타내듯 일반 민항기가 아니고 전용기였다.

박태준은 그의 기분을 우쭐하게 해줄 만반의 준비를 갖추었다. 먼저 청와대, 재정경제원, 상공장관실, 그리고 영일만과 광양만으로 안내했다. 로데릭은 함박 웃음을 지었다.

"포철이 보유한 장기적인 경영 비전, 강력하고 치밀한 추진력, 사원들의 근면한 근무 자세와 높은 사기, 깨끗한 공장 관리에 큰 감명을 받았습니다."

1984년 연말 박태준의 가슴은 오랜만에 청년처럼 설레고 있었다. 미국 진출의 길이 열렸다.

1986년 4월 1일, 포철 창립 16주년을 맞는 이날 오후 2시, 19세기 후반의 카네기 시대부터 세계 철강의 메카로 군림해 온 US스틸, 그 산하의 피츠버그시 냉연공장 본관 앞 국기 계양대 꼭대기엔 태극기와 성조기가 휘날리고 있었다. 그것은 박태준과 로데릭이 서명한 각서에 따라 포스코와 US스틸이 합작한 UPI 탄생을 알리는 상징이었다. 합작 비율은 50대 50, 자본금은 1억 8천만 달러였다.

14

포항공대(POSTECH) 출범

한 사람의 좋은 아이디어는 수많은 좋은 효과를 가져온다. 박태준은 포철이 계속 발전하기 위해서는 포철의 기술 발전을 이끌 인재가 필요하다고 봤다. 그는 그렇기 위해서는 세계적인 공과대학이 필수라고 판단했다.

1985년 2월 마침내 박태준은 포항공대 건설 본부를 조직해 포항 출신의 이대공 상무를 그 책임자로 임명하고 '세계적 연구 중심 대학' 설립에 시동을 걸었다.

이대공은 1985년 봄날 경남 진주를 들락거렸다. 럭키금성그룹(현 LG)이 설립한 연암공업전문대학에 특출한 인물이 박혀 있다는 정보를 얻었기 때문이다. 1985년 2월 초순 판사 출신의 청와대 민정비서관 손진곤이 대학 설립 기초 조사에 동분서주하는 친구에게 이런 귀띔을 해준 것이다.

"대통령 앞으로 대한 민주공화국이라 하지 않고 '대한 사기(詐欺, Scam) 공화국'으로 이름을 바꾸라는 진정서를 낸 과학자가 있어."

그 장본인이 김호길(金浩吉, 1933-1994). 그는 영국과 미국에서 공부한 저명한 물리학 교수였다. 30년 가까운 외국 생활에서도 시민권을 신청하지 않았다. 럭키금성의 초청으로 귀국하면서 조국에 세계적인 공과대학을 만들어보겠다는 꿈을 품었다. 럭키금성의 꿈도 그랬다.

1983년 귀국에 앞서 문교부(현 교육부) 관계자나 과학기술처 고위 인사로부터 4년제 연암공대를 인가해 주겠다는 약속도 받아뒀다. 그러나 결과는 '인가 불가'였다. 분을 삭이지 못한 김호길은 대통령 앞으로 마치 조선 시대의 낙향 선비가 상소문을 올리는 것처럼 글을 띄웠다. 자신이 겪은 일을 두고 볼 때 우리나라는 대한 민주공화국이 아니라 '대한 사기 공화국'으로 규정되어야 한다는 내용이었다.

이대공 상무의 눈에는 김호길 박사가 포항공대를 맡아줘야 할 최적의 인물로 보였다. 우리나라 과학계의 거물로서 외국에 근무하는 우수한 교육 요원을 초빙하는 일을 누구보다 원만히 감당할 수 있는 조건을 갖추었으며 대통령에게 그런 용감한 글을 보낸 사람이라면 용기와 지도력도 탁월할 것 같았다.

"당신들이 정말 엄청난 일을 해내긴 해냈군요. 그러나 최고 대학을 만드는 것은 철을 생산하는 것 하고는 차원이 다른 문젭니다."

영일만의 신화를 둘러본 김호길의 인상기였다.

열흘이 지났다. 박태준은 김호길 부부를 포항으로 초청했다. 저녁 6시 30분 박태준과 김호길이 첫 대면을 했다. 손님의 아내와 딸도 동석했다. 이대공은 긴장의 끈을 조여 매야 했다. 김호길의 거침 없는 말씨가 걱정이었다. 아니나 다를까. 초면 대좌의 개봉부터 그렇게 되고 말았다.

"캘리포니아 공과대학 같은 대학을 만들고 싶은 겁니다."

"칼텍도 아시네요. 쇠만 만들 줄 아시는가 했더니 대학에 대해서도 좀 아시네요."

포항공대 부지조성 공사 착공식에서 악수하는 박태준 회장(우)과 김호길 학장(1985.8.17)

무식한 입에서 유식한 소리가 나왔다는 김호길의 농담에는 학자 특유의 자존심이 깔려 있었다.

"학교는 학교를 잘 아는 사람이 운영해야 합니다. 나는 학교 운영에 간섭하지 않을 것입니다. 그리고 학교에 대한 투자는 그것이 불필요한 것만 아니라면 언제든지 전적으로 지원하겠습니다."

박태준은 처음 김호길과 면담한 자리에서 단박에 초대 총장으로 초빙했다. 그리고 교육 과정, 학과 설립, 교수 초빙 등에 관한 이사장의 법적 권한을 김호길에게 위임했다. 이런 신뢰는 오늘날 세계적인 연구중심 대학으로 손꼽히는 포스텍(포항공대)이 승승장구 성장해 나가는 든든한 바탕이 되었다.

포스텍은 연구중심 대학(Research University)이다. 연구중심 대학은 일반 대학과는 달리 연구 분야로 진출하려는 대상으로 관련 교육을 중점 실시한다. 하기 때문에 지식 창출 및 고급 연구 인력 양성 능력을 갖추고 있다. 연구 교육이 대학원 과정에서 주로 이루어지기 때문에 대학원 중심 대학과 혼용해 쓰이기도 한다. 세계 수준의 연구중심 대학을 육성하기 위해 노벨상 수상자 등 연구 역량이 탁월한 해외 학자를 유치하는 사업도 진행되고 있다.

포스텍은 설립자는 박태준이며 개교는 1986년 12월 3일이다. 학교 법인은 포항공과대학이고 재학생은 2024년 현재 학부생 1,491명, 대학원생 2,570명이고 교수는 286명, 연구원은 900명이다.

설립 당시 포항공대의 운영 주체는 포항제철이 출연하여 설립한 학교 법인 제철학원이었다. 하지만 1995년 12월 1일부로 포항공대의 운영 주체는 학교 법인 제철학원에서 '학교 법인 포항공과대학'으로 변경되었다. 학교 법인 제철학원은 포항공대 외에 다른 학교(포항제철 고등학교 등)를 운영하고 있다.

설립 당시 포철은 3,000억 원 상당의 주식을 출연하여 포스텍을 설립하였고 이후 포항공대는 학교 법인 포항공과대학이 운영하는 교육 기관이 되었다. 현재 학교 법인 포항공과대학교는 포스코의 대주주 중 하나(4.5%)이기도 하다. 학교 법인 포항공과대학교의 법인 이사장은 전직 또는 현직 포스코 회장이 맡고 있어 이래저래 포항공대는 포스코와 떼려야 뗄 수 없는 관계에 있다.

학교 법인의 자산은 이후 포스코의 주가 급등으로 현재는 조(兆) 단위를 넘어선 상태다. 2010년대에 총자산 2조 원대를 넘기도 했으며 2010년경 2조 5,000억 원 수준에 이르렀을 때는 대학 법인 총자산으로 대구광역시 총부채를 갚을 수 있을 정도였다.

주 수입원은 주식 배당금 외에 부동산 임대차 수입이 있다. 대표적으로 서울특별시 시청 옆에 있는 을지로 1가의 옛 국가인권위원회 건물이던 금세기 빌딩이 있다. 2024년 QS(Quacquarelli Symond) 세계대학평가에는 100위(국내 5위), 2024 'THE' 세계대학랭킹에서는 149위(국내 5위)를 기록했다. 자연과학 학술지에 발표한 연구성과를 기반으로 하는 '2023 네이처인덱스'에 149위(국내 5위)를 기록하고 있다.

규모의 경제에 있어 소수정예임에도 선택과 집중을 통하여 다양한 분야에서 좋은 성과를 내고 있으며 고체 물리학, 생명과학과 재료과학, 전자전기공학, 인공지능, 바이오프린팅 분야가 대표적으로 꼽힌다. SCI 게재 논문 수는 매년 1,500편 내외, 특허 출원 300 ~ 500건 내외(등록 200 ~ 300건 내외)이다.

학교 운영에 관해서는 사립대학임에도 상당히 많은 정보가 공개되어 있어 투명성에 강점이 있다.

공식 명칭은 포항공과대학이지만 교내에서나 대외적으로는 영문명인 포스텍(POSTECH, Pohang University of Science and Technology)을 주로 사용한다. 영문명을 주로 쓰는 주된 이유는 공학과 이학을 포괄할 수 있는 명칭이기 때문이라고 한다. 학교 개설 당시의 영문명은 Pohang Institute of Science and Technology, 피스트(PIST)였다. 하지만 초기부터 롤모델이 미국의 CALTEC이었기 때문에 약자는 당시에도 포스텍이었다.

QS 소규모 대학 랭킹에서 CALTEC에 이어 2023년, 2024년 모두 세계 랭킹 2위를 차지하고 있으며 2024 '중앙일보' 이공계 대학 평가에서 이학, 공학 모두 국내 1위를 기록했다.

2010년부터 전면적인 입학 사정관 전형을 실시 중이다. 그와 함께 정시 모집이 폐지되어 현재는 100% 수시로 뽑고 있다. 수능 성적 상위 2% 학생들이 주로 지원한다. 재외국민 전형이 있었으나 2019학년도 이후부터 폐지되었다. 총모집인원은 정원 내 320명, 정원 외 60명, 합쳐 380명이다.

포스텍은 중·고등학생들을 대상으로 하는 입시 프로그램들이 다양한 편이다. 여름/겨울방학 무렵에 전국의 우수 고교생들을 학교로 초청하여 포스텍 내의 여러 학교를 탐방하는 2박 3일간의 캠프를 진행한다. 이러한 학교 홍보 방식은 국내 최초였고 이후 전국 수많은 대학들이 벤치마킹했다.

학교 시설은 깔끔한 편이며 넓이에 비해 학생 수가 적다 보니 상대적으로 휑한 느낌이 드는 편이다. 기숙사에서 시내 이동까지 택시로 5~10분, 죽도 시장까지 버스로 30분 걸리는 등 번화가와 떨어져 있어 면학 분위기는 양호하다.

포항공과대학교는 개교 30년 혁신안의 일환으로 2018년부터 전원 무학과 선발을 하고 있다. 전원을 무학과로 뽑아 1학년 동안 각 과(各課)에 대한 탐색을 하고 2학년 때 10과 중 하나를 선택하도록 하는 것이다. 이는 입학 전 선택한 전공에 적응하지 못해 학업 성취가 저하되는 문제를 막을 수 있는 장점이 있다.

카네기 멜런 대학교

(독자들이여, 우리는 미국의 철강왕 앤드루 카네기가 세운 카네기 멜런 대학교를 반면교사로 한국의 철강왕 박태준이 세운 포스텍의 비교를 통해 이를 보는 것이 포스텍의 장래 발전을 위한 참고 자료로 삼고자 한다.)

카네기 멜런대는 현재 미국 펜실베이니아주 피츠버그시에 위치한 최상위권 명문 사립대학으로 약칭인 'CMU' 또는 '카네기 멜런'이라는 이름으로도 부른다. 연구 중심의 사립 종합 대학으로 2018년 기준 공과대(Carnegie Institute of Technology), 예술대(College of Fine Arts), 인문사회과학대(Dietrich College of Humanities and Social Sciences), 정보시스템 & 공공정책대(Heinz College of Information System and

Public Policy), 자연과학대(Mellon College of Science), 컴퓨터과학대(School of Computer Science), 테퍼 경영대(Tepper School of Business) 등 7개 단과 대학에 학부 및 대학원 과정이 운영되고 있다.

개설 학과로는 정보시스템학과, 예술경영학과, 공공정책경영학과, 정보기술학과, 인터랙션 디자인과, 엔터테인먼트공학과 등 학제 간 연구를 위한 다수의 프로그램이 준비되어 있으며 철학과, 영문과, 화공과, 기계공학과 등의 클래식한 과들도 카네기 멜런 특유의 학제 간 연구와 실용적 응용을 통해 특성화, 차별화를 이루어내고 있다.

취업 지원 및 창업 교육이 뛰어난 것으로도 알려져 있다. 공부 많이 시키는 분위기인 카네기 멜런대학은 '타인과의 협력, 자기 자신과의 경쟁'을 모토로 삼고 있다.

1900년 영국 스코틀랜드 태생의 실업가 철강왕 앤드루 카네기가 노동자 계층들의 자녀를 위한 직업 훈련 학교 설립을 위해 기증한 100만 달러와 피츠버그시가 내놓은 토지를 바탕으로 설립되었으며 1900년 '카네기 공업학교(Carnegie Technical School)'로 개교했다. 대학 문장의 스코틀랜드적인 무늬와 백파이프 연극 전통 등도 설립자 카네기의 스코틀랜드 헤리티지와 연관이 있다. 대학의 상징이 스코티시 도그와 엉겅퀴인 것도 마찬가지다.

개교 12년 뒤인 1912년 피츠버그시에서 정부 인가를 받음으로써 카네기공과대학(Carnegie Institute of Technology)이 되었고 이와 함께 4년제 학위 과정을 시작했다. 그 후 발전을 거듭해 오다가 1967년 멜런 연구소(Mellon Institute of Industrial Research)와 통합해 종합대학인 카네기 멜런 대학교가 탄생했다.

한국과 마찬가지로 미국에서는 법대나 의대가 없으면 명문대 반열에 오르기가 어렵다. 그러나 1972년 취임한 리처드 M 사이어트 (1972~90년 재임) 총장은 의대, 법대는 이미 초일류가 즐비하기 때문에 후발 대학으로 이런 분야에 뛰어 들어가 봐야 2등밖에 안 된다고 판단하여 컴퓨터 분야, 인지 과학, 심리학 분야에 투자하는 비교우위 전략을 펼쳤다. 그 결과 카네기 멜런 대학은 30여 년 만에 미국의 3천여 개 대학 3,000개 중에서 가장 급격한 발전을 구가하여 컴퓨터 분야에선 최상위권, 공대, 심리학과도 상위권에 진입했다.

이렇게 명문대의 급격한 도약이 이루어진 1990년대부터 현재까지 카네기 멜런 대학교는 미국 명문대 입지를 굳혀 U.S. News & World Report 순위에서 지속적으로 상위 25위 안에 위치하고 있다.

대중들에게 카네기 멜런 대학은 컴퓨터 과학 분야의 명성으로 잘 알려져 있다. 법대와 의대를 개설하지 않는 대신 컴퓨터 분야, 인기 과학, 심리학 분야에 집중 투자를 하였는데 그 결과 컴퓨터 과학이 대학 평가 순위에서 지속적으로 1위를 차지하고 있다.

심리학 분야도 최고 수준으로 인정받고 있다. 예술 분야(디자인, 음악, 건축, 무대예술 등)의 대학원이 언제나 미국 5위 내의 높은 평가를 받고 있다. 드라마 스쿨(School of Drama) 또한 명성을 자랑하며 미국 최초의 학위 과정의 드라마 스쿨이다. 수십 명의 토니 상과 아카데미 상 수상자를 배출했으며 2015년 기준으로 브로드웨이에서 공연 중인 작품들의 메이저 멤버들 중 카네기 멜런 출신들이 4번째로 많았다.

카네기 멜런대의 특산물은 로봇, 학생들의 축제로 열리는 로봇 차량 달리기 경주인 모봇(Mobot, Mobile Robot), 밀차 경주대회인 버기(Buggy)가 유명하다. 매년 전미(全美) 로봇대회에 출전하여 MIT와 1, 2위를 다툰다.

미국 대학생 사이에선 '이곳 학생들은 결코 잠을 자지 않는다'라는 농담이 널리 퍼져 있다. 학사 관리가 엄격하기로 유명하며 교과과정은 학생들의 한계를 시험하는 게 아닐까 싶을 정도로 난이도가 높다. 덕분에 학생들은 항상 최선을 다할 뿐만 아니라 자신의 한계를 시험하도록 끊임없이 요구받고 있다.

카네기 멜런 대 출신 유명인으로는 조지 로메로 감독, 허버트 사이먼(노벨경제상 수상자, 인공지능의 아버지), 존 내쉬(게임이론으로 유명한 노벨경제학상 수상자), 앤디 워홀(팝아트의 선구자), 제임스 고슬링(미 국방부 장관), 서남표(전 한국 KIST 총장) 등이 있다.

인터넷 검색 엔진 '라이코스'도 CMU 작품이다. 세계 최초로 이모티콘이 탄생한 곳이다. 카네기 멜런 대학의 스콧 팔맨 교수가 1982년 2월 9일 오전 11시 44분에 전자게시판에서 처음으로 사용했다고 한다.

전 세계 최초로 캠퍼스에 와이어리스 네트워크 와이파이망을 구축한 학교다. 1993년의 일로 Wi-Fi라는 용어조차 생기기 전이었다.

세계에서 페인트칠을 가장 많이 당하는 물체가 있다. The Fence라는 울타리에 원하는 구호를 페인트칠하고 옆에 텐트를 쳐서 밤을 새우며 수호하는 전통이 있다.

2016년 Putnam 수학 경시대회에서 MIT, 프린스턴 등 이공과의 유수 대학들을 제치고 1위 대학이 되었다.

4월에 열리는 카니발은 카네기 멜런을 대표하는 행사이며 이 중에서도 백미는 단연코 5명이 한 팀이 되어 벌어지는 버기(Buggy) 릴레이다. Sweepstakes라고 불리는 버기 릴레이는 1920년에 시작되었으며 카네기 멜런의 역사와 함께했다고 해도 과언이 아니다. 버기란 '밀어서 움직이는 무동력 탈 것'으로 각 팀들은 매년 공학적 새로운 아이디어와 디자인을 선보이며 경기에 대비한다. 한 팀은 차체를 미는 사람(Pusher)과 운전자(Driver)로 이루어지며 특히 드라이버는 작은 버기 안에 들어가야 하고 또한 시속 55킬로를 넘나드는 속도를 감당할 수 있어야만 한다. 따라서 대부분의 운전자는 여학생들이며 아담한 동양 여학생들이 인기가 있다.

2018년 가을학기부터 미국 대학 최초로 AI(Artificial Intelligence) 학부 전공을 운영하기 시작했다.

카네기 멜런은 1958년 처음으로 대학교수 수준의 컴퓨터 프로그래밍 수업을 학생들에게 제공하기 시작했고 박사 과정 로봇 프로그램과 머신러닝 부서를 세계 최초 만드는 등 많은 분야에서 선두 주자로 나아가고 있다. 카네기 멜런 대의 발전 역사는 포스텍에게 많은 영감을 주고 있다.

카네기 홀(Carnegie Hall)

카네기홀은 뉴욕의 미드타운 맨해튼에 위치한 음악 공연장이다. 앤드루 카네기는 아내와의 신혼여행에서 우연히 만난 월터 담로시라는 지휘자와 친해지고 담로시가 뉴욕에 공연장을 짓고 싶다고 얘기하자 예전부터 예술에 관심이 많았던 카네기는 200만 달러를 내놓으며 그를 돕기로 했다.

1891년 5월 5일에 개관 축하공연이 열렸고 많은 사람이 공연을 보러 왔다. 개관 축하 공연은 표트르 차이콥스키의 피아노 연주였다. 록펠러가의 후원으로 만들어진 링컨센터와 함께 뉴욕 예술극장의 쌍벽을 이루고 있으며 전 세계 음악인들이 한 번은 공연하고 싶어 하는 꿈의 무대이기도 하다. 임형주, 조용필, 패티김, 이선희, 인

순이, 김범수, 이루마 등 국내 음악인들도 한 번씩 공연했던 장소로 유명하며 쇼팽 국제 피아노콩쿠르 우승자인 조성진이 이곳에서 전석 매진된 가운데 솔로 리사이틀을 가졌다.

박태준의 장학 재단 설립 결단

'포철 장학재단' 설립 재원은 한 사람의 훌륭한 생각으로 탄생했다. 포항종합제철소는 막대한 설비와 수많은 사람들이 있기에 값비싼 보험에 가입하지 않을 수 없다. 1971년 말 사고가 거의 없었던 포철은 보험회사로부터 예기치 않은 17만 달러의 리베이트(사례금)을 받게 되었다. 당시 17만 달러는 꽤 큰 돈이었다. 당시 이런 리베이트는 사장이 알아서 쓰는 것이 관례였다. 특히 공기업의 경우에는 더더욱 그랬다. 박태준의 생각은 달랐다. 박태준은 청와대 박정희 대통령을 찾아갔다.

"저는 국가를 위해서 이 돈을 쓰는 것이 낫다고 생각했습니다. 그래서 중역들의 자문을 구했습니다. 그들은 포철을 도와주신 대통령께 갖다 드리자고 했습니다. 그래서 나라를 위해 써주십사고 기부금을 조금 가지고 왔습니다, 각하."

"포철은 정치 헌금을 절대로 내지 않겠다고 임자가 말하지 않았던가?"

"이것은 보험회사가 주는 리베이트인데 전혀 생각지도 못했던 돈입니다. 나라를 위해 써주십시오."

"이 리베이트는 어떻게 해서 생긴 거야?"

"보험사고가 없을 때 나오는 것으로 알고 있습니다."

"그렇다면 다른 국영 기업체들도 이런 리베이트를 받아왔단 말인가?"

"아뿔싸!"

이거 괜한 짓을 했다고 박태준은 생각했다. 그렇지 않아도 저 혼자 깨끗한 척 한다는 말을 이곳 저곳에서 들어왔기 때문이다.

"각하! 리베이트를 받는 것은 국영 기업체만이 아닙니다. 사기업들도 이런 '공돈'을 받아 직원들의 사기 진작에 쓰곤 합니다."

"임자 마음을 잘 알았으니 이 돈을 도로 가져가서 임자 마음대로 쓰게나."

박태준은 이 돈을 어떻게 처리할 것인가를 놓고 직원회의를 열었다.

"사장님, 다른 회사처럼 사장님이 챙겨 두셨다가 나중에 저희들에게 종종 맛있는 저녁이나 사주시면 좋지 않겠습니까?"

"하지만 우리 모두가 원칙을 저버리고 융통성만 추구할 수는 없지 않은가? 이 돈은 더 이상 리베이트가 아니야. 대통령께서 주신 선물이야. 장학재단을 설립하는 게 어떨까?"

모두들 동의했다. '포철 장학재단'은 법적인 절차를 밟아 설립되었다. 이 기금이 늘어나 오늘날 포철은 종업원 누구에게나 자녀 두 명까지 대학까지 등록금을 지원하고 수많은 문화 및 교육 활동도 지원하고 있다.

그는 회고했다.

"산다는 것은 얇은 얼음 위를 걷는 것과 같습니다. 지금까지 살아오면서 남을 해치려 한 적은 없습니다. 하지만 제 원칙은 완벽하지 않습니다. 이 일로 해서 다른 국영기업체로 불똥이 튀었습니다."

결국 포철이 진원지로 지목되어 많은 사람들로부터 비난을 받아야만 했다.

"내가 비밀(?)을 누설했던 것은 순진했기 때문입니다. 하지만 누가 그것을 믿어주겠습니까?"

어느 날 두 남자가 예고 없이 비서실로 찾아왔다. 그들은 중앙정보부에서 나왔다고 말하며 포철이 서명한 계약서를 샅샅이 뒤졌다. 이미 이들은 포철과 거래하는 모든 회사들을 조사하고 오는 길이었다. 43일에 걸친 조사에도 아무것도 찾아내지 못했다. 결국에는 "진심으로 박태준 사장님을 존경한다는 말씀을 전해 주십시오." 하고 철수했다.

포항공대 김호길 총장 별세

박태준은 김호길 총장 별세 소식에 귀를 의심했다. 하지만 이미 돌이킬 수 없는 엄연한 현실의 사건이었다. 박태준은 이 소식을 프랑스 파리에서 들었다. 1994년 3월 8일 포스코 회장 자리에 김만제(金萬堤)가 앉았다. 김만제는 김영삼 대통령의 경제 교사로 알려진 경제부총리 출신이었다. 김만제 부총리는 초대 KDI 원장을 지냈다. 박태준은 당시 도쿄 13평 아파트에서 지내다 아내와 함께 프랑스 파리로 날아갔다. 프랑스 문호 빅토르 위고의 소설 '레 미제라블'의 주인공 장발장이 탈출했던 '하수로'에 직접 들어가 살펴보았다. 트럭도 다닐만한 너비와 높이였다.

김호길 총장의 사인은 허무하기 짝이 없는 것이었다. 그해 4월 30일 한낮 포항공대와 포항산업과학연구원의 '산학 친선 체육대회'에 발야구 경기의 선수로 뛰다가 머리를 벽에 부딪쳐 실신, 즉시 병원으로 후송됐으나 끝내 영면의 세계로 떠난 것이다.

'작년에 겨우 회갑을 맞았던 사람이 벌써 가다니… 일본으로 회갑 기념 문집 '자연법칙은 신도 바꿀 수 없지요'를 보내온 것이 언젠데.... 아, 그렇게 졸지에 자연의 품으로 돌아가는 것이 운명이란 말인가!'

박태준은 망명객이나 다름없는 처지에서 먼 이국에서 참을 수 없는 눈물을 맺으며 고인의 명복을 빌었다. 1994년 5월 4일 포항공대 교정에선 '고 김호길 총장 장례식'이 학교장으로 진행되었다.

박태준 모친상을 당하다

1994년 10월 7일 박태준은 어머니가 돌아가셨다는 부음을 받았다. 임종도 못 지킨 불효자는 무조건 고향 집으로 날아갔다.

"어머니, 불효자가 왔습니다."

박태준은 어깨를 들먹였다. 눈물의 둑이 터진 찰나였다. 고인의 맏아들에 대한 그리움과 기다림이 당신의 필생의 무게보다 더 무거웠을 것이라고 생각하는 '세계 최고의 철강인'은 한참 동안 어미 잃은 아이의 모습으로 돌아가 있었다.

상가에 노태우 대통령이 나타났다.

"옛날에 이룩했던 큰일들에서 보람을 찾아야 합니다"

"어머니 수명을 한 2년은 앞당긴 것 같습니다."

두 사람은 세월이 만들어 놓은 운명의 장난을 덮어두고 선문답 같은 대화를 주고받았다.

15

박태준, IBRD 자페와 만나다

1986년 4월, 박태준은 세계철강협회(WSA, World Steel Association) 이사회에 참석한 유럽 출장에서 런던으로 날아가 '자페(Jaffee)'와 만났다. 초면의 영국인이었다. 그는 IBRD 일을 끝내고 조국인 영국에서 생활하고 있었다. 그의 이름은 박태준의 뇌리에 압정처럼 박혀 있었다. 1968년 IBRD 보고서에 '한국의 종합제철은 시기상조'라는 문장을 담아서 KISA(Korea International Steel Association, 대한국제철강차관단)에게 한국 정부를 배반할 수 있는 아주 멋진 핑곗거리를 제공했던 장본인. 그러나 결과적으로는 박태준의 눈에 '어중이떠중이 장사치들의 국제 컨소시엄'에 불과했던 KISA를 영일만에서 내쫓아준 '역설의 은인'이라고 할 수 있는 인물이었다.

박태준 일행과 자페는 저녁 6시 런던의 '팡스'라는 중국 식당에서 만났다. 그는 동행자들에게 주의를 내렸다. 옛날의 일로 상대의 기분을 다치게 하지 말 것.

박태준의 가벼운 대화에 자페도 긴장을 풀었다. 즐거운 식사를 거의 마칠 즈음에야 박태준은 웃는 얼굴로 자신의 뇌리에 박혀 삭을 줄 모르는 압정을 살며시 건드렸다.

"상당히 오래된 이야기입니다만 한 가지만 질문해도 될까요?"
"좋습니다."
"1968년 IBRD는 당신이 제출한 보고서에 담긴 권고안을 따랐습니다. 그래서 포스코(POSCO)에 대한 융자를 거절하고 대신 브라질(Brazil)에 주었지요. 오늘날 브라질의 그 제철소는 생산량 400만 톤 수준에 머무르고 있는 반면 포스코의 생산량은 1천 200만 톤을 넘어섭니다. 18년이 지난 오늘날 한국과 브라질에 대한 당신의 판단을 돌이켜 볼 때 어떻게 생각하십니까?"
"당연한 질문이라고 봅니다. 나는 그때 종합제철소를 건설하고 운영하는 데 고려해야 할 요소인 내수 규모, 기술 수준, 원자재 공급 가능성, 신인도, 시장성 및 기타 조건을 철저하고도 공평하게 분석했습니다. 그 분석에 따라 반대했습니다. 제가 보고서를 잘못 쓴 것은 아니었습니다. 지금 다시 쓴다 해도 똑같이 쓸 것입니다."
박태준은 잠자코 듣고 있었다. 자페가 미소를 머금었다.
"그런데 그때 나는 간과한 것이 하나 있었습니다. 바로 당신이었습니다. 당신이 상식을 초월하여 그 프로젝트를 잘 이끌었기 때문에 성공시켰습니다. 나는 그때 한국에 당신이 있다는 사실을 고려하지 못했던 거지요."
자페가 잔을 들어 경의를 표했다. 박태준은 치하를 겸손히 받았다.
"사람들은 어려운 환경 속에서도 순수한 의지만으로 어떤 일을 이룰 때가 있지 않습니까. 우리는 그때 매우 어려웠지만 우리 사원들은 사명감으로 똘똘 뭉쳤습니다. 바로 그 힘이 상식을 초월하게 만들었습니다. 1988년에는 서울에서 올림픽이 열립니다. 그때 당신을 초청하고 싶습니다. 우리 회사도 한번 방문해 주셔야죠."
"감사합니다."

박태준은 뇌리의 그 압정이 쑥 빠지는 느낌이었다. 자페가 훤히 웃고 있었다. 그리고 1988년 올림픽 초청에 응하겠다는 약속을 했다.

포철주 장외 거래를 막아내다

주식시장에서 장외거래(場外去來, Over-The-Counter)는 거래소를 거치지 않고 양 당사자가 직접 거래하는 것을 말한다.

한국 사회가 민주화 투쟁을 맹렬하게 전개하는 1987년 봄날, 박태준은 청와대 권력을 상대로 '포스코 울타리 역할'의 투쟁을 했다. 정권 말기에 접어든 5공 핵심 세력의 이른바 '포철 주 장외거래 음모'에 맞선 것이었다. 정부 소유의 포스코 지분을 비정상적으로 매각해 어마어마한 '검은돈'을 만들려는 것인가 하는 합리적 의심을 품게 하는 '포스코 주 장외 매각'. 이에 맞서는 것은 정치권력과 한 판 붙는 싸움이었다.

박태준은 이 싸움에서는 언론의 적극적인 도움이 필요하다고 판단했다.

"우리가 정부를 상대로 싸우다가 자칫 무슨 화를 당할지도 모르는 일이야. 그러나 방법이 없어. 먼저 이 조치의 부당성을 언론에 호소해야 해."

사표를 안 주머니에 넣어둔 박태준의 그 말을 받아 이대공과 윤석만, 조용경 등 포스코 홍보팀이 서울의 언론사로 부산하게 뛰어다녔다. 언론의 융단 폭격을 받는 정부는 '장외 매각' 계획을 철회했다. 무소불위의 5공 권력도 어쩔 수는 없었다. 박태준은 또 한 번 풍전등화의 포철을 구했다.

박태준은 이 사건 이후 발행 주식의 20%를 사원 지주제로 배정하겠다고 선언했다. 사원 지주제(Employee Stock Owned Company)란 회사의 사원인 주주가 주식의 일부를 소유하는 형태를 말한다. 박태준은 그런 방식으로 주주를 분산하는 것이 장외 매각 같은 음모를 차단하는 길이라고 판단했다. 정부는 10%만 허용했다. 박태준은 20%든, 10%든 자신은 한 주도 받을 생각이 아니었고 끝내 단 한주도 챙기지 않았다.

'포철 주 장외 매각'이라는 비정상적인 시도를 막아내고 한숨을 돌린 1987년 5월, 세계 최고의 최신예 제철소인 광양제철소 1기가 준공되었다. 준공 당시 광양제철소는 세계 최고 수준의 공법이 적용되는 제철소였다.

기술 측면이든 운전 측면이든 정비 측면이든 광양 1기 준공의 의미는 포항 1기 준공의 의미와 달랐다. 포항은 각 기마다 규모가 다르고 설비가 달랐지만, 광양은 1기 그대로를 2기, 3기, 4기에 복제하듯 복습하듯 건설하면 되기 때문이다. 광양 4기 완공은 1992년에 이루어지게 되어 있었다.

철강의 노벨상 '베서머 금상' 수상

광양 1기 종합 준공식을 마치고 돌아온 박태준에게 멀리 영국의 수도 런던에서 귀중한 선물이 날아왔다. 영국 금속학회가 수여하는 '베서머 금상'의 수상자로 선정되었다는 것. 철강의 노벨상으로 불리는 이 영예는 '포스코 1천만 톤 시대'를 개척한 위업에 대한 칭송과 상찬과 위로였다. 포스코를 맡은 지 어언 20년. 기나긴 고투로 빚어낸 영예이기도 했다.

박태준은 일상의 출장을 떠나듯 런던 가는 비행기에 올랐다. 그의 행차는 단촐했다. 한국의 언론도 조용했다. 1987년 5월의 한국과 한국인들은 베서머 금상에 담긴 세계적 영광의 의미에 대해 관심을 가질 상황이 아니었다. 호헌(護憲)이냐 개헌이냐, 한국인의 관심은 온통 그 대결에 집중되어 있었다.

헨리 베서머(1813~1893)는 1856년 철강업계에 일대 혁명을 가져오는 새로운 제강법을 개발했다. 용광로에서 나온 쇳물을 넘겨받아 '더 단단한 쇠'로 거듭나게 만드는 '제강 공정'에 혁신을 일으켜 '무쇠'를 '강쇠'로 바꾼 베서머 제강법. 이를 세계 철강사(史)는 '무쇠의 시대'를 '강철의 시대'로 전환했다고 기록하고 있다.

세계의 철강인 가운데 그 새로운 장래를 포착하는 예리한 눈을 가진 사람은 미국의 앤드루 카네기(Andrew Carnegie)였다. 1869년에 미국 대륙 횡단 철도가 개통되긴 했으나 1870년도에는 어떤 커브(Curve, 길이나 선 따위의 굽은 지점) 지점의 무쇠 레일은 6주일이나 길어야 두 달마다 교체해 주어야 하는 시대. 강철이 등장하면 미국에서만도 레일(Rail) 제작에 그 강철의 수요량이 끝도 없었을 것이다. 카네기의 예감과 판단은 그를 '19세기의 철강 황제'로 등극시켰다.

베서머의 위업을 기리는 영국 금속학회는 1904년 철강업계를 은퇴한 카네기에게 베서머 금상을 수여했다. 그로부터 83년이 지나 한국의 박태준이 그 자리로 초대되었다. 이때 벌써 박태준을 '20세기의 철강 황제'로 불러도 좋았으나 1987년의 한국은 최루가스에 기침하기에 바쁜 나날이었다. 이런 상황에 파묻힌 베서머 금상 영예를 오히려 외국인들이 안타까워했다.

퇴직 전에 베서머 메달을 받은 사람은 박태준 회장이 처음이었다. 다른 수상자의 경우는 영국 금속학회가 그들이 퇴직할 때까지 수상을 유보했다.

영국 금속학회 애터튼 회장에게 베세머 금상을 받는 박태준 회장

영국 금속학회는 영국 왕립학회(Royal Society)에 속하는 과학 진흥을 위한 모임이다. 왕립학회는 영국 왕실에서 공인한 학자들의 모임이고 1660년 영국 국왕 찰스 2세에 의해 공인된 유서 깊은 학회이다.

아시아에서는 베세머 금상을 받은 사람이 단 두 사람이다. 지금부터 70년 전에 베세머 금상을 수상한 사람은 혼다 코타로(本多 光太郎, 1870~1954)라는 일본 사람이었다. 그는 도쿄대 교수였으며 금속공학자로 텅스텐 강철보다 저항이 3배나 더 강한 KS강을 발명했다. 이에 반해 박태준 회장은 현역 제철소의 대표였다. 일본 철강업계도 세계적으로 알아주지만, 업계 출신은 단 한 사람도 그 상을 받은 사람이 없다. 그런 의미에서 한국 사람들은 박태준 회장을 얼마든지 자랑스럽게 여겨도 좋은 것이다.

이병철(李秉喆, 삼성그룹 창업회장)과 박태준
- 삼성중공업을 주겠네!

한국 사회가 직선제 대통령 선거 분위기로 벌겋게 달아오른 1987년 가을, 박태준은 두 번의 비보를 받는다. 일본 철강업계 원로 이나야마 요시히로(稻山嘉寬)의 별세에 이어 삼성그룹 이병철 회장의 부음이 날아든 것이다. 박태준은 이나야마 영전에 바치는 추모사에 솔직한 심정을 담았다.

"당신의 부음을 받고서 평생의 은인이자 마음의 스승, 그리고 영원한 동반자를 한꺼번에 잃어버린 슬픔과 안타까움을 금할 수가 없습니다."

1980년대 초기에 이병철 회장은 박태준을 자주 불러 삼성그룹 경영에 대한 의견을 묻곤 했다. 선배가 후배에게 어마어마한 선물을 안기려고도 했다. 박태준 개인을 재벌로 변신시킬 수도 있었던 선배의 선물은 '삼성중공업을 주겠다'는 제안이었다.

"삼성중공업이 적자에 허덕이고 있는데 연간 300억 원씩 5년을 지원할 테니 자네 회사로 받아 가서 책임지고 살리게."

"너무 과분한 선물에 감사드립니다. 그러나 아직 저는 제 일이 아직 끝나지 않았습니다. 제가 국가의 일을 맡아 중도에 그만둘 수야 없지 않겠습니까?"

"자네다운 대답이고 아름다운 대답이다."

박태준은 선배의 고마운 마음만 받고 돌려드린 그 '어마어마한 선물'을 몇 가지 뜻으로 해석했다. 중공업의 해결사는 박태준으로 보였을 테고 포철에서 물러난 다음의 후배의 남은 인생을 염려했을 테고 삼성중공업의 만성 적자는 삼성의 자존심에 안 맞았을 테고....

이병철 회장은 임종을 기다리는 병상에서도 후배의 부탁을 자상하게 수락한 적이 있었다. 1987년 4월에 박태준의 회갑연을 준비하는 사람들이 기념 문집을 엮기 위해 이병철 회장에게 원고를 청탁했다. 선배는 비서를 불러 자신의 구술을 받아 적게 했다. 그즈음 이 회장은 기력이 쇠잔해 필기가 어려웠다. 이 회장의 구술은 다음과 같다.

"단단한 체구, 광채 나는 눈, 굳게 다문 입 등 선이 굵고 선명한 인상에서 무언가 큰일을 해낼 사람이라고 느꼈다. 지금까지 20년 세월 동안 박 회장과 나는 사업 보국이라는 길을 함께 걷는 길벗이었다. 그는 부하들에게 무섭고 엄격한 사람으로 알려져 있는 모양이다. 완벽한 것을 요구하고 결백할 것을 요구하고 철저할 것을 요구한다. 개개인에게 자기가 가진 능력의 100% 이상을 일에 쏟아부을 것을 강조한다. 일의 원칙을 어기고 주어진 목표에 미달했을 땐 추상같은 벌이 내려진다. 그러나 내가 알기로 박 회장은 겉으로 칼날처럼 차고 날카롭지만, 더없이 따뜻한 사람이다. 벌을 주어서 내보낸 사람도 꼭 다른 곳에 심어주어 일생을 책임지는 자상함을 가졌다. 신앙이 무엇이냐고 물으면 그는 서슴없이 '철(鐵)'이라고 대답한다. 군인의 기와 기업인의 혼을 가진 사람이다. 경영에 관한 한 불패의 명장이다. 우리의 풍토에서 박 회장이야말로 후세의 경영자들을 위한 살아있는 교재(敎材)로써 귀중한 존재이다."

박태준은 '살아있는 교재'란 당신에게나 어울린다고 했지만, 이 회장의 추모사에서 고인과의 인간적 자취들을 더듬으며 삼가 명복을 빌었다. 이병철 회장과 박태준은 일본 와세다대 선후배 사이다.

앤드루 카네기와 박태준

1988년 5월 15일 박태준은 미국 카네기 멜런 대학에서 명예 공학 박사 학위를 받았다. 그는 기분이 좀 묘했다. 카네기라는, 소년 시절에 책으로 만났던 세계의 철강 황제라고 알려진 그 이름 때문이었다.

박태준과 카네기 두 철강 거인을 비교해 보면 어떤 공통점과 차이가 있을까? 카네기의 신장과 박태준의 신장 크기? 카네기의 몸무게와 박태준의 몸무게? 당연히 카네기가 훨씬 크고 무겁다. 백인과 황색인의 평균적인 체격 차이를 고스란히 반영할 것이다. 그러나 '철의 사나이'끼리라는 '철의 인생'으로 견주어 보아야 옳다.

1835년 11월 스코틀랜드 던펌린의 가난한 직조공의 아들로 태어난 앤드루 카네기는 열네 살 때인 1848년 새로운 생업을 찾아나서는 아버지를 따라 대서양을 건너 미국 펜실베이니아에 들어선다. 카네기 가족의 이민은 산업혁명이라 불린 문명의 진보에 수공업의 가장이 제대로 적응하지 못한 결과였다. 카네기는 자서전에서 '수직기(手織機)가 증기 직기로 바뀐 것은 우리 가족에게 심한 타격이었다. 아버지는 박두한 혁명의 의미를 이해하지 못하고 낡은 방법에 매달려서 고생하고 있었다'라고 어린 시절을 회고했다.

카네기의 탄생보다 거의 1세기 뒤, 여덟 해가 더 지난 1927년 가을에 탄생한 박태준은 여섯 살에 어머니의 손을 잡고 생계를 찾아간 아버지의 뒤를 쫓아 대한해협을 건너 일본으로 갔다.

두 철인에게 어린 시절의 공통점은 가난과 생계를 위한 이주였다. 차이점은 카네기의 고향은 문명이 개화하는 고장이고 박태준의 고향은 문명과 먼 갯마을이었다. 물론 박태준도 카네기가 펜실베이니아에 도착했던 그 나이를 먹었을 때는 벌써 7년째 일본에서 문명의 세례를 받고 있었다.

한국의 박태준의 포철을 이끌어 온 경로는 두 가지 관점에서 카네기와 차별된다. 첫째, 박태준은 카네기를 능가할 사업가로서의 지도력과 자질을 발휘했지만, 동기와 목표가 카네기와 달리 국가적 차원이었다. 그는 포스코의 소유자가 아니었다. 시작할 때도 그랬지만 물러날 때도 단 한 주(株)의 포스코 주식을 쥐지 않았다. 공모주 한주도 소유하지 않았다. 세계의 유명 기업인들 가운데 자기 소유 아닌 기업을 '빈곤한 국가를 위한다'는 대의에 따라 박태준처럼 모든 것을 다 던져 훌륭하게 키워낸 인물은 없다. 미국 자본주의 방식으로 스톡옵션(Stock Option)을 정했더라면 그에게 돌아갈 스톡옵션은 얼마나 되어야 합당하겠는가? 스톡옵션이란 회사의 주식을 미리 정한 가격에 매수할 수 있는 권리를 말한다.

둘째, 카네기와 박태준은 모두 전후 국내에 펼쳐진 빈곤과 부패, 개발과 갈등의 시대를 맞아 철강에 뛰어들었지만 박태준은 카네기와 달리 처음부터 종업원의 복지를 당대 최고 수준으로 실현하고 부단히 기업 이익의 사회 환원을 추구한 경영 철학을 품었다. 포스코의 돈으로 설립하고 운영하는 14개의 학교들, 아시아 최고 공과대학으로 평가받는 포스텍, 제철장학재단, 포항산업과학연구원, 포항방사광가속기연구소, 종업원 지주제 확립을 위한 노력, 포항시의 현대적 문화예술회관 건립과 공원 건설에 대한 지원.... 그는 처음부터 종업원뿐만 아니라 다음 세대의 행복을 위한 사업에 기업 이윤을 최대한 환원해 온 인물이다.

앤드루 카네기와 박태준 두 인물의 이런 차별성은 어디서 비롯되었을까? 카네기는 돈벌이에 대한 관심에서 출발하여 서서히 자기 시대에 대한 이해와 책임을 감당해 나가는 인생을 살아간 반면 박태준은 국가에 대한 헌신에서 출발했기 때문에 언제나 자신의 삶으로써 자기 시대의 한복판을 관통해 나가면서 당대에 대한 헌신을 아끼지 않았다. 여기가 바로 같은 업계의 서로 다른 삶에서 가장 다른 삶을 낳은 세계관의 차이다. 박태준의 정신적 원형질은 '일류 국가 완성'이 핵을 이룬다. 청년에서 노년에 이르기까지 그는 일관되게 부강한 국가의 훌륭한 시스템에서 인간다운 삶이 보장되는 사회를 꿈꿔온 인물이다.

하지만 1988년 5월 카네기 멜런 대학에서 명예 공학박사 학위를 받는 예순한 살의 박태준은 정치인이 아니라 기업인이었으며 대통령이 아니라 포스코 회장이었다. 다시 말해 그가 자신의 설계를 실현할 영역은 포스코로 한정되어 있었다. 그 범위 안에서 그는 일류 기업의 완성을 이룩하고 부강한 기업의 복지 시스템과 사회 환원 시스템에 대한 가장 모범적인 전형을 창조한 인물이다. 물론 그 전형은 한국 사회에 좋은 영향을 끼쳤다.

그러나 하나의 세계에서 두 사람의 최고와 두 사람의 황제가 존재할 수는 없다. 카네기는 20세기 벽두에 은퇴한 철강 기업인으로 베서머 메달을 받았고 박태준은 그로부터 83년이 지나 현역 철강인으로서 그것을 목에 걸었다. 닮은 데가 많고 다른 데도 있는 두 사람을 가리켜 카네기는 19세기 최고 철강인으로, 박태준은 20세기 최고의 철강인으로 부를만하다.

박태준은 '철강 황제', '철강 왕'이란 표현이 개인적으로는 영광스러운 자부심이 될 수는 있지만 자신과 더불어 피땀 흘렸던 수많은 동료에 대한 예의가 아닌 것 같다며 사양한다. 누군가 카네기를 19세기 철강 황제라 부르더라도 우리는 박태준을 20세기 최고의 철강인으로 불러야 한다.

박태준은 한국의 카네기라 부르는 것을 즐겼다. 카네기를 미국의 박태준이라 부를 필요도 없다. 그는 세계의 박태준일 뿐이다. 박태준은 '세계 최고의 철강인'이다.

16

각하께 불초 박태준 보고드립니다

1992년 여름부터 한국 사회는 대통령 선거 분위기에 휩싸이고 있었다.

여당인 민자당에서는 우여곡절을 거쳐 김영삼 후보, 야당에서는 김대중 후보, 그리고 정주영 현대그룹 회장이 국민당을 창당해 대통령 후보로 나왔다.

그 해 9월 하순에 박태준은 두 가지를 결행한다. 하나는 아주 오래된 결심으로 광양 4기를 완공해 일찍이 박정희 대통령과 약속했던 "철강 2,000만 톤 시대"를 완성하고 나서 곧바로 포스코 회장 자리를 스스로 물러나는 것, 또 하나는 지긋지긋한 정치의 갑옷을 훌훌 털어버리고 남은 인생을 경제에만 전념하는 것이었다.

"광양 4기 종합준공식" 광양제철소 행사장 내빈석 꼭대기에는 '포항제철 4반세기 대역사 준공식'이라는 현수막이 내걸렸다. 1968년 창업한 이래에 장장 25년에 걸쳐 숱한 고난을 헤쳐 나온 제철소 건설의 대역사를 마무리하는 장엄한 식장에 1만 2천여 명이 모였다. 박태준과 임직원, 대통령, 그리고 주한 미 대사를 포함한 외교 사절 등, 국내외 취재진, 직원 가족들, 지역사회의 축하객들…. 그러나 박태준에게 대통령 선거 선거위원장을 맡아달라고 졸라댄 김영삼은 참석하지 않았다.

박태준의 거듭된 항의 표시에 심기가 불편해도 노태우 대통령은 "자본, 기술, 경험이 제대로 갖추어지지 않은 상태에서 시작해 4반세기 만에 연간 2,100만 톤의 생산능력을 가진 세계 3위 철강회사로 성장한 포철의 위업은 세계 철강사(史)에 길이 빛날 금자탑이 될 것" 이라고 치하했다.

그의 뒤를 이어 세계 철강 협회장 로튼은 "포스코의 박태준 회장이 이룩한 업적은 추진력과 엄격성과 탁월성으로 세계에 빛나는 모범이 돼 4반세기라는 짧은 기간에 이처럼 거대한 기업을 이룬 데 대해 찬사와 존경을 아끼지 않는다"라고 격찬했다.

박태준이 나설 차례였다. 두 개의 마이크가 놓인 자리. 금빛도 은빛도 없는 그리도 평범한 자리. 그러나 그 자리는 세계 최고의 철강인만이 앉을 수 있는 "철(鐵)의 용상(龍床)이었다. 그 자리는 지난 몇 년 동안 박태준의 인생에 펼쳐진 영광의 계절이 마침내 찬란한 절정의 순간으로 꽃피우는 자리이기도 했다. 박태준은 감당하기 벅찬 감회에 젖었다.

하지만 목소리는 여느 때와 다르지 않았다. "오랜 대 역사 속에서 민족 경제의 초석을 다진다는 일념으로 몸 바쳐 일하다가 유명을 달리하신 동기들의 혼령이 오늘 이 자리를 지켜보고 계실 것을 생각하니 실로 만감이 교차합니다. 제철 보국의 정신 아래 '민족 기업, 인간 존중, 세계 지향'의 기업 이념을 더욱 확실히 펼쳐 나가는 한편 21세기를 지향하는 새로운 기업상을 정립할 것입니다. 그리고 국민 여러분의 끊임없는 사랑을 바탕으로 어떤 어려움이라도 헤쳐나가면서 기필코 다음 세기의 번영과 다음 세대의 행복을 창조하는 국민

기업의 지평을 열어 갈 것입니다."

박태준이 가장 깊은 곳 마음을 펼쳐놓은 자리는 따로 있었다. 격정을 안으로 차분히 다스린 쇳물처럼 뜨거운 울먹임을 찬찬히 풀어놓을 곳이 그에겐 따로 있었다.

성대한 잔치가 끝났다. 손님들은 다 돌아갔다. 25년 대 역사를 마무리하는 장엄한 무대의 모든 의자들이 치워졌다. 세계 최고의 철강인이 앉았던 의자도 치워졌다. 그러나 치워진 것은 평범한 의자가 아니었다. "철의 용상"이 무대를 내려간 것이다.

박정희 대통령 동작동 유택 앞에서

반세기 대 역사의 대성취를 축하하는 기념식을 마치고 한 사람의 손님처럼 광양을 떠난 박태준은 서울 북아현동 자택으로 돌아왔다. 밤이 깊었다. 잠이 오지 않았다. 이따금씩 눈시울이 뜨끔거렸다. 그러나 아직 눈물을 맺을 때가 아니라고 그는 생각했다.

날이 밝았다. 개천절이었다. 조간신문들은 기사, 사설, 칼럼으로 일제히 '포철 대 역사 대미' 제하로 최상의 아낌없는 찬사와 격려를 보냈다. 언론사들은 '포철 신화'를 통해 우리 국민은 '뿌듯한 자부'를 느낀다고 썼다.

이렇게 좋은 날 박태준은 하얀 와이셔츠 위에 검은색 양복을 입고 검은 넥타이를 맸다. 반드시 가야 할 곳이 있었다. 보고를 들어줄 혼령이 기다리는 곳으로 가야 했다. 보고를 담은 두루마리를 챙겼다.

박태준은 동작동 국립 현충원 박정희 대통령의 유택 앞에 섰다. 그가 두루마리를 펼쳤다. 한지에 붓글씨로 쓴 보고문. 비로소 그는 눈물을 흘릴 수 있을 것 같았다. 목소리가 슬픔에 젖어도 좋을 것 같았다. 자신의 인격과 신념과 포부를 완전히 이해하고 신뢰해 주었던 한 사나이를 그는 사무치게 그리워했다.

"각하, 불초 박태준. 각하의 명을 받은 지 25년 만에 포항제철 건설의 대 역사를 성공적으로 완수하고 삼가 각하의 영전에 보고를 드립니다. 포항제철은 빈곤하거니와 경제 부흥을 위해서는 일관제철소 건설이 필수적이라는 각하의 의지에 의해 탄생했습니다. 그 포항제철이 바로 어제 포항-광양의 양대 제철소에 연산 조강 2천100만 톤 체제의 완공을 끝으로 4반세기에 걸친 대장정을 마무리했습니다.

"나는 임자를 잘 알아. 이건 아무나 할 수 있는 일이 아니야. 고통을 당해도 국가와 민족을 위해 자기 한 몸을 희생할 수 있는 인물만이 이 일을 할 수 있어. 아무 소리 말고 맡아."

1960년대 어느 날 영국 출장 도중 각하의 부름을 받고 달려간 제게 특명을 내리시던 그 카랑카랑한 음성이 지금도 귓전에 생생합니다. 그 말씀 한마디에 25년간이라는 긴 세월을 철에 미쳐 참으로 용케도 견뎌왔구나 생각해 솟구치는 감회를 억누를 길이 없습니다. 돌이켜보면 참으로 형극(荊棘)과도 같은 길이었습니다. 자본도, 기술도, 경험도 없는 불모지에서 용광로 구경도 해본 적이 없는 39명의 창업 요원을 이끌고 포항의 모래사장을 밟았을 때는 각하가 원망스럽기도 했습니다. 자본과 기술을 독점한 선진 철강국의 냉대 속에서 국력의 한계를 절감하고 한숨짓기도 했습니다. 터무니없는 모략과 질시와 수모를 받으면서 그대로 쓰러져버리고 싶었던 때도 있었습니다. 그때마다 저를 일으켜 세운 것은 "철강은 국력"이라는 각하의 불같은

박태준 보고−박정희묘소

집념, 그리고 13차례에 걸쳐 건설 현장을 찾아주신 지극한 관심과 격려였다는 것을 감히 말씀드립니다. 포항제철 4기 완공을 1년 앞두고 각하께서 졸지에 유명을 달리하셨을 때는 철강 2,000만 톤 생산국의 꿈이 이렇게 끝나버리는가 절망하기도 했습니다. 그러나 저희는 철강 입국의 유지를 받들어 흔들림 없이 오늘까지 일해왔습니다. 그 결과 포항제철은 세계 3위의 거대 철강 기업으로 성장하였으며 우리나라는 6대 철강 대국으로 부상하였습니다. 각하를 모시고 첫 삽을 뜬 이래 지난 4반세기 동안 연인원 4천만 명이 땀 흘려 이룩한 포항제철은 이제 세계 철강업계와 언론으로부터 최고의 경쟁력을 지닌 철강 기업으로 평가받고 있습니다. 그러나 이것이 어찌 제힘이었다고 할 수 있겠습니까? 필생의 소임을 다했다고 생각하는 이 순간, 각하에 대한 추모의 정만이 더욱 새로울 뿐입니다.

"임자 뒤에는 내가 있어. 소신껏 밀어붙여 봐." 하신 한마디 말씀으로 저를 조국 근대화의 제단으로 불러주신 각하의 절대적인 신뢰와 격려를 생각하면서 다만 머리 숙여 감사드릴 따름입니다."

박태준은 자신과 박정희의 독특한 인간관계, 그 자신의 고백을 그대로 옮기자면 '절대적인 신뢰'를 1992년 개천절의 국립묘지에서 비장한 아름다운 보고로 매듭지었다.

박태준 사임서 내다

박태준은 국립묘지 박 대통령 영전에 보고를 마친 2일 후인 1992년 10월 5일, 오래전 결심한 대로 포스코 회장 자리에서 스스로 물러나는 육필 사임서를 냈다. "포항제철 2,100만 톤 체제를 성공적으로 마무리 지은 영광을 끝으로 대표이사 회장직을 사임코저 하오니 청허(聽許)하여 주시기 바랍니다."

임직원들이 돌연한 소식에 놀라, "지금 회사는 대외적으로 가장 영광스러우면서도 가장 중대한 변화의 시기에 직면해 있기 때문에 반드시 '사퇴'를 철회해야 한다는 건의문을 올렸다. 그러나 박태준은 '건의문'의 여백에 다음과 같이 명백한 거부 의사를 다시 육필로 적어서 돌려보낸다.

"충정은 이해하나 사람이란 때가 되면 진퇴를 명백히 해야 한다고 사료됨. 24년 6개월의 고난은 신체적으로나 정신적으로도 견디기 어려울 정도의 타격이 되었음을 여러분이 이해해 주기 바람. 그동안 여러 임직원이 고난과 시련을 함께 견뎌내고 포철의 오늘을 있게 해주신 협조에 대해 만강(滿腔)의 경의를 표합니다."

며칠 지나서 포스코는 임시 주주총회를 열어 황경로(黃慶老)를 제2대 회장에 선출하고 박태준을 명예회장으로 추대했다. 명예회장직을 수락하며 해외 진출 업무에 전념하겠다고 밝힌 그는 '남방 정책'의 장도에 올라 중국, 베트남, 미얀마 등지를 순방했다.

그러나 한국의 정치적 역학 관계가 그에게 포스코의 해외 업무를 통해 포스코와 한국 경제에 기여할 기회를 허락하지 않는다. 김영삼 대통령 후보의 선거 대책 위원장을 거절하고 갈등을 표출했던 일이 이듬해 봄날 출범한 김영삼 정권에서 그가 한국을 떠나야 하는 정치적 환경이 조성되었다.

1993년 봄부터 박태준은 도쿄의 13평 아파트에 신접살림을 차린 것처럼 둥지를 틀고 아내와 둘이서 '늙은 신혼부부' 생활을 시작한다. 어쩌다 미국이나 유럽으로 나가 답답함을 풀기도 하지만 귀국을 기약할 수 없는 처지였다.

다시 포철 회장을 되돌린 박태준

(독자들이여, 이 책은 포철 성장사를 다루는 것이 주요 목적이기 때문에 정치인 박태준의 정치 행로에 대해서는 쓰지 않는 것을 원칙으로 하고 있다. 그러나 박태준이 포철로 돌아오게 되는 과정에서 잠깐의 정치 여정을 쓸 수밖에 없는 점을 이해해 주시기 바란다.)

1997년 가을에 김종필이 이끄는 자유민주연합(자민련) 총재를 맡은 박태준은 그와 함께 김대중 후보의 손을 잡았다. 박태준의 결심과 논리는 확고했다.

"지금 우리는 과거의 정치적 고정관념으로부터 벗어나는 용기를 가져야 합니다. 이것을 한국 보수층의 '일정한 페레스트로이카(Perestroika, 재건, 개혁의 뜻을 가진 러시아어)'라 해도 좋아요. 현 상황에 맞는 변화, 이걸 나는 '일정한 페레스트로이카'라 하는 겁니다. 여기서 뭐가 보이느냐. 암울해질 20세기 최후를 돌파해 갈 21세기의 새벽길이 보입니다. 산업화 세력과 민주화 세력의 화해, 영남과 호남의 화합, 이 두 가지 일을 못 하면 21세기가 와도 새벽길이 잘 안 보이게 될 것입니다. 나 자신부터 용기를 내야 하겠습니다."

김대중 정권에서 박태준은 '재벌 개혁 전도사'라 불리며 IMF 체제의 조기 극복을 위해 최선을 바친다. 단군 이래 최대의 국난이라고 불리는 IMF 사태가 터졌다. 국가 부도를 막는 일이 화급했다.

　11월 하순. 그가 일본 대장성으로 날아갔다. 대장성의 최고 실무자 사카기바라, 대장성 인맥의 '오야붕'으로 불리는 다케시타 노보루 전 수상을 만나 '급한 돈'에 대한 약속을 받고 귀국, 숨 고르기 바쁘게 김대중 후보를 안내해 구미의 박정희 대통령 생가로 찾아갔다. 박정희 통치 시대에 김대중은 민주화 세력의 대표 지도자였으니 이제라도 화해의 자리가 마련되어야만 박태준이 외치는 '산업화 세력과 민주화 세력의 화해', '영남과 호남의 화합'을 위한 디딤돌을 놓을 수 있을 것이다. 그리고 여전히 국가 기관이 최대주주인 '국민 기업 포스코' 회장을 교체하는 역할에 나서서 김만제가 퇴임하고 포스코 출신이 새 회장에 취임하게 된다.

　2000년 새해 벽두 박태준은 김대중 정권의 국무총리로 취임했다. (저자는 YTN 사장으로 박 총리의 언론사 대표들의 만찬 초대를 받아 삼청동 공관에서 2시간에 걸친 그의 소신을 듣는 기회를 가졌다.)

　이때부터 박태준은 두 가지의 심각한 문제를 안고 있었다. 하나는 건강 문제였다. 여러 가지 치료를 해보았지만 각혈(咯血, 폐, 기관지 점막 등에서 피를 토하는 것)이 멈추지 않았다. 기어이 폐 밑의 물혹이 엄청난 문제를 일으키고 있었다.

　또 하나는 정치적 지형도였다. 김종필이 김대중과 갈라설 준비를 하고 있는 것이었다. 두 사람이 갈라선다면 박태준의 정치적 입지는 좁아질 것이다.

　그해 4월 총선 기간에 기어이 심각한 두 가지 문제가 터져 버렸다. 이제 박태준은 모든 공직 생활을 청산하고 무엇보다도 자신의 건강을 지키기 위해 자기 투쟁을 벌여야 하는 인생의 황혼기를 맞고 있었다.

박태준은 총리 재임 시 '국민 금 모으기' 등 IMF 사태를 어느 정도 수습해 놓았다. 그것이 김대중 정권의 전반기의 두드러진 공로였고 박태준은 노고를 아끼지 않았다. 한국이 50년 만에 수평적 정권 교체를 달성하고 비참한 국가 부도의 위기를 극복해 낸 그 절박한 시기에 그는 정치권력의 무대에서 과거의 순수한 열정과 화려한 경력을 바탕으로 김대중의 자문과 조연의 역할을 했다.

물혹 제거 대수술

2001년 9월 11일, 항공기 두 대가 뉴욕 쌍둥이 빌딩을 들이받았다. 이른바 세계무역센터(World Trade Center) 폭파 사건이다. 그때 박태준은 뉴욕에 있었다. 폐 밑에 있는 물혹(Cyst) 제거 수술을 받기 위해서였다. 왼쪽 옆구리 33cm를 가르고 갈비뼈 하나를 톱으로 잘라 빼낸 다음 그 구멍으로 폐 밑에서 폐를 압박해 온 풍선 같은 물혹을 끄집어내는 대수술을 받고 회복하는 중이었다. 수술 시간 6시간 30분, 물혹 무게 3.2kg, 피를 담은 물혹의 무게는 신생아의 무게와 맞먹었다.

건강을 회복한 2002년, 서울로 돌아온 박태준은 빼먹지 않는 일과의 하나로 아내와 나란히 남산을 걸었다. 인생의 황혼을 시작한 것이었다.

국민이 아스팔트에 모여 장엄하게 응원한 월드컵 4강 신화, 단군 이래 최대 민족 축제를 마친 뒤에는 홍명보, 황선홍을 비롯한 포스코 축구단에서 뛰기도 했던 선수들을 호텔로 초대해 즐겁게 한턱내며 치하했다.

2003년 새해에는 중국 국무원 발전연구기금 고문으로 초빙되고

3월엔 베이징 다오위타이(釣魚臺)에서 열린 고위층 논단에 초대되어 연설했다.

"새로운 사회 문제에 대한 적절하고 민첩한 대응은 안정적인 경제 발전에도 중요한 요소입니다만 중국 인민이 '소강'과 대동의 풍요로운 사회를 마음껏 누릴 수 있도록 하기 위해서는 정부가 경제 발전과 더불어 증가하는 '인간의 윤리 문제'에 대해 정책적 차원의 깊은 관심을 기울여야 할 것입니다."

2004년 후반기의 박태준은 '글로 인생을 정리하는 기간'이었다. 소설가 이대환과 함께 몇 년 동안 일주일에 몇 차례씩 나눈 대화를 바탕으로 그해 8월 1일부터 12월 8일까지 '중앙일보'의 '남기고 싶은 이야기'에 〈쇳물은 멈추지 않는다〉라는 제목으로 4개월 8일 동안 매일 연재했다.

대담 상대였던 이대환(李大煥) 작가는 1958년 영일만 바닷가(현 포항제철소 부지)에서 태어났다. 이대환 작가는 생가터가 포항제철소 부지에 포함되어 타 지역으로 이사한 '제철소 부지 이주민'이었다.

박태준은 산업화 세력과 민주화 세력이 대립하고 갈등해 온 결과물로 한국 사회에 무섭게 남아 있는 이른바 '진영의 문제' 역사 서술과 역사 기억의 대결적 논쟁에 대해 죽비(竹篦)와 같은 일갈을 남겼다. 죽비란 불교에서 장시간 참선으로 심신이 흐트러질 경우 정신을 깨우치기 위해 사용하는 대나무로 만든 도구이다.

'독재의 사슬도 기억케 하고 빈곤의 사슬도 기억케 하다'.

"평양 가서 코치(Coach)했으면 좋겠어
 - 원산에 포스코의 제3 제철소를…"

2011년 겨울철 박태준은 새벽부터 기침에 시달렸다 겨울 산책을 나가기도 했지만 단순한 감기 기침이 아니었다. 몹쓸 기침은 끈덕지게 여름날에도 그칠 줄 몰랐다. 폐 밑의 물혹을 적출한 부위, 거기서 매우 심각한 탈을 일으킨 증세였다. 그런 불편한 몸으로도 그는 자신의 생애에서 풀지 못한 소망에 대해 안타까운 심경을 토로하곤 했다.

"북한(北韓)은 대일 청구권부터 받아야지. 일본은 그걸 현금(Cash)으로는 안 줘. 물자가 가는 건데 그걸 어디에 우선순위로 쓰느냐, 이 문제에 대해 내가 일본에 가서 적극적인 역할도 하고 평양 가서 코치도 했으면 좋겠어."

코치란 지도하여 가르치는 일이다.

"북한은 그 돈으로 도로, 발전소, 전신, 항만, 철도 등 이런 인프라에 집중적으로 투자해야 해. 그러면 제철소는 어떡하나? 나에게 시간이 허락한다면 포스코의 제3 제철소를 원산(元山)쯤에 짓는 거야. 포스코엔 제철의 노병이 많아. 북한은 돈 낼 필요도 없어. 우리 포철의 국제적인 신인도로 돈을 마련하고 북한 군대에서 1,000명을 포항, 광양에 불러 기술 훈련을 시키면서 제철소를 건설해 나가는 거지. 북한도 산업화를 시작하게 되면 어차피 철강 수요가 폭발적으로 증가하게 되어 있어. 그 규모에 맞고 제철소를 짓고 남한 개발 시대에 포항제철이 그랬던 것처럼 그 제철소가 국가 기간산업의 역할을 해주는 거지."

박태준의 현실을 보는 감각은 뛰어나고 날카롭다.

"일본과 축구를 해서 우리 대표팀이 2:0으로만 져도 난리 치는 우리가 노벨과학상(Novel Prize)에서는 17:0이 돼도 무신경한 거야? 뭔가 크게 잘못됐어. 교육부터 바로 돼야 하는 거요, 교육의 비교우위가 중요해. 교육이 일본에 앞서야 일본을 앞서는 거고 극일(克日, Over Japanese, 일본에 앞서는 것)도 하게 되는 거 아니겠소."

퇴직 직원들과 19년 만의 재회

2011년 9월 19일 오후 7시. 포항시 지곡동 '포스코 한마당 체육관'에 포항제철 초창기부터 현장에 근무했던 퇴직 사원 370여 명이 모여들었다. 박태준이 서서히 행사장에 들어서자 모두 기립해서 우레(Thunder)같은 박수를 보냈다. 자리를 벗어나 그의 앞으로 뛰어나온, 그와 같이 늙어가는 몇몇 직원들은 악수를 나누며 벌써 눈물을 글썽이고 목이 메었다. '창업 회장과 퇴직 현장 사원들'의 19년 만의 재회. 이 행사의 이름은 〈보고 싶었소! 뵙고 싶었습니다〉였다.

박태준이 연설을 시작하고 얼마 지나지 않아 체육관은 눈물의 바다를 이루었다. 아! 박태준의 생애에 대미를 장식하는 마지막 연설이 될 줄이야! 누구도 알 수 없고 오직 하나님만이 그것을 알고 있어서 누구도 모르게 잠시 그에게 청춘을 돌려준 것이었을까. 그는 연설을 하는 동안 간간이 복받치는 감정을 억누르나 목이 메어 눈시울을 훔쳤다. 그러나 그놈의 끈덕지게 달라붙는 기침은 하지 않았.

행사를 마치고 헤어지는 삼삼오오가 "우리 회장님, 대통령 출마해도 되겠더라." 하는 즐거운 말을 주고받았다. '우리 회장님이 그들의 기억에 지워질 수 없는 젊은 시절의 그 우렁찬 기백'도 그날 발산되었던 것이다.

그해 11월 초순에 박태준은 여의도 국회에서 친분을 두텁게 쌓은 두 친구, 대구 출신으로 국회의장을 지낸 박준규(朴俊圭), 전남 출신으로 국회 부의장을 지낸 고재청(高在淸)과 일본 여행을 준비했다. 그러나 이 여행은 이루어지지 못했다. 여행을 준비한 박태준이 '기침 문제'의 근원을 해결하기 위해 연세대 세브란스 병원에 입원한 것이었다. 10년 전 물혹을 떼어낸 그 부위에 물혹(Cyst)이 재발해 있었다. 뉴욕 수술 당시에 의사들이 문제의 부위에 박힌 규사(硅砂, 작은 알갱이로 이루어진 흰 모래) 성분이 물혹을 키운 것이라고 했으니, 그것은 영일만에서 많이 마신 '세모래'에 의한 직업병에 해당되었다. 박태준은 포철 건설에 목숨을 희생시킨 것이다.

9시간 28분에 걸친 대수술은 성공적으로 끝났다. 회복세가 순조로운 것이어서 수술 후 12일째에는 지인들의 면회도 이뤄졌다. 그러나 돌발변수가 생겼다. 급성폐렴이었다. 마지막의 고독한 투병이 노 환자에 맡겨졌다.

포스텍이 준비한 설립자 조각상(彫刻像, Statue)

포스텍에서는 개교 25주년 기념으로 교내 '노벨 동산'에 세울 박태준 조각상을 준비했다. 받침돌 앞면에는 '강철 거인, 교육 위인'이 새겨지고 뒷면에는 평전 작가(이대환)가 쓴 취지문이 새겨졌다. 그리고 조그만 공원처럼 꾸며진 양쪽 가장자리에는 수많은 사람들의 이름이 새겨졌다. 그들은 2만 2천 905명으로 박태준 조각상 건립에 성의를 보내 온 포항 시민, 포스텍 사람들, 퇴역한 포스코 사람들, 전국 각지의 박태준을 존경하는 사람들이었다. 성금 총액은 7억 원 선이 넘었다. 당시 7억 원은 거액이었다.

취지문은 이렇다.

"짧은 인생을 조국에, 이 신념의 나침반을 따라 헤쳐 나아간 청암 박태준 선생의 일생은 제철 보국, 교육 보국 사상을 실현하는 길이었으니 제철 보국은 철강 불모지에 포스코를 세워 세계 일류 철강 기업으로 성장시킴으로써 조국 근대화의 견인차가 되고, 교육 보국은 14개 유, 초, 중, 고교를 세워 수많은 인재를 양성하고 마침내 한국 최초 연구 중심 대학 포스텍을 세워 명문대학으로 육성함으로써 이 나라 교육의 새 지평을 여는 횃불이 되었다. 이에 포스텍 개교 25주년을 맞아 포스텍 가족과 포항 시민이 그 숭고한 정신과 탁월한 위엄을 길이길이 받들기 위해 여기 '노벨 동산'에 삼가 전신상을 모신다"

* * * * *

(독자들이여, 저자는 박태준 회장의 부음 기사는 이 책 맨 마지막 부분에서 다룰 계획이다. 우리는 포철의 성장 과정을 보고 있으며 앞으로 박태준 회장과 함께 창업 시에 함께 일한 이른바 포철 창업 34인의 증인을 들으려고 한다.

박태준 회장을 입체적으로 이해하고 포철 창업 멤버들이 현장에서 경험한 것을 듣다 보면 포철의 성장 과정에 숨은 힘의 비밀을 알게 될 것이다.)

제 2 부

17

장부를 없애고 코드(Code)로 관리하라

황경로(黃慶老) 제2대 회장의 증언

창업 포스코의 기획관리 부장으로 출발한 나는 처음부터 '코드'를 생각했다. 코드란 이념 또는 패거리를 뜻하거나 전기와 관련된 도구쯤으로 생각할 수 있다. 내가 여기에 사용하고 있는 코드의 뜻은 '돈의 흐름'을 투명하고 효율적으로 관리하는 기법이다.

포스코 창업 시절 한국 기업과 국가 기관은 한결같이 '시커먼 장부(帳簿)'로 회계를 관리하고 있었다. 장부란 사업하면서 얼마를 팔고 얼마를 썼는지 날짜별로, 품목별로 정리한 기록이다. 검은색 회계장부 책은 후진국의 한 현상이기도 하다.

창업에는 회계 질서가 곧 회사 질서로 직결된다. 나는 포스코에서 '하나의 혁명'을 단행하겠다고 구상했다. 내가 박태준 사장(당시 직책)에게 건의한 내용은 다음으로 요약된다. "장부를 없애고 코드로 관리하는 것이 좋겠습니다." 박 사장은 단박에 찬성했다.

이 결정에 따라 창업 포스코는 '시커먼 장부' 없이 출발했다. 그

대신에 전표(傳票, Accounting Slip)이 등장했다. 타자기로 한 번 두들기면 겹겹의 묵지가 한꺼번에 전표를 6, 7장을 생산했다. 통합관리 시스템의 도입이었다.

이것은 내부 견제 효과로는 만점에 가까웠다. 모든 물품 구매와 예산 집행에 동일한 전표가 7장씩이나 찍혀 나오고 모든 관련 부서가 철해 두어야 하니 누군가 엉뚱한 흑심을 품더라도 전표의 상호 견제 때문에 적어도 네댓 명을 공모해야만 이뤄질 것이다. "빠짐없이 코드를 부여하라." 이 결정에 따라 창업 포스코의 공장과 부서마다 빠짐없이 주민등록번호처럼 '고유 코드 번호'가 매겨졌다.

전표와 코드는 '투명 경영'과 '효율 경영이 원천'이었다. 각 공장의 월별 회계 질서와 원가계산서가 다음 달 10일 이내에 완성되었다. 매월 10일에 정기적으로 열리는 전사(全社) 운영회의는 그 자료들을 바탕으로 심사와 분석을 적기에 정확히 수행할 수 있었다.

'금전 있는 곳에 사고 있다' 이 말은 인류 역사에 지울 수 없는 진리를 담고 있다. 나는 처음부터 토요일의 현금 지불을 금지했다. 어떤 완벽한 견제 장치도 돈의 유혹에 빠진 인간의 욕망까지는 통제할 수 없으므로 관리자는 항상 '사고는 터질 수 있다'고 가정을 해두어야 한다. 만약에 사고가 터지는 경우 최선의 수습책은 24시간, 늦어도 48시간 안에 그것을 발견할 수 있어야 한다. '토요일의 현금 지급 금지' 이것은 바로 그에 대비한 장치였다. 내가 관리하는 동안 금전 사고는 딱 한 건 일어났다.

빡빡한 시스템은 '경직성'이 큰 흠이다. 나는 유연성 확보를 고려했다. 예비 점검 시스템을 만들어 여기에 마치 종합병원의 접수에서 퇴원까지의 과정에 비유될 만한 세부 체계를 마련했다. 그리고 나는 기술자들의 예산 요구 앞에서는 '대패'를 챙기고 있었다. 대패란

나무를 깎는 일로 여기서는 요구하는 예산을 깎는다는 뜻이다. 이런 악역은 '야박한 사람'이라는 입방아로 돌아오곤 했다. 하지만 종종 그들을 집으로 초대했다. 대작과 대국의 자리는 딱딱한 관계를 부드럽게 했다.

내가 정한 관리 원칙의 하나는 '판매에는 업무 추진 비용을 박하게 주고 구매(購買)에는 후하게 주는 것'이었다. 이건 소문이 나기도 했다. '파는 게 힘들지, 사는 게 힘드냐'라는 통념을 저버렸으니 참 묘한 원칙이라고 고개를 갸우뚱거리는 사람들이 많았다. 하지만 그것은 '설비 구매'로 넘쳤던 포스코에서 '최고 품질 최저 구매' 실현의 윤활유가 되었다.

기업에서 최고 경영자가 검증된 숫자에 의해 회사의 상황을 한눈에 파악할 수 있는 것이 예산회계 제도이다. 그래서 창업 포스코의 관리 시스템이 지향하는 핵심은 예산회계 제도였으며 이를 뒷받침하는 것이 장부 체제가 아닌 전표 체제였다. 당시 전산 시스템이 없었지만 장부도 없었던 창업 초기 포스코에는 전표가 곧 장부였다. 그것도 정밀한 분류를 통해 부서별, 사안별 코드를 부여해 둬서 전표를 다 모아 놓으면 절대 조작할 수 없는 '수정 불가'의 장부였다. 어느 공장에서 누가 무슨 일을 했다는 것까지 다 파악할 수 있게 해주는 것이었다.

박태준 사장과 인연을 맺다

6.25 전쟁 4일째인 1950년 6월 28일, 무사히 한강을 건넌 다음에 나는 교복을 벗어 던지고 대한 유격대에 들어갔다. 여러 차례 구사일생의 위기를 겪은 내가 9주짜리 단기 장교 양성소를 거친 뒤 정

식으로 장교복을 입은 것은 1951년, 1.4 후퇴 다음의 일로써 이때부터는 수색 중대장으로 일했다.

휴전이 되고 불안한 평화가 정착되자 나는 두 차례 미국 군사학교에 연수를 다녀와서 경리장교로 전환되었다. 야전 정보장교가 내 기질에 맞았지만 경리 쪽으로 나간 것이 뒷날에 내 인생을 포스코로 이끌어가는 불가사의한 인연의 힘으로 작동되었다.

1954년이었다. 미국 연수를 마치고 육군사관학교 교수부로 발령이 나서 그때 박태준 육사 교무처장과 만났다. 이것이 그분과의 첫 대면이었다. 우리는 서로 좋은 인상을 쌓아가게 되었다.

그로부터 10여 년이 지난 무렵이었다. 1965년 어느 날 대한중석에서 감사(監事)를 포함한 전 임원과 주요 간부를 대상으로 예산회계 시스템에 대해 강의를 해달라는 제의가 들어왔다. 박태준 사장의 지시였다. 매일 오전 8시부터 9시 30분까지 1시간 30분 동안 열흘 동안 경영관리 시스템, 일반관리 시스템에 대해 강의를 하게 되었다. 당시 이런 분야에 관심을 갖는 것은 혁신적인 발상이었다. 그런데 알고 보니 그건 무엇보다 박태준 사장의 나에 대한 테스트였다. 제3공화국이 출범하면서 박정희 대통령의 특사로 장기간 일본을 다녀온 후 대한중석의 경영을 맡은 박 사장이 회사 관리 시스템이 매우 부실하다고 판단, 이 부문을 맡을 전문가를 물색하는 과정에서 강의를 시켜 나를 살펴본 것이다. 나로서는 아주 익숙한 일이었다.

1960년, 그러니까 5.16 직전에 육, 해, 공군 전 장성을 대상으로 하는 2주 과정의 기본 관리 교육을 당시 육군 경리학교 교관으로 있던 내가 맡아 했던 것이다. 모든 장성들이 육군 대위 강의를 진지하게 경청했다. 5.16 후 군정이 실시되면서 그 장성들이 내각은 물론 시, 도 지사까지 했으니 내 강의에서 배운 것을 많이 써먹었을 것이다.

그 일이 계기가 되어 나는 대한중석으로 옮겨 앉으며 '박태준, 포스코와 굵고 끈질기고 보람찬 인연'을 맺게 되었다.

1967년 9월 12일, 우리 정부가 공식적으로 대한중석을 종합제철 건설의 주체이자 실수요자로 결정한 직후 박태준 사장이 대한중석의 관리부장인 나를 사내에 조직된 종합제철 사업 추진 실무 책임자로 임명했다. 부책임자로는 노중열 개발실장이 임명되었다.

내가 종합제철 추진 실무자로서 먼저 해야할 일은 대한중석의 지속적인 경영 능력도 충분히 고려하면서 추친 원칙과 방법을 세우는 것이었다. 가장 먼저 정부와의 절충사항과 세부 사항을 포함하는 5개 기본 원칙부터 결정했다.

1. 대한중석은 이익잉여금을 원천으로 하는 유보 자금을 종합제철의 건설 내자로 투자한다.

2. 총소요 내자 중 대한중석은 자본구조 상 큰 변동을 주지 않는 범위 내에서 투자하고 부족 자금은 정부의 재정 융자 또는 직접 투자로 충당한다.

3. 대한중석은 내자 투자에 의하여 건설 주체 또는 경영 주체의 모태가 되어 이를 추진한다.

4. 대한중석이 부담할 투자의 시기 및 금액의 세부 사항은 KISA(대한 국제 제철 차관단)의 재무 계획 확정 후에 결정한다.

5. 정부는 종합제철 사업을 위하여 필요한 법제화와 보호 육성을 강구한다.

나는 대한중석 관리부장의 입장에서 종합제철 투자액이 향후 5년 간에 46~56억 원까지 가능하다고 판단했다. 이에 따라 대한중석의 종합제철에 대한 투자가 1968년에서 1972년까지 이루어졌다. 실제 출자는 35억 원에 그쳐서 당초 계획했던 대한중석의 25% 주주 지분 참여는 지켜지지 않았다. 이것은 대한중석의 민간인 주주들의 강한 반대와 새 경영진의 의사가 반영된 결과였다.

나는 1968년 2월 말 대한중석에서 퇴사하여 한 달쯤 무소속으로 포항제철 주식회사 창업 준비 업무를 했다. 박태준 사장도 1968년 3월 대한중석 주주총회에서 민간인 주주들의 격렬한 종합제철 투자 반대 항의를 무릅쓰고 대한중석이 투자할 수 있는 안건을 통과시키고 사장직을 물러났다. 이때 박 사장이 사회봉(司會棒)을 너무 세게 두들겨 부서지는 해프닝도 벌어졌다.

박정희 대통령이 임명한 종합제철 건설추진 위원장이던 박태준 사장은 명동(明洞) 유네스코(UNESCO) 회관의 임시 사무실로 출퇴근하게 되었다. 대한중석의 사장이 공석이어서 그 승용차를 이용하시라고 권유했으나 그 분은 그 성품 그대로 거절하셨다.

1968년 4월 1일 나는 기획관리부장으로 명령을 받아 포스코의 창업 요원으로 이름을 올리게 되었다. 나는 그때 최소한 두 가지를 명백히 꿰차고 있었다. 하나는 대한중석에서 체험한 국영 기업의 경영 불합리성이고 다른 하나는 박태준 사장의 확고한 투명, 청렴 철학이었다. 원래 나는 참모보다는 지휘관을 선호했다. 이런 나의 기질은 만약 상관의 자질과 능력을 신뢰하지 않았다면 '박태준의 참모'가 되는 길을 거부했을 것이다.

박태준 사장의 포스코 창립 기념사(記念辭)를 내가 썼다. 그때 박 사장께서 내린 지침이 '최소의 비용으로 최고의 회사', '금전과 물자에 대한 부조리 근절', '인화(人和)' 이렇게 세 가지였다. 이후 1975년까지 신년사, 송년사, 창립기념사 등 모든 스피치 원고를 쓰는 것이 내 일이 되어 버렸다. 1기 설비 준공 보고서도 내가 썼다. 그런

글을 쓰려면 사무실과 집에서 며칠씩 끙끙 앓아야 했다. 팔자에 없는 문사(文士) 노릇까지 했다.

포스코형 시스템 창출

포스코 초창기 멤버들을 크게 두 부류로 나눈다면 기술 부문과 경영관리 부문이다. 기술 부문에서 포항제철소를 만들었다면 경영 부문에서는 포항종합제철 회사를 만들었다. 공장 만든 사람들과 회사 만든 사람들로 나눠보면 된다.

경영관리 부문에서도 나는 특정 부문에만 매달릴 수가 없었다. 회사 최초의 인사 발령까지 내 손으로 기안했다. 조직, 기구, 시스템, 기획전략, 규정, 대 정부 업무 등으로 눈코 뜰 새가 없었지만, 당시 수준으로 보면 창의적인 것들이 많아서 좋았다고 할 수 있다.

부서를 만들고 업무 분장을 하면서 일본과 미국 자료를 수집해서 참조했다. 미국의 현대적 관리 시스템과 일본의 보수적 관리 시스템을 잘 조화시켜 미국의 시스템에 비중을 두면서도 이를 한국 실정에 맞도록 가공해서 '포스코 시스템'을 창출한 것이다.

창업기에는 하루가 다르게 회사 규모가 확대되어 1년에 서너 번씩 조직 개편이 이루어졌다. 그때마다 규정도 다시 손질해야 했고 다른 일도 뒤따랐다. 어디 한 군데를 건드리고 나면 그 여파가 회사 전체로 퍼져 나가는 바람에 일이 산더미가 되곤 했다. 육군 장교 시절인 1959년 1년간 미국 경리학교에서 비전투 부대와 기업의 통합관리 시스템을 공부한 적이 있는데 그게 큰 도움이 되었다.

철강공업 육성법 제정

1970년에는 정부와 협의하여 철강공업 육성법을 제정했다. 이 법은 1970년 1월 1일 법률 제2181호로 제정되었다. 중화학공업과 방위 산업 육성 시책에 따른 것이다.

제철소를 건설하기 위해서는 항만, 준설, 도로, 용수, 철도, 통신 등 엄청난 인프라 건설이 함께 이루어져야 하는데 당시 포항제철이 이를 감당할 능력이 없었기 때문에 정부에서 이런 사업들을 지원하고 자금을 댈 수 있는 법적 근거를 마련하기 위한 사전 작업이었다.

창립 포스코에 들어와야 하는 내자(內資)인 정부 출자금, 이것을 확보하기 위해 매년 3월부터 정부 관련 부처를 뻔질나게 드나들어야 했다. 정부 관료들이 3월부터 이듬해 출자금을 만지작거리기 때문이다.

여기서 확보한 금액이 연말 국회의 예산 심의를 통과해야 이듬해에 출자가 이루어진다. 1968년부터 매년 정부로부터 40억 원 내외를 받아내야 했다. 그렇게 하려면 집권당인 공화당에도 손을 쓸 수밖에 없었다. 당시 국가의 1년 재정 규모가 6,000억 원에서 7,000억 원 사이였는데 그중 포항제철이 요구하는 40억 원은 엄청나게 큰돈이었다.

국회에서 예산이 통과되더라도 기획원, 재무부 등을 돌면서 통사정을 해야 했다. 회사는 당장 돈이 필요한데 정부는 국고 수표를 안 떼어주니 그럴 수밖에 없었다. 경제부처 공무원들의 말이 2억 원이면 전국 파출소에 필요한 돈을 다 지원할 수 있는데 포스코가 가져가는 40억 원이 대체 얼마만 한 돈인지 아느냐는 것이었다.

이후 정부 출자금 이외 은행 차입금, 국민투자기금, KFX 자금, 해외채권 발행 등으로 조금 숨통이 트여갔다. 103만 톤 체제의 1기 설비 조강 톤당 건설 단가는 237달러였다. 큰 규모로 추진된 일본이 236달러, 우리와 비슷한 규모의 터키(현 튀르키예)가 450달러였던 것과 비교하면 매우 경제적인 건설이었다.

사장 결재 없이 전산 인력 특채

당시 경제기획원, 대한항공 등에 컴퓨터가 도입되긴 했지만, 국내의 수준은 아직 프로그램 작성에도 못 미치고 있었던 1970년. 포스코는 그해 12월 입사한 전산 담당 성기종을 중심으로 일본 제철소의 전산 시스템을 따라가려는 각별한 노력을 기울이기로 했다.

당연히 전문가들이 필요했다. 이때 나는 단 한 번 사장의 사전 결재 없이 전산 인력을 특채했다. 박태준 사장은 사후 결재를 하면서 일절 토를 달지 않았다. 오히려 '간부들의 전산화 시험 성적과 추진 실적을 직접 챙기겠다'라고 지시하며 경영 쇄신에 박차를 가했다.

대망의 포철 1호 컴퓨터(후지쯔의 FACOM 230-25)가 도입된 때는 1974년 6월. 준비가 잘 된 회계 관리부터 전산화를 도입했더니 대뜸 경영 사이클(Cycle, 순환)이 5일이나 단축되었다. 1975년에 미국 하버드 대학교수 두 사람이 와서 포스코의 회계 관리 시스템을 보고는 어느 나라 어느 회사의 용역이냐고 물었을 만큼 획기적인 것이었다. 당시 장부 없는 기업은 포스코가 유일했고 이를 이상하게 여긴 감사원에서 감사를 나왔다가 오히려 한 수 배웠다는 말을 남기고 돌아가기도 했다. 1기 설비 착공 몇 달 전에 이미 전산 조직을 만들어 일찍 전산 시스템을 도입했고 전례 없이 전산 요원을 과장급으로 채용하기도 했다.

바른 건의를 수용하는 박태준 회장의 리더십

2001년이었다. 그때 미국 코넬 대학 병원에서 폐 밑의 물혹 제거라는 대수술을 받고 막 중환자실에서 벗어난 박태준 회장께서 "황경로 회장하고 안병화 사장하고 둘이 좀 다녀가라."라는 연락을 하셨다. 그것도 누구에게도 알리지 말고 은밀히 오라고 했다.

우리 두 사람은 뉴욕행 비행기에 올랐다. 왜 불렀는지 궁금했다. 혹시 병세가 깊어져서 잘못되어가고 있지는 않은가 하는 방정맞은 생각까지 들었다. 늙은 환자는 전신의 살이 다 빠져서 수척하기 이를 데가 없었다. 그래도 우리를 보고는 환하게 웃으면서 이러셨다.

"수술 후 마취에서 깨어나는 중에 황경로하고 안병화 얼굴이 제일 먼저 보이는 거야. 그래서 보고 싶어 부른 거야."

그 순간에 나는 눈물이 왈칵 솟구쳤다. 가족이나 친지들로서는 섭섭할지 모르지만 그게 박태준 회장의 숨김없는 진실이라는 것을 너무나도 잘 알고 있었기 때문이다. 나지막한 대화가 오갔다.

"회장님 이제 회사 걱정은 그만 하세요. 후배들이 잘하고 있습니다."

"자네는 그럴 수 있을지 몰라도 나는 그럴 수가 없다네. 사실 자네도 말은 그렇게 하지만 속마음은 그게 아니겠지."

포스코의 성공 요인을 여러 가지 들 수 있지만 박태준 회장의 그런 '정신'이 가장 핵심적인 성공 요인이라고 나는 단언할 수 있다. 그리고 박태준이라는 인물의 위대성에는 '바른 건의를 수용한 안목'을 넣어야 한다고 나는 확신한다.

노중열(포스코 미국 현지 법인(POA) 사장 역임) 증언

내가 박태준 사장과 만난 것은 매우 우연한 기회에 이루어졌다. 다시 생각해 보면 그건 개인적으로 운명적인 일이었다. 그분과 인연을 맺는 과정에서는 영어, 전쟁, 경리학교, 그리고 무엇보다 황경로라는 사람이 있었다.

전쟁의 소용돌이에 휩말려 피란민 수용소와 대구를 오가는 중에 나는 대구의 한 영화관에서 통·번역사를 모집한다는 소문을 듣고 그 영화관으로 달려갔다. 한국전쟁에 참전한 미군에서 주관하는 일이었다. 나는 중등교원 채용 시험 영어과에 합격한 일이 있었다.

"나는 영어 교사인데 취직하고 싶습니다."

이 한마디로 그냥 패스였다.

한국군 통역 장교로 나는 1953년 7월 휴전 협정 체결 이후에도 1966년 소령으로 예편할 때까지 군대 생활을 계속하는 가운데 2년간 미국 초등 군사반과 고등 군사반 교육을 이수했다. 미국 인디애나폴리스에 위치한 미군 경리학교였다. 경리장교로 전환되어 육군 경리학교에서 교관 생활을 할 때 처음으로 황경로라는 교관과 만나게 되었다. 그것이 나의 인생을 박태준 사장과 포스코로 이끌어간 계기가 되었다.

대한중석 개발 조사실서 포철 창립 준비 전담

전역을 앞두고 나는 뭘 하면서 살아가야 하나를 골똘히 생각하다가 미국계 자금으로 세운 비료 회사에 가기로 마음먹고 있었다. 그런데 군대 생활 말년에 이르러 동료로 맺어진 황경로 씨가 비료 공장으로 가지 말고 박태준 사장을 만나보라고 권유했다.

예편 바로 다음날 1966년 8월 1일 나는 대한중석으로 찾아가 박태준 사장과 첫 대면을 했다. 박 사장께서는 긴말을 하지 않았다.

"우선은 어렵겠지만 큰일을 하고 싶은 생각이 있으면 여기 와서 일하시오."

그래서 나는 바로 그날로 대한중석에 입사했다.

얼마 지나지 않아 개발 조사실장을 맡았다. 내가 맡은 주요 업무에는 종합제철 창립에 관한 일도 있었다. 이 부분에 대해서는 약간의 설명이 필요하다.

우리 정부가 대한중석을 종합제철 건설의 실수요자로 공식화한 때가 1967년 9월이고 그해 11월에 종합제철 건설 추진위원회(위원장 박태준 대한중석 사장)라는 공식 기구가 만들어졌는데 그 이전부터 대한중석 내부에서 이미 종합제철을 다루고 있었다.

대한중석이 종합제철의 실수요자로 공식화되기 훨씬 이전부터 대한중석이 종합제철의 숙주 역할을 맡게 된 배경에는 박정희 대통령과 박태준 사장 사이에 극비리에 추진해 온 약속이 있었는데 아주 뒤에야 알려지게 되지만 그것은 박 대통령으로부터 "임자가 종합제철을 맡아야 한다. 나는 고속도로를 맡는다."라는 비공개 특명을 받은 박 사장이 KISA와 정부 관료팀들과는 별개로 대한중석 내부에 종합제철 사전 준비를 시켜두고 틈틈이 보고를 받아온 것이었다.

1967년 11월 종합제철 건설 추진위원회가 구성되고 대한중석 개발 조사실 요원들이 추진위로 옮겨갔다. 나는 그때 추진위원회 간사를 맡았다. 추진위원회는 정부 기관이어서 공무원 신분이어야 했지만 상임 위원을 비롯해 12명의 위원은 모두 대한중석 소속이었다.

과도기적 현상이었다.

추진위원회에는 아래위로 매우 유능한 인재들이 포진했다. 그러나 엄청난 일이 기다리고 있었다. 박 사장이 초대면에 나에게 말했던 바로 그 '큰일'이었다. 나는 정신을 바짝 차리지 않으면 안 되겠다고 마음을 다잡았다. 다만 출범 당시 추진위원회에는 예산이 전혀 없었다. 그래서 내가 간사로서 대한중석으로부터 250만 원을 차용해 비용으로 쓰고 나중에 갚은 일도 있었다.

외국(外國) 계약 부장 임무 맡아

창립 포스코에서 내가 처음 맡은 직무가 외국 계약 부장이었다. 이름이 조금 생소한데 해외 쪽 업무로 특화된 조직이었다. 외국과의 자금, 용역, 설비 계약을 총괄했다.

1969년 들어 포스코는 그야말로 존폐의 기로에 서게 되었다. KISA가 제공하기로 한 차관 제공을 거절했기 때문이다. 나는 KISA와 파트너로 지내며 수많은 협상을 진행하면서 근 3년의 시간이 헛되지만은 않았다고 생각한다. KISA를 상대로 계획을 추진했던 것은 우리에게 귀중한 경험이 되었고 뒷날 일본과의 사업 추진에서 큰 도움이 되었기 때문이다.

포철 1기 설비 건설에는 대일 청구권 자금을 쓰기로 되어 있어서 자금 보다는 설비와 기술 도입에 더 치중했다. 당시 일본 철강업계는 야하타제철과 후지제철이 신일본제철로 통합되는 시기였다. 내 기억으로는 일본 철강업계 최고 경영자들이 매우 통 크게 포항제철 건설에 협조했다고 본다. 이나야마 회장, 나가노 사장 등이 대표적인 인사들이다.

내가 용역비 없이 그냥 기술 지원을 해주면 안 되겠느냐고 했더니 예산이 얼마냐고 묻길래 2,000만 원밖에 없다고 했더니 그걸로는 어림도 없지만 그냥 그렇게 해주겠다고 하기도 했다. 다른 일도 많은 접촉이 있었지만 그다지 까다롭게 굴지 않았다.

그렇게 분위기가 좋을 때 2기, 3기, 4기 설비까지 미리 계약을 했다. 실제로 그 모든 것은 박태준 사장의 활약의 산물이었다. 일본 최초의 근대적 제철소인 야하타제철소와 한국 최초의 근대적 제철소인 포항제철소 1기에는 묘한 역사적 사실이 존재한다.

1895년 청·일 전쟁에서 승리한 일본은 전쟁 배상금 3억 엔과 랴오둥, 타이완, 펑후의 할양, 쑤저우(蘇州) 등 4개 도시의 개항을 청나라로부터 얻어 낸다. 하지만 러시아, 독일, 프랑스의 3대 강국이 산둥반도 부근에 함대를 집결시키고 랴오둥반도 포기를 권고해 옴에 따라 일본이 이에 응하면서 그 대가로 더 많은 배상금을 받아낸다. 그것을 야하타제철소 건설 자금으로 삼았으며 야하타제철은 일본이 태평양전쟁을 벌일만한 부국강병의 한 근원이 된다.

한국 포철 1기는 일본의 한국에 대한 식민지 지배와 수탈에 대한 배상금으로 건설하게 되었고 포스코는 승승장구하여 한국 경제의 부흥을 이끄는 견인차 역할을 하고 있다. 전쟁 배상금과 제철소 건설. 역사의 우연의 일치일까?

도쿄 연락소장으로 활약

1973년 대일 청구권 자금까지 포함하여 약 1억 달러의 일본 자금으로 103만 톤 규모의 포항 1기 설비 공사를 성공적으로 건설했지만 1기 설비는 고로(高爐)가 1기밖에 없으며 제강공장의 효율도 낮았기 때문에 제선 부문에서 양폐체제(兩肺體制)를 구축하고 제강의 효율을 제고하기 위해서는 하루라도 빨리 2기 사업에 착수해야 했다. 그러나 일본의 관계 기관에서는 포스코의 2기 사업에 대해서는 대단히 냉담했다.

그때 나는 도쿄 연락소장으로 나가 있었다. 도쿄 연락소장은 일본의 관계 기관에 사업 계획과 타당성을 설명하고 동의를 얻어 차관을 확보하는 것이 임무였다. 일본 철강업계는 물론 정부나 금융기관에서도 아주 냉담한 반응을 보여 매우 어려운 시간을 보내고 있는 와중에 그해 여름에는 '김대중 납치 사건'이 발생해 양국 관계가 더욱 악화되었다.

1973년 12월 나는 박태준 사장을 수행해 독일 함부르크를 방문했다. 설비 및 차관 도입 선의 유럽 진출을 모색하기 위해서였다. 밤이 깊었는데 박태준 사장이 독일 오토(Otto) 사의 미들만(Middleman) 사장에게 편지를 쓰라고 했다. 포항 2기 건설에서 일본의 차관이 잘 안 되는 것이 확실하니 다음 달 중순까지 포항에서 협상할 수 있도록 준비해서 한국으로 오기를 바란다는 내용이었다. 때마침 현지에 와 있던 이영우 부장이 편지를 가지고 오토 사로 떠났고 오스트리아에서 일부러 찾아온 푀스트 알피네 사의 국제 세일즈 담당 노이바우어(Neubauer) 씨에게도 그들이 공급할 수 있는 설비 사양과 견적을 가져오라고 했다.

1974년 새해에는 오토 사의 미들만, 푀스트 알피네사의 노이바우어 일행이 기술자를 대동하고 포항을 찾았다. 이들은 영빈관 '영일대'에서 포스코 요원들과 밤샘 협상을 벌였다.

이러한 사실을 보고 받은 일본 업계에서는 화들짝 놀라 일본 업계를 대표하는 밀사 자격으로 아리가 씨를 포항으로 급파했다. 자칫 설비 공급 기회를 유럽에 빼앗길 수도 있다는 위기의식에서 그런 결정을 내린 것이었다.

그때 도쿄에 있는 나에게 박태준 사장께서 전화를 하셨다. '일본에서 약 800만 달러 규모로 설비 공급을 하겠으니 제발 그동안 협조가 잘 안된 점을 양해하시고 설비 공급에 참여하게 해달라고 해서 그러면 앞으로 1주일 이내에 모든 기술적인 자료를 준비해 오면 이번만은 특별히 참여시켜 주겠다고 했으니 그리 알고 협조를 해주라'는 것이었다. 유럽과 접촉하면서 일본을 움직이게 한 이른바 성서격동(聲西擊東, 다른 행동으로 상대를 주의를 끈 다음 예상치 못한 곳을 습격하는 계략) 전략이었다.

미국서 냉연공장 건설 차관 일으켜

1972년 2월부터 도쿄 연락소장으로 나가 있던 내가 상무이사로 선임될 때는 1974년 2월 주총이었고 나는 다시 '외자 도입 계약'의 일선을 맡았다.

임원으로 승진한 나의 첫 시험 무대는 1974년 8월 18일 워싱턴과 뉴욕에서 막이 올랐다. 그 무렵의 한국은 충격에 빠져 있었다. 바로 며칠 전 서울 한복판에서 터진 총성 때문이었다. 광복절 기념식장에서 박정희 대통령이 연설을 중단하고 급히 연설대 뒤로 몸을 숨기자 영부인 육영수 여사가 옆으로 쓰러져 사망하는 그 비극의 파장이 미국 금융기관 심장부까지 충격을 주었다. 나는 쓴맛부터 다셔야 했다.

1974년 9월 1일, 오스트리아의 푀스트 알피네 사, 미국의 원유나이트 사, 독일 지멘스 사가 컨소시엄으로 참여한 냉연공장 착공에 들어갈 차관 약 4,000만 달러는 미국 수출입은행(EXIM, Export-Import Bank of the United States)의 태도가 관건이었다. 포스코에서는 정부 당국에 미국과의 교섭을 서둘러 줄 것을 요청했으나 정부는 주미 대사관에 훈령을 보냈다는 회신만 보내고 별다른 움직임을 보이지 않았다.

나는 첫 관문의 통과 작전을 세심히 짰다. 워싱턴에서도 알아주는 메이플라워 호텔(Mayflower Hotel) 레스토랑. 나는 지형지물 습득과 웨이터 포섭을 위해 하루 앞서 간단한 점심을 먹으러 갔다.

"내일 점심시간에 다섯 사람을 초대할 테니 좋은 자리를 마련해주고 서비스도 최상으로 해주시오. 팁을 많이 주겠소."

이런 거래엔 '돈의 신용'이 확실해야 하는 것. 나는 웨이터에게 미리 20달러를 찔러 주었다.

"염려 마십시오."

이튿날 점심시간. 클라크 씨를 비롯한 미국 수출입은행 간부들을 모시고 나타난 한국인에게 그 웨이터가 단골을 만난 것처럼 "Mr. No!" 하고 매우 반갑게 공손한 티를 냈다. 졸지에 나는 그들을 거느린 거물로 격상되었고 그들과의 점심은 은행의 이사회가 'NO'가 아니라 'OK'를 결정짓게 하는 썩 괜찮은 밑천으로 쓰였다.

미국 수출입은행 클라크 씨는 처음부터 나에게 협조적이었다. 그는 한국에 몇 번 다녀간 경험을 가지고 있었다. 포항제철에 들렀을 때는 내가 안내를 해준 적도 있었다. 내가 미국 수출입은행의 동의가 빨리 이루어졌으면 좋겠다고 하자 그는 민간 상업 차관이 조속한 시일 내에 마련될 수 있으니 그쪽 일에 주력하라는 조언도 해주었다.

8월 22일에 클라크 씨의 말대로 미국 수출입은행 이사회가 포스코 냉연공장 건설을 위한 차관 조건을 확정했다. 자기자금으로 10%, 미국 수출입은행 직접 차관 30%, 미국 수출입은행 보증 30%, 순수 상업 차관 30%의 비율로 결정되었다. 이 차관 조건은 당시 우리나라 다른 프로젝트의 자기자금 15%, 수출입은행 직접 차관 30%, 수출입은행 보증분 40%, 무보증분 15%에 비하면 결코 불리한 조건이 아니었다.

나는 본사 지시에 따라 컨소시엄 주도 사인 퍼스트 알피네에 30%를 제공하도록 교섭을 벌였다. 하지만 그들은 그렇게 할 수 없다고 했다. 결국 미 수출입은행 보증분은 PEFCO(Private Export Finance Company)라는 중장기 금융기관의 오퍼를 수락하여 이율 9.75%, 상환 기간 10년으로 하고 무보증분은 APCO(Asia Pacific Investment Company)라는 시티은행의 해외 계열사를 통해서 SIBOR+1.5%로 확정했다.

그리고 나는 10월 초에 귀국했다. 거의 두 달 동안 미국에서 동분서주했다.

스스로 힘을 길러야 한다

개인이든 회사든 국가든 힘이 없으면 남으로부터 부당한 대우를 받게 되고 또 그런 대우를 받고도 하소연할 데도 없는 것이 엄연한 현실이다. 나는 어려운 고비를 여러 번 경험했다. 그때마다 우리나라도 언젠가는 잘살게 되어 외국에 차관을 주는 입장이 되어 보았으면 하는 생각을 수도 없이 했다.

선진국 금융기관과 KISA가 손을 잡고 포항 1기 설비에 들어갈 차관 1억 달러를 거절하자 포스코는 생사의 고비를 간신히 넘어 대일 청구권 자금 전용으로 막힌 숨통을 열었지만 뒷날 포스코에는 세계 유수의 금융기관들이 찾아와서 '우리 돈을 쓰세요' 하고 온갖 추파를 던졌다. 격세지감의 일이었다. 나는 지금도 그 격세지감을 만드는 첫 장면을 생생히 기억하고 있다.

1977년 늦가을이었다. 우리나라 국회가 '포항 4기 설비 도입'을 위해 독일과 일본에 보내야 하는 착수금 예산을 전액 삭감해 버렸다. 포스코는 국내 금융기관에 노크를 해보았으나 막대한 규모에 고개를 절레절레 흔들었다. 하지만 돈은 급했다.

궁리를 거듭한 나는 박태준 사장을 모시고 홍콩으로 날아가 미국 시티은행 계열 APCO의 행장실로 들어갔다. 여기서 좋은 조건으로 1억 달러를 빌렸다. 정부 보증 없이 '포스코 신용'으로 대출을 받은 것이다. 그 기쁨과 안도감을 이루 말할 수 없었다. 역시 힘이 있고 봐야 한다는 것을 실감했다. 신용이 곧 생명인 비즈니스 세계에서 그 생명을 얻어낸 사건이었다.

"신용이 생명인데 착수금이 없어서 계약을 못 지킨다는 것은 있을 수 없는 일입니다."

사인을 해준 APCO 행장의 말이었다.

이 사건을 계기로 세계 유수의 은행들이 좋은 조건으로 돈을 빌려주겠다고 속속 포스코를 찾아왔다. '스스로 힘을 길러야 한다' 이것이 포스코 외자 도입 실무 책임자였던 나의 결론이었다.

18

조업 첫해에 흑자를 낸 포스코

안병화(포스코 사장, 33대 상공부 장관) 증언

　1978년 4월 1일 포스코 홍보실은 '역사적인 창립 10돌'을 맞아 포스코 창립 요원들에게 앙케이트를 돌린 일이 있었다. 업무부장으로 입사해 상무이사로 있던 나는 지난 10년의 소감을 이렇게 털어놓았다.
　"무로부터 유를 창조코자 하는 모든 능력을 아낌없이 집중하고 심혈을 기울인 한 해였기 때문에 돌아보면 10년이 한순간처럼 느껴져요. 눈앞에 보이는 현실(포철의 웅장한 모습)은 과거와 비교할 수 없는 차이가 있으나 시간의 길이를 별로 느끼지 못하는 것입니다."
　창업 10년이 한순간처럼 느껴지는 것이다.

원년 흑자 이끈 후방방식과 슬레브(Sleb) 확보 전쟁

　"어떻게 하면 회사 수익을 하루빨리 올리느냐?" 창업 초기 최대의 과제이자 고민거리였다.

일관제철소 건설 방식에는 제품 생산의 공정대로 제선공장, 제강공장, 압연공장의 차례로 공장을 짓는 '전방 방식'과 그 역순을 밟은 후방방식이 있다. 박태준 사장은 과감하게 후자를 택했다. 그래서 포철 1기 생산공장 중 유일하게 대한해협 건너의 일본 자금이 아니라 오스트리아(푀스트 알피네) 상업 차관으로 들여온 중후판 공장이 가장 먼저 준공되었고(1972년 7월 4일), 잇달아 미쓰비시가 설비 공급을 맡은 열연공장이 준공되었다(1972년 10월 3일).

문제는 중간 소재인 '슬레브'의 확보에 달려 있었다. 품질 보증의 슬레브 공급이 없다면 공장은 준공을 하나 마나였다. (2004년 12월에 발간된 포스코 35년사에는 다음과 같은 서술이 등장한다.)

「준공(중후판 공장과 열연공장)에 앞서 1972년 6월 20일 슬레브 279만 톤과 열연코일 495만 톤이 원료선 1호인 카디날서저릭 호에 실려 입하…」

중간 소재들이 호주로부터 긴 항해를 마치고, 그 슬레브의 후판 제품이 최초로 호남정유에 팔려 나간 때는 40일이 지나서였고 처녀작 수준부터 의심하는 날카로운 눈초리를 꺾기 위해 조달청으로부터 조달청 검사 방안까지 짜냈던 것이다.

그해 11월 26일에는 중후판 1,500톤을 처음 미국으로 수출했다.

바로 그즈음에 나는 포스코 업무부장으로서 슬레브 확보에도 신경을 곤두세워야 했다. 호주산도, 일본산도 마찬가지였다. 슬레브는 중간재로서 일본 고로 5사가 분할해서 포철에 공급하기로 약속돼 있었다. 일본 고로 5사는 신일철, 가와사키제철, 스미토모금속, NKK, 고베제강 등이었다. 공급 창구는 미쓰비시 상사로 결정되었다.

신일본제철과 포스코의 경영층이 서로 약속을 했더라도 물건을 내주는 판매부와 조업 라인의 실무자들의 역할이 중요하다. 나는 미쓰비시 담당자와 만났다.

"신일철이 간사로서 제철 5사에 할당을 한다지만 일일이 5사 담당을 찾아다니기는 어려워요. 한 자리에 다 모이게 해줄 수는 없나요?"

됴코 시내 한식당에는 일본 제철 5사에서 나온 계장 수십 명이 모였다. 나는 두 가지를 부탁했다. 시간을 맞춰 달라, 양질을 공급해 달라. 식사비는 미쓰비시에서 계산했다. 미쓰비시 담당자가 영일만의 첫 열연공장 조업에 남다른 신경을 써준 까닭에는 '미쓰비시 열연 설비 최초 해외 판매'를 포스코와 성사시켰다는 업적이 반영되어 있었다.

아무리 공정하고 투명한 입찰 과정을 거쳤더라도 '조상의 혈세'로 미쓰비시와 계약한 사람은 긴장을 풀기 어려웠다. '더러워서 못 팔겠다'라고 소리를 질러대도 대꾸하기 민망할 정도로 '성능 보장'의 까다롭고 완벽한 단서를 달아두긴 했지만 그래봤자 공장이 잘못되면 무슨 소용인가.

모든 일을 성공적으로 마치고 귀국하려 하자 미쓰비시의 수출 담당 직원이 그냥 가서는 안된다고 막아섰다.

"고위직 지시가 있었지만 슬레브가 포항에 언제 도착할지는 알 수 없어요. 실제로 제품을 배정하는 것은 각 제철소의 출하 담당 계장이니 그들을 불러서 점심이라도 한 끼 사고 가는 것이 좋을 겁니다."

이번에는 내가 그들을 불러서 점심 한 끼를 냈다.

1973년 6월 9일 포항 1고로 첫 출선, 7월 3일 포항 1기 종합 준공. 그해 12월까지의 '쇳물 조업 6개월 만에 약 46억 원 흑자. 마침내 영일만 기적의 시대'는 활짝 열렸다.

KISA의 배반과 하와이 구상

1967년 9월, 나는 대한중석 업무부장으로서 박태준 사장을 모시고 유럽 출장길에 올라 텅스텐(중석) 수요자들과 만나고 있었다. 서울에서 '종합제철의 실수요자로 대한중석이 선정되었다'는 전보가 날아들었다. 나는 막연하게 '제철 회사란 것이 한두 푼으로 되는 것이 아닌데….' 하는 생각만 떠올랐다.

박태준 사장께서는 출장을 조금 단축해서 돌아가자고 했다. 나는 돌아오는 비행기 안에서 종합제철 건설 자금을 대기 위해 중석 몇 년 치를 선불로 판매하는 방안까지 떠올려 보았다.

나는 귀국 후에 그 일(종합제철)에도 관심을 기울이게 되었다. 우리 정부에서 국제 협력을 통해 대한국제제철 차관단(KISA)을 결성했고 KISA에서 기술, 설비, 자금을 지원토록 되어 있었다. 그래서 나는 '그러면 되겠구나' 하고 생각했다.

1967년 10월 3일 장기영 부총리가 참석한 가운데 포항에서 종합제철 공업단지 기공식이 열렸다. 최대 난관은 해외 차관이었다. 협정에는 차관 확보가 KISA의 책임으로 되어 있지만 그건 어디까지나 서류상의 해석일 뿐이고 사실은 우리가 발 벗고 나설 수밖에 없는 상황이었다.

미국, 독일 등과 협상을 진행하는 가운데 건국 이래 최대의 차관에 대한 가능성 검토를 세계은행(IBRD)이 맡게 되었다. 당담자는 IBRD의 아시아 데스크 담당자인 자페(John Jaffe)였다.

자페는 '1968년 한국 경제의 평가'라는 보고서를 냈다. 그 핵심 내용은 '한국과 같은 후진국에서는 아직 종합제철 건설 단계의 사업을 추진할 상황이 아니다. 그래서 국제 차관을 줄 수 없다'라는 것이었다. 그는 몇몇 개도국에 차관을 공여한 예를 들었는데 터키(현 튀르키예), 브라질, 파키스탄 등에 차관을 내준 결과 모두 실패했고 한국은 그 나라들보다 경제 사정이 더 열악하니 차관을 주면 100% 실패라는 결론을 내렸다.

그의 입장에서는 객관적인 판단이었을 것이다. 그로부터 20년쯤 뒤에 어느 날 영국 런던의 식당에서 박태준 회장을 만나서 '그때 나는 틀리지 않았지만 '당신'이라는 요소를 감안하지 못했다'라고 털어놓게 되지만...

자페의 그 보고서에 대한 소문이 퍼진 그때 서울 본사는 물론 포항 현장까지 실패라는 분위기에 휩싸였다. 나도 이 대업이 이렇게 막을 내리고 마는가 하는 허탈감에 몸을 움직이기 어려웠다.

1969년 1월 그렇게 맥이 빠지고 뒤숭숭한 환경 속에서 나는 KISA가 요구한 SM(Supply Mission) 협상 때문에 먼저 미국 피츠버그에 들어가 있었다. 뒤이어 박태준 사장께서 마지막 담판을 벌이기 위해 피츠버그에 도착했다. 뒷날에 들었지만, 황경로 부장에게 비밀리 "회사 청산 준비를 해 놓으라."라는 지시까지 내리고 떠난 말 그대로 '배수진 출장'이었다.

그러나 우리는 자페의 보고서가 뒤집힐 수 없는 현실임을 확인하고 귀국길에 오를 수밖에 없었다. KISA와의 계약이 사실상 해지된 것이나 다름없는 마당에 SM이란 것도 무의미한 것이었다.

허탈한 심정으로 귀국길에 오른 우리는 하와이에 들렀다. 코퍼스사 포이 회장의 호의를 받아들여 콘도에서 사나흘 동안 지친 심신을 추스르기로 했다. 바로 거기서 후일 포스코가 '하와이 구상'으로 명명한 기사회생의 묘안을 떠올렸다. 그것은 '대일 청구권 자금 전용' 착안이었다.

문제는 한·일 협정에 명시된 그 돈의 용처였다. 즉 농업, 수산업, 경공업 등에 쓰도록 되어 있었다. 그 돈을 대형 철강공장 건설에 사용하는 것은 협정 위반이었다.

도쿄에 들렀다가 귀국한 박 사장께서는 즉시 박정희 대통령을 찾아가 대일 청구권 자금의 전용을 건의했다. 대통령께서도 기다렸다는 듯이 그렇게 하자고 했다. 그건 종합제철소에 대한 집념을 보여 주는 대단한 영단이었다.

이때부터 대일 청구권 자금의 용처 변경을 위한 대일본 교섭이 본격화되었다. 경제부처 관료, 나가노 시게오(永野重雄) 후지제철 사장, 5대 제철 기업 최고 경영자들의 지지를 얻어 내기 위한 박태준 사장의 동분서주가 이어졌다. 결국 일본 정·재계의 지지를 이끌어냈다.

그 뒤로도 여러 가지 우여곡절을 겪으며 구성한 것이 JG(Japan Group)였다. 이것은 포스코의 운명을 바꾼 일이었다. KISA와의 계약이 해지될 때 충격을 받았지만, 다시 생각해 보면 그들과의 협상 불발은 오히려 우리에게 전화위복을 넘어 그야말로 축복이었다. 60만 톤 체제의 KISA 계획에는 코크스 공장, 소결 공장도 없었다. 그것들을 일본에서 사다 쓰는 걸로 되어 있었다. 게다가 압연공장은 연속식이 아닌 가역식이었다. KISA가 스스로 떨어져 나가도록 박태준 사장과 창업 포스코 사람들이 면밀하게 따지며 대들지 않았거나 자페의 그 보고서가 맥을 추지 못하여 그대로 KISA와 추진했으면 포항제철소는 부실 공장이 되고 말았을 것이고 추후 확장 공사도 불가능해졌을 것이다.

일본에서 구매 협상은 총성 없는 전쟁이었다

1969년 9월 19일, 고심을 거듭한 끝에 미쓰비시 상사와 열연공장 설비 공급 계약을 체결했다. 이때 포스코 임원 한 분이 '미쓰비시의 압연 설비는 해외 실적이 없고 IHI(이시가와지마하리마, 石川島播磨)는 실적이 있는데 실적도 없는 것을 잘못 샀다. 돌려보면 문제가 생긴다'고 악담을 했다.

당시 포항제철에는 기술 검토단이 따로 있었다. 박종태, 김학기, 이상수, 백덕현 등 기술자들이 기술 검토를 마치고 오케이 사인을 보내면 내가 구매 상담에 나섰다. 솔직히 당시로서는 우리 기술자들도 제철소를 제대로 본 적이 없었기 때문에 내가 오히려 그들이 공장을 잘 돌릴 수 있을까 걱정이 되어 계약서에 철저한 성능 보장(Performance Guarantee)을 포함시켰다. 아무리 서툰 사람이 돌려도 잘 돌아가도록 약관 자체를 물 샐 틈 없이 작성했다. 문제가 생기면 어떤 경우에도 메이커의 책임이 되도록 해 놓았다. 그들이 작성한 계약서를 보고 '안 팔고 말겠다'라고 할 정도였다.

포항제철소가 큰 문제 없이 조기에 정상 조업도를 달성한 것도 지독했던 계약 조건과 무관하지 않을 것이다. 그것은 설비 공급자가 설비 자체에도 무척 신경을 쓰도록 만들었지만 일본에서 영일만 현장에 파견된 슈퍼바이저(감독, 감수 담당)들을 바짝 긴장시키는 효과도 거둘 수 있었다.

1970년 들어 나는 도쿄로 가서 설비 구매를 총괄하라는 박 사장의 지시를 받았다. 그러나 나는 선뜻 가겠다고 대답할 수가 없었다. 설비 구매와 관련하여 각 공장의 스펙은 JG(일본그룹)의 기술진이 만들고 예산은 돈에 맞추든지 해야 하는데, 모순되는 두 가지를 함께 만족시키라는 것은 모순이었다.

나는 못 가겠다고 했다. 인삼값을 주면서 산삼을 사 오라는데 어떻게 갈 수 있겠나, 더구나 당시에 포철 구매는 대한민국 역사상 최대 쇼핑이어서 수많은 사람의 이목이 집중되어 있는데 안 될 조건을 달고 이런 중대한 일에 나선다는 게 말이 되겠나? 이런 심정이었다. 내가 못 가겠다고 버티자, 고준식 부사장이 나섰다.

"안 부장, 좀 가라."

"못 갑니다."

"자네가 안 가면 사장께서 난리 치신다. 안 부장 하나 설득하지 못하느냐며 온 집안이 시끄러워질 텐데. 일단 가라."

"이런 상황에서 제가 무엇을 기준으로 상담합니까?"

"사장께서 아무 생각 없이 그러시겠나."

"그 생각에 대체 뭡니까?"

"그건 나도 모르겠다. 가서 자리에 앉으면 무슨 지시가 있겠지. 그러니 일단 가라."

이래서 나는 홍익인간(弘益人間)의 정신으로 가겠다고 결심했다. 홍익인간 정신은 널리 인간 세상을 이롭게 한다는 뜻이다.

일본에서의 설비 구매 협상은 총성 없는 전쟁이었다. 나를 크게 도와준 것은 오랜 나의 독서 습관이었다. 삼국지에서부터 일본 고담(古談)인 '고지라이레키(故事来歷)'까지 섭렵한 것이 크게 도움이 되었다. 능숙한 일본어에 방대한 독서량은 그들로 하여금 '말로는 못 당하겠다'라는 찬탄을 불러일으켰다. 그 사람과 말로는 말리게 되니 그냥 들어주라는 말이 돌기도 했다.

한 번은 히다치의 와다 영업부장이 견적서를 가져 왔다. 나는 찬찬히 훑어보고 나서 이렇게 말했다.

"이것은 너무 비싸니 다음에 올 때는 후출사표(後出師表, 제갈량이 유선에게 올린 두 번째 출사표)를 읽어보고 오시오. 제갈량이 오장원 전투에 출정하면서 유선에게 써서 바친 출사표라는 명문장이 있어요. 그걸 읽어보면 견적을 어떻게 내야 하는지를 알 수 있을 겁니다."

회사로 돌아간 그 친구는 직원들에게 '출사표'를 찾아오라고 해서 열심히 읽어본 다음에 나를 다시 찾아왔다. 물론 견적 수치가 내가 만족할 만한 수준까지 내려가 있었다.

사장으로서 200자 원고지 두 장 분량의 지시

1985년 여름 어느 날, 나는 포스코 사장으로서 특별히 엄한 지시를 내렸다.

"부장 이상 간부는 전월 실적과 익월 계획을 200자 원고지 두 장에 제출하시오."

말이 200자 원고지 두 장이지 띄어쓰기와 줄 바꾸기를 감안하면 몇 자나 적겠는가. 달(月)이 바뀔수록 부장들은 투덜거리고 쑥덕거렸다.

"무슨 놈의 한 달이 이렇게 빨라. 괜히 심통부리시네."

끼리끼리 이런 불안을 내놨을 것이다. 그러나 나는 못 들은 척했다. 내 방침은 확고했다. 업무를 완벽하게 꿰찬다면 해낼 수 있으니 그렇게 하라는 뜻이었다. 이걸 알아챈 뒤에도 부장들의 스트레스는 좀처럼 줄지 않은 모양이었다.

월말의 어느 하루는 마치 정신이 원고지 칸에 꽁꽁 갇혀 버리는 것 같다는 한숨 소리까지 들려왔다. 뒷날에 털어놓은 이상기 전기강판 부장의 고백에도 원고지 두 장의 심리적 압박과 고통이 잘 반영

되어 있었다.

그는 'UPI 프로젝트'에 참여하고 있던 중에 승진하면서 전기강판 부장을 맡았다. 나는 그에게 특별 당부까지 했다. "적자 나는 부문이니까 조속히 흑자 전환을 하라."

얼마 지나지 않아서 그는 개선 방안을 정리했다. 이젠 상부에 건의할 차례였다. 당시 고민은 그 내용을 '200자 원고지 두 장'에 압축하는 일. 여기서 엄청난 진땀을 빼야 했지만 결국 전기강판 공장을 흑자 체제로 바꾸는 출발선 역할을 해줬다고 했다.

불가능해 보일 정도로 매우 힘들지만 실제는 실현 가능의 합당한 목표가 주어져야 하고 그걸 합심해서 성공시키고 나면 무서울 것이 없어진다. 이런 데서 '창의는 무한이다'라는 말이 나온다.

제품 아닌 상품으로

포스코는 제철소에서 생산되는 철강재를 '제품'이라고 하지 말고 '상품'이라고 하는 것이 좋다. 제품이 대충 목적을 달성하는 것이라면 상품은 '솔루션 프로젝트'를 말한다.

앞으로 포스코가 나아갈 길은 자동차 강판으로 대표되는 고장력 같은 부가가치 제품 개발이다. 중국의 연간 자동차 수요량이 2,000만 대다. 자체 생산한 강판을 주로 쓰지만 고급 차는 포스코의 제품이 아니라 상품이 점령할 수 있도록 기술적 우위를 점해야 한다.

이러한 엄중하고 중요한 목적을 달성하기 위해서는 초 긴밀 경영 융합체가 되어야 한다. 철강제가 코머디티(Commodity)가 되고 있다. 포스코가 초 긴밀 경영 융합체로서 기능한다면 충분히 해낼 수 있다.

장경환(포스코 사장 대우)의 증언

아득한 세월이 흘렀지만 지금도 나는 총총히 기억한다. 1967년 10월, 대한중석 개발 조사실에는 노중열 실장과 나, 이상수 씨와 신상은 씨가 함께 일하고 있었다. 이듬해 봄날에 포스코 제복으로 갈아입게 된 우리는 그때 신규 사업으로서 Soda Ash(공업용 탄산소다) 프로젝트를 기획, 추진하고 있었는데 11월 어느날 박태준 사장께서 나에게 특별한 지시를 내렸다. "제철소 후보지인 포항으로 가서 지형과 상황을 조사하여 보고하시오."

아직도 포항종합제철주식회사는 사명이 태어나지 않은 때로 다만 대한중석은 달포 전에 종합제철 건설의 실수요자로 뽑혀있었다. 포항, 영일만, 나의 고향 마을과 바로 이웃한 곳. 어쩌면 박태준 사장께서 그런 점을 감안해서 나를 택했을 것이다.

김영환 총무부장이 동행했다. 새벽 기차로 서울을 나섰지만 포항에 닿으니 날이 저물었다. 열악한 교통편이 꼬박 하루를 잡아먹은 것이다. 이튿날 이른 아침에 현장으로 나갔다. 지붕 갈이를 앞둔 갯마을 초가지붕의 짙은 회색들, 현대식 건물의 수녀원과 고아원, 해안을 따라 길게 늘어선 우거진 솔숲, 마을과 솔숲 사이의 모래사장, 솔숲 너머의 해수욕장.

그날의 나는 모래 언덕(나중에 롬멜하우스라는 상황실 자리)에 올라가 요모조모 사진기의 앵글을 맞추느라 애를 먹었다. 솔숲이 자꾸 시야를 가린 탓이었다. 서울로 돌아오자 곧 종합제철 건설 추진위원회가 뜨고 우리 개발 조사실이 고스란히 역사적인 새 조직으로 편입되었다.

드디어 1968년 4월 1일 나는 포스코 창립 요원에 이름을 올리는 필생의 영광을 안았다. 첫 직책은 생산 훈련부 차장이었다.

박대통령 첫 방문

일관 제철소 건설의 대업에 인생을 바친 사람이라면 누구나 숱한 사연을 간직하고 있듯이 나도 떠오르는 몇 가지 추억을 가지고 있다. 1968년 11월, 박정희 대통령의 공식적인 영일만 초도 순시가 잡혀 있었다. 롬멜 하우스의 소수 요원들은 저마다 소임을 받았는데 나는 대형 공장 모형을 제작, 설치하는 책임을 맡았다.

며칠이 걸려서 순시일 전야에 간신히 설치를 마쳤다. 그전에 웬걸, 모형의 전깃불이 제대로 작동되지 않았다. 머뭇거릴 여유도, 달리 뾰족한 방법도 없었다. 해결의 길은 모형대 밑으로 기어들어가는 것이었다. 나는 주저하지 않았다. 전기기사와 함께 복잡하게 얽힌 배선을 일일이 점검했다. 모형대 밑으로 기어들어갔다가 나오기를 여러차례 반복한 끝에 마침내 전깃불의 말썽은 완전히 사라졌다.

그런데 피곤한 눈으로 창밖을 내다보니 영일만의 먼동이 환하게 밝아오고 있었다. 그 고생담을 창업사의 첫장에 기록으로 남길 수 없겠지만 그때를 회상하노라면 언제나 미소부터 떠오른다. 포스코가 창립되고 생산관리부에 잠깐 있은 뒤부터 나의 부서이동 역마살(驛馬煞, 한곳에 정착하지 못하고 돌아다니는 것)이 발동되었다. 건설 본부, 토건부 조사과장, 기조실 차장, 본사 기술부장, 설비기획부장, 건설 공사부장, 기술실장, 기획실장, 설비계획부부본부장 등 온갖 부서를 돌아다녔다.

내가 건설 공사부장일 때 정명식씨(추후 포스코 3대 회장)는 토건 부장이었다. 나는 스태프, 그분은 라인으로서 매우 원활하게 협조가 이루어졌다. 박태준 사장께서 서울에서 포항으로 이동하실 때는 주로 승용차를 이용하셨는데 작고한 지영학 비서가 조수석에 앉고 나는 사장님 옆에 앉아 수도없이 오르내렸다. 설비기술본부 본부장으로 재직할 시 포항 2기 설비 건설을 위한 설비, 기술 협조 및 차관 확보를 위해 대일 설명단장으로 일본을 방문했을 때의 힘겨웠던 설득 작업은 지금도 뚜렷하게 떠오른다.

일본으로부터 설비, 기술 협조 및 차관을 도입하기 위해서는 통산성의 사업 인증이 있어야 하고 그 인증은 곧 차관 승인이나 마찬가지여서 철저한 사전 준비를 해야했다. 포스코의 임원도 아닌 부장급 직원이 상공부 제철과장, 재무부 재무과장, 포스코 기술자들 십여명을 대동하고 일본 통산성으로 갔다. 일본에서도 십여 명이나 왔는데 메이커에서 다 나온 자리였다.

나는 많은 준비를 했고 중요한 사항은 자료를 보지 않고 설명할 수 있도록 암기를 했다. 1977년 상무이사로 승진한 다음에도 분장 업무가 계속 바뀌었다. 처음 맡은 일이 황경로 전회장에 이은 제2대 관리 이사였다. 자금, 예산, 경리, 재무, 회계 관련 업무에서는 전혀 경험이 없었기 때문에 무척 당황하고 있었는데 곧이어 제강 사고가 터졌다.

그해 4월에 일어난 제강 사고는 인명피해는 없었지만 설비 제조업의 시각으로는 포스코 역사상 가장 큰 사고였다. 복구에 큰돈이 들어가야 했기에 예산, 회계, 원가 등을 새로 짜야 했다. 그 사고는 결국 부도(不渡) 직전까지 가는 일을 겪게 만들었다. 제철소 각 공장은 최대 생산 체제로 돌아갔지만 철강 경기는 바닥을 기고 있는 상황이어서 야적장에는 재고가 쌓여나갔다.

당시 포스코 임원들은 야적장 앞을 지나갈 때 일부러 하늘을 보면서 딴청을 피울 만큼 큰 부담을 느꼈다. 임원 회의에서는 늘 판매가 문제가 되니 나는 담당 이사로서 몸둘 바를 몰랐다. 박태준 사장께서는 임원 전원 후판 하나씩 둘러메고 나가서 팔아오도록 호통을 치셨다. 확장 사업은 계속되고 있는데 자금이 돌지 않으니 얼마나 속이 탔으면 그런 말씀을 하셨겠나…

부도위기의 어느 하루

벌써 오래전에 "조(兆)" 단위 흑자 규모를 기록한 요즘의 포스코로서는 얼른 이해하기 어려울지 모르지만 1979년 어느 하루 자금 담당 부서는 심각한 자금 압박에 시달리며 피를 말린 적이 있었다. 그때는 세계 철강업계가 극도로 악화된 가운데 영일만 현장에는 "가동하면 할수록 손해"라는 말이 퍼져 있던 시기였다. 경기 악화가 판매 부진을 낳았고 판매 부진이 재고 누적을 만들었으며 그것이 강력한 자금 압박으로 옥죄였다.

"내일이 걱정입니다." 부도 위기로 내몰린 것이다. 주거래 은행인 한일은행의 중역은 포스코와 접촉을 피한다고 했다. 은행에서 자금 담당 임원을 만나주지 않는다는 것은 평상시라면 상상도 되지 않는 일이었다.

나는 최종보고서를 받고 뜬눈으로 밤을 세운 뒤 결심을 굳혔다. 돈이 있는 곳은 어쨌든 은행이다. 그러나 시중은행은 이미 물 건너 갔다. 국책은행을 뚫는 수밖에 없었다. 이렇게 판단하고 나서 나는 불문곡직 김준성(金埈成, 후일 경제부총리) 산업은행총재실을 찾아갔다. 사전 약속은 커녕 연락도 없이 불쑥 찾아갔다. 상식적으로 생각할 수 없는 일이지만 당시로서는 다른 방법이 없었다. 무례한 불청객을 만나준 김성준 총재의 넓은 도량에 나는 지금도 그분을 존경하고 있다. 나는 할 수 있는 모든 것을 동원하여 회사의 사정을 설명하고 도움을 요청했다.

묵묵히 듣고만 있던 김총재가 "이 사람이 지금 무슨 소리를 하고 있는거야"하는 심각한 표정을 짓더니 경제기획원(EPB)을 다녀올테니 자리에 그대로 앉아 있으라고 했다. 그리고는 경제기획원과 협의하여 전대차관(轉貸借款, 정부가 차주가 되어 기간 산업 건설에 제공해 주는 금융)으로 포스코의 부도 위기를 해결해 주었다. 1957년 대한 중석에 입사한 이후 포스코 생활 11년에 이른 그날까지 통틀어서 그렇게 목이 타고 등줄기에 땀이 흘러내리는 일은 없었다. 그때 내가 느낀 절박감은 형언할 수 없는 것이었다.

일본의 부메랑을 거머쥔 분들

1983년 당시 나는 도쿄 사무실 책임자로 주재하고 있었다. 그해 상반기에 박태준 회장께서 나에게 "광양제철소" 건설에 일본 철강업계와 정계의 협조를 받아내기 위해 최선을 다하라고 당부했다. 그 무렵 포스코의 자존심을 긁어댄 것은 일본 철강업계가 만든 부메랑(Boomerang)이란 말이었다. 쉽게 풀이하면 일본이 포스코를 도와줬더니 이제 드디어 포스코가 일본 철강업계를 어렵게 만든다는 뜻이었다. 호랑이 새끼를 키웠다는 것이다.

그런 난관 앞에서 박 회장께서는 과감하게 유럽 쪽으로 방향을 돌리는 한편 일본을 설득하는 방침으로 고수했다. 나는 제철과 관련된 일본의 유력한 인사들을 열심히 찾아다녔다. 나에게 모두가 낯선 얼굴만은 아니었다. 10년 전인 1973년 설비 기술본부부 본부장으로서 포항 2기의 설비 차관과 기술 협정을 얻기 위해 대일 설명단을 이끌고 일본을 방문하여 각계 인사와 만나고 다닌 경험이 있었던 것이다.

그때는 기대 이상의 좋은 성과를 거뒀는데 이번에는 그때보다 부지런히 뛰어다녔지만 좀처럼 성과를 얻을 수 없었다. 그만큼 옛날의 부메랑은 야무졌다. 나에게는 유난히 무더울 수밖에 없는 여름이었는데 별안간 시원한 소낙비와 다름없는 전화가 걸려왔다. 그 순간을 나는 결코 잊지 못한다. 1983년 8월 5일 저녁 무렵, 상대는 신일본제철 이나야마 회장의 비서.

"지금 이나야마 회장께서 가루이(輕井)역에 와 계시는데 장상무님을 만나자고 하시니 이리로 와주시기 바랍니다."

나는 바로 서울의 박태준 회장께 보고를 드리고 오후 8시 자동차로 출발해 다음 날 아침 6시에야 도착했다. 그리고 8시에 별장으로 찾아가서 공손하게 인사를 드렸다. 이나야마 회장께서 내가 이야기를 할테니 잘 들으라고 했다.

나는 좋은 이야기라는 것을 직감했다. 이야기는 길게 이어졌지만 결론은 "포스코의 광양 프로젝트는 일본이 협력해야 할 일이다. 협력하겠다"는 것이었다. 나는 도쿄로 달려와 박태준 회장에게 보고를 드리고 녹음테이프와 한국어로 풀어쓴 문서를 항공편으로 보냈다.

이나야마 회장의 "포스코에 대한 협력" 방안은 일본의 관련 회사와 언론사에 뿌려졌다. 설비 메이커 쪽에서는 환영이였지만 철강사에서는 매우 심드렁했다. 결과적으로 그 일은 좋은 진척을 보여 광양 제철소 건설에 좋은 도움이 되었다.

그로부터 4년 뒤 세상을 떠나게 되는 포스코의 은인 이나야마 회장. 그때 나를 먼 거리로 불러들인 그분의 육성 테이프는 현재 "포스코 역사관"에 보관되어있다. 그때 나로서는 틀림없이 별안간 받은 연락이고 낭보였다.

그러나 그에 앞서 이나야마 회장의 마음을 움직인 사람은 박태준 회장이였고 이나야마 회장의 뒤를 이어 세상을 뜬 삼성(三星)의 창업자 이병철 회장도 특별한 도움을 주셨다. 그해 여름에 이나야마 회장과 휴양지 가루이자와에서 휴가를 보내고 있던 이병철 회장께서 "포스코에 대한 일본의 부메랑" 이야기를 듣고 서울에 있는 박 회장을 가루이자와로 불러들였고 그래서 이 회장의 주선으로 재계의 세 거두가 새삼 우의를 다지며 "부메랑"을 사라지게 만드는 분위기를 만들었던 것이다.

삼성 중공업 정상화 후 다시 포스코로- 포스코식 개혁 시행

1984년 초 어느날 나는 박태준 회장의 연락을 받았다. 박회장께서는 "삼성그룹이 삼성중공업 경영 부실로 위기에 처해 있으니 삼성으로 가서 그룹을 도와주라"고 말씀했다.

삼성의 이병철 회장이 박회장에게 삼성중공업 경영을 도와달라고 요청한 것이다. 국내 최대 기업 그룹을 돕는 것은 국가적 차원에서 보아도 좋은 일이였다. 포스코의 광양 확장 사업이 진행되고 있는 상황에서 박태준 회장 자신은 어쩔 수가 없어서 나에게 삼성으로 가서 도와드리라는 것이었다.

나는 삼성 중공업 대표이사 부사장으로 갔다. 삼성중공업은 생긴지 얼마 되지 않은 회사였는데 매년 적자를 270~280억 원이나 내고 있었다. 나는 포스코식 개혁에 들어갔다. 먼저 본사를 서울에서 창원으로 옮기고 제복을 입고 안전모, 안전화를 착용토록 하여 현장 위주로 경영을 시작했다. 4년 만에 흑자로 전환한 뒤 이병철 회장께서 타계하시고 이건희 회장 체제가 자리를 잡으면서 대폭적인 인사가 있었다. 그때 나는 삼성그룹 일본 주재 총괄 사장 명령을 받고 도쿄로 갔다. 1991년 초였다.

나는 도쿄에서 박태준 회장의 전화를 받았다. 다시 포스코로 오라는 것이였다. "이건희 회장에게는 잘 말씀을 드려서 직접 양해를 받게"라고 박회장이 일렀다.

나는 서울에 들어와 이건희(李健熙) 회장에게 말씀을 드렸다. 이회장은 묵묵히 듣고만 있다가 "뭐가 못마땅한게 있는기요?" 되물었다.

이후 나는 다시 도쿄에서 이회장과 만났다.

"두 분 회장께서 정해주시면 저는 거기에 따르겠습니다."

결국 나는 포스코 사장 대우 회장 특별 보좌관 역으로 돌아왔다. 그게 뭐하는 자리인지도 몰랐다.

당시 박태준 회장은 민자당 최고위원으로서 김영삼 대표와 여러 가지 사안에서 갈등을 노정하고 있었다. 1992년 포스코 4반세기 대역사의 연산조강(粗鋼) 2100만 톤 체제를 완성한 박태준 회장은 바로 이어서 회장 자리에서 스스로 물러났다. 그리고 김영삼 대통령 후보의 선거 대책 본부장 제의를 거절했다. 그 갈등과 대립은 1993년 3월 박회장께서 포스코 명예회장 자리를 떠나 해외 유랑의 길에 오른 것으로 일단락되었다. 그때 나도 몇 사람과 함께 박회장과 거취를 같이했다.

그러나 정권이란 그리 길지 못한 것이었다. 1997년 박회장이 포항에서 국회의원 보궐선거에 당선되어 명예회복을 하며 정계에 복귀하고 이듬해 김대중 정권이 들어섰다. 그때 나도 포스코경영연구소(POSRI) 회장으로 돌아왔다.

면회 금지로 임종 못해

2011년 12월 박태준 회장이 위급하다는 전갈을 받고 황급히 병원으로 달려갔으나 이미 면회가 금지되어 있었다. 임종을 지키지 못한 것이 지금도 몹시 안타깝다. 포스코 50주년 나는 요즘도 가끔 아내와 함께 국립묘지를 찾아 박회장님의 유택을 참배하고 사모님을 찾아뵙기도 한다.

19

길(吉) 수다니 신부(神父, Priest)님과 약속했던 그 진정성으로

홍건유(동경 및 동남아주재부사장)의 증언

1968년 2월 중순의 어느 아침. 나는 야근만 해오던 처지라 아내에게 오늘 점심시간에 만나자고 했다. 아내는 좋아라 했다. 나의 생각에는 사장 비서실로 옮기는 첫날이니 점심시간 정도의 여유는 챙길 수 있을 듯 했다.

그러나 나의 보직 신고를 받은 박태준 사장이 말했다.

"왜 여기 있어? 빨리 유네스코로 가봐. 창설 준비로 바쁘니까…"

그때 서울 명동 유네스코 빌딩에는 정부가 구성한 "종합제철건설추진위원회" 사무실이 있었다. 물론 박 사장께서는 그 위원장을 맡고 있었다. 대한중석 업무과장으로 있던 나를 비서실로 부르기 전날에 그분은 나를 따로 불러서 의미심장한 말씀을 하셨다.

"대한민국도 이제 밥 먹고 사는 것은 문제가 없다. 그러나 남자로 태어나서 밥만 먹다가 죽을 수는 없는 것 아니냐. 내가 세계 각국을 돌아보면서 한국을 일본에 빗대어 생각했다. 나는 한국인과 일본인

사이에는 우열의 차이가 없다고 본다. 그런데 일본은 패전국이면서 잘살고 있는데 우리는 그렇지 못하다. 우리 함께 고생하면서 이런 상황을 극복해 보자."

나는 뜻에 따르겠다고 대답했고, 다음날 비서실로 발령이 났다. 군(軍)에서 자재 관리 업무를 맡고 있다가 대한중석의 자재 관리 리포트를 만들어 보라는 박태준 사장의 차출을 받았던 것이 인연이 되어 1965년 예편 후 대한중석 자재관리 과장으로 왔던 나는 1968년 2월부터 그렇게 포스코 창설 요원의 길을 걷기 시작했다.

산더미 같이 쌓인 일을 닥치는 대로 처리하다 보니 점심 먹는 것도 잊고 빵으로 점심 겸 저녁을 때웠다. 이런 상황에서 나는 아내와의 약속을 지키기는커녕, 그날 밤 11시 30분에야 간신히 귀가할 수 있었다.

유네스코에서 YWCA(기독교여자 청년회)로 사무실 옮겨

나는 곧바로 사무실 이주 계획을 세워야 했다. 유네스코 빌딩 내 사무실은 너무 협소했다. 나는 당시 완공을 눈앞에 둔 명동의 YWCA 건물에 눈독을 들였다. 명동성당 건너편에 세워지고 있는 건물은 요지였다. 이 교섭을 내가 맡았다. 마침 YWCA 박 마리아씨와 나의 친척 누님(홍 에스더)이 막역한 사이라 박 마리아씨를 쉽게 만날 수 있었다. 하지만 그분은 포스코라는 회사가 어떤 곳인지를 잘 알지 못했다.

"포항제철은 국가 프로젝트입니다. 청와대 비서실, 경제기획원 장관이나 차관에게 알아보십시오."

나의 말을 확인한 박 마리아씨가 동의해 주었다. 그래도 우리는 사무실 옮기는 것이 하루가 급했다. 공사를 맡은 평화건설이 서둘러 줘야 했다. 나는 평화건설에 압력을 넣어줄 선까지 동원했고 포스코 본사는 1968년 6월 30일 YWCA로 이주했다.

그때 포스코 업무부는 부장에 안병화씨(추후 포스코 사장, 상공장관 (현 산업자원부)), 이원희씨와 나 이렇게 세 명으로 편성되었고 KISA 와의 계약 내용에 따라 분야별로 대책 마련에 골몰하고 있었다. 부동산은 총무부 소관이였으나 임원 회의를 통해 업무부에서 공장 부지와 주택 단지를 구입 하도록 결정이 내려졌다.

공식적으로는 경상북도지사가 구입하게 되어있었으나 KISA와의 계약 상 포항제철이 구매예산 통제와 대상 토지의 확정, 구매 완료 시기 및 철거에 대한 실질적인 결정을 해야만 했다. 영일만 일대 공장 부지 2백70만 평과 주택부지 20만 평을 매입하고 모든 지상물을 철거하는 것, 이 실무가 내 몫이 되었다. 나는 토지 매입의 주체인 경북도청으로 찾아가 협조를 구해야 했다.

밤 9시까지 사무실에서 일한 뒤 11시에 미군 열차를 얻어 타고 대구에 닿으니 새벽 4시. 여인숙에서 눈을 붙인 나는 아침 8시에 경북도지사의 방으로 찾아갔다. 내 명함을 받아 든 비서가 "지사 면담" 신청을 거절했다. 지사님이 바쁘다는 것이였다. 나는 딱 버텨 섰다. 서로 신경전을 벌이는 가운데 비서실장이 내 명함을 안으로 들여보냈고 곧이어 지사를 만나게 되었다.

나는 포항제철 공장 부지 구매 계획을 설명드렸고 양택식 지사(梁澤植, 추후 서울시장)의 동의를 얻어 내는 데 성공했다. 건설 국장, 유명화 도시계획 과장, 오세진 계장, 그리고 담당자 이인향, 이기형씨에게 KISA와의 계약서에 명기된 부지 매입, 부지 정리, 항만 준공 등의 일정을 반드시 준수해야 한다고 일렀다. 그 계약서를 KISA가

이듬해에 휴지로 만들지만...

길(吉) 수다니 신부님, 그리고 가슴 아픈 순직

공장 부지 안에는 예수성심수녀회(현 성모자애병원)라는 수녀원이 있었다. 신부 2명과 수녀 160명이 500명이 넘는 고아와 무의탁 노인을 돌보는 시설로, 솔숲에 둘러싸인 현대식 학교 같은 건물을 비롯해 교회, 과수원, 운동장 등을 두루 갖추고 있었다.

프랑스 출신의 길(吉) 수다니 지도신부와 박 마리요왕 총장수녀를 찾아다녔는데 특히 길 신부와 나는 여러 차례 토론을 벌였다. 해방이 된 후부터 거기에 터를 잡고 불쌍한 한국인들을 위한 시설을 키워온 길 신부였다. 이 성직자에게는 수녀원의 모든 것이 자신의 몸과 다름없었지만 나도 설득을 포기할 수 없었다.

최후의 대화가 50년이 지난 지금도 생생하다.

"조그맣게 시작해서 이렇게까지 키워왔소. 그런데 갑자기 나가라니 어림없소."

"앞으로 프랑스에서 한국에 이런 시설을 얼마나 더 지을 계획이 있습니까?"

"그런 건 없어요."

"그러면 양보하십시오. 한국은 제철소를 지어야 경제를 일으킬 수 있고 경제를 일으켜야 불우한 사람들을 책임질 수 있습니다. 이게 우리가 제철소를 건설하는 절대적 이유입니다."

길 신부와 나의 재회는 그로부터 십여 년 뒤에 이뤄졌다. 그때 나는 총무이사로 있었는데 나를 초대한 그가 꿩고기 요리며 와인이며 프랑스 음식을 듬뿍 대접해 줬다. 그것은 포스코의 성공에 대한 진심의 축하였다.

이주가 한창인 공장 부지 안에는 초가 술집이 있었다. 주인 여자가 아주 거칠었다. 그런 성품은 철거 반대 시위에도 유감없이 발휘됐다.

하루는 헛소문이 돌았다. 오늘은 이쪽을 철거하고 내일은 저쪽을 철거한다는 것인데 주막은 "저쪽"에 속했다. 이 소문을 믿은 그녀가 오늘은 밀린 볼일을 보러 간다며 한참 마을을 비웠다. 그러나 철거 작업은 소문과 달리 반대쪽에서 이뤄졌다. 마을로 돌아온 그녀는 분을 가누지 못한 채 한걸음에 도청으로 올라갔다고 했다.

아무도 말릴 엄두를 내지 못했다. 더구나 허튼수작이 아니었다, 기어코 그녀는 도청까지 찾아가 난동을 부렸다. 마구 날뛰는 그녀를 간신히 달랜 사람은 단지조성과 유명화 과장이었다. 그러나 유과장은 그날 밤에 "아이고 머리야"라는 말을 남기고 병원으로 실려 가서 영영 돌아오지 못했다. 참으로 가슴 아픈 죽음이었다.

포스코를 대행하는 부지 매입에는 오세진, 이인향, 이기형씨도 정말 열심히 해주었다. 그 와중에 이기형씨는 청천벽력 같은 불행을 당했다. "공무원 외식 금지령"이 내려진 상황에서 점심시간에 시간 아낀다고 식당에 나가서 냉면 먹다가 걸려들어 꼼짝없이 옷을 벗게 된 것이었다. 안타까운 노릇이었다.

나는 그를 포스코로 데려왔다. 그는 몇 년을 성실히 일한 다음 직장을 옮겨갔다. 부지 매입과 철거 작업이 거의 마무리 단계에 들어서 백태성씨에게 내 업무를 물려주고 서울로 올라온 어느 날 이었다. 재무부 김종빈 과장의 급한 전화를 받았다.

우리가 추진하던 "포철 설비 도입에 대한 면세 특례"의 서류를 재무부 차관이 집어 던지며 버럭버럭 소리를 질렀다는 것이었다. 나는 현황을 자세히 파악하고 본사로 달려와 막 외출하려던 박태준 사장님의 승용차를 만났다. 나는 긴박한 사정을 보고했고 박 사장은 "그럼 재무부로 가자"고 했다.

차관의 방으로 직행한 박 사장이 기어이 김 과장을 부르라고 하더니 나를 가리키며 "이 친구가 머리가 나빠 엉망이 되었소"라고 했다.

그러자 차관은 "알았습니다"를 연발하며 겸연쩍어했다. 내던져졌던 서류는 법제처를 거쳐 "대통령령"으로 태어났다.

정상조업 도달 성과 원료 확보의 고충

업무부 차장을 거쳐 부장으로 일하고 있었는데 업무부의 어려운 문제는 한고비 넘겼으나 원료부에서 조업 준비에 안전을 기해 달라는 명령이 떨어졌다. 1973년의 일이었다. 우리나라에서는 제철 원료가 거의 생산되지 않는다. 그리고 어떤 자원 보유국도 먼저 생산해서 쌓아 놓고 "이것 사 가세요" 하지 않는다.

제철 원료는 적어도 3년 전에 계약이 이루어져야 한다. 원료 광산인 산원(山元)부터 개발해야 하니 그럴 수밖에 없다. 게다가 1973년부터는 세계 철강 경기가 호황의 피크를 이루고 있어서 세계 각국의 제철소들이 원료 확보 경쟁을 펼치고 있었다.

나는 그때 1기 설비 준공 후 "1년 내에 정상 조업도"를 달성하라는 계획을 보고 이에 맞춰서 원료를 확보하겠다고 보고를 했다. 그런데 기술 쪽에서 계획을 수정하여 "9개월 내에 정상 조업도" 달성이 가능하다는 보고를 올렸다. 당연히 거기에 맞춰 원료를 확보해야 하는데 산원과 협의를 해보니 포스코에 추가로 3개월 분을 공급할 여력이 없다는 것이었다. 그러나 지구촌 곳곳의 산원과 접촉하여 겨우 9개월분을 맞춰 놓았다.

그런데 다시 "6개월이면 정상 조업도"에 도달한다고 했다. 게다가 제선 쪽에서는 철광석을 꼭 자기들이 원하는 특정 브랜드로 해달라는 것이었다. 이것저것 다 뭉쳐도 6개월을 맞출까 말까 하는 상황인데 정말 죽을 맛이었다.

나는 제선 기술자들과 아옹다옹하다가 건설 현장에 나와 있던 JG(Japan Group)의 우노라는 사람을 만나 의견을 구했다. 내 고충을 들은 그가 픽 웃었다. 이 사람이 뭔가 아는 것 같다는 생각이 들어 저녁 식사에 초대했다. 그가 웃음을 띠면서 말했다.

"기술자들은 자기들이 원하는 것으로 고집을 부리는 경우가 많아요. 물론 그들의 생각도 일리는 있어요. 그러나 특정 브랜드가 아니라고 해서 조업에 문제가 생기는 것은 아니지요. 일본에서도 여러 브랜드를 쓰고 있어요."

나는 한숨을 돌렸다. 특정 브랜드만 아니라면 해결할 길이 있었던 것이다. 1기 설비 준공 이후에는 국내 원료가 또 문제였다. 그때 국내 철도망으로서는 포철을 감당할 수 없었던 것이었다. 나는 철도청(鐵道廳)에서 화차(貨車) 배정을 받기 위해 철도청장에게 사전 브리핑(Briefing)을 했다.

우선 배송의 약속을 받아내는 자리였다. 하지만 겨울철에 연탄 수송과 맞물리면서 화차 배정량 확보가 정말 힘들었다. 민생 문제가 달려있는 연탄 배송이 우선일 수밖에 없는 것이다. 철도청에 사정사정해서 화차를 받아 놓아도 중간역에서 방차(放車)를 해버리는 바람에 매일 애태우기 일쑤였다.

영주역에서 행선지 별로 열차와 화차를 재편성하면서 원료를 실은 화차의 일부를 떼놓는 방차를 해버리는 것이다. 예를 들어 화차

10량을 배정받아 철광석을 싣고 영주에 도착하면 영주 영업소에서 5량을 떼어 버리고 다른 화물차로 교체해 버리는 식이었다. 화물은 많고 열차는 모자라니 그런 일이 생기는 것이다.

나는 날마다 사람을 영주로 보내야 했다. 영주에 나가 있는 직원이 현지 상황을 보고하는 시각은 새벽 3시였다. 자정 무렵에야 퇴근해서 잠깐 눈을 붙이면 영주에서 걸려오는 전화 때문에 잠을 설쳐야 했다. 아침에 출근해서 티타임(Tea-time, 차 마시는 시간) 마치고 나오면 책상 위에 결제 서류가 산더미만큼이나 쌓여 있었다.

나는 너무 피곤했다. 눈에 숫자가 어른거렸다. 나중에 정신이 맑아지면 살펴볼 요량으로 현장을 둘러보고 다시 봐도 마찬가지였다. 어쩔 수 없이 서류를 집으로 싸 가지고 가서 살펴보았다. 이렇게 3년을 보내자 몸이 받아 주지 못했다.

직속 상사에게 건강 문제로 더 이상은 할 수 없다고 하소연했다. 그로부터 3일 뒤 박태준 사장께서 직접 일본에 가 근무하라고 했다.

도쿄지사에서의 근무

그로부터 나의 일본 생활이 시작되었다. 도쿄에 부임한 지 2개월이 채 안 되었는데 OECF(Overseas Economics Cooperation Fund)로부터 자꾸 질문이 왔다. OECF는 일본의 해외 협력 기금으로 1961년부터 개발도상국에 차관을 제공하고 있었는데 당시 포스코도 그 차관을 쓰고 있었다.

매년 8월 15일은 우리나라로서는 광복절이지만 일본으로서는 패전일이다. 그래서 주일 한국대사관에서는 그날을 피해 우리의 개천절인 10월 3일에 매우 큰 행사를 개최한다.

1974년 행사는 도쿄의 제국호텔에서 열렸다. 나는 한 시간 전에 회의장에 도착했다. 회의장은 텅 비었는데 키가 작은 노신사 한 분이 두리번거리고 있었다. 다가가서 나는 포스코 동경지사의 홍 아무개인데 행사에 오셨느냐고 물어보았더니 그렇다고 했다.

둘이서 시간을 기다리는 동안 차를 함께 마셨다. 그분은 한국에 대해 많은 질문을 했지만 포스코에 대해서는 일본과 협력하여 1기 설비를 가동하고 있고 2기 설비가 준공된다는 사실도 알고 있었다. 나는 어떤 분인지 궁금했지만 행사가 시작되어 이야기는 거기서 중단되었다.

조금 뒤에 행사장을 들어가니 누가 "홍상" 하고 불렀다. 돌아보니 바로 그 노신사였다. 노신사 앞에는 여러 사람이 도열해 있었다. 그가 나를 도열한 사람들에게 나를 소개해 주었다. 그리고 한 사람에게 "야, 포스코에 자금 지원해줘"했다. 그러자 듣는 사람이 무조건 "하이"했다. 또 다른 사람에게 노신사는 같은 명령조로 말했다. 그 사람도 역시 "하이"라고 대답했다.

노신사로부터 처음 명령을 받은 사람은 OECF의 상무이사였다. 그렇다면 명령을 내리는 그는 누구일까?

알고보니 그는 OECF의 전총재 다카스키 신이치씨로서 일본 경제계의 유명 인물이었다. 그때 그 일이 계기가 되어 노신사는 나를 자주 불러 이야기를 나누었고 OECF는 포스코에 매우 협조적으로 변했다.

1974년의 포철 3기 차관 교섭도 잊을 수 없다. 일본에 4억 달러를 신청했으나 그해 8.15 광복절 육영수 여사 피살 사건으로 한·일 관계가 극도로 악화돼 차관이 자칫 중단될 위기 상황이었다.

외무성, 대장성, 통산성이 협의해야 할 사항인데 까다롭기로 소문

난 통산성의 주무과장 무에다(植木)씨는 나의 면담 신청을 무려 4달 만에 받아 주었다. 하지만 한번 깊은 대화를 나눈 뒤 그의 태도는 완전히 달라져서 4억 달러에다 2억 8000만 달러의 은행 차관까지 알선해 주었다. 어떤 대가도 받지 않는 깨끗한 공무원이었다.

인사할 방법이 없어서 그가 공무원을 그만둔 뒤 포항에 초대하려고 마음먹었다. 포스코가 승승장구로 성장해 나가던 어느 날 별안간 김종빈씨와 우에다씨를 만나고 싶었다. 극진히 감사를 표하려는 마음이었다. 그러나 두 사람은 이미 이승에 있지 않았다. 너무 서운했다. 하늘나라에서 영일만의 포항제철을 내려다보며 그분들이 미소를 머금고 있다면 그나마 나의 부덕을 조금은 덜게 되련만…

포스코 50주년을 돌이켜보면 길(吉) 수다니 신부님이 떠오른다. 그분에게 "우리가 제철소를 짓는 절대적 이유"라고 약속했던 그 진정성으로 제철 보국을 불태운 날들이었다. 우리의 그 진정성만은 포스코의 혈관 속에 면면히 흐를 것이다.

이상수(포스코 상임고문)의 증언

1952년 4월에 대학을 휴학한 나는 진해 해병대 훈련소에서 뻑뻑기고 있었다. 훈련을 마치면 막대기 계급장을 달기 바쁘게 총성이 요란한 서부전선(西部戰線)으로 투입될 처지였다. 어느 날 미군 고문관 실에서 영어하는 훈련병을 모집한다고 했다 그건 구원의 동아줄 같았다. 나를 비롯해 여럿이 지원했다.

하우스보이 출신들은 필기 시험 벽을 넘지 못했고 나는 통과했다.

그러나 훈련이 끝나도록 나를 고문관 실로 데려갈 소식은 오지 않았다. 나는 생사를 하늘에 맡기자고 각오했다. 신병들은 마지막 위로를 받는 보너스로 진해의 극장으로 안내되었다. 제목도 잊을 수 없는 〈빨간 구두〉 제목의 영화. 한창 영사기가 돌아가는 중에 나의 이름을 부르는 목소리가 어둔 공간에 찌렁찌렁 울렸다. 부산에 있는 공병대 중대장이 나를 당번병으로 찍은 것이다.

내가 상관에게 영어 가정교사 노릇을 겸하는 동안 나의 동기들은 절반 가까이 서부전선에서 산화(散華, 전쟁터에서 장열하게 사망하는 것)해 갔다. 그러니까 느닷없이 나의 이름을 불러준 그 목소리는 내 의지와 무관하게 나의 운명을 바꿔 준 것이다. 어쩌면 그때부터 나의 정체성은 "낙천적인 사람"으로 굳어졌는지 모른다.

나는 혼자서 곰곰이 생각해 보아도 낙천적인 사람이다. "나는 스트레스가 없다는 게 스트레스야!"라는 게 나의 두고 쓰는 농담이다. 나와 함께 일한 포스코의 선후배 동료들도 "이 아무개"를 농담 잘하는 사람으로 기억할 것이다.

영어 덕분에 전선으로 나가지 않게 되었던 내가 영어와 지독한 싸움을 벌인 것은 1956년 12월부터였다. 그때 미국 주한경제협조처(USOM, United States Operation Mission)에 근무했는데 나를 포함한 6명이 한국의 육법전서(六法全書)를 영문으로 번역했다.

내가 번역한 영문은 미국인의 빨간 밑줄이 숱하게 그어져 돌아왔다. 날이 갈수록 빨간 줄의 수가 줄어들었고 나중에는 아예 그것이 없어졌다. 그만큼 나의 영어 실력이 성장했다는 뜻이다.

영어 때문에 제철과 인연 맺게 돼

1966년 나는 전공(화공학)을 살펴볼 수 있는 기회에 박태준 사장과 인연을 맺게 되었다. 그 때 대한중석은 경영다각화를 해야 산다는 박태준 사장의 지시에 의해 중석(텅스텐)처리에 소요가 많은 소다회(SODA灰)를 자가 공급한다는 계획을 추진하고 있어서 나와 같은 화공 전공자를 찾아야 했다.

1967년 초가을 이었다. 대한중석 사장실에서는 중석 수출 상담을 위해 유럽에 출장 갔다가 막 귀국한 박태준 사장을 중심으로 KIST의 최형섭(崔亨燮) 소장, 서울 공대 윤동석 교수 등이 모인 가운데 황경노 관리부장이 종합제철에 대한 보고를 하고 있었다.

바로 그때였다. 소다회 프로젝트를 맡고 있던 자칭 "화공 기술자"가 그 회의에 별안간 불려가서 KIST와의 계약 사례 등을 설명한 것이 필자를 생전 듣도 보도 못한 "제철(製鐵)"이라는 것과 인연을 맺어준 계기가 되었다.

하지만 1967년 11월 종합제철 건설추진위원회가 조직될 무렵 나는 다시 전공을 살려볼 직장으로 옮겨갈 생각도 했다. 박태준 사장께서 말렸다.

"6개월만 더하자." 이래서 종합제철에 남게 되었다. 아마도 그 이전부터 노중열 개발 조사실장과 함께 우리 정부와 KISA가 벌이고 있던 종합제철에 관여를 했으니 박 사장님은 유경험자를 붙잡아야 했을 것이다.

나는 곧바로 노중열 개발조사실장과 함께 정부와 KISA 간의 계약협상에 실수요자 자격으로 참여하게 되었고 이어 설립된 종합제철 건설 사업 추진위원회의 실무자로서 포항이라는 곳도 가 보게 되었다. 물론 그 무렵에 합의된 내용을 보면 정부와 KISA 간의 기본 협정에 따라 KISA는 GEP(General Engineering Plan)을 만들게 되어있었다.

하지만 우리의 입장은 달랐다. GEP가 제대로 되어 있는지 검토하기 위해서는 일본 제철 회사의 자문을 받는것이 좋겠다는 박 사장의 지시로 후지(富士)제철의 아리가 부장과 용역 계약에 관한 협상을 했다. 이때만 해도 우리가 필요로하는 용역 계약서를 영문으로 만들어 줄 변호사가 없어서 내가 가지고 있던 다른 회사 계약서를 참고로 해서 우리 안을 만들어 사용했다.

그런데 협상이 한창 진행 중이던 1968년 1월 21일 느닷 없이 그 유명한 1.21 청와대 기습사건(김신조 사건)이 발생했다. 금방이라도 전쟁이 터질 것 같은 분위기에서 일본인들은 더욱 놀랐다. 그들은 계약이고 뭐고 다 집어치우고 귀국하겠다고 난리였다. 대통령이 있는 곳도 습격을 받을 지경이니 호텔에 있는 자신들의 안전은 말할 필요도 없이 파리 목숨이나 마찬가지라고 생각한 것이다.

우리는 사설 경호원까지 붙여주면서 그들을 간신히 만류하여 서둘러 협상을 마쳤다. 요즘 같은 복사기가 나오기 전이었기 때문에 밤새워 타자를 치고 다음날 새벽 무렵에 등사해서 겨우 계약을 끝낸 것이었다.

그런 다음에 우리는 명동 유네스코 빌딩에 사무실을 얻었고 몹시도 추웠던 68년 어느날 명동성당 앞의 교실을 빌려 경력 사원을 모집했다. 그때 입사한 엔지니어들을 주축으로 KISA가 작성 중이던 GEP를 검토하기 위해 미국 피츠버그로 출장을 떠났다. 명색이 창업 핵심들인데 그래도 제철소라는 것을 구경이라도 해봐야되지 않겠느냐고 해서 미국으로 가는 길에 일본에 들러 무로랑(室蘭)제철소를 견학했다. 포철은 동결(凍結) 문제를 고려했기 때문에 홋가이도에 있는 제철소를 택했던 것이다.

우리는 일본의 제철소를 보고 입을 다물 수가 없었다. 광활한 부지 위에 세워져 있는 제철소는 우리를 압도했다. 우람한 각종 설비들과 붉게 흘러나오는 쇳물은 정말 장관이었다. 나는 솔직히 자신이 없었다. 일본 제철소를 처음 접한 놀라움도 있었지만 과연 기술도 자본도 없는 우리나라가 저 엄청난 제철소를 세울 수 있을지 의심이 갔다. 우리나라에 제철소를 세운다는 것이 계란으로 바위를 치는 일처럼 무모할 것만 같았다. 아리가 부장은 공장 내 사진을 자유롭게 찍을 수 있도록 조치를 취해 주었다. 우리는 포항제철 건설에 조금이라도 도움이 될까 싶어 정신없이 셔터를 눌렀다.

KISA의 GEP 검토

일본 측의 엔지니어들과 동행하여 미국 피츠버그에 도착한 우리는 그때의 여비로는 도저히 호텔 생활을 계속할 수 없어 코스퍼 빌딩 가까이에 있는 아파트를 빌려 2인 1실의 자취 생활에 들어갔다. 생활비를 아끼기 위해 슈퍼마켓에서 쌀을 사와 직접 밥을 지어 먹고 되도록 이면 외출을 삼갔다.

동양식 식당이 없었기 때문에 일본 엔지니어도 가끔 우리의 손님이 되기도 했다. 그 후 일본 측의 검토뿐만 아니라 다른 곳의 자문도 받는것이 좋겠다는 박태준 사장님의 지시에 따라 호주 멜버른의 BHP 본사를 방문하여 훗날 회장이 된 로톤 과장과 협상을 하기도 했다.

난생 처음인 호주 영어는 알아듣기가 무척 힘들었는데 함께 간

KISA의 프로젝트 매니저 이컨씨도 잘 못 알아듣고 자꾸 되물어 나만 무식한 것이 아니구나 싶었다. 이렇게 해서 동서양 엔지니어들의 포항 나들이가 시작되었는데 이때의 교통편은 부산 수영 비행장으로 가서 영업용 자동차를 임대하여 포항을 왕복하는 것이 고작이었다. 자동차라는 것도 앞쪽은 포드, 뒤쪽은 크라이슬러 식으로 껍데기를 두드려 맞춘 국제 박람회 출품감이어서 서양인들은 한국인의 재간에 놀라워 했다.

도로는 대부분 비포장이었고 한국에서는 네모난 타이어를 쓰느냐고 할 정도로 차가 덜커덕거렸다. 공장부지는 현재의 위치로 정해졌지만 제철소 건설에 적합한 곳이라면 군용기지라도 좋다는 박정희 대통령의 지시가 있어서 서양 엔지니어들이 해병대 기지의 지질 조사 자료까지 검토했다.

그러나 고도가 높아 부두로부터의 철도 인입선에 구배(勾配, 경사)가 생긴다하여 그만 두었다. 부산의 수영 비행장이 적당하면 비행장을 옮겨서라도 제철소를 지으라는 지시가 있었다고 하니 제철소에 대한 박정희 대통령의 집념이 어떠했던가를 알 수 있었다.

지질조사에는 KISA의 전문 엔지니어가 포항에 체류하며 조언을 했다. 그가 ASTM(America Standard Testing Model)의 시방서를 자기가 개정 중이라며 한발 앞선 사양을 내주기도 했다. 나이가 지긋한 측량 전문 엔지니어는 아지랑이가 생기기 전에 해야 한다고 해서 이른 새벽에 측량을 하느라고 고생도 많았다. 온도계를 가지고 측량용 준자의 온도 변화에 따른 편차를 조정한다는 것을 이때 배운 사람도 많았다.

어느덧 포스코는 조강연산 2800만 톤 시대에 와 있다. 재고량이 60만 톤이라는 얘기를 들으면 이 수치가 50년 전에는 연간 생산량이었고 이것마저 세계은행으로부터 거절당한 일이 떠올라 그동안 참으로 많이 바뀌었다는 생각을 금할 길이 없다.

착공식, 콘크리트 컬버트, 에어컨의 추억

제철소 설비들 가운데 가장 먼저 착공한 것이 공작 정비 공장이었다. 1970년 4월 1일 포항 1기 종합 착공식이 사실은 공작 정비 공장 착공이었다. 공작 정비 공장 착공식을 1기 설비 종합 착공식으로 공식화한 것이다.

박정희 대통령과 많은 국내외 귀빈들이 참석하는 착공식을 앞두고 공작 정비 공장 부지에 파일 항타기 3대를 준비해 놓고 착공식단까지 케이블로 연결했다. 식단 테이블 가운데에 박정희 대통령, 그 왼쪽에 박태준 사장, 왼쪽에 김학렬 부총리 이렇게 섰다.

테이블에는 버튼 3개를 준비했다. 그런데 버튼 세 개 중 두 개는 헛것이었다. 대통령 앞의 버튼만 케이블에 연결되어있다. 그래도 혹시 버튼 작동에 이상이 있을까 하여 식단 앞에 빨간기를 든 사람을 배치했다. 대통령이 버튼을 누르는 순간 기를 흔들면 현장에서 바로 파일 항타를 시작한다는 계획이었다.

착공 버튼을 누르자 항타기 세 대가 굉음을 내며 작동했다. 두 대는 버튼과 무관한 것이었지만 대한민국 공장 건설 착공식에 버튼과 항타기가 동원된 것은 포항제철이 처음이었.

드디어 영일만에 건설의 막이 올랐다. 박종태 소장 밑에 건설 담당 정명식 부소장, 행정 담당 최정열 부소장, 나는 생산 담당 부소장. 나도 현장에 박혀 있는 날들이 많았다. 나는 일반 설비부장도 지냈다. 제선, 제강, 압연에 포함되지 않은 모든 지원 설비를 맡았다.

전기, 통신, 물, 스팀, 철도 등 유틸리티에 대해 답하는 것은 모두 나의 소관이었다. 초창기 포항제철소는 냉각수로 모두 해수(海水)를 사용했다 담수(淡水)를 사용한 것은 한참 뒤의 일이었다.

해수를 고로와 발전 설비로 끌어오는 것이 이슈로 대두되었을 때였다. 일본인 기술자들은 파이프를 묻어 바닷물을 끌어 오자고 했다. 나는 의견이 달랐다. 파이프를 묻으려면 어차피 땅을 파야 하니 그렇다면 콘크리트 컬버트(Culvert, 땅속 도랑)로 하는 게 어떠냐고 했다. 나는 그때 공장에 전주를 세우지 말고 전기 통신선을 가스 파이프와 함께 배치하든지 컬버트에 넣자고 했다.

제철소에는 공장마다 가스 파이프가 연결되어있으니까 충분히 가능한 일이라고 생각했다. 제철소에서는 고중량물을 이동해야 하기 때문에 철도 건설에서 레일 침목도 중요했다.

침목도 말썽을 일으켰다. 이리가 JG 단장이 추천한 회사의 견적은 신일본제철의 견적과 격차가 컸다. 찜찜해서 그쪽에 알아보니 서류에 나온 것처럼 서로 기준이 달라서 그렇다고 했다.

가와사키 제철소에 물어보니 자기네는 그런 건 비싸서 안 쓴다며 다른 데를 일러주었다. 새 견적은 무려 3분의 1 수준이었다. 나의 보고를 받은 박 사장은 물론 주저 없이 교체하라고 지시했다.

예산이 빠듯해 포항의 일본 상사 사무소에 에어컨을 제때 달아주지 못한 일이 있었다. 일본 기술자들이 투덜거렸다. 미안하기는 했지만 조크로 넘어갔다.

"계약서에는 에어컨 설치 시기가 명시되어 있지 않은데 11월에는 에어컨, 6월에는 히터 설치할 생각이니 기다려 주시지요."

일본인들도 활짝 웃었다. 1972년 후판 공장이 준공된 후에는 회사 오케스트라(orchestra)를 조직하여 공연한 적이 있다. 부족한 자리는 해병대 군악대로부터 지원받기로 하여 누구는 뭐, 누구는 뭐 이런 식으로 분담했다. 나는 플루트를 맡았다. "콩나물 대가리(악보)"를 모르며 살아온 내가 졸지에 플루트 연주자로 나온 그때가 41세, 아주 지각하여 악기 하나를 만났지만 플루트는 평생의 동반자가 되었다.

명지휘자 박태준 회장은 따뜻한 사람이었다

포스코에서 박태준 사장하면 일반적으로 강렬한 눈빛, 머리카락 한올 흐트러지지 않는 정연한 자태, 80% 이상 진척된 공사라도 부실하면 폭파해 버리는 단호함, 잘못된 일에는 불호령을 내리는 무서움 등으로 각인돼 있을 것이다. 물론 그런 면이 있다. 그러나 나는 그분이 마음은 따뜻한 사나이였다는 사실을 잘 알고 있다. 젊어서부터도 그랬다.

창립 포스코가 YWCA에 있던 시절이었다. 하루는 점심 시간에 임박하여 박 사장께서 나에게 누구와 약속했으니 같이 가자고 했다. 내가 대뜸 웃으며 "제가 모르는 사람 사이에 끼어 개밥의 도토리가 됩니까?"라고 몸을 뺐더니 박 사장께서는 즉각 "그럼 내가 개밥이라는 말이냐?"하고 통쾌하게 웃었다.

안병화 업무부장의 입담도 수준이 높았다. 포항 1기 구매를 위해 도쿄에 갔을 때였다. 돈을 아껴야 하는 형편에 동갑내기인 그와 내가 한방을 썼는데 박 사장은 문득 우리에게 "저쪽에 가면 만담하는 극장이 있어. 내가 지배인을 잘 아는데 얘기해 놓았으니까 두 사람이 거기 가서 만담해 주고 돈 좀 벌어와. 우리 돈도 모자라는데…"라고 했다. 미안한 마음을 담은 따뜻한 농담이었다.

포스코에 세 번 들고 세 번 나온 내가 출자사인 거양상사의 사장으로 재직한 1985년부터 1992년까지 이 시절에도 박태준 회장께서는 출장 나가는 길에 나를 부르곤 했다. 주변에선 나를 "농담 담당"이라 했다. 즐거운 대화를 곁들인 외국인과의 식사시간에 별안간 침묵이 드리워지는 순간의 곤혹스러움. 이걸 나는 즉각 "즐거운 농담"으로 걷어내는 것이었다.

좀 다른 경우지만 한영수씨도 동석한 런던의 어느 자리였다. 영국인이 한국은 젊은 사람들의 활동이 커져 좋겠다고 말하자 박 회장께서 나를 바라보며 이건 자네가 통역 하라고 했다.

"당신네들이 산업 혁명을 하고 있을 때 조선시대의 우리 조상들은 공업과 상업을 천하게 여기며 보리밥 먹고 핫바지에 방귀나 붕붕 뀌며 살았던 겁니다."

백인들은 어감을 어느 정도 알아들었는지 웃어주었다. 박태준 회장은 포스코의 명지휘자였다. 사실은 마음이 여리고 눈물도 많은 사람이었다. 국가적 대공사를 성공시켜야 한다는 사명감 때문에 스스로를 강하게 드러낸 것이었다.

나는 내 성격대로 그분의 속을 좀 썩인 사람이었다. 회사를 세 번이나 들락거렸으니까. 나에게 철강협회 전무로 가라고 해서 거기서 일하고 있던 어느 날이었다. 그분이 나에게 전화를 했다.

"뭐 하고 있어?"

이 질문에 나는 냉큼 대답했다.

"전화 받고 있습니다."

수화기 저 너머에서 유쾌한 웃음소리가 들려왔다. 이 일화가 포스코 전체에 퍼져 나갔다. 한때 포스코에서는 "지금 뭐하고 있어?"하는 전화가 오면 "전화 받고 있잖아."하는 응대가 유행한 적이 있었다.

20

우리 손으로 제철소의 DNA 설계

백덕현(포항제철소장)의 증언

1차 5개년계획에 포함된 "조강 연산 30만 톤 일관 제철소" 건설 계획에 따라 대한 중공업 기획과장으로 있던 나는 1961년 말부터 상공부로 파견돼 1963년 초까지 실무를 뒷받침했다. 잉크로만 존재한 제철소였다. 그러나 그것이 나에게는 포스코 창립 요원으로 뽑히게 한 특별한 경력이었다.

나의 인생과 제철소. 이 인연을 생각하면 6.25 전쟁을 떠올리게 된다. 나는 고등학교를 마치지 못한 몸으로 육군에 입대했다. 나의 최초 병과는 통신 가설병. 무거운 전선 다발을 둘러메고 뛰어다니느라 여러 차례 죽을 고비를 넘겼다.

가장 끔찍한 기억은 1951년 중공군의 2차 공세에 시달린 38선 근처의 강원도 현리 전투. 피아(彼我) 숱한 사상자를 냈지만 아군이 엄청난 타격을 입었다. 여기서 구사일생으로 목숨을 건진 나는 통역 장교로 변신했다. 밑천은 영어 실력이었다. 갑자기 "중위" 계급장을 단 장교의 새 근무처는 전쟁 중에 진해로 내려온 육군 사관학교였다.

어느날 선배들이 나를 불렀다.

"백중위 대학 가라."

나는 반문했다.

"이 혼란에 대학은 가서 뭣합니까?"

이건 실력만 있으면 된다는 젊은이 특유의 패기였다.

"안 그래. 전쟁은 언젠가 끝난다. 끝나게 되면 바로 대학 졸업이냐 아니냐가 사람을 크게 좌우한다. 무조건 대학에 가야 돼."

선배들의 권유는 집요했고 나는 마음을 고쳤다. 군복을 벗고 들어간 데가 금속학과였다. 나중에 알고 보니 박태준 사장이 육사에서 교무처장으로 근무하신 시절이었던데 내가 고집을 부려 대학을 포기했더라면 더 일찍 육사에서 그분과 만났을지 모른다. 만약 그랬다면 대신에 나의 전공이 바뀌어 영일만과 광양만에서 일하는 영광을 얻지 못했으리라.

고로(高爐) 구경도 못했던 사내들이 제철소를 설계하다

내가 대학을 졸업한 1957년, 한국은 산업화와 멀리 떨어져 전후의 절대빈곤에 시달리는 나라였다. 다행히 나는 전공을 살릴 직장과 만났다. 대한중공업, 뒷날에 인천제철, INI 스틸로 이름을 고치는 그 회사에는 중유를 때는 평로(平爐)가 있었다. 정부는 고철 수출을 금지하였고 평로가 전국에서 실려온 고철을 녹였다. 그러니까 창설 포스코의 기술부 차장을 맡을 당시 나는 한 번도 고로를 직접 본 적이 없는 엔지니어였다.

그때 나에게 포스코와 인연을 맺어준 사람은 윤동석 박사다. 포항제철 초대 부사장을 지낸 그분은 대학의 은사이기도 했다. 상공부 금속과장에서 옮겨온 유석기 기술부장, 대한중석에서 옮겨온 이상수 기술부차장, 그리고 나. 최초의 설비 기본 계획을 맡은 우리 셋은 "이래선 안 되겠다"고 판단했는데 마침 박태준 사장의 방침에 따라 일본 연수를 떠날 수 있었다.

1968년 11월 김학기, 김종진, 김성수, 서병재씨 등과 출발한 우리팀은 이듬해 2월에 돌아왔다. 처음 본 히로하타 제철소는 고로 넷에 제강 둘의 조강 연산 400만 톤 규모였으니 그때 수준으로는 세계적 대형 제철소인 셈이다. 무로랑 제철소에도 갔다. 비로소 우리는 제철소에 대한 실감을 챙길 수 있었다.

"정말 대단하구나."

이것이 우리의 솔직한 심정이었다.

나는 설비 구매팀과 일본으로 장기 출장을 떠나곤 했다. 석 달 이상 걸리기도 했다. 내 임무는 엔지니어로서 설비 검토 작업이었다. 한국에서 건설하는 제철소에 일본 설비를 팔기 위해 각 설비 메이커, 그러니까 미쓰비시, 히타치, 고베 세이코, 스미토모, 이시가와지마하리마 등에서 경쟁적으로 매우 세밀한 규격서를 보내왔다. 두께가 보통이 아니었다.

엔지니어로는 나 혼자 갔기 때문에 혼자서 각사의 그 두꺼운 규격서를 다 검토하자니 밤낮으로 씨름해야 했다. 내가 기술 정보를 줘야 구매팀에서 유리한 상담을 할 수 있었다. 그들의 기술 사양서는 모두 영어로 되어 있었고 그들과의 기술 협의는 일본어로 진행했다.

다행히 나는 영어와 일본어를 능숙하게 구사할 수 있었다. 일본 기술자들은 나를 은근히 무시하는 눈치였다. 기술적으로 한참 뒤떨어진 한국의 엔지니어가 제철 설비에 대해 알면 얼마나 알겠느냐 하는 태도가 눈에 보일 정도였다. 그리고 그 두꺼운 영문 규격서를 짧은 시간 내에 검토할 만한 실력이 되겠느냐 하는 거였다.

결국 자기들이 제출한 대로 따를 수 밖에 없을 것이라고 생각하는 것 같았다. 하지만 나는 단 한 부분도 빼놓지 않고 꼼꼼하게 검토해서 의견을 내놓았다. 그들의 태도가 달라질 수 밖에 없었다. 고로, 제강, 압연 등 모든 공장의 온갖 설비를 구매하는 일로 직결되는 "기본 기술 계획(PE)"과 "상세 구매 사양"을 작성하는 작업은 제철소의 DNA를 설계하는 것이나 마찬가지다.

포항 1기 PE 작성은 일본 기술단(JG)이 전담 했으며 포스코는 "검토"라는 이름으로 그것을 이해하며 소화하는 기관이었다. 그러나 포항 2기에서는 포스코가 PE 기본 개념을 맡고 JG는 그것을 검토 수정해 최종판을 작성해 주었으며 그러한 수정작업에 일일이 동참하는 과정에서 우리 설비 계획팀은 많은 것을 배웠고 익혔다. 포항 3기와 4기는 포스코가 전담하고 JG는 검토만 했다.

상세 구매 사양의 작성은 포항 3기부터 포스코가 전담하고 JG는 검토만 했는데 포항 4기부터는 JG의 검토마저 생략했다. 광양 1기에서는 포스코의 순수한 실력으로 방대한 주문서를 작성했다. 일본측이 "부메랑"을 내세우며 PE 검토를 거부하기에 독일 티센에 의뢰하긴 했지만 지적 사항도 미세한 몇 가지가 전부였다. 광양 2기 이후부터는 PE 검토 의뢰도 생략했다.

이것은 제철소 건설의 기간 기술에 대한 "독립선언"이었다. 함께 고생해온 사람들과 목청껏 만세를 불러도 좋은 날이었다.

나의 경험에는 포항 2기가 굵직하게 남아있다. 포항 1기에서 설비 계획 작성의 견습생 노릇을 했던 우리가 1972년부터 작성하여 1974년부터 설비를 들여올 포항 2기, 애초에는 외자 구매 예정액이 2억 1930만 달러였는데 훨씬 초과하여 총 3억 4165만 3000달러가 투입됐다. 회사 안에서는 1기보다 설비 구매가 적은데 왜 돈을 더 쓰나?라는 항의가 많았다. 하지만 모든 사정을 통찰한 박태준 사장은 아무 말씀이 없으셨다.

외부적 요인들은 명백했다. 첫째 오일쇼크가 부른 원자재 가격 상승. 둘째 1973년 발생한 "김대중 납치 사건"이 부른 한일 관계의 악화, 일본측 협조의 불투명성. 셋째 고정 환율제 붕괴가 부른 엔화 절상(엔화 대 달러의 비율이 360에서 300대 1로 절상됨으로써 미국 달러로 표시되는 견적 금액은 그것 만으로도 20% 인상됨). 이렇게 예측하지 못한 악재들이 설상가상 덮쳤다.

이 난관 앞에서 박 사장이 유럽 각국을 순방하며 설비 공급처를 다원화 한 것이 큰 힘으로 작용해 그나마 예산을 줄일 수 있었다. 또한 그것은 "포항 2기는 기존 설비의 확장이 많기 때문에 예산 절약을 위해 1기 설비와 동일한 사양을 구입할 수 밖에 없으니 우리한테 올 수 밖에 없다"는 일본 메이커들의 자만심을 좌절시키는 현명한 방책이기도 했다.

그래도 일본 메이커들이 애를 먹였다. 포항 2기 설비 구매의 총지휘는 당시 안병화 업무이사가 맡았고 나는 기술 부문을 총괄했다. 우리 실무자들은 처음부터 설비 구매사양서를 작성한 당사자들이었다. 우리는 일본어에는 약해도 테이블에선 일본측 당사자들보다 더 말을 잘했다. 협상이 영어로 진행됐던 것이다.

난항 중 난항은 열연공장 확장의 주요 설비인 가열로였다. 메이커 측인 츄우가이로측의 황소 같은 고집 앞에서 드디어 우리는 마지막 카드를 꺼낼 수 밖에 없었다. 상대를 니혼스타인피니스로 바꾸겠다고 했다. 이러자 행세가 일거에 반전되었는데 손석문씨와 이택우씨의 역할이 컸다.

고로도 어려웠다. IHI와의 씨름에 고전하던 안병화 이사가 급거 미국으로 날아가 코퍼스 엔지니어링과 협상을 벌였다. 양동 작전이었다. 이게 먹혔다.

아찔했던 블랙아웃(Blackout, 대규모 정전) 사태

설비 책임자의 최대의 고충은 아무래도 설비의 말썽이다. 훌륭한 것을 싼값에 들여온 기쁨과 보람도 그놈의 말썽 앞에선 무산되고 만다. 사람의 일이니 더러 그런 경우가 생기기도 했지만 포스코 현장의 선배와 동료들이 창조적으로 대응해 준 덕분에 나는 마음고생을 많이 줄일 수 있었다. 새삼 감사의 인사를 드린다.

포항 제철소장을 맡고 있던 1983년의 어느 날이었다. 정말 아찔했던 그 기억은 지금도 가슴을 찌르는 것 같다. 요즘 이야기로는 블랙아웃(Blackout)이다.

이거 정말 큰일 났구나 싶어 바로 현장으로 달려갔다. 제철소의 동력은 전기다. 전기 공급이 중단되면 조업 중단은 물론이고 설비에 심각한 사태가 발생할 수 있다. 시간이 지연되어 만약 설비를 에워싸고 있는 냉각수 파이프가 폭발한다면 설비 전체의 열화(熱火) 사고로 이어질 수 밖에 없다.

"제발, 제발" 하면서 나는 기도하는 심정으로 현장에 도착했다. 그런데 전기가 들어와 있었다. 확인해 보니 한전에서 정전이 일어난 것이었다. 제철소에서는 자체 발전 설비를 갖추고 있었기 때문에 한전에서 단전이 되더라도 큰 문제는 없다. 그런데 한전의 갑작스러운 정전에 따른 쇼크로 인해 자가발전기까지 스톱 돼 버린 것이었다.

다행히 잘 훈련된 직원들이 디젤 제너레이터(Diesel Generator)로 20분간 돌려서 신속히 복구해 놓고 있었다. 옛날에는 화물 자동차나 원동기를 시동할 때도 그 방법을 썼다.

나는 자동차용 강판 개발에 얽힌 고통의 시간도 잊을 수 없다. 수없는 실패 끝에 성공한 쾌거였다. 연구소나 다른 기관의 도움없이 오로지 현장에서 개발했다. 자동차용 강판은 냉간 압연 강판이지만 보통 냉간과는 다르다. 카본 성분이 성패를 가른다. 보통의 냉연강판으로 자동차 외장을 찢으면 찢어진다. 자동차용 강판은 프레스 작업에도 끄덕없이 성형이 이루어져야 하는데 강판에 다이아몬드 바늘로 1000분의 1mm 깊이의 흠만 만들어 놓아도 표가 나게 된다. 그 까짓것 페인트로 도색만 잘 하면 되겠지 싶지만 햇빛에 나가면 바로 그 부분에서 난반사(亂反射)가 일어나 금방 눈에 띈다. 자동차 강판은 보통 강이지만 최고급 강이다.

굴입식 항만(Artificially Excavated Port, 掘入式港灣)의 사연

포항제철소 부지 모양은 바닷가의 육지를 우묵하게 파고 들어온 굴입식 항만 형태로 되어 있어 그 모양이 다른 곳에서는 찾아 보기 어려운 형태다. 우묵하게 파인 양쪽이 각각 원료 하역 안벽과 제품 출하 안벽으로 되어 있다. 포항제철소 부지 모양의 기본을 결정지은 사람은 당시 일본 가와사키 제철의 토목 엔지니어링 부문의 고문이던 우에노(上野)씨였다.

우에노씨는 도쿄대학의 교수를 지낸 토목공학의 거두로서 공사에 관한 한 그의 말 한마디 한마디는 절대적인 권위를 가지고 있었다. 우에노씨는 공식 직함도 없이 포항제철의 고문 역할을 했던 소수 일본 기술자 중의 한 사람이었다. 그리고 우에노씨와 친밀했던 후루가 (古川)씨도 우에노씨와 같은 입장에서 포철을 도왔다. 이들은 포항제철로부터 아무런 고문료도 받지 않고 양국의 대형 프로젝트를 선의로 도와준 고마운 분들이었다. 물론 개인적인 이익도 챙기지 않았다.

오히려 여러 가지로 가와사키 제철의 도움을 받을 수 있게 알선해 주었다. 이것이 포항제철과 가와사키 제철이 지금도 좋은 관계를 유지하고 있는 이유 중 하나일 것이다. 가와사키 제철과 포항제철의 관계는 비공식적이지만 매우 돈독한 것이었다.

그 시작은 박태준 사장과 니시야마(西山) 사장의 개인적인 친분에서 비롯되었다. 니시야마 사장은 2차 대전 패배 후 처음으로 임해형(臨海型) 일관 제철소를 일본의 도쿄에서 멀지 않은 지바(千葉)시에 건설한 유명한 사람이었다.

그 니시야마 사장이 포항제철이 정식으로 발족하기 전에 박태준 사장의 요청으로 일본인으로서는 최초로 포항을 방문해 현지답사를 했다. 그는 박 사장과 함께 소나무가 우거진 해안에 서서 모래를 한 주먹 쥐어보고 주변의 지행을 관찰하고는 "이정도 입지라면 제철소가 들어서기에 충분하다"고 평했다는 얘기가 지금까지 전설처럼 전해오고 있다.

이러한 두 분의 친분으로 우에노씨는 JG의 멤버가 아니였음에도 고문 역할을 해주었고 이른바 일본의 랭킹 3위에 포함되지 못한 가와사키 제철도 간접적으로 포항제철 건설에 도움을 주었던 것이다.

1968년 여름. 우에노씨와 포항제철 설비 기술팀 사이에 토론회가 있었다. 우에노씨는 우리를 상대로 고로의 기초공사라든가, 운송, 철도 등에 관해 일련의 강의를 했다. 그런 다음 포항제철소의 부지 형태에 관한 얘기로 화제를 발전시켜 나갔다. 여기서 그는 상식을 뒤엎는 결론을 도출했다.

일반적으로 일관제철소의 공장 부지는 한평, 한평이 돈이고 자산이기 때문에 보다 넓은 면적을 확보할 필요가 있고 이와 더불어 원료와 제품을 하역하는 해안선 모양이 무척 중요하다. 따라서 포철의 부지 형태는 중요 검토 사항이 아닐 수 없다.

오늘날 포철의 부지 형태는 "ㄷ"자 모양으로 소위 굴입 항만이다. 굴입 항만이 자연적으로 조성된 지형이라면 아무런 문제가 없을 것이다. 하지만 포항의 경우에는 일직선이었던 해안을 일부러 파고 들어가 굴입 항만으로 만든 것이다. 그 기본 형태는 바로 이날 우에노씨와 초기 우리 기술진들과의 토론 과정에서 결정된 것이다.

원래 포항제철소의 부지는 230만 평이었다. 그리고 부지의 일부분을 제외하고는 대부분이 해발 1m에 불과했다. 넓은 부지의 공장일 경우 해안선을 향하여 일정한 배수 구배(경사)가 형성되어 있어야 한다. 이 배수구가 없으면 우천시에 자연 배수가 안되어 부지 전체가 범람하게 된다. 뿐만아니라 제철소 부지 내의 각 곳에 위치한 여러 공장에서 사용한 공업용수가 바다로 흘러나가지 못하게 될 것이다.

포철의 부지 표고(標高)는 인공적으로 높인 것

사용한 공업 용수가 흘러 들어오지 못하게 하기 위해서는 제철소 부지의 표고를 인공적으로 높여주지 않으면 안된다. 그 때문에 현재 포항제철소의 부지 표고는 원래의 표고를 인공적으로 높여서 다시 말하면 흙을 돋우어 높인 것이다.

그때 높인 것이 선박이 닿는 안벽에서 HW(High Water Level) +

3.2m, 국도변에서 HW + 4.5m였다. 그리고 여기에 사용된 토사는 전량 해저를 준설해서 얻은 모래로 성토(成土)한 것이다. 만일 해저의 흙이 모래가 아니고 진흙이었다면 성토용으로 사용하지 못했을 것이다.

그런데 다행히도 포항의 경우에는 해저 토사의 성질이 양호해서 거의 대부분이 성토 매립에 적합했다. 극히 소량의 물만 흘려보내도 진흙은 모두 유출되어 모래 앙금이 남는 토질이었다. 그렇지 않고 해저가 전부 진흙 뿐이었다면 원거리에서 산을 허물어 부지 성토를 하는 수 밖에 없었을 것이다.

일본 NKK의 오기시마 제철소가 그렇게 운반해온 산토로 조형한 완전한 인공섬이었다. 그런 면에서 포항은 입지 조건 상 유리했다. 그런데 우에노씨와 토의하는 과정에서 그가 제시한 안은 청천벽력같은 굴입항 형태였던 것이다. 즉 주어진 해안의 일부를 굴입해서 그 안에 원료 안벽과 제품 안벽을 각각 건설하자고 했다.

있을 수 없는 일이었다. 우선 나부터 강력히 우에노씨에게 이의를 제기했다. 첫째 토지는 자산이다. 일부러 해면을 매립해서 부지 조성을 하는 경우도 많은데 있는 토지를 파고 들어가서 면적을 좁히는 것이므로 말이 안된다. 둘째 해안선을 파고 들어감으로써 각 공장 배치의 상호관계가 복잡해지고 물류의 이상적인 흐름에 지장이 올 것이다.

나의 반론에 대해 잠자코 듣고 있던 우에노씨의 반응은 노기에 차고 격렬하며 단호한 것이었다. 그는 그 만의 특유한 일본식 욕을 하면서 소리치듯 말했다.

첫째 앞으로 포항제철이 연산 500백 만 톤의 생산 능력을 갖게 되면 그 경제력과 정치력은 엄청난 것이 된다. 국가라도 움직이려면 움직일 수 있을 것이다. 필요하다면 그때 가서 굴입한 부분을 메워버리고 외항을 다시 건설하면 된다.

둘째 지금의 주어진 조건으로는 굴입하고 전체 부지를 성토해서 매립하는 수 밖에 없다. 그래야만 1972년 4월까지 부지 조성 공기를 맞출 수 있다. 그런데 지금 한국이 보유한 준설선의 펌프 능력은 최대 4400Hp로 준설 토사의 파이프 이송거리는 최대 2Km이다. 이 펌프 능력으로는 준설 지점에서 포항제철 예정 부지까지의 거리인 2.5~3Km에 도달하지 못한다. 그렇다고 중간 지점까지 성토해서 그것을 불도저로 긁어 밀어내는 것은 현실적으로 불가능하다. 더 강력한 기능을 지닌 준설선을 외국에서 빌려오는 것도 지금 사정으로는 불가능하다.

셋째 그러므로 모자라는 거리 만큼 굴입해서 토사의 펌프 이송 거리를 단축한다면 한국이 보유한 준설선으로도 작업이 가능하다. 또 굴입한 부분 만큼 더 많은 준설 토사물량을 이용할 수 있다.

넷째 굴입으로 조성된 해면은 잔잔하게 되어서 외부의 풍랑에 관계없이 하역이 가능하다.

"그래도 항변할건가! 경험도 없고 눈도 짧은 놈들이 똥고집은 있어서 할 얘기 있으면 해봐라!"

우에노씨의 저항과 논리에 우리 기술진 모두가 더이상 말을 할 수 없었다. 그리고 그 고집스럽고 해박한 논리를 가진 노(老)교수의 주장에 무릎을 꿇었다. 이것이 제철소의 부지 모양이 다른 곳에서는 볼 수 없는 굴입 항만을 갖게 된 이유다.

"우에노 교수님, 감사합니다."

여상환(포철 인사부장, POSCAN 사장)의 증언

1968년 이른봄. 청춘의 나는 서울대 행정대학원을 마치면서 국무총리 기획조정실에서 인턴으로 일하며 밤에는 대학에 강의를 나가고 있었다. 이때 나는 인생의 진로를 놓고 고민에 빠졌다. 세 갈래였다. 학자 또는 공무원, 제철소. 마침 은사 이한빈(李漢彬, 추후 국무총리) 선생이 나를 불렀다.

"우리를 근대 국가로 이끌어 갈 제철소 건설은 변화의 한복판이 될 거야. 고단하겠지만 대단히 가치 있는 삶이 기다리네, 철은 산업의 쌀이야. 총리실에 근무하는 것도 뜻이 있겠으나 산업이 요동치는 한복판에서 역사의 변곡점을 봄으로 맞는 것이 좋을 듯하네. 더군다나 책임자가 박태준씨야. 국방대학원에서 같이 일한 적이 있는데 그의 인품과 능력이라면 충분히 믿어도 좋아. 가서 만나 뵙도록 하게."

내가 기꺼이 따르자 은사는 곧 추천서를 썼다. 박태준 사장의 비서실장으로서 나와 함께 대학원을 다닌 곽증 씨도 역할을 아끼지 않았다. 면접 비슷한 절차로 첫 대면을 하게 된 박사장은 무뚝뚝하게 한마디를 던졌다.

"함께 수고 좀 하지."

이런 인연으로 포스코 창설 대열에 들어선 나는 첫 직책으로 황경로 기획관리부장 밑의 "조직 및 규정 담당"이었다. 말이 거창해서 기획관리부지 부장과 담당 단 두 사람이었다. 포스코 창립을 한달쯤 앞둔 시점에서 회사 형태에 대한 문제를 놓고 상당한 논의가 있었다.

그때 국영기업의 형태는 두 가지였다. "특별법상 주식회사"와 "특별법에 근거한 공사." 일반적인 형태는 후자였다. 그러나 박사장의 목표는 '경영 독립을 보장 받으면서 정부 지원도 받는 "상법상 주식회사"'였다.

이것을 박사장은 박정희 대통령과 세 차례나 토론하여 관철 시켰는데 그 실무적 보좌를 고건(高建, 전 국무총리)씨 친형인 고석윤 변호사와 내가 함께 맡았다.

1968년 3월 6일 포스코 발기인 대회가 열렸다. 경제기획원 차관보 진봉현씨가 긴급 이의를 제기했다.

"휴회합시다. 이건 묘합니다. 순수한 상법상 회사인데 이러면 박사장이 정부의 돈을 다 떼어 먹는다 해도 막을 방법이 없습니다."

그의 지적은 틀린 것은 아니었다. "묘한 취지"에 대한 충분한 설명이 필요했다. 그걸 다 듣고나서 그는 이렇게 수긍했다.

"그렇다면 박 사장의 인격을 믿고 정부 지원을 하되 감사를 강화하는 것이 좋겠습니다."

멜팅팟(Melting Pot)을 위한 속기록 제도 도입

멜팅팟이란 다양한 문화를 가진 사람들이 하나의 문화로 융합하는 것을 말한다. 어느날 박 사장께서 나에게 특별한 지시를 내렸다.

"자네의 그 참신한 머리로 현재의 조직 운영 질서에 대한 평가 리포트를 만들어 봐."

당시 초창기 조직에는 여기저기서 온 사람들이 섞여 있었다. 한마디로 중구난방이었다. 중석(重石)에서 옮겨온 사람, 육군에서 온 사람, 공군에서 온 사람, 한전에서 온 사람, 경력자 공채를 통해서 온 사람 등으로 이질적인 조직 문화가 뒤섞여 조직 질서가 자리를 잡지 못하고 있었다.

그러한 상태이다 보니 무슨 일이 있으면 "우리 공군에서는", "우리 중석에서는" 하면서 각자의 주장만 내세웠다 한마디로 사고의 구심점이 형성되지 않았다. 경영층의 지시를 각자 자기 나름대로 해석했고 지시가 몇 사람을 건너뛰면 엉뚱하게 변질되고 왜곡되기 일쑤였다.

"어떻게 해야 사고의 멜팅팟(Melting Pot)을 만들 수 있는가?"

나는 숙고를 거듭해 보았다. 머리에 문득 떠오른 것이 "속기록 제도"였다. 나는 모든 회의 내용을 속기사가 육성 그대로 기록해서 부장까지 돌리도록 하는 방안을 건의했다.

"참신한 아이디어군."

박 사장께서는 즉각 채택하라고 하셨다. 아마 기업이 속기록 제도를 도입한 것은 포스코가 처음이었을 것이다. 초창기 포스코 임원회의는 현재까지 속기록으로 남아있다.

국회의 전문 속기사 이기동씨를 포스코로 영입하기로 했다. 이기동씨는 우리나라 속기사 1세대로 속기록 분야를 개척한 사람이다. 그 속기록들은 중간 간부들에게 회람되어 이슈를 공유하면서 업무능률을 향상시키는데 크게 이바지했다.

백지상태에서 103만 톤의 4000여명 산출

1969년 9월 KISA의 기본 협정이 해지되고 일본으로 방향을 선회한 즈음이었다. 경영 관련 보고를 하는 자리에서 박 사장께서 지나가는 말처럼 고뇌의 한 자락을 드러냈다.

"제철소를 구경한 사람은 나와 윤동석 박사 둘인데 100만 톤 규모에서는 어느 정도 인원이 있어야 하나…?"

나는 조직 담당자로서 오싹해졌다. 이때의 황경로 기획관리부장이 뒷날 포철 10주년을 맞아 성공 요인의 하나로 "단계별 적정 규모 인원 확보"를 꼽게 되는데 그만큼 "무(無)"로 출발한 포스코에게 103만 톤 제철소의 인력 규모를 결정하는 것은 매우 중요한 일이었다.

나는 서양인 고문단을 찾아가 정보를 얻고자 했다. 그러나 그들의 대답은 "정확한 것은 모르겠으나 아마도 14,000명 내지 15,000명은 있어야하지 않을까 추론된다"는 극히 추상적인 것이었다.

나는 일본 슈퍼바이저들을 찾아갔다. 그들도 막연한 대답이었다. "9,000명내지 1만 명은 가져야할 것"이라고 했다. 아무런 구체적인 산출 근거는 제시하지 않았다. 두 견해의 격차가 너무 컸다. 어느 쪽도 믿을 수 없었다. 제철소라는 대단위 공장을 주먹구구로 운영하지는 않을 것이고 어딘가에 인력에 대한 표준 같은 것이 있을 것이었다.

야하타 제철소 전무와 만난 자리였다. 그 사람이 나를 어느 섬의 "마토야마장(的山莊)"으로 데려갔다. 한쪽 벽에 "국본(國本)"이라는 큼직한 두 글자가 적힌 방이었다. 말을 꺼낼 기회를 엿보던 나는 제철소의 직무 내용과 관련된 자료가 있으면 한번 보고 싶다고 했다. 그는 뜻밖에도 "그런게 있다"고 했다.

과연 수장고의 서류들 중에는 빨간 도장으로 "비(祕)"가 찍힌 직무명세서, 작업 내용서, 소요 인력 판단서 등이 포함돼 있었다. 나는 보물을 얻은 기분이었다. 반출은 금지되어 있지만 참고로 보기엔 지장이 없었다.

서울로 온 나는 자문을 구했던 일본인과 다시 만났다.

"있는 걸 왜 없다고 한거요?"

상대는 당황해 했다.

"인원 직제, 직무와 직무 관계 등을 다 알려주면 우리는 무슨 용역을 얻을 수 있나요?"

이때 포스코의 우리 부서에는 "추정 직무 분석팀"이라는 전무후무한 조직이 태어났다. 나, 조관형씨, 이재호씨 등 8명이 나노스틸 직무사전, 일본 자문단, 서울대 행정대학원 박동서 교수의 조언을 받아 가며 머리를 짜냈다.

마침내 우리가 도달한 결론은 "4 직계, 14 직군, 64 직종, 420 직무, 총 4268명"이었다. 보고를 받은 박 사장이 단박에 선언했다.

"좋다. 4000명으로 103만 톤 한다."

우리의 보고서는 청와대로 올라갔다. 실제 103만 톤을 달성했을 때의 포스코 임직원은 총 4044명이었다. 이러한 작업은 공장을 짓거나 공장을 돌리는 일이 아닌 "보이지 않는 소프트웨어"의 산물이어서 크게 두드러져 보이지는 않지만 대단히 중요하다. 만약 14,000명이나 9,000명을 채용했더라면 "흑자"란 말이 포스코와는 아주 멀어져 버렸을 것이다.

UPI 초대 부사장 취임과 고난의 행군

1968년 4월 포스코는 US스틸과 합작하여 냉연 공장 UPI를 설립했다. 위치는 미국 서부 샌프란시스코 근교 피츠버그였다. 유에스스틸의 냉연 공장 경영이 악화되어 포스코와 유에스스틸이 50대 50공동으로 7억 달러를 투자하여 설립한 UPI(US-Posco Industries). 현대화 사업을 추진하고 양사가 공동으로 경영한다는 약정이 이루어져 있었다.

나는 포스코측을 대표하는 공동 대표로서 초대 부사장에 부임했다. 부임한 첫날부터 나는 기가 막히고 막막했다. 미국의 최고 강성 노조인 철강 노조의 쟁의가 이어지고 있었다. 모두들 해법을 찾을 생각도 없이 그저 손을 놓고 있는 형편이었다.

이건 망하는 길로 가고 있었다. 게다가 소문까지 나쁘게 나돌아 민심이 흉흉한 상황이었다. 한국의 포스코는 군대식인데 그들이 군복 입고 US 스틸을 장악하러 와서 결국 우리를 내쫓는다는 식이었다. 나는 콜라 몇병을 가방에 넣고 현장을 찾아가 각계격파에 나섰다. 모두 2300명이니까 하루에 20~30명씩 만나면 오래지 않아 다 만날 수 있다는 생각이었다.

통역 장교 출신에다가 포스코에 몸과 혼을 담아 20년 가까이 전투 같은 일상을 감당해온 나로서는 그 정도야 만만하게 여겨졌다.

300명을 만나자 비로소 분위기가 달라진다는 것을 피부로 느낄 수 있었다. 하루는 밤 11시 경 현장 직원을 만났다. 폴리네시아인(人)이었다. 내가 악수를 나누고 콜라를 따라 주며 말했다.

"우리 포스코는 같이 생존하러 왔다. 반드시 성공시킬 것이다. 같이 사는 길로 가자."

이랬더니 그 친구가 내 손을 잡고는 내 손에 묻은 기름을 자기 옷으로 닦아 주면서 눈물을 지으며 말했다.

"나는 30년 근무하고 이제 몇 년 안 남았어요. 그런데 30년 만에 당신같은 하이랭커(고위급)의 손을 처음 잡아봐요. 당신들은 머리를 쓰는 사람. 머리와 손발이 협력하면 됩니다. 저것 보시오. 형광등이 깨져 있지요? 화장실에 가 봐요. 휴지가 없는 데도 있어요. 말이 안 되지만 동부의 본사까지 갔다 와야 해결됩니다."

문득 그가 손으로 눈시울을 훔쳤다. 그의 대답, 그의 눈물, 여기서 해결책이 나왔다. 합리성은 있어도 정에 굶주린 사람들에게 정을 쏟아야했다.

나는 미국 사회는 매우 드라이한 사회고 반대로 한국 사회는 너무 정에 의존한다고 진단하고 있다. 아무튼 나는 내 방식의 활동을 그치지 않았다. 당시 미국 3개 주 노조를 컨트롤하던 노동계의 실력자 조 디마지오를 찾아가 협조를 구하기도 했다. 어찌보면 호랑이 굴로 들어간 것이다.

"한국의 정"을 UPI에 접목했다. 포스코에서 시행하는 직원 생일 선물 제도를 도입하기도 했다. UPI 직원 10명을 선발하여 포항 제철소와 광양 제철소에 보내서 각종 부지 시설, 교육 시설 등을 견학시키기도 했고 UPI 내에 러닝센터(Learnig Center)를 개설하기도 했다. 1987년 말에 UPI는 흑자 체제로 전환되었다.

1989년 UPI 근무를 마치고 돌아올 때 피츠버그시(市)에서 베풀어 준 환송연을 나는 지금도 잊을 수가 없다. 시장, 시의회 의장을 비롯해 지역의 쟁쟁한 인사들이 참석했다.

"우리의 친구 '미스터 리'를 놓치게 됨을 안타까이 여기지만 포스코의 부사장으로 승진해 간다니 우리 모두 축하를 보냅니다."

그리고 깜짝 놀랄 선물을 안겼다. 시의회 결의로 1989년 11월 3일을 "여상환의 날(YOH's Day)"로 정했다지 않는가. 동판 증서도 준비하여 작별 선물로 주었다.

21

철이 없으면 주권을 지킬 수 없다

안덕주(경영 정책 실장)의 증언

대학에서 "조선(造船)"을 전공한 나는 1961년 해군 기술장교로 입대하여 처음 철선을 만져보지만 군복을 벗은 뒤에는 검정 회사에 들어갔다. 1964년에도 한국은 조선 공장이 없는 나라였다. 그 회사에 근무한 3년 동안에 손해 사정이다, 공장 상태 검사다 하여 나는 여러 공장을 살펴보고 많은 보고서를 작성했다.

보험회사에서 쓸 서류이기 때문에 영문으로 써야 했는데 영작문 공부에 많은 도움이 되었다. 나주 비료공장과 충주 비료공장에서는 "공대 나왔으면 이 정도 되는 데에서 일해야지"라는 부러움도 느꼈다.

한국 검정원에서 4년 가까이 일하고 있던 1968년 신문에서 "종합제철 간부 사원 채용"이란 광고를 보았다. 제선 담당, 제강 담당 등 직무가 있고 아래에 "공장 수송 담당"도 뽑는다고 되어 있었다. 공장 수송 담당이 무슨 일을 하는지 확실하지 않았지만 대학 전공인 조선과 관계가 있을 것 같았다.

나는 응시했다. 며칠 후 나올 수 있겠느냐?라는 전화를 받았다. 당시 총무 일을 맡고 있던 신상은씨의 전화였다. 나는 가족회의를 열었다. 줄어드는 월급에 구애받지 않고 새길을 택하기로 했다. 바로 공장에서의 부러움, 1.21 사태의 영향, 조선과 출신으로서의 "철에 대한 감" 등이 복합적으로 작용했다.

3월 중순에 신광식, 박준민, 권태협씨 등과 유네스코 회관으로 출근을 시작했다. 그때 우리 정부가 추진한 대한(對韓)국제제철차관단(KISA)과의 종합제철 프로젝트가 어느 정도 진척이 되어 4월에 포스코를 창립하고 5월에는 KISA에서 일반 기술 계획서(GEP, General Engineering Plan)를 제출하도록 되어있으니 임시 조직라고 봐야 할 종합제철건설추진위원회에서 GEP 검토에 필요한 기술 요원들을 급히 뽑은 것이었다.

우리 기술 요원들에게는 제선, 제강 등 설비별로 업무가 주어졌다. 나는 모집 광고에 나온대로 공장 수송 담당으로 발령이 났다. 신분은 촉탁 공무원이었다. 회사 설립 전의 추진위가 정부 소속이었으니 그런 어정쩡한 신분으로 한 달 동안 지냈다.

출근을 시작하고 일주일쯤 지나서 "사장님 오신다"라는 말을 처음 들었다. 나는 박태준 사장의 첫인상에 호감이 가지 않았다. 무슨 고민이 많은지 무뚝뚝해 보이고 나의 상상에 비해 너무 젊어 보였다. 하지만 티타임 회의에 배석하기를 거듭하면서 그의 정확하고 날카로우면서도 강한 면모에 마음이 끌리기 시작했다. 신입 사원으로 들어와서 받았던 도입 교육도 오래 잊을 수가 없었다.

"나라가 있으려면 영토, 국민, 주권이 있어야하는데 철이 없으면 주권을 지킬 수 없다. 그런 철을 우리가 만들고자 한다."

바로 이 대목에서는 어떤 비장함이 느껴졌다. 회사를 옮기면서 급여가 반토막이 났지만 큰 사업을 앞둔 회사가 마음에 들었다. 어떤 긍지같은 것을 맛볼 수 있었다.

이때는 대일 청구권 자금 이야기가 나오기 11년 전이었지만 회사는 이미 국가적 대사업을 수행해야 한다는 임무를 무겁게 느끼고 있었고 꼭 성공시켜야 한다는 중압감에 싸여있었다.

공장 수송은 레이아웃(Lay out)과 직결되어 있었다

첫 임무였다고나 할까. 나에게 일본어로 된 작은 책자가 하나 주어졌다. 제목이 "철강 산업은 수송업이다"였다. 내용을 보니 조강(粗鋼) 100만 톤을 생산하려면 290만 톤의 철광석, 원료탄, 고철, 기타 부원료, 부자재 등이 소요되고 이 물자들이 제조 공정을 통해 최종 제품이 나오기까지 이동하는 물류 과정이 곧 "수송"이다. 한마디로 철강업은 수송업이고 수송 효율을 제1차적으로 고려하여 공장 배치와 설비 계획을 해야한다는 것이다.

포항제철소를 임해 제철소로 계획하는 것부터가 원, 부자재와 제품의 수송비를 낮추고자 하는 것이니 포스코의 계획과 "그 책"은 같은 맥락이기도 했다. 내가 신문 광고에 보았던 "공장 수송 담당"이란 바로 그런일을 하는 직무였다.

사실 그때까지도 나는 제철 공장에 대해 아무것도 아는 바가 없었다. 해군 장교로 근무할 때 진해 해군 공장에서 선체(船體)를 수리하기 위해 강판을 어렵게 불출 받아 사용한 경험으로 제철에 대한 이해와 동경이 있었을 따름이었다. 물론 진해 경험이 나중에 도움은 되었다. 선체 설계 도면을 제도한 경험이 수 십장의 제철 공장 배치 계획 도면을 익숙하게 그릴 수 있게 해 준 것이었다.

원료 부두로부터 제선-제강-압연을 거쳐 제품 부두에 이르기까지 그 모든 과정의 가장 효율이 높은 수송체계는 무엇인가? 결국 나의 임무는 "제철소 레이아웃(layout, 효과적으로 배치하는 일)"을 그리는 일이었다. 이것이 나의 숙제였다.

제철소 구경도 못한 처지에 제선, 제강, 압연과는 달리 카운터파트(Counter Part, 대응 관계에 있는 사람)도 없었다. 나는 일본 제철소 홍보용 인쇄물을 보았다. 하늘에서 찍은 제철소 야경, 이걸 통해 레이아웃의 기본 개념을 깨달았다. 신설 후쿠야마 제철소가 좋은 본보기였다.

그런데 더 중요한 것은 회사의 결정이었다. 영일만에서 60만 톤에서 시작하여 200만~300만 톤에서 끝낼 것인가 아니면 더 키울 것인가? 100만, 200만 톤은 꿈 같이 여기던 시절. 회사가 그걸 정해야만 레이아웃을 확정할 수도 있었다. 나는 레이아웃을 이슈화하려고 노력했는데 이 문제를 최종적으로 확정할 장본인은 박태준 사장이었다.

"처음의 레이아웃이 앞으로 크게 확장하는 방향으로 되어야 한다."

그 명료한 정리는 "3급 1호봉" 말단 사원의 고충을 최고 경영자가 직접 단박에 해결해 준 것이었다.

굴입 항만을 전제한 공장 배치도를 KISA에 건네다

포항이 최종 입지로 결정될 때 KISA는 영일만 해안선을 따라 부두를 건설할 계획이었다. 부두에 나란히 원료 야드와 소결 공장 등 원료 처리 설비를 배치하고 그 후면에 주 변전소, 발전 송풍 설비,

고로 제강 설비를 두고 다시 그 후면에 압연 공장과 기타 부대시설을 배치하고자 했다.

이는 유럽이나 미국에서 채택한 전형적인 소형 제철소의 레이아웃이었다. 나도 그 레이아웃을 보고 이렇게 할 경우 영일만의 파도는 어떻게 하나 등등에 대한 문제점을 막연히 느꼈지만 누구도 직선 부두 건설 계획에 대한 다른 의견을 개진하지 않거나 못하고 있었다.

내가 추진위에 합류하여 1개월 후 회사가 설립되고 얼마 지나지 않아 직선 해안선 부두가 아니라 방패가 있는 굴입 항만을 만들어 선박이 드나들게 하고 서쪽 안벽을 원료 하역부두로, 동쪽 안벽을 제품 출하부두로 해야 한다는 얘기가 들려오기 시작했다.

일본 가와사키 제철의 우에노 조자부로(上野長三郎) 고문이 박태준 사장의 초청으로 현지에 와서 그런 안을 낸 것이었다. 지금 돌이켜 보면 굴입 항만은 포항제철소의 정수면(靜水面) 확보와 부지 조성용 토지를 확보하는 유일한 해결책이었다. 나중에 알게 되지만 1965년 박정희 대통령이 종합제철 건설에 본격적인 시동을 걸었을 때부터 박태준 사장은 일본 최초의 임해 제철소를 건설한 가와사키 제철소 고위층과 맺어놓은 돈독한 협력 관계가 그런 혜안을 얻어내는 결실로 맺어진 것이었다.

1968년 4월 포스코와 건설부가 우에노씨의 혜안에 입각한 항만 계획을 확정한 후 포스코로서는 KISA에 굴입 항만을 전제로 GEP(일반 기술 계획서)의 배치 계획을 세우도록 통보해야 했다. 나는 그동안 각 제철소의 공장 배치도를 모아 검토해 본 실력으로 제품 부두와 평행하게 대로를 내어 국도와 연결하는 것이 좋겠다고 생각하고 상부의 재가를 받은 뒤 도면을 그려 우리의 새로운 구상을 KISA에게 알렸다. 1968년 4월 13일자로 된 도면이다. 포스코 역사에 실려있다.

나는 내가 그린 도면을 KISA로 보내면서 5월 하순 경에 미국에 가면 그들이 보여줄 도면에 대한 기대를 걸기로 했다. 창립 포스코에 설비별 담당이 임명되긴 했지만 입사 2,3개월에 지나지 않은 "무경험"의 우리들에게 제철소 설비 계획 검토를 맡길 수는 없는 일이었다.

이러한 사정을 고려하여 박태준 사장께서는 5월 하순에 일본 후지 제철과 GEP 검토를 위한 기술과 자문 계약을 체결했다. 그리고 일본 자문단의 자문 내용을 한번 더 검토하기 위해 미국 바텔(Battelle)연구소와도 기술 검토 자문 계약을 체결했다. 바텔연구소는 미국의 세계적인 비영리 종합연구기관이다. 이중, 삼중의 안전 장치를 마련해 둔 것이었다.

이윽고 포스코에서 윤동석 전무 이하 7명, 일본 기술자문단 6명, 바텔연구소 기술 요원 3명 등 16명이 GEP 검토를 위해 KISA의 주도 회사인 코퍼스사가 소재한 미국 피츠버그로 향했다.

KISA의 공장 배치도는 실망스러웠다

나는 무엇보다 KISA가 내놓을 공장 배치도에 큰 기대를 걸고 있었다. 그들은 우리가 통보한 대로 굴입 항만을 전제로 하여 원료 부두 좌안을 제선 지역으로 그려두고 있었다.

그러나 내가 구상한 중앙도로의 필요성을 간과한 것이었다. 그러니까 전체 부두에 대한 고려가 없는 도면이었다. 나는 실망이 컸다. 설비들이 인접해 있는 것은 좋지만 고로에서 생산한 쇳물을 제강 공장으로 운반할 때 기관차의 방향을 바꿔야 하는 등 동선도 복잡한데 그런 고려들이 빠져 있었다.

내가 기대를 걸었던 일본 NKK의 후쿠야마 제철소 같은 어떤 질서를 느끼게 하는 배치 개념과는 너무나 거리가 멀어 보였다. KISA의 입장에서 보면 그들은 포스코가 초기 60만 톤으로 시작해서 최종 확장을 이루더라도 250만 톤밖에 못할 것이라고 계산했으니 그 도면이 잘못된 것은 아니었다. 나는 중앙 도로를 비롯해 앞으로의 확장성, 용선 운반, 구획 정돈 같은 고려 사항에 입각하여 포스코의 배치안을 제시해야만 했다.

포항 제철소의 공장 배치를 결정하는 과정에 우에노씨에 이어 두 번째 도움이 된 분이 일본 자문단의 기쓰네사키씨였다. 후지제철의 제선 기술자였다. 나는 그분에게서 고로에서 제강 공장으로 운반하는 철로의 곡선은 광궤(廣軌)이니 충분히 완만하게 해야 한다는 등 귀중한 조언을 들었다. 기쓰네사키씨는 식탁 위 종이를 펴놓고 1고로 위치를 KISA의 초안보다 서쪽으로 멀리 옮기고 이후의 확장 방향이 원료 부두와 평행하게 바다 쪽으로 나아가게 했다.

나는 이 안을 가지고 KISA와 토의하면서 이러한 우리의 콘셉트를 반영해 달라고 요구했다. 그러나 KISA가 7월에 제출한 GEP에 수록된 배치도는 피츠버그에서 내가 본 그것과 크게 달라진 것은 없었다.

내가 제시한 수정안을 적용하면 공장 간의 거리가 멀어져 철로, 가스관, 전선 등 유틸리티(utility, 공익 설비) 설비비가 증액되어야 하는데 기존 예산으로는 어렵다는 것이었다. 이 문제는 최종적으로 약 90만 달러를 증액하는 것으로 우리의 수정안대로 최종 타결되었다.

그런데 불과 2달 뒤에 KISA는 어떻게 되었는가? 그들과의 제철소 건설 계획은 우여곡절 끝에 무산되고 말았다.

KISA의 배반이 남긴 좋은 유산

KISA와의 계약 해지가 확실시되고 오히려 활력이 살아난 박태준 사장께서 난데없이 나에게 "조업 대비 계획서"를 만들라는 지시를 내렸다. 직원들의 동요나 시간 낭비를 막기 위한 조치였다. 사실 그때 직원들의 분위기는 뒤숭숭했다. 이러다가 실업자가 되는 게 아니냐하는 우려도 있었다.

그러나 누구보다 확실하게 장래를 내다보고 있는 박 사장께서는 뒤숭숭해 있을 여유가 없다고 판단했을 것이다. 분명히 KISA는 포스코와 한국 정부에 배반감과 실망감을 안겨 주었다.

그러나 포스코로서는 대단히 유용한 경험이기도 했다. 우선 서류로만 만져보고 살펴본 것이기는 하지만 우리는 제철소 건설에 대한 확실한 개념을 머릿속에 챙겨 넣을 수 있었다. 또한 주요 요원들이 일본 제철소 연수를 받는 계기도 되었고 세계 유수의 철강 기술 용역 회사와 설비 제작사로 구성된 KISA를 상대로 대단위 일관 제철소 건설 추진을 하였으니 우리의 기술 요원, 기획 요원, 계약 요원들에게 귀중한 산 경험이 되었다. 그런 경험이 후일 포스코 건설 계획에 큰 도움이 되었다는 점은 부인할 수 없는 사실이었다.

그리고 하나 더 있다. 우리 정부나 포스코가 KISA를 믿고 그들과 협상하는 기간 중에 항만, 도로, 철도, 용수 등 정부가 지원하는 사업을 추진할 수 있었기 때문에 1970년 4월 1일 1기 설비 착공식 때는 먼저 각종 인프라 공사들이 상당히 진척되어 있었던 것이다.

박태준 사장, "최대 확장을 고려하라"

앞서 언급했지만 나의 눈에도 장차 500만 톤까지는 무난할 것으로 보인 영일만 부지에 대한 1968년 5월 KISA의 레이아웃은 옹졸한 그림이었다. 뒷날에는 형산강과 냉천의 수로를 변경시켜 1000만 톤 이상을 생산할 땅에다가 겨우 200만 톤 수준으로 그려 놓았던 것이다.

협상에 의한 추가 계약으로 80만 달러를 더 지불한 수정 레이아웃이 합의에 도달하는 날이었다. 나는 박태준 사장을 모시고 KISA의 에이컨씨 앞으로 레이아웃을 들고 나갔다. 1기는 빨간색으로 칠하고 2기 설비 이후는 다른 색들로 칠한 도면이었다.

"지금까지 말이 많았던 회사의 레이아웃은 이렇게 되겠습니다."

이렇게 운을 뗀 나의 설명을 듣고 나서 에이컨씨는 웃으며 말했다.

"크리스마스 트리 같군요."

너무 당연한 것을 너무 오래 협상 거리로 삼았던 것에 대한 겸연쩍은 마음을 표현하는 것 같았다. 그러나 나는 속이 좀 꼬였다. "장래에 대한 당신들의 강한 의지가 인상적"이라는 정도로 격려하며 미안해 했어야 할 자리라고 나는 생각했다.

1969년 후반기로 접어들면서 정부가 대일 청구권 자금 전용을 염두에 두고 종합 제철 사업 계획위원회를 새로 만들어 초기 계획을 103만 톤으로 한 "신사업계획"을 작성하면서 분위기가 달라졌다. 배치도도 다시 그려야 했다.

일본 유수의 제철소를 보면 230만 평 정도의 부지이면 연산 550만 톤에서 600만 톤까지 확장이 가능했다. 최종 용량을 300만 톤으로 하는 안과 270만 평의 부지를 다 사용하는 안은 결과가 크게 다르기 때문에 이에 대한 확실한 지침이 필요했다.

박태준 사장의 지침은 확고했다.

"최대 확장을 고려하라."

나는 기분 좋게 작업했다. 고로를 현 제강 공장 위치에 놓고 제강을 중앙도로 동쪽으로 놓아 보는 등 많은 배치도를 그려 신사업계획연구 위원회에 제공했다. 지금 돌이켜 보면 처음 굴입 항만 안을 보고 아무래도 제품 부두에 이어지는 도로가 회사 정문과 연결되게 하여 주도로가 되도록 해야겠다고 생각하고 임원 회의에 브리핑했을 때 박태준 사장께서 동의해 주시면서 "그 길은 넓을수록 좋을 거야." 하셨던 것이 내가 담당한 "공장 수송" 업무의 탄탄한 시작이 되었던 듯하다.

이런 일도 있었다. 굴입 항만 안에 따른 부지 조선 공사가 시작되어 서울 본사 게시판에는 최초의 항공 촬영 사진이 게시되어 공사 진척 상황을 볼 수 있었다. 큰일이 좋은 방향으로 진행된다는 사실에 기분 좋았던 내가 착공 몇 달 뒤인 초가을 어느 날에는 속을 태우는 일이 벌어졌다.

항공 사진에 나타난 중앙도로의 선이 제품 부두와 평행하지 않고 남쪽으로 갈수록 도폭이 벌어지고 있는 것이었다. 모든 공사가 돈인데 엉뚱한 데다 길을 만들고 있다면 큰일이었다. 윗분에게 보고를 드렸지만 아무런 조치가 없었다.

"저 일을 바로잡을 분은 사장님뿐인데 내가 위계를 무시하고 직접 사장님께 보고할 수도 없고 그렇다고 손을 놓고 있을 수도 없고 어쩌나…"

이렇게 고민하다가 KIST의 김재관 박사를 찾아가서 의논을 드렸다. 그런데 다음날 임원 회의에서 박 사장님의 수정 지시가 떨어졌다. "이제 되었구나." 하고 안도를 하고 있는데 퇴근 무렵에 회사 내에 경고장이 떨어졌다며 수군거리는 소리가 들려왔다.

경고장이란 잘못된 일을 삼가도록 주의를 주는 벌칙이다. 경고장의 대상은 건설부장이 1호, 기술 부장이 2호라고 했다. 나는 몸 둘 바를 몰랐다. "경고장" 사건은 지금까지 누구한테 말도 못하고 혼자 속을 끓여온 일이다. 늦었지만 오늘 이 기회에 처음으로 밝힌다. 이걸로 두분께 속죄가 될지는 모르겠지만...

포스코가 왜 제철 사업 주체가 되어야 하는가

나는 1978년 경영정책실장으로 보임되었다. 그때 포스코는 550만 톤 체제의 3기 조업이 시작되고 850만 톤 체제의 4기 사업을 구체화하고 있는 시점이었다. 또한 제2 제철소의 필요성이 대두되면서 민간기업들이 저마다 아전인수식 논리를 내세워 실수요자 경쟁에 뛰어들었다.

포스코로서는 당연히 포스코의 제2 공장으로 추진해야 할 사안이었다. 박태준 사장께서는 포스코가 계속해서 사업 주체가 되어야 하는지 논리를 정리해서 보고하라는 지시가 떨어졌다.

그동안 축적한 건설 및 조업 기술의 활용, 규모의 경제성(Scale Merit)을 달성하기 위한 생산량 증강 등은 빼놓을 수 없는 논리였다. 하지만 그것만으로는 독과점 우려라는 반론을 피하기가 어려웠다.

나는 전후 재판을 받은 독일 크루프(Krupp)사를 연상하며 자료를 뒤져보았다. 크루프사는 독일의 최대 철강 제조회사로 400년 동안이나 독일 철강업을 이끈 회사다. 당시 포스코는 매출이 정부 예산의 16% 정도, 국내총생산(GNP)의 3~4%를 차지하는 규모였다.

일본 제철 회사들의 주주 구성을 보니 일반 개인 주주는 미미하고 은행, 기관 등에 분산되어 있어 특정 주인이 없는 구조였다. 여기에 좋은 논리가 있었다. 종합제철 같은 국가 기간 산업을 민간에게 맡긴다는 것은 시기상조였다.

이런 내 나름의 이론을 바탕으로 미니 차트를 만들어 박 사장에게 보고를 올렸다. 박 사장은 주요 언론 기관을 찾아다니며 일일이 설명하라고 지시했다. 다시 홍보 업무를 담당하고 있던 여상환 사장실 실장과 함께 언론인들을 접촉했다.

언론에서는 매우 호의적이었다. 이러한 여론을 바탕으로 포스코가 제2 제철소 실수요자가 되어 처음에는 아산만으로, 최종은 광양제철소로 결정되었다.

포스코의 운명은 민족 기업이다

포스코 창립 50주년. 내가 보기에 포스코의 모습이 언제부턴가 조금 느슨해진 것같다. 비록 민영화가 되긴 했지만 포스코는 태생적으로 대일 청구권 자금으로 건설된 민족 기업인 만큼 사명(使命)이 있는 공인임을 잊지 않고 절제, 모범, 선도를 생각하는 사람들의 결사체가 되어야 한다.

철강업의 경영 환경이 어려울수록 내실과 단단한 바탕이 중요하다. 단단한 바탕의 기초는 개개인의 판단과 그들의 바른 자세다. 판단력이란 사물에 대한 연구와 역사적 교훈에 입각해서 유추하며 합리와 균형을 찾는 것이고 바른 자세란 사심(私心)과 공명심(功名心)을 경계하고 나보다 전체를 생각하는 것이다. 바탕이 단단하면 그때그때 출현하는 현안에 대해 지혜로운 대처 방안을 창출할 수 있을 것이다.

박준민(포스코 엔지니어링 사장)씨의 증언
- 포항제철소 910만 톤과 전기강판(Electrical Sheet)의 사연

대학에서 금속학을 전공하고 인천 중공업(현 INI스틸)에 들어가 연구소 기획과, 제판과를 거치며 5년쯤 보낸 1968년 초. 나는 새로운 길로서 "종합제철"을 택하기로 했다. 종합제철 건설 추진위원회에 입사 원서를 내고 시험을 거쳐 2월 중순 경부터 그 사무실이 있는 명동 유네스코 회관으로 출근했다.

나의 첫 직책은 기술부 압연 담당이었다. 낯선 일만은 아니었다. 인천에서도 작지만 압연이 있었던 것이다. "포스코 창업식"이 열리고 얼마 지나지 않아 나는 직책이 제선 담당으로 바뀌었다. 대학 은사인 윤동석 부사장의 권유를 받았을 때 낯선 분야이지만 해보겠다고 했다.

막연했으나 제대로 된 "고로"를 내가 한번 해보겠다는 의욕이 솟아났다. 5월에는 설비 사양서와 GEP(General Engineering Plan) 등 KISA와 협의할 일들이 생겼다. 나도 피츠버그에 가는 일행에 끼었다. 윤동석 부사장, 유석기, 이상수, 안덕주, 신광식, 이건배 씨 등 우리는 박태준 사장의 배려로 가는 길에 일본의 무로랑 제철소를 방문했다.

모든 것이 처음 보는 것이었다. 안내 직원이 사진을 마음대로 찍어도 좋다고 해서 나는 열심히 찍었다. 그해 9월에 일본인 카운터 파트가 생겼다. 제선 분야에는 기츠네자키(孤崎)씨. 광석 분야에는 뒷날 신일본제철 회장을 지내는 이마이(今井)씨. 나는 일본어를 못해 애를 먹었다. 1940년에 태어났으니 한글 세대의 끝말이 아닌가.

1969년 4월부터 두달 기한으로 일본 연수를 떠났다. 일행은 13명. 도쿄 후지제철소 본사 3주. 나머지는 가마이시제철소였다. 이때도 언어 문제로 불편을 겪었다. 일본어 학원에 한 달 다닌 기초는 있었지만 같은 단어가 두 번 나오면 선배에게 한글로 적어보여 뜻을 알아차렸다.

그렇게 달포쯤 신경을 곤두세우자 귀가 열리는 듯했다. 연수를 마치고 돌아오니 이미 큰일이 벌어져 있었다. KISA와 결별, 대일 청구권 자금 전용이 그것이었다. 사업 계획서도 새로 꾸며졌다. 회사 분위기는 매우 뒤숭숭했다. 지레 안되는 사업으로 판단하고 회사를 떠나는 사람도 있었다.

나는 KISA의 GEP를 버리고 새로운 기술 계획서 작성에 참여했다. 부문별로 나누어 작성했는데 내가 맡은 쪽은 소결, 코크스, 고로 등 제선 부문이었다.

1969년 9월 13일에 작성한 "신사업계획 구체화 작업 보고서"라는 표제의 두툼한 책자에서 나는 포항 1고로의 내용적을 1760m^2로 제시했다. 포항 1기는 103만 2000톤으로 시작하지만 이후 조업 기술이 늘어났을 때 설비 증설 없이 120만 톤까지 가기 위해서는 그 정도의 용량은 되어야 한다고 판단한 것이다.

그때 내 생각은 이미 2기 설비에 닿아 있었다. 260만 톤 구상을 떠올린 것이다. 그리고 포스코는 제강 공정에 소요되는 고철을 국내시장에 서 조달하지 않고 제철소 자체적으로 해결하기로 했다. 국내 다른 전기로업체의 고철 수요를 고려한 방침이었다.

그래서 분괴 공장이나 압연 공장에서 발생하는 토막을 쓰기로 했다. 그런데 1기 설비 구매 과정에서 예산이 모자라 1고로의 내용적을 100m^2를 줄여 1660m^2로 하기로 최종 결정하게 되었다.

포항제철소, 최종 910만 톤으로

일본의 설비 메이커에서 제시한 제작 도면을 검토하기 위해 반년 이상을 일본에 머물기로 했다. 7명이 도쿄의 외곽 고엔지에 아파트를 빌려 자취하면서 포스코 도쿄 사무실로 출근했다.

메이커의 도면을 받아 JG의 담당과 같이 검토하여 다시 메이커로 보내곤 했다. 더러는 기타큐슈까지 내려갔다. 이런 경우에는 도쿄에서 야간 침대 열차를 타고 내려가 이튿날 아침에 기타큐슈에서 일본 다음 그날 야간열차를 타고 도쿄로 돌아와 이튿날 아침 사무소로 갔다. 강행군이었다.

일본에서 돌아오자 나에게 생산기술부 초대 기술관리과장이 맡겨졌다. 이때 나는 회사의 두 가지 표준 중 하나인 "기술 표준"을 만들었다. 나머지 하나는 현장에서 만든 "작업 표준"이었다. 1972년 12월에는 기획총괄과장으로 자리를 옮겼다.

2기 설비는 이미 260만 톤으로 한다는 계획이 결정되어 있었기 때문에 나는 그때 3기, 4기 계획에 들어갔다. 3기, 4기 계획은 포항제철소의 최종 규모를 결정하는 것과 연계되어 있는 일이었다.

실무진이 내린 종합적인 판단은 1000만 톤까지 할 수 있다는 것이었다. 그래서 임원 회의에서 나는 포항제철소의 최종 규모를 1000만 톤으로 보고했다. 포항 제철소 최종 규모를 1000만 톤으로 하기 위해서는 3, 4 고로 내용적 4200m^2가 요구되었다.

박태준 사장은 이에 대해 의구심을 보였다. 임원들에게 물었다.

"자신 있나요?"

대형 고로에 대해 누구도 선불리 확답할 수 없었다. 사실 보고서 내용 정도의 자료를 판단 근거로 삼아 그 자리에서 의견을 말하기는 대단히 어려운 일이었다.

"그러면 줄이시오."

이렇게 결론을 내린 박 사장께서 한마디 덧붙였다.

"저 녀석들 4000m²짜리 용광로 돌리고 싶어서 그러는 거지, 안 돼. 줄여!"

뾰족한 수가 없었다.

"수정 보고 드리겠습니다."

나는 아쉬운 마음으로 3880m²까지 줄였다. 그러나 제선 부문만 줄이고 나머지는 원안대로 밀어붙였다. 제강은 제철소의 공정 능력이 정해지는 공정이다. 이걸 줄여 놓으면 나중에 다시 늘릴 수가 없다.

제강 능력만 확보해 놓으면 고로는 나중에 개수과정에서 늘릴 수 있고 코모스나 소결도 화상(火床)을 조금 늘리면 키울 수 있다. 그래서 고로만 3880m²로 줄여서 포항제철소의 최종 규모가 850만 톤으로 정해졌다.

그리고 두어달이 지났다. 박 사장께서 나를 부르셨다.

"포항 얼마까지 할 수 있어?"

지난번 대답을 재차 확인하는 질문이었다.

"1000만 톤까지 가능합니다."

내 대답은 그대로였다. 그 뒤에 제선 부문만 더 늘렸다. 그래서 포항제철소가 최종 910만 톤이 되었다. 명칭은 "포항 4기 2차 확장 공사"로 정해졌다.

포항 3, 4기 설비 계획을 확정하는 과정에서 실무자들은 우리 정부의 달라진 태도를 확인했다. 경제기획원은 "이제 더 해줄 게 없지 않느냐"라는 거였다. 일본 측도 시큰둥하게 나왔다. 1기, 2기까지는 우리의 선택에 대해 몇 가지 경우를 예를 들어가며 "당신들의 형편을 고려해보면 이게 적격이다"라고 친절하게 대해온 사람들이 이제는 그게 아니었다.

850만 톤짜리 영문 서류를 들고 차관을 얻으러 일본 대장성을 찾아갔을 때였다. 담당 공무원이 이걸 다시 계산해서 언제 다시 오라고 했다. 나는 숙제를 해서 날짜에 맞춰 다시 갔다. 그러면 또 다른 숙제를 냈다. 이런 일을 몇 번 당한 내가 기어코 퉁명스레 말했다.

"우리가 돈이 있다는 걸 증명하라는 건데, 돈 있으면 무엇하러 왔겠어요?"

상대가 대꾸했다.

"돈 꾸러 온 사람이 큰 소리 치는군요."

회사로 돌아온 나는 박 사장께 보고했다.

"이제 일본은 우리의 선생님이 아닌 것 같습니다. 저쪽에서는 우리를 경쟁자로 생각하는 것 같습니다."

박 사장께서 묘한 웃음을 지었다.

전기강판에 도전하다

전기강판은 일반 강판에 비해 규소 함량이 높아 전기적자기적 특성이 우수한 강판이다. 1970년대 중반으로 접어들면서 국내 전기전자공업의 발전으로 전기강판(電氣鋼板) 수요가 증가하여 국내 생산의 필요성이 대두되었다.

1974년 말 일본의 열연코일 수출 가격이 톤당 270달러 미만이었는데 일본이 전기강판을 간단히 가공하여 전자부품으로 한국으로 수출하는 가격이 Kg 당 450달러였다. 톤당 가격으로 환산해 보면 열연코일의 무려 16배였다.

나는 인천 중공업에서 극히 초보적인 방법으로 전기강판이라는 것을 만들어 본 매우 짧은 경험을 바탕으로 이 프로젝트에 도전하기로 마음먹었다. 그리고 3기 설비 계획에 전기강판 공장을 포함시켰다. 이사회의 승인을 받았다.

"계획을 세워봐."

박태준 사장님의 결심도 떨어졌다. 그러나 전기강판 제조기술은 당시 철강업 최첨단 기술로 일본도 원천기술을 확보하지 못하고 미국으로부터 도입한 상태였다.

나는 이상수 부장과 함께 미국으로 가서 전기강판의 원조격인 암코스틸(Armco Steal)을 방문하여 기술 제공 관련 사항을 협의했다. 암코스틸은 자기들이 기술을 제공한 국가에는 포스코가 생산한 전기강판을 수출해서는 안된다는 조건을 제시했다. 이거야 받을 수 없었다.

우리는 다시 펜실베니아주에 소재한 앨러게니러들럼(Allegheny Ludlum Steel)사를 찾아갔다. 암코사에 비해 기술은 다소 떨어지지만 제품 수출에 대한 제한 따위는 없었다. 그래서 이 회사의 기술 도입을 건의했다. 승인이 났다.

1975년 나는 제대로 된 전기강판 공장을 본 적도 없이 상상력을 동원하여 계획을 작성했다. 미국의 두 회사를 돌아보면서 우리가 투자비 산정에 큰 오류를 범했다는 사실을 뒤늦게 깨달았다. 실제로 들어갈 투자비는 우리가 애초에 산정했던 금액에다 "0"을 하나 더 붙여야 하는 규모였다.

사업계획서를 대폭 수정할 수 밖에 없었다. 당초 계획보다 열 배 가까운 예산을 투입해야 했다. 연산 7만 톤 규모의 전기강판 공장을

1977년 11월 1일 착공하여 1979년 10월 15일 준공한 후 시운전을 거쳐 상업 운전에 들어갔다.

하지만 매월 100억원의 적자를 기록했다. 1개월 열리는 운영 회의에서 전기강판 공장의 손익을 보고할 때는 고준식 부사장께서 큰 소리로 다그치듯 질문했다.

"저거 누가 하자고 했어!"

"저거"란 전기강판이었고 나는 죄인처럼 일어서야 했다. 그러나 저거가 국가적으로는 좋은 일을 하고 있었다. 포스코가 전기강판을 생산하자 일본이 한국에 수출하는 전기강판 가격을 절반 수준으로 뚝 떨어뜨린 것이었다.

그래서 그때 포스코의 판로는 더욱 어려워졌다. 전기강판 공장은 초기에는 변압기에 쓰는 "무방향 성장판"을 많이 생산했으나 기술력 향상과 더불어 "방향성 강판"을 많이 생산하는 쪽으로 나갔다. 뒷날에는 "저거" 취급을 받았던 전기강판이 회사 이익 창출에 크게 이바지하게 되었다.

그 소식을 들을 때마다 나는 작고하신 고준식 부사장님을 떠올렸다. 아직도 살아계셔서 "그때 그 프로젝트를 하기 잘했다"고 하시는 말씀을 들어봤으면 좋겠다는 생각을 하며 혼자서 미소를 짓곤 한다.

스테인리스 스틸(Stainless Steel)을 추진하다

스테인리스 스틸은 최소 10.5 혹은 11%의 크롬이 들어간 강철 합금이다. 스테인리스강은 녹, 부식이 일반 강철에 비해 적다. 1983년부터 3년간 호주 현지 법인인 POSA(Pohang Steel Australia) 근무를 마치고 귀국한 나는 박태준 사장으로부터 스테인리스 스틸 공장 프로젝트를 추진하라는 지시를 받았다.

나로서는 반갑고 감사한 과제였다.

"자네가 하고자 했으니 해봐!"

이 말씀도 툭 던지셨다. 내가 호주로 나가기 전부터 그 프로젝트에 대해 몇 차례 그분께 건의한 적이 있었는데 그걸 기억하고 계셨던 것이다. 나는 호주에서 돌아와 얼마 지나지 않아 또 유럽으로 날아갔다. 독일, 이탈리아, 영국 등 스테인리스 스틸 제조사를 둘러보았다.

나는 최종적으로 독일의 크루프를 낙점했다. 스테인리스 스틸 일관 공장은 내가 완성을 하지 못했다. 1987년에 회사를 그만두면서 내 손을 떠났다. 스테인리스 스틸 공장 교섭을 하던 당시에 크루프 사람들이 나에게 들려줬던 말은 의미심장했다.

"스테인리스 스틸 공장은 탄소강공장과 같은 곳에 두지 말고 멀리 떨어뜨려 놓아야 합니다. 두 공장의 정밀도, 작업 방법, 일하는 문화가 완전히 다르기 때문이지요."

그래서 나는 포항연구단지에 12만 평 정도의 땅이 있기에 거기를 찍을 작정이었다. 나중에 보니 이미 매각이 되어 있었다. 어쩔 도리 없이 포항제철소 한 귀퉁이에 건설할 수 밖에 없었다. 크루프 사람들은 나에게 이런 말도 했다.

"탄소강을 만드는데 머리가 1g쯤 아프다면 스테인리스 스틸을 만드는데는 10g쯤 아프고 베어링강을 만드는데는 1kg쯤 아픕니다."

22

공장부지 만들기와 중앙도로의 사연들

이영직(제철 세라믹 사장)씨의 증언

1967년 11월 우리 정부가 구성한 종합제철건설추진위원회는 1968년 4월 1일 포항종합제철 주식회사가 창립되기까지 약 5개월 동안 우리나라 최초의 일관 제철소 건설사업을 이끌어 가는 주체로 기능했다. 나는 1968년 초 건설부 수자원국에 근무 하던 중 "종합제철 사원 모집" 광고를 보고 시험을 통해 추진위원회에 참여했다.

분야별로 안덕주, 신광식, 박준민, 권태협씨 그리고 나. 이렇게 5명이 최초의 공개채용을 통해 일관 제철소 신설 사업에 첫발을 들여 놓았다. 명동성당 앞에 있던 고등학교에서 시험을 치렀는데 그날이 몹시 추웠다.

우리 이전에는 대한중석이나 군(軍)에서 차출된 인사들, 고위 인사들과의 관계나 명망 있는 분들의 추천 등을 통해 몇몇 분이 먼저 와 일을 하고 있었다. 공채라는 절차를 밟았지만 아직 회사가 설립되기 전이어서 우리가 "공채 1기"는 아니었다. 회사가 창립된 후 처음으로 공개 채용을 통해 입사한 기수를 공채 1기로 불러서 우리를 "특기"라고 부르기도 했다.

우리 특기는 그때 추진위에서 제일 젊은 그룹을 형성하고 있었다. 토목(土木)직으로 들어온 사람은 나 혼자여서 서울 본사와 포항 현장을 바삐 오가며 1인 2역, 1인 3역을 했다.

제철소 부지의 "표토 제거 및 갈대 베기 공사"에도 사연이 많았다. 부지는 몇몇 마을과 예수성심시녀회(수녀원, 고아원), 그리고 일부 지역의 송림(松林)을 제외하면 대부분 갈대가 우거진 수로나 늪지대로 구성되어 있었다. 준설 작업이 본격화되면서 지대가 낮은 수로나 늪지대로 준설토가 뒤덮이게 될 상황이었다.

따라서 준설토가 저지대를 뒤덮기 전에 광활하게 퍼져있는 갈대와 후일 공장 건설에 지장을 줄 수 있는 부식토를 제거하는 일이 급선무였다. 갈대와 부식토를 제거하지 않고 준설토로 덮어버리면 뒤에 공장 건설을 위해 굴착 공사를 할 때 갈대와 부식토가 있던 곳은 이질층(異質層)이 형성되어 굴착 단면에 미끄럼(sliding) 현상이 발생하게 되고 심하면 지반 침하가 일어나게 된다.

그래서 공장 부지를 조성할 때는 필수적으로 이물질이나 표토를 제거해 주어야 한다. 표토 제거와 갈대 베기, 이 공사는 포항제철이 발주한 제1호 공사였다. 아직 서울 본사와 포항 현장을 오가며 일하고 있던 나는 본사에서 입찰이 가능하도록 설계도를 만들어 발주했다. 이전까지는 그때그때 필요할 때마다 인력을 동원하여 일을 시키고 임금을 계산하는 이른바 출석부에 의한 방식을 써왔다.

제1호 공사는 예상치 못한 어려움이 따랐다. 갈대 베기는 사람이 직접 물에 들어가 작업을 했기 때문에 힘들기는 했으나 큰 불편은 없었다. 그러나 표토 제거 작업에는 중량이 비교적 가볍고 바퀴가 넓은 습지 전용 불도저를 동원해야 했다. 깊은 늪지대에 접근한 불도저가 늪에 빠져 옴짝달싹 못하게 되면 다른 불도저로 이를 꺼내려다가 같이 빠져버리기 일쑤였다. 불도저 5대가 한꺼번에 빠져 버린 적도 있었다.

그러나 무엇보다 중요한 것은 어려움을 넘어 완전하게 공사를 해내는 것이었다. 그때 표토와 갈대 등 이물질을 철저히 제거한 덕분에 굴착 공사를 할 때 "미끄럼" 현상으로 인한 사고는 한 건도 발생하지 않았다. 지반 침하로 인한 공장 시설에 금이 발생한 적도 없었다. 제1호 발주 공사는 어느 구석에도 "부실"이나 "불량"이 없었다.

공장 부지 경계 확정하기

나는 1968년 9월에 결혼했다. 더 버티지 못하고 영일만 제철소 현장 근무로 발령이 났다. 아내와 함께 포항으로 내려갔다. 당시의 포항 건설 사무소, 즉 롬멜 하우스는 거칠면서도 매우 인간적이었다.

포항으로 내려간 바로 그날 롬멜 하우스에 근무하는 전원이 참석한 가운데 열어준 환영 파티는 지금도 잊을 수 없다. 그리고 이튿날부터 나에게도 현장을 누비는 전형적인 "노가다(どかた(土方), 공사판 노동자)" 인생이 시작되었다.

내가 포항제철 직원 결혼 1호였다. 박태준 사장께서 현장에 오시면 나더러 이러셨다.

"자네가 아이를 낳으면 포항제철 순종 1호이니 다음에 본인이 원하면 포항제철에 입사시켜 주겠다."

그때는 무척 힘들게 일했지만 끈끈한 인간관계가 스스로를 다독일 수 있는 힘의 원천이 되었다. 포항 1기 사업 당시, 제철소 부지 매입 업무는 경상북도가 맡고 있었다. 그러나 경상북도에서는 어디를 얼마만큼 매입해야 할지를 정확히 알 수 없어 회사로 공문을 보내왔다. 부지 매입에 들어가야 하니 제철소 부지 경계를 결정해 달라는 것이었다.

이 일 또한 토목직에서 맡을 수밖에 없었다. 나로서도 너무나 막연했다. 제철소가 어떻게 생겼는지도 모르는 상황에서 어떤 기록도, 자료도 없을 뿐 아니라 어디에서 자문을 받을 수도 없었다.

근거가 될 수 있는 것이라야 KISA의 단순 계획, 즉 60만 톤 제철소라는 것 뿐이었다. 그나마 공장 배치도도 없었다. 제철소 부지는 추후 확장 계획까지 고려해야 하는 것인데 확장 계획은커녕 60만 톤이나마 제대로 될지 의구심을 품고 있을 때였다.

이런저런 자료를 뒤지다가 눈에 번쩍 띄는 게 있었다. 제철소의 공장 배치 계획이 가장 이상적으로 되었을 경우에 당시 기술로는 평당 3톤 정도의 철을 생산할 수 있다는 외국 문헌 기록을 발견한 것이다. 그 정도의 기록도 구세주를 만난 것이나 다름없었다.

문제는 포항제철소의 최종 규모였다. 우리 정부가 KISA에 의존하고 있던 그때, 아직 포항제철소의 청사진도 나와 있지 않았다. 다만 박태준 사장님을 비롯한 고위 임원들께서 지나가는 말로 550만 톤이라고 하는 것을 들은 기억이 났다. 그러나 그것도 확실한 계획이 서 있었던 것도 아니었다. 그저 막연한 이야기들이었다.

그러나 그것 외에 어떤 자료도 없었기 때문에 나는 550만 톤에 50만 톤을 더한 600만 톤으로 상정했다. 여기에 평당 3톤을 적용해 보니 약 200만 평이라는 계산이 나왔다. 이걸 기준으로 용감하게 경계 표시 작업에 들어갔다.

포항제철소 부지 동쪽은 바다이니 자연적으로 경계가 확정된 것이었다. 남쪽은 냉천에 접해 있으나 그다지 큰 하천이 아니어서 후일 냉천의 유로를 변경한다는 전제하에 냉천 너머까지 필요한 부지를 확정할 수 있었다.

문제는 서쪽 그러니까 내륙 쪽이었다. 포항 시내에서 형산강을 건너 오천으로 가는 국도가 형산교(교량)와 직선으로 연결되어 있었고 도로 양쪽 옆으로는 산과 늪지가 형성되어 있어서 어디로 경계선을 확정 지어야할지 난감한 상황이었다. 후일 사용 가치가 있을 것으로 판단되는 남서쪽의 산 방향으로는 경계 확정이 더욱 어려웠다.

나는 이홍종 건설담당이사와 상의했다. 이홍종 이사는 아주 재미있는 이야기를 해주었다. 어떤 지역을 수중에 넣으려면 그 지역의 산봉우리를 점령해야 하니 산봉우리를 공장 부지로 편입시키라는 것이었다. 그 지시에 따라 능선과 산봉우리를 부지에 편입시켜 경계 표시를 한 뒤 경상북도 도청에 보냈다.

뒷 날에 형산강 유로도 일부 변경하고 바다 쪽도 일부 매립하여 지금은 당시에 확정된 면적보다는 훨씬 넓어졌으나 그때 이설했던 국도, 냉천 쪽, 남서 땅 산 등은 현재도 포항제철소의 경계로 되어 있다. 산이 경계로 있는 자리에는 지금 본사 건물, 독신 사원 숙소, 연구소, 역사관, 홍보 센터, 축구장 등이 들어서서 유용하게 사용되고 있다. 그때 산봉우리까지 확보한 것은 매우 잘 한 일이었다.

포철 "중앙(中央)도로"에 묻힌 애환

포항 제철소를 처음 찾아 오는 사람들이 정문을 들어서는 순간 어김없이 그들을 맞이 하는 것들이 있다. 말끔이 포장되어 바다까지 직선으로 쭉 뻗어 있는 "중앙도로"가 그것이다.

"참 시원히 뚫린 도로구만."

이런 한 마디가 저절로 터져 나올만큼 중앙도로는 포항 제철소가 지닌 장관임에 틀림없다. 적어도 그 도로 이면에 숨어 있는 숱한 애환을 모르는 사람들에게는 말이다.

나는 지금도 정문을 들어서면 가슴이 덜컥 내려앉을 때가 있다. 그것은 도로의 끝에서 피어오르는 아지랑이가 불어닥치는 바람이 아닌가 하고 착시 현상을 일으킬 때와 왼쪽 원료 야드에 쌓여 있는 광석과 석탄 더미가 또다시 치워야 할 모래 언덕으로 착각될 때가 그러하다.

이런 이야기를 하면 어디가 이상한 사람이 아닌가 하고 생각하는 사람도 분명 있을 것이다. 그러나 현재의 40m 폭으로 중앙도로가 건설되기까지 그 현장에 직접 뛰어들었던 사람이라면 그런 나의 환시 현상을 충분히 공감할 수 있을 것이다.

나는 말 할 수 있다. 중앙도로를 포장하고 있는 것이 흔한 아스팔트만은 아니라는 사실. 거기에는 수많은 애환과 우여곡절, 그리고 초기 건설 역군들의 땀방울이 뒤범벅이 되어 아스팔트보다 더 두툼하게 깔려있는 것이다.

1969년 12월 15일 축조공사가 착공된 "중앙도로"는 처음에 "1번도로"라는 이름으로 불렸다. 당시까지만 해도 준설토 수토(受土)를 위해 제방을 겸한 임시도로들이 일정한 계획 없이 여기저기 제멋대로 뻗어 있었는데 어느 것 하나 도로 구실을 제대로 하지 못하고 있었다.

하기야 모든 공장의 배치 계획이 확정되기 전이었으니 영구 도로 건설은 전체 사업 계획이 확정되고 그 윤곽이 어느 정도 잡혀야만 가능했을 것이다. 결국 1번도로의 착공은 최초의 영구 도로 건설이라는 역사적 의미를 지니고 있기도 했지만 포철 사업의 본격화를 의

미하는 것이기도 했다.

현장 관리 측면에서 본다고 해도 1번도로의 건설은 시급했다. 현재의 정문 부근에서 공사 차량이 현장으로 가려면 준설선에서 풀어놓은 산 같은 모래 더미에 가로막혀 곧바로 가지 못하고 멀리 냉천이나 형산강 쪽으로 우회하는 상황이었다. 공사 차량의 우회 이동은 공기나 공사 비용 측면에 결코 도움이 될 수 없었다. 1번도로의 건설은 그런 현실적 필요성에서도 더욱 시급했다.

1번도로의 공사 내용은 매우 단순한 것이었다. 40m 폭으로 도로 선상에 있는 동선에서부터 바다까지 차량 통행이 가능하도록 한다, – 이것이 전부였다. 그러나 그것이 말처럼 그렇게 단순한 작업이 아니었다.

작업은 실제로 도로를 만드는 것이 아니었다. 그것은 차라리 사막 한가운데 우뚝우뚝 솟아 있는 모래 산 사이를 뚫고 지나가는 터널을 만드는 작업이었다는 표현이 더 적절했다. 그만큼 치워야 할 모래양이 많았고 또한 수 없이 많은 돌로 메워도, 메워도 자꾸만 그것들을 빨아드리는 늪이 우리를 괴롭혔다.

그뿐이 아니었다. 도로의 형태가 어느정도 이루어졌다 싶으면 어김없이 불어대는 세찬 돌풍이 그간의 작업을 흔적도 없이 지워버리곤 했다. 이런 일이 되풀이되는 바람에 공사 감독이나 도급업자 모두 허탈감에 빠져 일할 의욕을 잃곤 했다.

그렇게 허탈감에서도 한자 한자 도로를 만들어나갔다. 천신만고 끝에 도로의 형태가 어느 정도 완성되고 뒷 정리 작업이 시작되었을 때 전혀 예상하지 못한 장애물로 골머리를 썩게 되었다.

부연사 경내 고목(古木)과 씨름

부연사는 포항 동촌동에 소재하고 있다. 예상치 못한 장애물은 부연사 경내의 고목이었다. 고목이란 키가 큰 나무로 여러 해 자라 더 크지 않을 정도로 오래된 나무를 말한다.

그 고목은 원래 마을이 철거되기 전에 있었던 "부연사"라는 절(寺)의 경내에 뿌리 박고 있었다. 그런데 1번 도로가 철거된 마을 부지를 관통하면서 그 고목이 장애물로 나타난 것이다. 도로를 만들기 위해서는 그 고목은 제거될 수 밖에 없는 운명이었다.

그 고목이 단순한 고목이었다면 별문제가 없었겠으나 그렇지가 않았다. 그 고목은 그 지역 사람들에게 수호신이나 다름 없이 신성시 되고 있는 존재였기에 함부로 손을 댈 수가 없었다. 대다수 토박이들은 그 고목이 모든 재앙으로부터 자신들의 마을을 지켜주고 있다고 굳게 믿고 있었다.

마을에 흉사가 있으면 의례 고목에게 치성을 드려 신의 노여움을 풀어 드렸고 그래야만 마을이 평화롭게 유지된다고 믿고 있었다. 그런 믿음 때문에 모든 마을이 철거되고 울창했던 소나무까지 베어버려도 그 고목만은 본래의 모습 그대로 존재해 있었다.

나는 그 내용을 듣고 알고 있었기에 될 수 있으면 그 고목만은 제거하지 않으려 했으나 그 고목이 서 있는 지점이 도로 한 가운데였기에 불가피하게 제거하지 않을 수 없었다. 그런데 제거 결정까지는 아무 문제가 없었으나 그다음이 문제였다. 나무를 제거하기 위해 장비를 동원했으나 누구도 선뜻 나무를 엎어뜨리려고 하지 않았다.

이런 경우는 현대그룹이 울산에 자동차 공장을 건설할 때도 있었다. 공장 부지 한가운데 600년 된 버드나무가 있었는데 그 나무 역시 그 마을의 수호신으로 여겼기 때문에 나무를 제거하는데 어려움을 겪었다. 고목을 제거하는 일은 누구든 마음부터 어딘가 찜찜하고 썩 내키지 않는 일이었다. 더욱이 당시 포항 시내에는 "제철 공장에서 그 나무를 베다가 사람이 죽었고 그 나무를 쓰러뜨리던 불도저의 삽날이 깨져 버렸다"는 진원지를 확인할 수 없는 괴소문이 한창 기승을 부리고 있었다.

그러니 장비 기사들이 그 작업에 나서지 않으려 한 것은 당연한 일이었다. 사태가 그렇게 되자 웃지 못할 일들이 생겨났다. 하루는 어떤 우국지사(?)가 찾아와 "저에게 ○○○원만 주십시오. 그러면 제가 국가와 종합제철을 위해 목숨을 걸고 이 나무를 쓰러뜨리겠습니다."하고 으쓱대며 흥정을 하다가 우리의 계속된 거부로 발을 돌렸는가 하면 어떤 사람은 어떠어떠한 방법으로 신의 노여움을 달랜 후 나무를 베면 아무 탈이 없을 것이라며 구체적인 방안까지 제시하기도 했다.

급기야 KBS 포항 방송국에서 "포항제철소 내의 고목과 관련된 시중의 여러 소문은 모두 사실에 근거하지 않은 허위입니다." 하는 방송까지 내보내는 촌극이 벌어지기도 했다. 모든 뜬 소문을 종식시키고 공사를 계속 추진하기 위해서는 나는 김상억 토건부장과 함께 불도저 기사가 나무를 제거하도록 설득 작업을 벌였다.

우리의 끈질긴 설득에도 계속 고개만 젓고 있던 기사에게 나는 최후의 수단을 쓰기로 했다

"좋습니다. 정 그러시다면 제가 불도저에 함께 타겠습니다."

"무슨 말씀이신지...?"

"함께 타고 저 나무에 손을 대면 아저씨나 나나 똑같은 불경을 저지르는 것 아닙니까? 그러니 아저씨가 죽으면 저도 죽게 될 것이고

결국 우리 둘 다 죽으면 아저씨 가족은 이분(김상억 부장)께서 책임져 주실테니 오히려 저보다 낫지 않겠습니까. 제가 약속드립니다."

이렇게 몇 번을 설득하고 나서야 겨우 불도저 기사의 응답을 얻어낼 수 있었다. 여전히 내켜 하지 않는 그의 기분을 달래주기 위해 간단한 고사를 지낸 후에 작업을 시작했다. 나는 약속대로 불도저에 올라타 작업 지시를 내렸다.

불안과 초조의 눈빛으로 많은 사람들이 지켜보는 가운데 고목 제거 작업은 약 1시간가량 지속 되었다. 1시간이 조금 지나자 그 전설 많던 고목은 다른 나무들처럼 뿌리와 줄기가 끊기는 요란한 소리와 함께 땅 위로 뒹굴었다. 그 나무는 귀신도 잡는다는 해병대에서 크레인으로 끌고 갔는데 화목(火木)으로 사용했다는 이야기를 들었다. 불도저 기사와 나에게는 아무일도 생기지 않았다.

22m 이동해 도로를 만들라

이러한 일련의 일을 치르고 난 후 도로가 거의 제 모습을 갖추게 되었을 무렵, 또 하나의 뜻하지 않은 지시가 서울 본사로부터 떨어졌다.

"현재 공사 중인 1번도로는 냉천 쪽으로 22m 이동하여 좌표가 확정되었으니 이동된 좌표에 의거하여 다시 도로를 만들고 1970년 4월 1일 공작 정비공장 착공식에 이 도로를 사용할 수 있도록 하라"는 것이었다.

거기에다 먼지가 나지 않도록 하라는 지시까지 덧붙였다. 기가 막힐 노릇이었다. 공사가 거의 끝나간다는 생각으로 들떠 있던 우리로서는 청천벽력같은 지시가 아닐 수 없었다.

더욱이 그런 지시가 내려진 것이 70년 2월 20일 이었으니 허락된 시간을 생각하면 더욱 막막한 일이었다. 40여 일의 공기로 중앙도로를 새로 뚫는다는 것은 거의 불가능에 가까웠던 것이다.

그러나 포철 사전에 "불복(不服)"이란 없었다. 불복이란 명령이나 결정에 따르지 않는 것을 말한다. 나는 여러 가지 궁리 끝에 현장 경험이 비교적 많은 권태진, 김우영, 이인수 씨 등으로 감독진을 보강하여 새로운 공사에 착수했다.

이른바 "신(新)1번도로" 축조공사가 시작되었다. 현재의 제철역 옆 154KW 변전소 근방에 천막 하나를 치고 그곳을 전방 지휘소로 하여 24시간 작업이 강행되었다. 도로가 1m 앞으로 나가면 뒤를 이어 다른 도급 회사가 막자갈을 포설하고 막자갈이 1m 깔리면 또 다른 도급 회사가 그것을 다지면서 지나갔다. 그리고 그 뒤를 이어서 도로 양측에서는 바람으로 모래가 날려도 도로까지 날아오지 않도록 깊은 배수로(모래받이)를 펴나갔다.

그렇게 쫓고 쫓기는 식의 공사로 도로는 조금씩 앞으로 뚫려 나갔으나 그 무서운 모래바람과 추위, 며칠씩의 야근으로 인해 밀려오는 잠은 줄곧 우리를 괴롭혔다. 불과 10m 앞도 제대로 분간할 수 없는 모래바람이 불어대는 날이면 점퍼 속은 말 그대로 커다란 모래 주머니가 되었다.

그러다가 도저히 견디지 못하고 천막 안으로 피해 들어가 "오늘은 제법 몸무게가 늘었는 걸." 하며 서로 웃으며 얼마나 많은 모래를 털어냈던지! 그리고 밤이면 잠과 추위에 지쳐 더 이상 작업을 할 수 없다는 장비 운전사들을 위해 얼마나 많은 소주병과 오징어 다리를 준비했던지…

이러한 강행군 속에 준설토 약 70,000m² 가 치워지고 많은 양의 초박 돌이 늪으로 들어갔으며 막자갈이 약 19,000m² 포설되었다. 단시일 내에 그런 엄청난 물량을 처리하며 도로의 전압 작업이 대충 끝난 것은 착공한지 불과 30일만인 3월 28일이었다.

처음에는 엄두조차 내지 못했던 일을 해냈을 때 박정희 대통령이 참석하는 착공식 행사는 사나흘 앞으로 다가와 있었다. 이제 마지막 남은 일은 먼지가 나지 않게 하는 것이었다. 도로에 먼지가 나지 않게 하기 위해서는 아스팔트 포장을 해야 했다. 그러나 2일이라는 기간 동안 그것은 무리였다.

설사 포장도로가 완료된다 하더라도 응고되지 않기 때문에 차가 지나갈 수 없을 것이었다. 결국 비상 수단으로 경유를 많이 섞어 착공식 전날까지 도로에 흠뻑 살포함으로써 먼지가 나지 않도록 했다.

그런데 사흘 전에 청와대 경호팀이 현장 답사를 나왔다. 경호팀은 가포장 상태의 "신1번도로"로 차를 운행하려 했다. 우리와 경호팀 사이에 승강이가 벌어졌다. 우리는 가포장 상태의 콜타르가 묻어날 수도 있어서 행사 당일 굳어질 때까지 차가 지나가서는 안된다는 것이었고 경호팀은 도로도 점검 대상이라고 우겼다.

고준식 부사장께서 경호팀이니 통과시키라고 했다. 그래서 우리는 그렇게 했다. 마무리를 포함한 모든 작업이 완료된 것은 행사 당일 새벽이었다.

우리는 예외없이 천막 안으로 들어갔다. 그리고 나는 1970년 4월 1일 공작 정비공장 착공식장에서 들려오는 파일항타 해머 소리를 자장가로 들으며 정신없이 잠속으로 빨려들어 갔다. 그것은 태어나서 가장 편안한 잠으로의 여행이었다.

권태협(경영정책실장)씨의 증언

1963년 2월 대학에서 금속을 전공한 젊은이에게 전공을 살려갈 괜찮은 직장으로는 인천중공업 등 극소수의 기업이 있을 뿐이었다. 나는 인천의 한국기계공업(대우중공업 전신)에 입사, 당시 주로 월남(현 베트남)에 수출하고 있던 선박용 엔진의 부품 열처리를 담당했다.

열처리는 기계 부품을 제조하는 데 필수적인 공정으로 기계적 성질을 향상시키고 수명도 연장시키는 작업이다. 꼬박 5년을 근무할 즈음 종합 제철 경력 사원을 뽑는다는 신문 광고를 만났다. 나는 금속학도가 가야할 길을 만난 것 같았다.

1968년 어느 아침 서울 명동 거리를 다소 설레는 마음으로 걸어갔다. 목적지는 유네스코 회관. 종합 제철 추진 위원회에서 사령장을 받던 장면이 엊그제 같다. 그날따라 동료들의 성명에는 까다로운 한자가 섞여 있어 사령장을 주는 담당부장이 실수를 연발했다.

신광식의 "식(湜)"을 "제"라고 부르고 박준민의 "민(玟)"을 "문"이라 부르더니 나를 권태래 라 불렀다. 권태협의 "협(夾)"이 "래"와 너무 닮은 탓이었다. 이때부터 나는 자주 권태래라 불렸다. 특히 즐거운 농담을 즐기는 이상수 선배가 항상 권태래라 했다.

불량했던 연수 성적표

실물보다는 서류로 먼저 본 제철소. 나의 첫 직책은 제선 분야 중 "원료, 소결, 코크스" 담당이었고 코크스는 머지않아 화공과 출신에게 맡겨졌다. 제철소를 구경도 못한 사람이 KISA의 GEP와 만났으니 실물보다 먼저 서류로 제철소를 보는 격이었는데 그것은 JG의 기술자의 카운터파트로서 그에게 배우는 기회였다.

1968년 12월. 일본 무로랑 제철소로 연수를 떠났다. 나보다 입사는 늦어도 연상이며 선배인 주영식이와 같은 다다미 방에서 3개월을 함께 지냈다. 무엇보다 처음 보는 제철소에 대한 눈요기를 실컷 한 기간이었다.

다음 연수는 1971년 가마이시 제철소에서 수행했다. 실감 나는 조업연수였다. 그래도 나는 불만이었다. 뭔가 핵심을 빼먹은 듯했다.

하루는 JG의 아리가 단장이 찾아왔다. 포스코 사람들이 연수받는 제철소를 순회하는 방문이었다. 연수생들이 발언하는 차례에서 나는 "연수 내용이 불만스럽다."고 털어 놓았다. 그러한 발언은 사교성이 없는 나의 성격을 드러낸 자리였다. 이러이러한 면은 좋은데 저러저러한 면은 불만이다. 이 정도로 말했더라면 무난했을텐데…

연수를 마치면 연수 성적표가 꼬리표처럼 따라붙는다. 회사에 보관된 초기의 성적표를 비교해 보면 나의 그 성적표는 기록적으로 불량할 것이다.

소결 공장 드림 믹서의 가슴 아픈 기억

포항1기 설비 엔지니어링에 참여하고 연관 단지에 입주할 업종 선정의 실무를 맡았던 나는 1971년 최초로 고로에 들어갈 "원료 브랜드"를 결정하기 위한 노력을 기울였다. 철광석과 자철광의 비율을 비롯해 각 성분 비율이 적절해야만 고로의 배탈을 막을 수 있다.

요즘에야 머리를 짜낼 일거리도 아니겠지만 무경험의 시절에는 까다롭고 중요한 일이었다. 강창오 고로기술계장, 원료부 박창규씨와 수차 협의하여 그것을 확정했다.

1973년 9월 한해의 마지막에 태풍이 영일만을 강타했다. 원료공장 공장장인 나는 강력한 태풍의 틈새로 아찔한 낌새를 느낄 수 있었다. 원료 야드에 산더미처럼 쌓아둔 석탄이 물에 젖어 무너지기 직전이었다. "석탄 사태"가 발생할 경우 제철소는 조업 중단을 맞을 수밖에 없다. 그것이 원료 공급 벨트 컨베이어를 덮치면 연쇄적으로 제선 공장과 제강 공장이 멈추게 되는 것이다.

비바람이 몰아치는 원료 야드는 캄캄한 밤에 불야성을 이루었다. 비상 사태에 동원된 인원은 약 100명. 우리는 저마다 삽을 들고 밤새 석탄을 파냈다. 김학기 제선부장, 조용선 고로 공장장도 좀처럼 자리를 뜨지 못하고 격려를 아끼지 않았다.

철야 작업으로 재해를 예방한 날로부터 달포쯤 지나 참으로 가슴 아픈 불행한 사고가 발생했다. 소결 공장 드림 믹서 광석의 습도는 종종 슈트를 막히게 하고 사람이 안에 들어가 달라 붙은 물질을 긁어내야 한다. 이작업을 할 때는 반드시 로컬 스위치부터 내려놓고 들어가야 한다. 저장 호퍼 속의 소결 원료가 60% 이하로 떨어지면 자동 가동되고 90% 이상 채워지면 자동 정지되는데 자동 가동을 방지하려면 꼭 로컬 스위치를 내려둬야 한다.

그러나 사고의 주인공은 기본 수칙을 어기고 드림 믹서 안으로 들어가 작업했던 것. 그는 "90% 이상의 자동 정지" 상태에 드림 믹서 안으로 들어가면서 60%로 떨어지기 전에 작업을 마치고 나오겠다는 계산을 했거나 아니면 깜박했을 텐데. 더구나 지켜주는 동료도 없었으니...

조업 분야의 첫 인명 사고를 조사하기 위해 담당 형사가 찾아왔다. 그의 조사를 통해 세상을 떠난 당사자의 부주의가 사고 원인이란 사실이 새삼 규명되었다. 나, 조영선씨, 김달현씨는 담당 형사와 저녁 자리에서 고인의 명복을 빌며 술을 마셨다. 그리고 사고를 마무리하면서 쓸쓸한 기분을 달래려고 송도해수욕장 비취호텔로 갔다.

통금이 있던 시절. 아뿔사! 우리의 주머니엔 술값 낼 "현금"이 없었다. 포스코 신분증을 내보이며 외상을 부탁했지만 씨알도 먹혀들지 않았다. 그때는 카드란 것이 생기지도 않았거니와 포항에서조차 포스코를 알아주지 않았던 시절이다. 우리는 이튿날 아침에야 동료의 도움을 받아 방면될 수 있었다.

설비 계획에 참여하라

포항 2기, 3기에서는 백덕현 선배를 모시고 설비 계획에 참여했다. 3기 설비를 결정하는 과정에는 독일 뒤셀도르프로 가서 현지 이원희 소장과 함께 지낸 적이 있다. 즐겁고 보람찬 시간이었는데 감사 대상에 두 번 오르기도 했다.

한번은 석탄 가루가 날리는 것을 예방하기 위해 표면 경화제를 구입한 일이 있었다. 선진국에서 쓰는 제품을 구입해 놓고 설비 기술본부로 옮겨 갔더니 그 뒤에 문제가 발생했다. 우리나라에 10m 높이로 펌핑할 살수 장치가 없어서 그걸 무용지물로 방치해 두었던 것. 나는 구매에 대한 책임을 지겠다고 했다.

또 한번은 2기 소결 설비였다. 나는 푀스트 알피네가 추천한 레이아웃으로 하지 않고 JG가 추천한 것으로 결정했다. 이게 몇 년이 지나서 감사대상으로 찍혔다. 외부의 누군가가 그 과정에 어떤 흑막이 있나해서 시비를 건 모양이었다.

감사가 시작되었으나 이미 서류는 남아 있지 않았다. 하지만 양심에 거리낄 게 없는 나는 당당할 수 있었다. 나는 영일만의 기적을 생각하다가 "박정희 대통령이 박태준 회장을 정말 잘 만났다"는 결론에 이르곤 한다.

23

KISA(국제 차관단)의 발족부터 기본협정까지

윤동석(부사장, 서울공대금속학과 교수)씨의 증언

오늘날 우리 사회가 당면하고 있는 현실을 난국이니 위기니 하고 부르며 때로는 총체적 위기설을 폭넓게 강조하고 있다. 정치적으로, 경제적으로, 때로는 문화적으로 각종 어처구니없는 사태들이 발생하여 국민을 당혹스럽게 하고 있는 것도 사실이다.

그러나 개인이나 기업 또는 어느 조직체를 막론하고 그 성장 과정에는 정도의 차이는 있을망정 위기나 난국은 언제나 수반되는 것으로 그것을 어떻게 극복하느냐에 따라 그 주체의 발전 여부가 결정된다고 본다.

이러한 점에서 포스코 역시 총체적 위기를 극복한 예는 허다하다. 특히 초창기에는 그 강도와 빈도에 있어 그 어느 때보다 심각하였다. 그중에서도 가장 큰 위기를 슬기롭게 극복한 사례로 대한국제제철차관단(약칭 KISA)과의 기본 협정이 해지된 1969년 9월 2일부터 12월 3일 포항제철 건설 자금 조달을 위한 한·일 간의 기본 협약이 서명될 때까지의 일련의 사태를 들 수 있다.

최초의 가능성 – KISA의 발족으로부터 기본 협정까지

경제기획원(EPB)은 1966년 5월 9일 미국 코퍼스사에 대하여 국제차관단(KISA)을 구성할 것을 통고하고 여기에 서독(통독 이전), 일본 등의 업자가 포함되기를 희망했다. 그러나 일본 철강업계가 참여하는 국제 차관단의 구성은 야하타제철의 불참으로 일단 무산되었다.

반면 이에 대비하여 사전 접촉을 해온 영국과 이탈리아가 쉽게 호응해옴으로써 1966년 12월 6일 마침내 미국 피츠버그에서 우리나라 종합제철 건설을 위한 국제차관단 회의가 열렸다.

정부는 경제기획원 공공차관과장을 파견하여 한국의 종합제철 건설 계획을 설명했다. 미국의 코퍼스사가 주축이 되어 블로녹스, 웨스팅하우스 등 3개 사와 서독의 데마그, 지멘스 2사가, 그리고 이탈리아의 임피안티, 영국의 웰맨 등 모두 4개국 7사가 모여 4일 간의 회의 끝에 다음 사항에 합의함으로써 많은 진통과 우여곡절 끝에 대한국제제철차관단(Korea International Steel Associates, KISA)이 정식 발족하게 되었다. 이 회의에서 다음과 같은 내용이 합의되었다.

① 한국의 종합제철 건설을 위해 차관단이 1억 달러, 한국이 2억 4500만 달러를 출자한다.

② 한국과의 협의는 주로 코퍼스가 맡는다.

③ 서독 데마그 사는 영국, 이탈리아까지 대표한다.

④ 일본의 야하타 제철을 차관단에 가입시키기 위한 노력을 계속한다.

⑤ 차관단과 한국 정부가 합의한 장소에 1967년 4월까지 공장 건설이 착공되도록 최선을 다한다.

⑥ 세계은행(IBRD) 및 대한국제경제협의체(IECOK)는 가급적 협조

하되 직접적 관련은 맺지 않는다.

그러나 이 회의는 차관단 구성의 원칙과 출자 규모만 정하였고 투자의 시기, 그 내용과 절차 등은 다음으로 미루었다. 67년 4월 6일 경제기획원에서 정부를 대표한 경제기획원 장관과 KISA를 대표한 포이(Foy) 코퍼스 회장 사이에 종합제철 건설을 위한 가협정이 조인되었는데 그 내용 중 중요한 것은 다음과 같았다.

「제철소 규모는 조강 100만 톤으로 하되 제1단계는 50만 톤으로 하고 67년 7월 착공하여 70년 5월에 완공하며 차관단이 제출한 계획서(사업 및 자금)에 대하여 향후 4개월 이내에 한국 측이 수락 여부를 결정하고 7월까지 정식 계약을 맺는다. 한국 정부는 이 계획서를 검토할 국제기술 용역단을 지명할 수 있으며 소요 외화 1억 2500만 달러를 미국, 서독이 각각 30%씩, 이탈리아, 영국이 각 20%씩 조달하되 조건은 연리 6%, 3년 거치 12년 상환으로 하고 차관교섭단이 교섭을 주선한다. 끝으로 제2단계에서도 차관단의 독점적 위치를 인정한다.」

상기한 바와 같이 1967년 7월 중에 기본 협정을 체결하기로 하였으나 예정이 빗나가자 정부는 KISA와의 실무 교섭을 서두르기 시작했다. 기본 협정을 조속히 타결짓기 위해 1967년 8월 7일 경제기획원 경제 협력국장을 단장으로 하는 철강 사절단을 미국에 보내게 되는데, 나도 단원으로 동행했다.

이 사절단은 20여일 동안이나 KISA측과 회동하면서 협의를 계속했으나 시기상으로 회사가 창립되기 이전이었음으로 책임 있는 약속과 행동을 할 수 없었던 것이 우리 측의 큰 고통이었다. 그러나 이 협의를 통해 당초 연산 능력 50만 톤의 제철 공장 규모를 60만 톤으로 늘리는 반면 소요 외자를 1억 9000만 달러로 인하하는 교섭이 성립되었다

이 협의에 의해 그해 9월 25일에 KISA 대표 3명이 내한하여 상공부, 경제기획원 및 청와대에 종합제철 사업에 관한 기본 협약 초안을 제출하기에 이르렀다.

정부는 1967년 9월 28일 경제기획원 경제협력국장실에서 종합제철 건설 관계자(경제기획원 4명, 상공부 2명, 대한중석 3명, KISA 3명) 연석 회의를 갖고 기본 협정 체결을 위한 예비회담을 가졌다. 이 자리에서 몇 가지 중요한 문제들이 제기되었으나 10월 12일의 2차 회의에서 재론되어 총괄적인 합의를 보았다.

마침내 1967년 10월 20일 경제기획원에서 한국 정부를 대표한 박충훈 경제기획원장관과 KISA 대표 샌드버크 코퍼스 부사장 사이에 종합제철 건설에 관한 기본 규약을 체결함으로써 차관단 구성에 관한 논의가 시작된지 근 2년 반 만에 그 매듭을 짓게 되었다.

1968년 4월 1일 포항종합제철(주)이 창립되었고 그후 KISA와의 접촉에서 일반기술계획서(GEP)를 4월 5일 확정하였으며 12월 18일에는 추가 협정을 체결하는 등 많은 노력을 경주했다. 그러나 이렇게 KISA와 계약한 기본 협정은 계약 시효 만기인 1969년 9월 2일에 이르러 자동적으로 "해지"되고 말았다.

그것은 협정 제8조 제5항에 확정 재무계획서가 제출된 달로부터 200일 이내에 차관을 조달하지 못하면 자동적으로 해지되도록 규정되어 있었기 때문이다. 이러한 사태는 프랑스를 제외한 다른 국가들이 차관 공여에 대한 의무를 이행하지 않았으며 만기일까지 아무런 회답도 주지 않았기 때문이다.

최대의 위기 극복 – 하와이 구상

KISA와의 계약상 해지는 1969년 9월 2일이지만 그 수개월 전부터 외자 조달에 난항을 겪을 징조가 여러 면에서 나타나고 있었다. 1968년 11월의 IBRD가 작성한 한국경제동향 보고서, 1969년 4월의 우사드 코스탄조(Usad Kostanjo) 처장의 "POSCO 사업의 확정 재무계획에 대한 분석"은 대표적인 부정적인 자료라 할 수 있다.

이러한 사태를 예감한 박태준 사장은 그 대책에 노심초사하던 차에 1969년 2월 미국으로부터 귀국 도중에 하와이에서 획기적인 착상을 해냈다. 후일 "하와이 구상"이라고 일컬어지는 위기 극복 착상은 대일 청구권 자금(유, 무상)을 종합제철 소요 외자로 활용한다는 것으로 여러 가지 의미를 내포하고 있었다.

하와이 구상을 주축으로 대일 설득 작업이 꾸준히 진행되어 7,300만 달러의 청구권 자금을 포스코가 사용할 수 있게 되어 역사적인 대역사가 가능하게 되었다는 것은 주지의 사실이다. 물론 외자에 대한 시설재 차입과 병행하여 내자에 의한 도시, 토목, 용수, 항만, 철도, 도로 등의 공사가 꾸준히 진행되었기 때문에 포스코의 좌절 위기를 극복하고 오늘에 이를 수 있었다.

고준식(부사장, 사장)에 대한 회고

(독자들이여, 이 칼럼은 박태준 사장이 고준식 사장에 대한 회고담을 쓰고 있는 것을 알려드린다.)

영일만과 광양만. 나는 늘 일에 파묻혀 세월 가는 줄 모르고 살았다. 그런데 어느 날 나의 뇌리에 "아, 그래, 세월이 많이 흘렀구나."라는 깨우침을 화살처럼 꽂아버리는 사건이 발생했다. 고준식 사장이 나를 찾아와 "그만 쉬어야 할 때가 되었다."고 밝힌 것이다.

그가 어느새 이렇게 나이를 먹고 어느새 이렇게 늙었단 말인가! 나는 20여년을 함께 살아온 동지를 낯선 사람 보듯 바라보았다. 우리가 헤쳐 나온 고난의 세월이 마치 어떤 벽화의 한 부분처럼 어른거리는 얼굴이었다. 고준식, 그 사람…

나보다 6살 위의 고준식을 필생의 동지로 처음 만난 때는 지금으로부터 무려 50년 전의 가을날이었다. 1956년 10월. 나는 육군 대령으로 서울 수색동 국방대학(현 국방대학교)에 근무하고 있었다.

1차 세계대전이 끝나고 맨 먼저 국방대학을 설립했던 영국의 어느 전략가는 "전쟁은 군인의 전유물이 아니라 모든 국민의 문제이며 전쟁에 관한 기본적 이해가 없는 민주 정치란 독재자의 명예욕과 마찬가지로 평화의 대적(大敵)"이라고 갈파했다. 한국이 6.25 전쟁 이후에 국방대학을 설립한 취지도 그와 같은 맥락이었다. 그때 나의 직책은 "국가정책수립담당 제2과정 책임교수"였다.

그런데 갑자기 김용우 국방장관이 직접 나를 불러 "국방부 인사과장"을 맡아 달라고 했다. 1956년 11월 1일 근무처를 옮겨갔다. 여러 과장(대령)들이 신임 인사 과장을 위한 환영회를 열어주었다.

저녁 먹고 순간 졸리는 따뜻한 자리. 여기서 나는 충청도 출신의 고준식이라는 사나이와 처음 만났다. 작은 키에 땅땅한 체구의 고준식 대령. 그는 공군에서 파견된 국방부 군수국 물자동원과장이었다. 머잖아 그의 신상을 알게 되었다.

국방부 차관인 김종갑 장군과 "보령", "서천" 하는 동향으로 경성 법학 학교를 거쳐 금융 조합에 근무한 적이 있었다. 공군 장교로 입대한 때는 한국전쟁 중이었다. 당시 겨우 일부만 창설되어 있던 우리 공군이 대학 출신을 모집해 부랴부랴 속성 장교를 육성한 것이다. 그의 동기생 중에는 뒷날 나와 각별한 관계로 맺어지는 인물도 있었다. 얼른 두 사람만 꼽아도 포스코 초창기에 도움을 준 최형섭 씨, 나의 사돈이 된 윤주탁씨. 국방부에 1년쯤 근무한 내가 자원하다시피 25사단 참모장으로 옮겨간 뒤로는 몇 년 동안 고대령의 얼굴을 보지 못했다.

그러다가 잠깐 스치듯이 재회한 것은 내가 국가 재건 최고 회의에서 일하던 어느 날이었다.

"대한중석으로 가게 됐습니다."

나는 축하해 주면서 속으로 짐작했다. 공군 참모총장을 지낸 김창규 장군이 대한중석 사장으로 가면서 공군의 유능한 일꾼 하나를 발탁해가는 모양이구나. 이때만 해도 가까운 장래에 내가 대한중석으로 가게 될 줄은 꿈에도 생각지 못하고 있는 때였다.

그러나 1964년 12월 박정희 대통령은 나에게 대한중석 사장을 맡아줘야겠다고 했다. 나의 가장 시급한 업무는 회사 실태 파악이었다. 대한중석에서 북아현동 우리 집으로 사람을 보내왔다. 서류를 챙겨 브리핑하려 나타난 사람. 그가 바로 고준식이었다. 이런 인연은 서로의 운명이라 불러도 좋을 것이다.

우리의 재회는 굳은 악수와 반가운 인사로 시작되었다.

"이거 참 반갑습니다."

"정말 그렇습니다."

대한중석 총무이사(상무) 고준식의 브리핑은 빈틈이 없어 보였다. "저 사람하고 일하면 잘 될 수 있겠구나." 이런 느낌을 주었다. 1965년 새해 대한중석 사장에 취임한 나는 그야말로 "개혁"을 설계하면서 육군에서 보아둔 인재 몇 명을 발탁했다. 이래서 황경로가 들어오고 노중열과 곽증, 홍건유가 들어왔다. 안병화, 박종태, 장경환을 비롯한 여러 인재들은 이미 포진되어 있었다.

그리고 나는 고 상무를 전무로 승진시켰다. 우리는 가끔 둘이서만 대작하기도 했다. 그의 주량이 이른바 "고래" 급이어서 사장과 전무의 술자리는 늘 잔의 속도가 빠른 가운데 즐겁고 팽팽했다.

1965년은 한국 철강사에 특별한 한해였다. 미국에 간 박 대통령이 그때 세계 철강의 요람과도 같은 피츠버그를 방문하여 코퍼스 사의 포이(Foy) 회장을 만났으며 이것이 KISA 탄생의 싹이 되었기 때문이다. 흐지부지 해체된 KISA. 그나마 창업 포스코에 "제철"에 대해 서류로 공부할 기회는 주지 않았던가.

대한중석 사장이 가을에 해내야 하는 제일 중요한 업무는 "내년도 수출 계약"이었다.

오징어나 수출하고 미국 잉여 농산물이나 받아 간신히 국가 재정을 충당해 나가는 절대빈곤 시절. 대한중석은 외화(外貨, 달러)벌이의 최고 기업이었다. 아직 한국은 엄두도 못 냈지만 유럽이나 일본 위주로 전구(電球, 전기등) 필라멘트(전구에서 빛을 내는 금속으로 만든 얇은 줄) 제작에 쓰는 "한국산 양질의 텅스텐"을 귀하게 여겼던 것이다.

1967년 초. 나는 런던에 머물고 있었다. "내년도 수출 계약"을 위한 장기 출장이었다. 런던 마켓 멘탈 센터에서 한창 협상을 진행하는 과정에 서울의 고 전무로부터 전문을 받았다. 국제전화마저 어려운 한국. 그래서 전보로 날린 그것은 "대한중석이 종합제철의 실수요자"로 선정되었고 내가 "종합제철소 건설추진위원회 위원장"에 내정되었으니 즉시 귀국하라는 내용이었다.

"즉시 귀국"은 장기영 부총리의 뜻이라 했지만 나는 출장 목표를 달성한 뒤에 귀국하겠다고 밝혔다. 계약을 마쳐야 이듬해 회사 경영을 계획 할 수 있는데 즉시 귀국해 버리면 대한중석에 큰 어려움을 부를테고 그대로 국가에 손실을 끼칠 것이었다. 더구나 종합제철소 건설은 하루아침에 해결될 사안이 아니었다.

김포공항에 내린 날은 9월 30일. 나를 놀라게 만드는 상반된 두 가지가 기다리고 있었다. "소스라치게 만든 일"은 너무 허술해 보인 KISA와의 기본 협약서였고 "기쁘게 만든 일"은 어느새 대한중석 안에 꾸며진 종합제철 실무추진조직이었다. 고준식 전무, 황경로 관리부장, 노중열 개발실장 등으로 짜여 있었다. 고 전무의 남다른 면모를 단적으로 보여준 사례였다.

포스코 창업 시절에 국회의원 상대는 나와 고준식 부사장(전무)의 전담이었다. 아니 나보다 고 전무의 고역이 훨씬 컸다. 나도 국회의원들과 만났지만 그는 승용차 트렁크에 과일 상자를 싣고 다녔다. 촌지란 말이 있지만 진짜 과일만 담겨 있었다.

서울의 어느 거리를 달려가던 그가 문득 운전 기사에게 일러준 쪽에는 반드시 국회의원 집 대문이 있었다. 누구는 "임원이 저런 심부름이나 하나?"라는 생각도 했을 테지만 그는 회사를 위한 일이란 믿음으로 전혀 부끄러워하지 않았다. 후배들에겐 이런 말도 가끔 던졌다고 한다.

"인마, 과일 상자 갖다 주는 일은 아무나 하는 줄 알아?"

실제로 그러한 그의 헌신과 노력은 회사의 대(對)국회 업무 추진에 윤활유 역할을 해주었다.

영일만 모래밭에 첫 파일을 박기 이전 자금 사정이 사람에 비유하자면 위장부터 식도까지 텅 비어버린 적이 있었다. 사원주택 부지도 매입해야 할 마당에 설상가상 봉급날까지 다가왔다. 까딱하면 "박태준과 포스코의 사전"에 봉급도 제때 못 줬다는 기록을 남길 위기였다.

고준식과 황경로 두 사람이 서울 시내 은행을 찾아다녔다.

"다들 도와 주어야 할 것 같긴 한데 하면서도 안줍니다."

책임자가 나서야 했다. 나는 한일은행 하진수 행장을 찾아가 간곡하고도 확신에 찬 설득을 했다. 고맙게도 뜻이 통했다. 그가 영업이사에게 20억원 신용 대출을 지시했다.

기술담당 윤동석 전무, 행정담당 고준식 전무, 두 임원은 머잖아 부사장으로 승진됐다. 일이 한창 바쁜 어느날 기술부사장이 심각한 표정으로 "너무 힘들다"는 고백과 함께 사표를 냈다. 수리할 수 밖에 없었다.

고 부사장이 기술부사장을 새로 뽑자고 했으나 나는 단호히 말했다.

"아닙니다. 당신이 다 맡아 주시오."

내가 얼마나 숱하게 해외 출장을 나갔는가. "일면 조업. 일면 건설"의 시대 믿지 못하면 나가는 마음이 항상 불안했을 것이다. 그러나 나에겐 믿음이 있었다. 유능한 부장들과 임원들을 믿었고 전체를 통찰하고 감독하는 고준식 부사장을 믿었다. 그는 분야별 감독과 총체적 감독에 능했고 몸을 아끼지 않고 부지런히 현장의 구석구석을 돌아다녔다.

불길한 예감의 국제전화 목소리

나와 고 부사장의 헤아릴 수 없이 많았던 국제전화 통화 중에 지금도 엊그제처럼 생생이 남은 것은 내가 추가원료 계약 관계로 호주를 방문했다가 귀국하는 길에 필리핀 한국대사의 초청으로 마닐라에 들렀을 때다. 하룻밤 묵은 이튿날 아침. 호텔룸의 전화벨이 울렸.

묘하게도 불길한 육감이 번개처럼 스쳤다. 고 부사장의 목소리가 모기 소리처럼 가늘었다. 그게 불길한 육감을 부풀렸다.

"잘 안 들립니다. 큰 목소리로 말해 주세요."

"제강 사고가 났습니다."

"사람은 어떻게 됐어요?"

"인사 사고는 없습니다."

"그럼 됐습니다."

"그런데 사고가 큽니다."

1977년 4월 24일 새벽. 포항제철 제강공장 사고. 포스코 역사상 가장 큰 사고로 기록된 그것은 그렇게 나의 고막을 파고들었다. 우리의 통화는 계속됐다. 사고 경위에 대한 설명을 마친 고 부사장이 말했다.

"케이블닥터에 쇳물이 들어가서 다 타버렸습니다."

"케이블 있나요?"

"일본에 연락했습니다."

"현 상황에서 나의 위치는 어디가 좋을 것 같습니까?"

"도쿄라고 생각합니다."

"나도 같은 생각이요. 후지전기가 중요합니다. 도쿄의 홍건우 소장한테 연락해서 후지전기의 담당 임원을 본사로 데려다 놓으라고 하세요. 오늘은 일요일이니까 틀림없이 골프장에 있을테니 골프장으로 찾아가서 차에 태워와야 한다고 하세요. 그 사람 내가 잘 압니다. 후지전기 창고는 요코하마, 고베, 히로시마에 다 있는데 재고 조사를 부탁하고 그걸 급히 싣고 올 배는 고베나 요코하마에서 뜨는 일본 배를 잡으라고 하세요. 한국 배를 잡으면 여기서 가야 하니까 늦어져서 안됩니다. 나는 지금 마닐라에서 도쿄로 날아간다고 알려 놓으세요."

오후 3시쯤 도쿄에 내린 나는 곧장 후지전기 본사로 직행했다. 나의 예상대로 골프장에 있던 일본인 한 사람이 잡혀 와 있었다. 포스코에 필요한 긴급 대처 사항을 마무리한 뒤, 나는 미안함을 완곡하게 표현했다.

"우리가 오늘 해낸 일은 일본이나 한국에서만 가능할 것입니다. 미국에서는 불가능한 일입니다. 일요일이니까 월요일에 보자고 했을 것입니다. 문화의 동질성이 이렇게 중요하다는 사실을 새삼 깨닫게 됩니다."

일요일을 망친 일본인이 동감을 표했다.

나는 미안함을 절반으로 줄인 듯했다. 포스코에 "안전의 날"을 탄생시킨 그 제강사고. 회사의 모든 사람들이 단결하여 "3달 걸릴 것"이란 진단을 깨고 한 달 만에 극복해 버린 쾌거는 이미 "포스코의 신화"의 한 부분으로 남아있으니 더 얘기하지 않더라도 고 부사장의 태도는 밝혀 놓는게 낫겠다.

"책임을 지고 사표를 내겠습니다."

그는 결연했다. 그게 올바른 태도라고 나는 생각했다. 하지만 나는 이미 결심을 굳히고 있었다.

"아닙니다. 이번 사고는 전적으로 내가 책임집니다. 끝까지 같이 갑시다. 제철소장, 제강부장, 공장장에게도 어떤 처벌도 내리지 않겠습니다."

나는 청와대와 상공부에 사고의 진상과 대책을 보고했다. 슬래브를 긴급 수입으로 대처할 테니 국내 수요가들에게는 조금도 피해를 끼치지 않게 된다는 내용도 포함시켰다.

고 부사장은 유난히 수치에 밝은 사람이었다. 이것 때문에 후배들이 더러 곤욕을 겪었다는 소문을 나도 들었다. 아마도 젊은 시절에 금융조합에 근무한 경력이 그런 특징으로 이어졌을 것이란 짐작을 해본다.

나로서는 편했다. 부장 - 임원 - 부사장을 거쳐 오는 서류가 잘 정리 되어 있어서 불필요한 시간 낭비를 막아줄 수 있었다. 고준식 그 사람. 나는 한 번도 그가 불편한 적이 없었다. 그도 마찬가지였다.

1981년 2월 정관 개정을 거쳐 내가 초대 회장을 맡으면서 고 부사장이 사장을 이어받았다. 포스코에 불어오는 정치 외풍을 막아내는 울타리가 되겠다는 각오를 단단히 세우고 국회의원을 겸직하게 된 나는 이번에도 회사 내부에 대해서는 그가 있기에 마음이 든든했다.

세월 앞에 장사 없다더니…

1985년 1월 하순. 포스코는 광양건설과 포항공대 설립 문제에 매달려 있었다. 고준식 사장이 내 방에 들어왔다.

"요새 피로가 자주 옵니다. 뭔가 모르게 한계를 느낍니다. 할아버지, 아버지께서도 장수를 못 하셨는데 더 있으면 회사에 폐를 끼칠 것 같습니다."

자신을 괴롭히는 혈압 문제를 타고난 체질 문제로 돌렸다. 나는 가슴이 찡했다. 나와 만난 뒤로 얼마나 많은 고생을 했고 그게 그의 몸에 얼마나 많은 스트레스로 돌아갔겠는가.

"신호가 온다는 말씀입니까? 항상 진찰을 받고 계시지요?"

"물론입니다."

아, 세월 앞에 장사 없다더니…어쩔 도리가 없었다. 나는 말 그대로 "생가지를 찢어내는 고통"을 참아내며 그를 아내의 곁으로 보내기로 했다. 그의 뒤는 안병화가 물려받았다.

물러난 고 사장이 소일하는 기간에 나를 한번 찾아왔다.

"나라 꼴이 이래서는 안되서 회장님께서 대통령을 하셔야 되겠습니다."

뜻 밖의 권유였다. 그가 나에게 정치 이야기를 꺼낸 것은 그때가 처음이자 끝이었다.

"내가 권력을 탐하지 않는 것은 잘 아시지 않습니까?"

이것이 내 대답이었다.

고준식. 그 사람에게 내가 제일 미안했던 것은 그의 부음을 듣는 순간이었다. 1991년 4월 28일. 그는 영원히 눈을 감았다. 빈소에 들려 고인의 영정을 바라보고 있자니 나의 깊은 곳으로부터 참을 수 없는 눈물이 치솟아 올랐다.

그의 마지막 가는 길에 나는 진실로 슬프고 미안한 눈물을 뿌렸다.

"길지 않은 인생에 끝까지 같이 한다고 맹세하고 20년 넘게 서로 지킨다는 것은 평생에 한 두번 있을까 말까 한 법인데 우리 둘은 그 점에서는 행복했던 겁니다."

고준식 그대여 부디 편안히 잠들어계시오.

24

자금과 원료 확보 때문에
늘 긴장했던 나날들

최주선(부사장, POSAM 사장)씨의 증언

　초등학교에 들어가기 앞서 서당에 다녔던 내가 영어 공부에 재미를 붙였던 때는 5년제 중학 시절이었다. 일제 말기라 영어 공부가 자유롭지 못한 분위기였지만 나는 남몰래 영어 책과 씨름을 즐기는 소년이었다. 광주사범학교를 다니는 동안에도. 교편 생활의 의무 기간을 실천한 2년 후에는 상급 학교에 진학할 요량으로 늘 영어를 놓지 않았다. 그래 보았자 나의 영어 실력이란 그저 그런 수준이었을 것이다.
　마흔 살을 헤아리게 될 때까지 나는 영어 시험과 여러 차례 마주섰다. 그때마다 낙방하지는 않았는데 결과적으로 그것이 나를 포스코와 맺어주는 끈이 되었다.
　내가 미국 24군단 사령부 "정보처 문서과"에 응시한 때는 1947년 한국 신문의 기사를 영문으로 번역하는 시험이었고 그것은 김규식(金奎植, 독립운동가) 선생이 평양의 김일성을 방문한 내용이었다. 이

시험을 통과한 나는 서울 한복판에 있는 반도(半島)호텔에 근무하면서 주로 한국 신문을 영문으로 번역하는 일을 했다. 나의 육필을 미군 행정병이 타자기로 두들겨댔고…

이후 6.25 전쟁이 발발했다. 졸병으로 지내던 나를 영어가 졸지에 통역 장교로 변신시켰다. 전선(戰線)이 한반도의 허리에 고착된 상황에서 나의 새 근무처는 강원도 간성의 육군 5사단. 이때 박태준 중령과 곽중 중위를 처음 만났다. 박 중령은 인사참모, 곽 중위는 27연대 소속이었다.

휴전 협정이 체결되고 나서 1954년에는 생애 최초로 미국을 구경했다. 연수하는 포병부대에 통역 장교로 따라갔던 것인데 미국의 첫인상은 어마어마한 나라 같았다.

9년에 걸친 통역 장교를 마치고 1963년 소령으로 예편한 나는 국회도서관에서 4년 남짓 번역만 하고 있다가 별안간 새로운 길과 만났다. "종합제철소" 건설에 영어 하는 사람이 필요하다는 연락을 받고 갔더니 KISA의 합의서를 건네주며 1주일 안에 알기 쉽게 국문으로 요약해 오라는 시험을 내주었다.

나보다 영어를 잘하는 인재들이 수두룩한 세상이었으니 그 숙제 같은 시험은 박태준 사장이 나를 불러주려는 요식 절차로 마련했을 것이다.

1968년 3월 15일. 드디어 나는 포항종합제철 주식회사의 창업 대열에 합류했다. 첫 직책은 사장실 조사역으로 이관희씨와 짝이었다. 제철소 구경도 못한 우리는 어느 날 인천으로 갔다. 평로(平爐) 밖에 없는 인천제철을 본 다음 바닷가에서 술을 마시면서 답답한 마음을 달랬다.

그해 12월에는 권태협, 주영석씨 등과 함께 일본 연수를 떠났다.

엔지니어가 아닌 나에게 주어진 과제는 "기획관리"였다. 일본 무로랑 제철소에서는 "저게 고로구나"하면서 고로를 보았고 도쿄의 후지제철 본사에서는 예산 편성, 위원회 구성, 자회사 등 기획관리 일반에 대한 지식을 수박 겉핥기로 배웠다.

1969년 1월 하순 나는 KISA와의 담판을 지으러 피츠버그로 가는 박태준 사장 일행과 동행했다. 그것은 포스코의 운명을 결정한 여행이 되었다. 포스코와 결별하려는 KISA의 진의를 알아차린 박 사장이 "대일 청구권 자금"의 전용을 떠올렸기 때문이다.

연수를 마치고 돌아온 나는 경제기획원 주관의 종합제철사업계획 연구위원회에 파견되었다. 경제기획원 정문도 차관보가 실무를 총괄한 이 조직은 일본 철강연맹으로 보낼 "연산 조강 100만 톤 건설의 타당성에 대한 보고서"도 작성했다. 여러 개의 장으로 구성된 보고서에서 내가 맡은 부분은 제1장의 "정부 주도로 제철소를 운영해야 하는 이유"에 관한 것이었다.

나는 각국의 사례를 검토하여 보고서를 작성한 뒤 그것을 영문으로 번역했다. 중학생 수준에나 턱걸이했을 텐데 다행이 단번에 군말 없이 넘어갔다.

일본이 포항1기를 위한 도움의 말을 올릴 즈음(1970년) 초대 도쿄 사무소장으로 나갔다. 나는 1972년 노중열씨와 맞바꿔 외국 계약부장을 맡았다. 그런데 그 전년(1971년) 미국 닉슨 대통령이 일방적으로 금본위제를 폐지한다고 발표했다. 이른바 "닉슨 쇼크"가 세계 경제를 강타했다.

닉슨 쇼크로 600만 달러 부족해져

닉슨 쇼크에 의한 문제는 한·일 간에 체결한 대일청구권자금에 관한 문서의 한 문장이었다. 그 문장은 "한국에 지불하는 청구권 자금은 '달러'에 해당하는 일본의 재화와 용역으로 한다"고 되어 있었다.

닉슨의 일방적인 조치 후 1달러 360엔이 1달러 320엔까지 가니 포스코는 가만히 앉아서 1972년 한해에 500만 달러, 1973년에 약 100만 달러를 손해 보게 되었다. 일본의 건설용 기자재 도입자금이 부족하게 된 셈이었다.

1기 완공까지 600만 달러나 부족해진 1972년 당시 포스코에 그것은 절약과 공기 단축으로 메울 수 있는 규모는 아니었다. 나는 임원 회의에 보고했다. 심각한 문제였다. 경제기획원, 재무부, 상공부, 도쿄에 나가 있던 한국 정부의 사절단으로 뛰어다녔다. 헛수고였다. 그러나 어떡하든 600만 달러를 마련해야 했다.

고심을 거듭한 끝에 최후의 수단으로 유전스(USANCE, 외상수입거래) 자금을 빌리자는 안이 정부측에서 나왔다. 외국에서 3.5% 정도의 저리로 자금을 들여와 국내에 그보다 높은 금리로 차용해 주는 그 돈을 빌려 쓰기 위해 나는 김철웅 과장과 함께 상공부, 경제기획원, 재무부 등으로 허겁지겁 돌아다녔다. 무려 65개의 도장이 찍혀서 결재 서류는 완비됐지만 고준식 부사장이 "진짜 과일 상자"를 들고 어디론가 찾아가 부탁한 다음에야 차용금이 나왔다.

1기 준공 후 1973년 사장실 원료담당 보좌역이 되는데 그해 10월 중동 전쟁이 일어나고 이것이 오일쇼크를 가져왔다. 그런데 1974년 초에 원료담당 이사로 승진했다. 이때는 원료 문제, 특히 "6종류의 석탄"이 애간장을 태우던 시적이었다.

오일쇼크는 석탄 수요를 급팽창시켜 석탄 가격을 치솟게 만들었고 장기계약은 있으나 마나 가격 인상은 마음대로이고 호주는 잦은 스트라이크로 골탕을 먹었다. 광부가 아니라 트럭 운전사나 부두 노동자가 들고 일어나도 석탄 공급에 차질이 생겼다.

급기야 그해 6월에는 복통으로 병원 신세를 졌다. 신경성 위궤양이라고 했다. 단파 라디오로 날마다 호주 방송을 청취하는 묘안도 짜냈다. 이래서 호주의 파업 소식을 즉시 알게 되었다.

하루는 그쪽 출근 시간에 맞춰 심재강 호주 사무소장에게 전화를 걸었다.

"또 스트라이크야."

"저도 모르는 일을 어떻게…"

"자세히 파악해 봐."

원료를 제때 확보하기 위해 긴장의 나날을 보낸 시절엔 보나마나 질 나쁜 석탄도 더러 들어왔을 것이다. 그래서 자주 고로도 배탈을 앓았다. 그러나 제선 공장이 참고 조업을 잘해 준 덕에 무사했다. 지금도 감사할 따름이다.

한 나라의 경제가 외적인 요인에 영향을 받듯이 포스코와는 무관한 닉슨쇼크나 중동전쟁으로 회사가 시련을 겪을 수 있다는 뼈저린 경험을 했다. 이것도 글로벌리제이션(Globalization) 현상의 하나이리라.

KISA가 스스로 떨어져 나간 일을 오히려 나는 포스코의 행운이었다고 생각한다. 그들의 계획대로 압연에 스테켈(Steckel Mill) 왕복 설비를 앉히고 코크스는 호주에서 수입해오는 식으로 건설했더라면 어떻게 되었을까? 아찔한 현기증이 스쳐간다.

1969년 2월 하와이에서 위기를 기회로 바꿔 버린 박태준 사장의 지혜와 추진력, 이것이 포스코의 위대한 미래를 위한 진정한 출발선이었다는 사실을 새삼 헤아리게 된다.

김창기(초대상임감사) 씨의 증언
- 임직원 열정에 감사(監査) 노릇 제대로 못해

지나온 길을 되돌아보면서 딱히 내세울 건 없지만 가장 먼저 꼽는 자랑거리가 포스코 창설 요원으로 참여했다는 사실이다. 만약 나의 이름 석자가 장차 이 나라 어느 귀퉁이에 하나의 점처럼 찍히게 된다면 순전히 그 덕택인 것이다.

그러나 내가 "포스코 신화"를 창조하는 대열에서 특별한 역할을 해냈던 것은 아니다. 이유는 두 가지다. 하나는 초대 감사였음으로 "현장"으로부터 한발 떨어진 자리에 있었다는 것이고 또 하나는 근무 기간이 길지 못했다는 것이다.

사람의 삶에는 더러 눈으로 밝힐 수 없는 무엇이 있다는데 내가 포스코와 인연을 맺는 과정에는 대체 어떤 불가사의가 개입했을까? 이런 생각에 잠기다 보면 문득 분단 시대의 한반도를 종단해 버린 한 청년의 운명을 더듬게 된다.

내 고향은 함경도 길주. 해안 쪽으로 평야를 이룬 조용한 마을에서 1926년에 태어난 나는 스물넷에 이르도록 순박한 토박이로 자랐다. 그런데 대한민국 관청의 문서에는 1920년 생으로 적혀있다. 어느날 한꺼번에 무려 6살이나 더 먹고 말았는데 이 변고는 폐허의 6.25 전쟁 중에 일어났다.

4남매의 막내인 나는 1948년 이른 봄에 고향을 떠나기로 결심했다. "자유"와 "대학"이라는 말이 나를 떨치고 일어서게 했다. 누구보다 홀어머니가 발길에 밟혔지만 나는 돌아서지 않았다. 그 시절에 나와 비슷한 처지의 사람들은 대개 비슷비슷한 생각이었지만 나 역시 "전쟁"이나 "기나긴 분단"을 떠올리진 않았다.

돈을 주고 앞장세운 안내원을 따라 꼬박 4일 걸어서 철원을 통과했다. 내가 지나온 길은 소장수들이 다니던 길이라 했다. 이윽고 한탄강 앞의 한 지점에 닿았더니 일행은 모두 12명이나 되었다. 탈출의 길에는 동행자가 불어날수록 위험수위도 높아지는 법.

우리는 들켰다. 그러나 돈이 다시 길을 열었다. 다리를 건너고 달음박질을 쳐서 얕은 야산의 꼭대기에 올라선 순간. 안내원이 숨을 헐떡이며 말했다.

"여기서부터 자유요!"

자유. 이 말에 나는 그대로 엎어져 버렸다. 형언할 수 없는 환희가 나의 정신을 사슬처럼 옥죄고 잇던 극도의 긴장감을 풀어버린 것이다.

"자유다. 자유."

나는 엎드린 채로 "자유"를 되뇌였다. 거기가 바로 38선이 지나가는 지점이었다.

서울로 들어온 나는 친척의 도움을 받아가며 대학에 들어갔다. 그러나 곧 전쟁이 터졌다. 나는 9사단에서 정훈담당문관으로 종군하던 중 1951년 중공군의 춘계대공세를 당하고 나서 부산으로 내려가 피난 내려온 대학에 복학했다.

나는 "고등고시"에 도전할 작심을 세웠다. 고향으로 돌아갈 길이 아주 막힐 듯한 상황에서 혈혈단신 청년에게 그것은 제일 확실하고 안정된 삶을 보장해 줄 것 같았다. 그러나 은사가 말했다.

"전쟁은 끝난다. 그러면 경제학이 쓰일 자리도 많아진다. 한 길로 계속 가게나."

이 말씀을 받든 덕분이었을까. 졸업한 나는 용케 산업은행에 들어갔다. 드디어 탈북 청년의 삶이 남녘에 완전히 뿌리 내렸는데 이것이 꿈에도 그려본 적이 없는 내가 포스코와 인연을 맺는 출발점이었다.

나는 산업은행 조사부에서 책 만드는 일에 관여했다. 산업은행 10년사, 경제 정책 구상 등이었다. 그 일로 용케 총재의 눈에 띄어 장기 경제계획을 세우는 업무도 거들었다. 재원 조달 문제, 투자 우선순위 등 경제 정책 구상에 눈을 뜨는 날들이었다. 묘하게도 그것이 나를 그 길로 이끌었다. 자유당 정권 말기에는 부흥부(후에 경제기획원) 산하 "산업개발위원회"에 보좌위원으로 차출됐다.

이 보잘 것 없는 경험은 4.19 뒤에도, 5.16 뒤에도 중요한 경력으로 작용했다. "경제개발계획"을 수립하는 자리의 말석에 앉게 되었던 것이다.

1963년 식량 파동 직후 농림부 양정국장으로 기용되면서 공복을 입은 내가 경제기획원 경제기획과로 옮긴 때는 1965년. 장기영 부총리가 나의 경력을 좋게 봐 준 덕분이었다. 이번엔 물가대책위원회와 물자수송대책위원회, 공공차관과 민관차관이 주요 업무였다.

1968년 3월 어느날 나는 새로운 임명을 받았다. "포항제철 상임 감사". 엄청난 국영기업의 "엄한 감사 자리"에 적합하다는 판정이 내려진 모양이었다. 그러나 나에겐 "엄한 감사 노릇"을 해볼 기회조차 오지 않았다. 창업기의 포스코는 "부지 매입과 부지 정리"에 들어갈 예산이 거의 전부여서 감사할 대상도 거의 없다시피 했거니와 사명감에 불타는 박태준 사장을 비롯한 모든 임원에게 "부정부패"란 일어날 수 없는 것이기도 했다.

이제는 널리 알려져있지만 박 사장은 공장의 말뚝을 박기도 전에 사원 주택부지와 학교부지를 사들였다. 그때 정치권은 시끄러웠다. 하지만 나는 감사로서 충분히 이해했다. 아니 감동했다. 종업원의 복지와 종업원의 자녀 교육을 먼저 생각하는 최고 경영자는 박 사장이 독보적 존재였다. 물론 요즘의 기준에 재더라도 포스코는 이 방면에서도 세계 최고 수준이지만…

KISA의 "초기 단계 계획서": 이 번역의 감수가 내 몫으로 떨어졌다. 담당 이사의 해외 출장이 잦은 탓이었다. 해당 부서의 번역 원고를 모아 책으로 묶기 앞서 오역을 바로 잡고 일관성을 지켜주는 일이었는데 나를 비롯한 참여자 전원이 일관 제철소에 대해 공부하는 시간이었다.

창업기의 티타임 임원회의: 부서별 업무 브리핑이 이루어지고 실질적인 문제들이 논의 되었다. 분위기는 늘 진지하고 화기애애했고 아직 박 사장의 매서운 추궁은 나오지 않았다. 다양한 경험의 소유자들이 창업에 필요하다고 생각되는 다양한 의견을 내놓기도 했다. 그것은 업무에 대한 검토, 연구, 대비의 공부시간인 동시에 단합을 도모하는 시간이었다.

"최소의 비용으로 최고의 제철소" - 그때의 이 슬로건을 기어코 포스코는 실현하고야 말았다. 나는 일찍 회사를 떠났기에 시련과 극복의 과정을 생생히 체험하진 못했다. 그러나 포스코가 세계 최고의 제철 회사로 성장했음으로 나는 아무 후회도 없으며 오직 뜨거운 박수를 보낼 따름이다. 1976년 포항제철소 선재공장을 둘러보며 나는 건설 초창기에 초대 감사로서 한 일이 별로 없었던 것에 대해 한편으로 미안함과 다른 한편으론 뿌듯한 자부심을 느낀다.

25

"하루하루의 결과를
이튿날 아침까지 보고하시오"

이원희(뒤셀도르프 연락소장, 뉴욕사무소장) 씨의 증언

1967년 9월. 대한중석 상동 광업소 관리과장에서 서울 본사 개발조사실 조사역으로 옮겨갔다. 입사 7년째. 새 임무는 종합제철 추진위원회 업무. 건국 이후 최대 역사로, 거대 외자 사업이라고 했다.

지침이 없었다. 나는 "계약" 지식들을 끌어모았다. 한국 상법, 외자 도입 절차, 영미 계약법, 국내외 외자 사업 계약 문서 등 닥치는 대로 탐독했다. 정부와 KISA의 기본 협정서 사본은 그해 10월 하순에 받았다. 영어가 큰 밑천이었다.

1947년 미군정청 직원용 영어 연수원, 한국 전쟁 때 공군 통역 장교, 공군사관학교와 공군대학 강의, 도합 2년의 미국 연수를 이렇게 보낸 공군 시절의 잊을 수 없는 일의 하나는 새로 도입한 P-51 전투기로 처음 이륙할 우리 빨간 마후라들에게 통역한 장면이다. 미국 교관이 오른쪽 날개, 내가 왼쪽 날개에서 소리를 질러댔는데 특히 내 목소리가 프로펠러 굉음을 뚫고 조종사의 귀로 들어가야 했으니...

포스코 창립의 추가 협상의 막이 올랐다. 상대는 Zakin 대표와 데마그의 Stripgen 등 회원사 협상팀이었는데 Patron이라는 유명한 프로젝트 엔지니어링 전담 변호사가 주도했다. 외국 계약 부차장인 나를 비롯해 우리팀은 어느 면으로 견줘도 약체였다. 프로 대 아마추어였다.

영어로 진행하는 협상이 아침 10시부터 종일 이어졌고 서로 다른 주장이 맞서기 일수였다. 이런 줄다리기가 6달 계속되었다. 추가 협정 체결이 중요한 선행과제인 시절. 박태준 사장의 관심이 높을 수밖에 없었다.

"하루하루의 협상 결과를 이튿날 아침까지 보고하시오."

내 임무가 추가되었다.

매일 새벽에 일어나 어제 펼쳤던 쌍방의 주장과 합의를 간추리고 보고안을 요약했다. 대안끼리의 비교, 관련 데이터, 최저 양보선 등 시험 공부와 같았다. 기나긴 협상노정에서 큰 고비는 성능 보장과 공기 준수였다.

"특히 고로의 성능 보장은 전례도 없고 공사는 턴키 방식이 아니라 "Twisted Key" 방식으로 해야합니다."

우리말로는 "꼬아서 합친다"라고 풀이될 Twisted Key란 신조어까지 들이댄 그들은 좀처럼 물러서지 않았다. 우리도 완강했다.

"외자를 KISA가 공급하고 내자 계약을 KISA 휘하의 구매단이 집행하는" Moderated(완화된) 턴키 방식이라며 다른 규모의 용광로를 예를 들고 원론이나 기타 조건을 충족시켜주겠다는 전제하에 "성능 보장 조항은 필수 조건"이라고 설득했다.

이래서 가까스로 80% 합의를 도출했다. 공기 준수 협상의 걸림돌은 공급 기자재 인도와 지체상금이었다. 후자가 더 애를 먹였다. 교착에 빠지자 Stripgen이 슬쩍 흘렸다.

"지체상금만 요구할 게 아니라 조기 준공 상여금도 제안해야 공평할텐데…"

다른 멤버와는 상의하지 않은 눈치였지만 우리는 냉큼 받아먹었다. 아니나다를까, Zakin, Patron 등이 난색을 했다. 그래도 우리는 어림없었다. 나는 "한번 약속은 지켜야한다"며 이른바 서양의 신사도를 자극했다.

영어 약발이 약한 듯 하여 "Pacta Sunt Servanda('약속은 지켜야한다'는 뜻의 계약충실의 원칙)"라는 라틴어까지 동원했다. 그리고 우리는 이겼다. 고진감래란 말은 진리였다.

1968년 말에 KISA의 추가 협정을 체결하고 돌아섰을 때 어느덧 나는 외국 계약에 대한 두려움을 극복하고 있었다. 그래서 사원들에게 소신껏 강의도 하게 되었다. 머잖아 KISA는 연기처럼 사라졌지만 피를 말리며 진행된 매우 귀한 수업 기간이었다.

1969년 이른 봄 포스코는 회색에 싸여 있었다. 우수한 경력 사원들이 떠나가기도 했다. 노중열 외국 계약 부장은 차관 관계로 외국 출장이 잦은 가운데도 부하를 다독이며 한눈팔지 못하게 공부도 시켰다.

KISA와의 계약 협상을 참고 삼아 앞으로 사용할 포스코 자체의 계약서안을 만들고 다른 부서 사람들도 참여하는 세미나를 열었다. 협상 능력 배양의 시간으로 활용한 것이다.

1969년 말. 오스트리아 푀스트 알피네에는 "이씨 삼형제(Three Lee Brothers)"라는 애칭이 생겨났다. 중후판 공장 공급 건설 계약체결을 위해 현지에 머물고 있는 포스코의 이상수 부장, 이재옥 부장, 나, 우리 셋을 가리킨 말이다.

우리는 이미 준비된 팀이었다. 성능 보장 조항을 비롯해 우리의 준비안을 거의 그대로 통과시켰다. 젊고 유능해 보이는 Neubauer씨를 그쪽의 협상 연락 행정담당으로 추천하기도 했다. 뒷날에 그는 확장일로의 포스코에서도 활약하게 되는데 참으로 흐뭇한 기억이다.

포항 1기 건설 계약 협상 테이블에는 각 설비별 부원 한 두사람도 동석시켰다. 실전 현장에서의 현장 훈련이었다. 일본과의 협상에서 우리가 우위를 점하는 분야는 대체로 영어뿐이었다. 그쪽 회사에도 엘리트 출신이 많았지만 일본인은 타고난 영어 발음에서 한국인에게 밀릴 수밖에 없었다.

협상을 진행해 보니 우리가 영어로 나가면 어렵게 따라오고 일본어로 대응해주면 고마워하는 것 같았다. 곧 요령이 생겼다. 쉬운 문제는 일본어로 해주고 중요한 문제는 영어로 나갔다. 이러다 보면 나중에 영문 계약안을 작성할 때는 우리가 말해 주는 대로 받아쓰는 경우도 생겼다.

일본 IHI와의 고로 공급 건설계약서에서는 역시 "성능보장 조항"이 장벽으로 막아섰다.

"계약서에 명시한 선례가 없어요. 설비 공급도 턴키가 아니라 FOB 계약 조건인데 더더욱 계약서에 명시하기 어렵습니다."

김학기 제선부장과 나는 전혀 당황하지 않았다. 푀스트와의 중후판공장에서도 그랬고 그 이전에 KISA와의 협상에서도 성능 보장 조항은 명시됐다. 세계가 주목하고 있는 포스코에 고로 성능 보장을 해주고 성공시키면 그 이상의 IHI의 홍보가 또 어디있겠느냐...

이렇게 우리의 선례를 들이밀고 상대의 자존심을 치켜세우며 설득에 성공했다. 이러한 경험들은 뒷날의 외자 계약에 큰 힘이 되었다. 포항 2기 설비 냉연공장 공급사는 푀스트, 독일 지멘스, 미국 원유나이티드. 이들은 미국 차관분인 엑심(EXIM) 은행과의 교섭을 포스코가 한국 정부의 도움을 받아 맡아줄 것을 간청했다.

1974년 5월. 나는 경제기획원의 L사무관과 동행해 워싱턴으로 가서 K 경제협력관과 합류, 엑심은행의 담당과장을 만났다. 저녁식사대로 교섭 출장비 300달러를 초과했지만 "엑심의 보증 융자분을 뺀 나머지 시중은행 담당분은 미국 시중 은행 중 서울에 진출한 곳이 유리할 것"이란 그의 귀띔은 일을 순조롭게 푸는 고리역할을 해줬는데 서울의 FNCB(시티은행전신)로 결정됐다.

확신을 얻은 나는 곧장 혼자서 뒤셀도르프로 날아갔다. 목적은 독일 오토와의 포항 2기 코크스 공장 계약 건으로 오토와 차관선인 WLB와의 협상 입회였다. 협상 도중 본사 지시로 급거 귀국했는데 재무장관이 외화산업 자금으로 충당하라는 말과 달리 당시 어려운 나라 실정 상 외화 잔고는 거의 바닥이 나 있었다.

그때부터 외로운 긴급 구난 작업이 시작되었다. 결국 엑심 차관 관계로 2주전 뉴욕에서 만났던 FNCB 본사 K씨의 조언에 힘입어 신디케이트론(간사은행이 주관하여 여러 은행이 참가하는 차관단식 융자)으로 풀게되었다.

국제전화를 통해 코크스 공장 외자 도입의 난관에 대한 나의 설명을 경청한 그는 "포스코 냉연 공장 EXIM 금융에 참여하게 된 것에 감사"를 하면서 "싱가포르가 기채시장의 관건인데 홍콩의 우리 APCO와 접촉"해보기를 권유했다. 가뭄에 단비를 만난 격으로 홍콩의 APCO와 협상해 우리는 POSCO 신용으로 처음으로 신디케이트론 국제차관을 얻을 수 있었다.

신광식(제강부장)씨의 증언

매년 4월 24일은 포스코의 "안전(安全, Safety)의 날"이다. 1978년부터 안전의 날이라는 명칭이 붙었는데 이날을 이렇게 부르게 된 배경에는 커다란 사고(事故)가 자리하고 있다. 포스코 역사의 최대 사고로 기록될 제강공장 사고가 그것이다.

1974년 4월 24일이었다. 제강공장에 사고가 난 것은 새벽이었다. 집에서 자다가 전화를 받았다. 권억조 공장장이었다.

"제강 공장에 사고가 났습니다."

"자세히 보고해 봐."

그 당시만 해도 크고 작은 사고들이 제법 많았고 그 때문에 자다가 전화를 받는 경우는 아주 흔한 일이어서 처음엔 좀 무덤덤했다. 그리고 그때는 크고 작은 일이 있으면 반드시 보고를 하게 되어 있었기 때문에 집으로 늘상 전화가 오곤 했다. 그래서 전화를 받아도 크게 놀라지 않았다.

"사고가 좀 큰 것 같습니다."

"그래. 그럼 같이 나가보자."

그러면서도 놀란 가슴은 아니었다. 주택 단지에 24시간 비상대기하고 있는 차를 타고 공장으로 갔다. 그런데 이상한 것은 공장에 가까이 갔는데도 캄캄한 것이었다. 가슴이 철렁했다. 뭔가 큰일이 발생한 모양이구나…

제철소는 24시간 작업을 하기 때문에 언제나 주변이 환한 편이었다. 그런데 그날은 제강공장 입구까지 왔는데도 칠흙같이 캄캄하기만 했다. 자세히 보니 연기가 피어오르고 있지 않는가!

급히 렌턴을 가지고 공장 안으로 들어갔다. 그러나 어디서부터 손을 써야할지 도무지 방안이 서지 않는 상황이 벌어져 있었다. 이미 비상이 걸려서 간부들도 달려나오고 조업자들도 분주했지만 모두가 우왕좌왕할 뿐이었다. 건물 밖에서 불이 났으면 진화 순서나 방법이 금방 생각나겠지만 땅속 보이지 않는 곳에서 연기가 올라오니 어떻게 해야 할지 눈앞이 캄캄했다.

사고의 발단은 어처구니없게도 크레인 운전원의 실수였다. 그 직원은 용광로에서 쇳물을 받아오면 제강공장에서 정련을 하기 위해 쇳물을 전로에 붓는데 바로 그런 작업을 하는 크레인 운전원이었다. 정상적으로만 작업을 하면 안전장치가 잘 되어있기 때문에 별문제가 없겠지만 그 운전원이 작업을 하면서 잠깐 졸은게 사고의 원인이었다.

엄청난 실수를 했다는 데 대해서는 동정의 여지가 있을 수 없었다. 실수의 원인을 알아보기 위해 그 친구를 불러 얘기를 들어보니 생활고 때문이었다. 그때만 해도 사실 운전원의 급여 수준이나 여러 가지 생활 형편들이 지금보다 아주 못한 시절이었다. 그 운전원은 부업으로 퇴근 후 연탄 배달 등의 일을 하고 있었던 것이다.

결국 충분한 휴식을 취하지 못하고 피곤에 절은 상태로 야간에 작업하던 중 쇳물을 가득 담은 래들(Ladle)을 크레인으로 끌어올리면서 깜박 졸았던 것이다. 작업자가 스위치를 넣으면 크레인에 매달린 래들은 위로 올라가게 되어 있어 작업자는 일정한 높이에서 래들을 멈춰야 하는데 그가 조는 바람에 전로(轉爐)에 쏟아야 할 쇳물을 엉뚱한 곳에 쏟아부은 것이다. 바로 이것이 대형 사고의 원인이었다.

래들에 담긴 90톤의 쇳물 중에 44톤 정도를 쏟아 버렸다. 그러니 그 뜨거운 쇳물이 쏟아진 바닥이 어떻게 되겠는가. 쇳물이 쏟아진 공장바닥 밑 지하에는 케이블(cable)이 굉장히 많이 지나가고 있었다.

물론 이런 비상사태에 대비하여 콘크리트 컬버트로 보호되어 있었지만 불행하게도 점검구 틈 사이로 쇳물이 흘러들어가 케이블에 불이 붙어 공장 전체로 번지기 시작한 것이다. 공장의 혈관이나 다름없는 케이블이 타버렸다고 상상해 보라. 어느 한 곳도 안전할 수가 없는 상태였다.

현장에서는 회사비상망을 통해 직원들이 전부 소집되어 진화작업에 나섰지만 손을 못 대고 있었다. 심지어 포항에 있는 소방 장비만으로는 부족하여 대구와 울산 쪽의 진화에 필요한 장비를 전부 동원했지만 역부족이었다.

콘크리트 바닥 밑에서 타고 있으니 눈에 보이지도 않는데다가 합성 물질이 타기 때문에 우선은 냄새가 심해 접근하기가 쉽지 않았다. 뿐만 아니라 검은 연기 때문에 렌턴을 비춰도 앞이 전혀 보이질 않았다. 급한 김에 물만 계속 퍼부었지만 진화에는 별 도움이 안되었다.

"하나님 맙소사."

결국은 진화를 못하고 케이블이 거의 다 소실되어 버렸다. 케이블이 조작반까지 연결되어 있어서 조작반까지 전부 타버렸다. 정오쯤 되어서야 거의 진화가 된 것 같았다.

"이제 뒤처리를 하고 뭔가 다음 준비를 해야지."하고 팔을 걷어붙이는데 불길이 다시 치솟았다. 또한번 소동을 벌이고 나서 완전진화된 것이 오후 5시. 그것은 진화라기보다는 거의 다 타고 더이상 탈 게 없는 상태에서 스스로 꺼졌다고 하는 것이 맞을 것이다.

회사 전체 비상체제로

문제는 제강공장만의 문제가 아니라는데 있었다. 철강 제품이 나오기 위해서는 제선→제강→압연의 공정을 순서대로 거쳐야하는데 그 중간인 제강공장을 가동할 수 없으니 선공정인 제선에서 나오는 쇳물을 처리할 수 없었다.

그렇다고 멀쩡한 제선쪽 고로를 휴풍할 수는 없는 일이었다. 제선공장에서는 감산을 하면서 계속 조업을 했지만 나오는 쇳물은 어쩔 수 없이 전부 모래밭에 부어야 했다. 후공정인 압연 쪽도 비상체제로 들어가느라 아우성이었다.

압연 쪽에서 작업해야 할 물건을 제강공장이 공급해주지 못하기 때문이었다. 결국 다른 나라에서 수입해서 가동을 했지만 그런 난리가 없었다. 어떻게든 빠른 시일 내에 복구를 해야 할 상황이었다. 한시라도 빨리 공장을 정상화하지 않으면 회사 자체의 운명이 위태로운 상황이었다.

제강공장 복구를 위해 회사 전체가 비상체제에 돌입했다. 즉각 김준영 공작정비 본부장을 본부장으로 한 복구 반이 사장 직속으로 설치되었다. 그 유명한 "제강 비상"이 시작된 것이다. 그러나 공장의 동력과 신경계통이 전멸되다시피 했으니 어디서부터 손을 대야 할지 막막했다.

복구반은 우선 일본의 설비 공급자들에게 연락했다. 설비들이 대부분 일본에서 공급된 것이었기 때문이다. 공급사 측에서는 즉각 대응했다. 다급히 날아온 일본 기술자들이 밤을 꼬박 새면서 복구를 조언해 주었는데 그들이 그렇게 고마울 수가 없었다.

그런데 현장을 점검한 일본 기술자들은 복구 기간을 3개월로 잡았다.

"하루가 급한데 3개월이 뭡니까?"

우리의 급한 요청에 결국 2개월로 잡아 7월 1일까지 완료하는 것으로 했다. 부품을 새로 제작해야 되는 것도 있기 때문에 그 이전에는 도저히 안된다는 것이었다.

"사생결단으로 덤빈다!"

이때부터는 아무런 말이 필요 없었다. 복구 방법이 나오고 복구 기간이 정해졌으니 직원들이 다 달라붙어 24시간 복구 작업을 했다. 복구반 대부분이 그랬지만 나도 완전히 복구될 때까지 지척에 있는 집에 들어간 적이 한번도 없었다. 다들 사무실에서 쭈구리고 잤다. 누가 강제로 시켜서 하는 일이 아닌데도 모두 열심이었다.

그래서 당초에 정했던 2개월보다 훨씬 앞당겨져서 3호 전로는 5월 21일, 2호 전로는 5월 28일에 복구되어 제강공장은 정상 조업에 들어갈 수 있었고 마지막으로 1호 전로가 6월 27일에 복구되어 전체가 복구되었다.

그때 나는 사람이 보여줄 수 있는 자율적인 "힘"의 위대함을 실감할 수 있었다. 감독의 눈이 있어서 하는 작업이었다면 그보다 두 배 이상의 시간이 걸렸을지도 모른다. 일본 기술자들도 모두 놀라워하며 고개를 설레설레 저었다. 당초 3개월이 걸린다고 했던 그들은 그렇게 빨리 복구를 했다는 게 믿어지지 않는다면서 우리를 보고 "비정상적인 사람들"이라고 농담을 했다.

한가지 불행 중 다행이었다면 그처럼 엄청난 사고였지만 한 사람의 인명피해가 없었다는 것이었다. 모두들 기적 같은 일이라고 했다.

아무튼 제강공장의 사고는 이렇게 해서 마무리 되었지만 나에게는 한가지 남아있는 일이 있었다. 제강부장으로서 이번 사고에 대한 책임을 지고 물러나야 했다. 다만 그 시기가 문제로 여러 날 고민하다가 우선 복구를 끝내야한다는 생각에 몇 달을 보냈다.

나는 비서실에 사표를 제출했다. 그런데 고준식 부사장이 나를 부르셨다.

"이게 사표내서 될 일이 아니잖아, 인마. 백의종군해야지 무슨 사표야? 이거 없앤다." 하고는 사표를 찢어버리셨다.

그렇지만 나는 이미 결심을 굳혔고 도의적으로도 물러나야 된다는 생각에 다시 사표를 썼다. 사장 비서를 통해 박태준 사장님께 직접 보고해 달라고 했다.

그랬더니 박 사장께서도 나를 불러 "거기에 관련된 일들은 이미 내가 다 책임을 지기로 위에 보고했어. 너는 열심히 일만 하면 돼." 하는 것이었다. 사표가 반려됐을 때 관리 책임자로 무슨 말이라도 해야 할 것 같은데 아무말도 나오지 않았다.

지금도 그때를 생각하면 그 북새통 속에서 물불을 가리지 않고 복구 작업에 열정을 불태웠던 복구반원들과 작업원들, 그리고 그 사고로 많은 고초를 겪으신 박 사장님을 비롯한 임직원 모든분들에게 송구스런 마음을 금할 수가 없다.

26
인간한계에 도전했던 영일만 사람들

박종태(초대 포항건설소장)씨의 증언

첫 출선의 그날

"나는 지금도 "포항 제철"이란 말만 들으면 가슴이 설레는 사람이에요. 나의 모든 것이 거기 있었고 현재의 나도 사실은 거기 있으니까요."

1973년 6월 8일 고로 화입 다음날 첫 출선 성공 장면을 담은 사진이 있다. 거기 잡힌 박종태 초대 포항제철소장은 자신의 표정이 다른 동료들과는 달라진 이유를 이렇게 기억하고 있다.

"모두들 위를 보고 만세를 부르는데 왜 유독 나는 혼자 눈을 아래로 깔고 만세를 불렀느냐고들 하지요. 위를 보는 까닭이야 뻔하지 않겠어요, 뺨을 타고 흐르는 눈물을 감추려고 그런 것이지, 나는 그때 가슴으로 눈물을 흘리고 있었어요. 그리고 눈으로는 출선구에서 빠져나와 흘러가는 황금빛 쇳물을 한눈 가득 담고 있었지. 그동안 겪은 수 많은 사연이 모두 쇳물에 녹아드는 느낌이었어요."

"고로에 불을 지피고 나서 다음 날 아침 출선 때까지 현장을 떠나지 못했어요. 밤을 하얗게 새울 수밖에 없었어. 한 민족 5000년 역사에 처음으로 쇳물이 터져 나오는 순간을 코앞에 두고 어떻게 잠이 오겠어? 고로를 몇 개씩 지어본 사람도 첫 출선 시간이 다가오면 입이 쩍쩍 마른다고 하는데 그때 우리 입장에서야 어찌 그렇지 않았겠어요. 공연히 1고로 주변을 이리저리 서성거리면서 가슴을 졸였던 건데.

그때 그런 사람이 나만이 아니었어요. 다들 가만히 있지 못하고 안절부절못했지. 그러다가 밤 깊은 제철소 어귀에서 서로 마주치면 아무 말 없이 맞잡은 손에 힘을 주면서 서로의 마음을 주고받았어요."

영일만 8년은 두려움의 연속이었다

1968년 7월 초순 그는 영일만 모래벌판으로 내려갔다. 박태준 사장께서 대한중석에 남겨 놓았던 박종태 상동광산 소장에게 영일만 건설 현장의 일선 지휘관을 맡겼다. 대학 졸업 후 대한중석에 입사한 그는 박 사장이 대한중석 최고 경영자로 부임할 때 처음 대면을 했고 그 인연이 드디어 그렇게 포스코로 이어졌다.

박종태 초대 소장이 시발 택시를 타고 찾아간 현장에 포철 건물이라곤 두어달 전에 지어졌다는 "슬레이트 지붕의 흰색 목조 2층" 하나가 전부였다. 잠시 다니러온 눈에는 낭만적인 허름한 별장처럼 비쳤을, 머잖아 "롬멜 하우스"로 불리는 포스코 자산 1호가 바로 그것이었다.

준설 공사와 이주를 시작한 초가 마을. 폐허 분위기의 동네에서 포철 요원들은 회색 무명 작업복 차림에 검게 탄 얼굴이었다. 김명환, 신상은, 김택중, 한경식… 포항제철소 군번 1호를 다투는 최초의 첨병들이었다.

그의 첫 눈에 현장 장비는 형편없어 보였다. 반트럭 한 대, 두 번호가 딸린 전화기 몇 개. 이게 고작이었다. 인구 6만 명 항구 도시에 택시라곤 미군에서 불하받은 폐차 수준의 20대 밖에 없었다.

포철 요원들은 승용차, 화물차, 업무 연락, 관청 출입의 "1차 4역"을 도맡은 조그만 초록색 반트럭을 애지중지했다. 그나마 차량 등록 서류가 덜 된 상태여서 임시 번호를 달고 운행하다가 포항 경찰서 보안과로 끌려가 "운행 정지 압류 처분"까지 당한 적도 있었다.

공장 부지 조성 공사를 시작한 1968년부터 공장건설 – 준공 – 조업으로 이어지는 1976년 말까지의 8년여를 일관되게 현장에서 보낸 나는 이 세상에 흔치 않은 경력을 가졌다. 이 경력을 어떻게 자평해야 할지 요즈음도 모르겠다.

이제는 노병이라고 불러도 좋을 포항제철소 초대 소장은 다음과 같이 회고한다.

"어느 하나의 일만 뇌리에 저장되어 있다면 그것이 가장 강력하겠지만 영일만 모래벌판 시절에는 매일매일 새로운 일이었고 어려운 일이었다. 아니 두려운 일이었다고 하는 것이 마땅할 것이다. 하는 일마다 새로운 일이었다. 방대한 국가 예산이 투입되는 항만, 용수, 도시계획, 철도 등 정부 지원 사업도 현장에서 보았고 또 당면한 직원들의 주거, 자녀 교육, 후생시설을 마련하는 주택 단지 사업, 사상 초유의 건설과 조업 등 실로 엄청난 일거리들을 한꺼번에 시행하다 보니 아예 그러한 상황에 중독되어 무감각 상태라는 일종의 정신 질환이 일어난 것이 아니었나 싶다."

롬멜하우스의 추억

1971년 롬멜하우스가 있던 곳이 분괴공장 부지로 편입되면서 어쩔 수 없이 철거해야 하는 상황이 되었다. 그런데 이것을 그냥 허물어 버려서는 안되겠다 싶었다. 어디다 옮겨 놓아야겠다고 생각하고 본사에 예산을 신청했지만 그게 어려웠다.

그냥 철거해 버리는 쪽으로만 이야기가 되는 거야. 그래서 현장에 내려와있던 건설 회사에 부탁했다. 동아건설의 현장소장이 대학의 후배였다. 그 사람이 흔쾌히 승낙을 해서 당시 연수원(현 홍보센터) 아래 있는 숲으로 옮겼다.

그땐 숲이 무성해서 밖에서는 잘 보이지도 않았고 옮겨 지은 사실을 아는 사람도 몇 되지 않았다. 지금 롬멜하우스가 "포스코 역사관" 속에 있는데 그때 옮겨놓지 않았으면 영원히 사라질 뻔했다.

롬멜하우스는 포스코 창업세대, 특히 부지정비나 각종 인프라 공사가 진행된 초창기에 현장을 감당했던 요원들에게는 가장 중요한 추억의 산실이다. 포스코 사보 "쇳물"이 회사의 문제점에 대한 시정의 기회를 마련하기 위해 "신문고"라는 지면을 신설했을 때 그 북을 두드린 최초의 펜(Pen)은 "롬멜하우스"를 염려하는 것이었다.

1974년 7월호 "쇳물의 신문고"에는 다음과 같은 글이 실려있다.

"지금도 베토벤 기념관에 가면 악성(樂聖)의 유물이 생시와 조금도 다름없이 잘 보존되어 있다. 우리는 얼마만큼의 예산이 소요되더라도 롬멜하우스는 영원히 보존할 수 있는 근원적인 대책을 다시 세워야한다. 비바람에 쓰러져 없어진 그 자리에 다시 롬멜하우스를 지어 올리는 우를 범하지 않기 위해서라도."

포항제철소라는 조직. 인간한계에 도전한 사내들

"포항사무소"로 출발한 영일만 현장에 "포항제철소"라는 조직이 정확히 언제 생겼는가? 초대 소장인 나는 기억하고 있다. 포스코의 모든 사사를 찾아보아도 포항제철소라는 조직이 정확히 언제 생겼는지 기록이 없다.

정확히 1972년 2월 16일이다. 당시 5개국 8개사가 참여한 대한국제제철차관단(KISA)의 자금 공여 기피와 와해, 대일청구권자금 일부 전용, JG(Japan Group) 태동으로 넘어가는 1968년에서 1969년의 시기였는데 당시 직원이 1968년 말 101명이었고 1969년 들어 257명으로 늘었다.

자금 조달에 대한 확실한 전망이 없었기에 직원들이 동요하는 건 당연했다. 심지어는 박정희 대통령마저도 현장에 오셔서 "남의 집 다 헐어놓고 제철소가 되기는 되는 거냐"고 걱정하는 상황이었다. 게다가 KISA마저도 와해 되니 국내 여론마저도 회의적이었다.

박태준 사장님의 "하와이 구상"이 현실화 되면서 분위기가 바뀌었다. 당시 일본의 협조를 얻기 위해 박태준 사장님께서 일본으로 서울로 동분서주한 이야기는 다 아는 사실이니까 더 말할 필요가 없겠지만 일본과 협상하면서 1기 설비 규모가 103만 톤으로 확정되었다. KISA의 계획은 60만 톤이었다.

나는 그때 "현장 사령관" 닉네임으로 직원들에게 인기가 높았다. 하지만 나는 독하고 엄하고 무서운 그런 사람이었다. 굳이 변명을 하자면 그땐 그럴 수밖에 없었다. 모진 소리도 많이 하고 윽박지르고 안되면 되도록 문제를 풀어보라고 호통치고 뒤에 숨지 말고 한발 앞으로 나서라고 다그치고 했다.

다만 나는 그들과 고락을 같이했다. 그들과 모래로 세수하고 땀으로 샤워하다시피 하면서 함께 뒹굴었다. 그때 직원들이 그런 나의 진심을 조금 이해해 주었던 것으로 생각하고 있다.

제철소를 짓고 움직인 것은 다름 아닌 그들이었다. 악조건이란 악조건을 모두 쓸어 모아 놓은 여건에서 인간의 한계에 도전한 그들이야말로 포스코 명예의 전당에 헌정되어야 할 사람들이다.

나는 두부 장수의 "딸랑 종"을 잊지 못한다. "딸랑, 딸랑" 아침 조회. "딸랑, 딸랑 점심시간" 이런 식으로 알리는 현장에서 나는 명찰을 달게 하고 워커나 농구화의 발목에 고무줄을 넣게 하고 경비원 팔뚝에 헌병 완장 같은 걸 채워주고 오토바이 두 대와 워키토키 구입을 청구했다.

1973년으로 접어들면서 단위 공장들이 속속 준공되고 종합 준공식이 얼마 남지 않았는데 현장은 여전히 모래바람 날리는 황무지 그대로였다. 이런 꼴로 대통령을 모시고 준공식을 치를 수 없다는 생각이 들어 녹지과장에게 물으니 녹화사업을 하려면 무려 4억 원이 든다고 했다.

박태준 사장님께 말씀을 드렸더니 "그런 돈이 어디 있나? 그래도 녹화는 해." 이러시는 거야. 나는 1968년에 부임하면서 보았던 장면이 떠올랐다.

당시 부지 조성 작업을 하면서 표토(表土)를 긁어서 제방을 쌓아 그 위에 풀이 무성했다. 나는 그날부터 중기부장에게 제철소 주변의 표토를 다 긁어모으라고 지시했다.

냉천 주변. 지금의 운동장. 산기슭의 흙까지 긁어서 각 부장이 책임지고 구역을 나누어서 모래 위에 깔도록했다. 그야말로 억지였다. 그러나 결국 성공했다.

조금 지나니까 잡초가 무성하게 자랐고 그걸 일정한 길이로 잘라서 녹화에 성공했다. 당시 산소공장까지는 표토가 전달되지 않아 담당부장이 보리를 뿌려 싹을 틔우기도 했다

나는 해송(곰솔)도 잊지 못한다. 영일만 모래벌판에는 곰솔로 우거진 솔숲이 있다. 준설 작업의 기다란 파이프가 깔리고 토박이들이 떠나간 터에는 캐가지 않은 해당화, 무화과, 동백나무, 목련 등이 있었다.

나는 그해 10월 어느 날 불도저에 밀려날 해당화를 고이 옮겨와 롬멜하우스 계단 옆에 심은 일이 있었다. 나는 속으로 "이 나무를 살리면 우리 공장도 서게 되고 그렇지 못하면 우리 고생도 무(無)로 돌아갈 것이다."이런 정성이 1969년 겨울에는 롬멜하우스 앞에 제법 우람한 곰솔 4그루가 정겹게 어우러진 풍경을 만들어 냈다.

옮겨 심은 곰솔 4그루를 포철 사내들은 "네 식구"로 여겼다. 우거진 숲을 이루었던 곰솔들이 모조리 뿌리 뽑혀 한낱 땔감으로 사라지진 않았다. 철의 사나이들은 "영일만 곰솔" 살리기를 군대의 작전처럼 진행했다. 그러나 최소 인원으로 창업회사의 녹화 골격을 갖춰 나갔다.

녹화 사업에 배치된 인원은 전문가 딱 한 사람. 회사 초유의 유일무이한 책임자는 원윤재씨였다. 곰솔 구출을 위한 고군분투, 이것도 그 사람의 임무가 되었다.

신상은(서울사무소장) 씨의 증언
- 회사 공식 창립일(日)을 정하라

창립 주총을 마친 후 박태준 사장께서 나에게 회사 공식 창립일을 언제로 하는 것이 좋을지 검토해 보라고 지시하셨다. 음식점 개업에도 택일에 신중을 기하는 것이 우리 민족의 전통이어서 국가 대사를 짊어지는 회사의 창립 택일을 어찌 쉽게 정할 수 있겠는가.

나는 택일 전문의 역술인을 활용하기 위해 자료를 뒤졌다. 마침 그해 3월 호 "신동아"에 유명 역술인들의 프로필이 소개되어 있었다. 그중에 세 사람을 선정했다. 날짜를 받아보았다. 각각 달리 나왔다. 3월 26일, 4월 1일, 4월 4일이었다.

그런데 3 날짜가 모두 내력이 있었다. 3월 26일은 초대 대통령 이승만 박사의 생일, 4월 1일은 만우절, 4월 4일은 청명이었다. 나는 그대로 박 사장께 보고를 드렸다. 그런데 대답이 예상과는 달랐다.

"우리나라에 언제부터 만우절(萬愚節, April Fool's Day)이 있었어?"

만우절이란 가벼운 거짓말로 서로 속이면서 즐기는 날이다. 서양의 여러 지역에서는 일종의 기념일로 여긴다. 만우절 따위가 무슨 상관이냐고 힐난하는 것 같았다.

4월 1일은 박 사장께서 주저 없이 찍은 창립일이었다. 나는 자리로 돌아와 창립일을 4월 1일로 품신하고 창립 기념식 제반 행사 계획을 세웠다. 역사적인 포스코 창립일 1968년 4월 1일은 그렇게 해서 결정되었다.

그로부터 십여 년 뒤에 조선일보 선우휘 주필께서 박태준 사장님과의 인터뷰에서 "만우절은 거짓말을 하는 날인데 만우절에 태어난 포철은 만우절의 약속을 실천했다"고 멋진 비유의 말을 하기도 했다.

내 이름이 창립 요원 명단에서 빠진 사연

나는 그 시절의 숨은 일화를 중심으로 역사를 전하려 한다. 마치 빛바랜 흑백사진을 펼쳐 보이는 것처럼. 창립일 확정과 동시에 회사 마크를 현상공모했다. 400편의 응모가 들어왔다.

1차 사내 심사, 2차 외부 전문가 심사가 있었는데 정작 당선작은 1차 심사에서 탈락된 것이 도로 뽑혔다. 그 응모 원안을 조금 수정해서 마크로 확정하게 되었다.

4월 1일 창립 당일 회사 명의의 발령이 났다. 추진위원회 멤버를 비롯한 대한중석 재직 중인 주요 대상자, 3월 중에 스카우트한 경력자, 추진위 때 공채한 기술직 등 임원을 포함하여 39명의 사령이 실행됐다. 그 중 5명은 이내 회사를 떠나버려서 공식 창업 요원은 34명으로 확정되었고 포스코 역사도 34명을 공식 기록으로 삼고 있다.

그런데 인사 발령장에 산파역을 맡아온 "신상은"의 이름은 없지 않은가? 어찌 된 일이냐고 비서에게 따지듯 물었다. 제철이란 말이 처음 들려오던 시절부터 개발조사실에서 그 사업에 투신해온 나를 뺄 수 없다고 생각한 것이었다.

들어보니 사연이 있었다. 대한중석 주주들이 똑똑한 사람은 다 빼 간다고 반발이 너무 심해서 한꺼번에 다 발령을 내지 못하고 시차를 두어야 할 것이니 그리 알고 그대로 일하라고 했다.

나는 창립 2달 뒤 발령이 났다. 나는 서류상으로는 대한중석 직원인데 포항에 내려가 근무하게 되었다. 포스코는 창립 요원이라고 하면 무조건 4월 1일 자 입사자로 기록하고 있는데 오히려 주주총회가 개최된 3월 2일 이전 참여자를 창립 요원으로 보는게 타당할 것 같다는 생각이 든다.

박정희 대통령의 첫 현장 방문

1968년 6월 영일만 현장에는 아직 철거되지 않은 "부연사"라는 사찰이 있었다. 나를 포함한 초기 요원 6명에게는 거기가 숙식 장소였다. 말 그대로 먹고 자는 집이었다.

당시는 철거 작업이 한창 진행되던 때여서 분위기가 매우 살벌했다. 조상 대대로 이어온 문전옥답과 삶의 터전을 포항제철 때문에 잃게 되었다고 해서 철거 대상 주민들의 반발이 심했다. 밤에는 술에 취해 낫을 들고 숙소로 들이닥치는 사내도 있었다. 그런 때는 공포감이 들기도 했다.

우리는 어쩔 수 없어서 해병부대에 사정을 알렸다. 그랬더니 야간에는 롬멜하우스와 부연사 숙소를 1개 분대가 지켜주었다. 낮에는 사무실 현관에 대송면 파출소의 경찰관 1명이 상주하면서 경비를 맡아주기도 했다.

공장부지 형태가 어느정도 이루어지면서 준설 작업이 한창이던 11월 12일 아침 8시 40분. 갑작스레 "대통령 각하 도착 예정"이란 통보를 받았다. 이 사실을 절대 외부에 알려서는 안된다는 주의 사항이 따랐지만 박종태 소장은 서울 본사의 박태준 사장에게 보고하고 지침을 받았다.

건설 사무소 직원 10여 명이 이리 뛰고 저리 뛰고 정신이 없는 중에 갑자기 헬기소리가 나더니 사무소 앞마당 주차장에 내려앉았다. 대통령이 도착한 것으로 알고 뛰어가 보니 경호실 관계자 5명이 선발대로 도착한 것이다. 그들의 전언으로는 대통령께서는 울산에서 점심을 마치고 14시경에 도착할 것이라고 했다. 다시 박 사장님께 보고를 드렸고 박 사장께서는 건설부 장관에게 연락하여 두 분이 군용비행기로 현장에 도착한 것은 13시가 지나서였다.

14시가 조금 지나 대통령께서 도착하셨다. 대통령께서는 1시간 가량 현장을 둘러보시고 떠나셨는데 떠나기 전에 우리와 한 사람, 한 사람 손을 잡으시며 격려해 주었다.

박정희 대통령은 그날과 1970년 4월 1일 1기 종합 착공식을 포함해 13 차례에 걸쳐 포항 건설 현장을 방문했다. 종합제철 신설에 대한 박 대통령의 집념이 얼마나 확고하셨는지를 알 수 있는 일이다.

불도저 기사 연행과 생트집 검문

1968년 5월 1일자로 포항건설사무소가 설치되었으나 현장 사무소가 준공되기 전 초기 요원들은 연락 사무실을 포항 시내 "상주 여관"으로 정하고 본사와 연락을 취했다. 전화도 여관 전화를 사용했다.

현장 왕래 및 업무 연락을 위해 본사로부터 0.5톤급 반트럭 한 대를 배치받았으나 차량 등록서 미비로 임시 번호판을 부착하고 운행하다가 차량등록 미완 차량이란 이유로 경찰서 교통과로부터 운행정지 압류 처분을 받은 일도 있었다.

5월 27일에는 항만 공사가 착공되고 6월 15일에는 회사 자체행사로 표토제거 및 부지 정리 공사 착공식이 있었다. 7월 전후의 포항 날씨는 무척 덥다. 한번은 현장에 경찰서 교통과장이 백차를 타고 나타나더니 러닝셔츠 차림으로 작업을 하던 공사업체인 삼양공무㈜의 불도저 기사에게 면허증 제시를 요구했다. 면허증이 사무실에 있다고 했으나 확인해 볼 생각도 없이 면허증 미소지 운전자라며 경찰서로 연행했다.

나는 화가 머리 끝까지 나 경찰서로 교통과장을 찾아가 따졌다. 공사 현장에서 작업 중인 기사를 확인도 하지 않고 연행할 수 있느냐. 공사 지체에 대한 책임을 질 수 있느냐. 당신의 행동이 직무 집행상 옳다고 생각하느냐. 종합제철 건설에 이렇게 비협조적으로 나오면 당신도 그 자리에 오래 있지 못할 것이라고 좀 심하게 퍼부었더니 기사를 풀어주었다.

하루는 이런 일도 있었다. 초창기 포철 요원은 10명 내외였고 시공업체인 고려개발, 삼양공무, 삼부토건 등의 종업원이 훨씬 많았다. 당시 포항시민은 포철을 "종철"이라고 불렀는데 시공업체 직원들이 "종철에서 일한다"고 떠들고 다니는 바람에 시민이나 말단 공무원들도 그렇게 알고 있는 사람이 많았다. 식당이나 술집에서도 포철 직원보다 그들이 더 대접받고 다녔다. 외상도 더 쉽게 주었다.

어느날 냉천 검문소에서 내가 탄 차가 검문을 당했다. 면허증 제시 요구는 물론이고 어디 가느냐, 무엇 하는 차량이냐 등등으로 트집과 시비를 걸어왔다.

"종철이 무엇 하는 회사냐? 삼부토건, 삼양공무, 고려개발 등 큰 회사에서는 높은 분이 인사도 오고 하는데 당신네 회사는 왜 인사도 오지 않느냐?" 이러면서 5분 이상 붙들고 검문 아닌 행패를 부렸다.

나는 한심하기도 하고 어이가 없었다. 아무런 대꾸를 하지 말까 망설이다가 가만 있어서는 안되겠다는 생각이 들었다. 나의 대답은 좀 길어졌다.

"우리 회사 높이신 분은 서울 계시는데 바빠서 찾아뵙지 못해 미안합니다. 당신이 여기서 얼마 동안 더 근무할지 모르지만 우리 회사 사장님이 치안국장을 대동하고 경북도경국장과 포항경찰서장의 안내를 받으면서 당신 앞에 와서 인사를 드리도록 할테니 조금만 기다려 주십시오."

그리고 나서 나는 그 자리를 떴다. 이튿날이었다. 그 경찰관이 회사로 나를 찾아왔다. 어제의 일은 잘못했으니 없던 일로 해달라는 것이었다.

두 공무원의 순직

당시 공장부지 매입과 주택 철거 업무는 경상북도가 주관하여 건설국 지역계획과가 담당했다. 토지 소유주의 매매 동의를 얻기 위해 도청 직원 4~5명이 포항에 상주했다. 그때 포철 직원이 포항시청 직원과 냉면을 같이 먹은 것이 화근이 되어 하급관청으로부터 향응을 받은 죄목으로 징계를 받았으나 소청을 제기하여 면책, 복직된 사례도 있었다.

그런데 포항제철 건설 과정에서 초기에 순직한 1, 2호 인사는 포스코나 건설업체 직원이 아니라 공무원이었다. 공장부지 철거 대상 지역 내에서 음식점을 하던 한 여인이 다른 곳으로 농사지으러 이주하려 했는데 공교롭게도 그곳마저 이주 조정지구로 지정되어 다시 이전해야하는 상황이 되었다.

잔뜩 화가 난 이 여인이 도청 지역 계획과 과장을 찾아가 난동을 부렸다. 격분한 그 여인이 갑자기 과장의 중요한 부위를 두 손으로 움켜잡고 늘어지는 바람에 과장은 쇼크로 실신하고 말았다. 급히 병원으로 옮겨졌으나 끝내 소생하지 못했다.

또한 포항 우체국 전선공이 현장 인근 국도변에서 전화선 가설작업을 하다가 추락, 사망한 사건이 있었는데 이것이 공직자 순직 2호로 기록되었다.

포철 직원용 복수 여권 확보

포스코 임직원은 국영기업체 종사자로서 공무원에 준하는 통제를 받았기 때문에 여권(passport)을 발급받기 위해서는 공직자 해외여행심사규정(대통령령)에 의거, 국무총리 자문기관인 공무원 해외여행 심사위원회의 심의를 거쳐 국무총리의 결재가 나야 했다. 또 심사위원회에 회부시키기 위해서는 주무부장관(상공부장관)의 공무 해외여행 추천을 받아 외무부 여권과에 제출한 후 심사위원회에 부의하여 결의되어야만 국무총리에게 상신할 수 있었다.

포스코는 1,2기 공사에 이르는 동안 설비 구매 계약 협상, 기간요원 연수, 조업요원 연수 등으로 엄청난 인원을 해외로 보내야 했고 제철소의 특성상, 긴급한 출장이 발생하는 경우도 많았다. 그러나 여러 기관의 단계적 승인을 거쳐야 했던 관계로 여권 신청 후 발급까지 20~30일이 소요되었고 심사위원회의 의결에서 부결되는 경우도 꽤 됐다.

1973년 7월 1기 준공 이후 나는 행정실장으로 부임하여 서울 근무를 하게 되었지만 영전의 기쁨보다는 대관청업무를 어떻게 처리할 것인가를 두고 걱정이 태산 같았다.

법을 개정할 수 밖에 없다는 결론에 도달했다. 하루는 외무부에 들렀다가 국무총리가 결재한 서류를 보게 되었는데 총리 결재란 여백에 "포철과 지하철 본부의 해외 출장이 과다하니 통제 방안 강구 요망"이란 메모가 적혀 있었다.

바로 박태준 사장님께 보고를 드렸다. 박 사장께서는 자료를 만들어 빨리 총리실 행정조정실장에게 설명하고 1부를 보내라고 지시했다. 나는 급히 법률적인 문제점, 획일적 적용의 문제점, 포철 입장과 해외 출장의 필요성 및 대책 방안 등을 작성하여 상공부, 외무부 총리실을 일일이 찾아 다니며 설명했다.

총리실 행정조정실장은 외무부와 같이 긍정적으로 검토하자는 반응을 보였다. 나는 용기를 얻어서 외무부 관계자와 협의했다. 그 실무협의는 "공무심사 제외 단서 조항"을 삽입하기로 하고 구체적으로 "다만 제조업을 영위하면서 외국 업체와의 경쟁 제품을 연간 10억 달러 이상 수출하는 업체는 제외"로 할 것으로 합의되었다.

그런데 그 조항에 해당되는 국영기업체는 당시 포항제철 하나 밖에 없었다. 법령 개정작업이 본격화되면서 외무부 고위층과의 의사소통은 순조로웠다. 알고보니 박태준 사장이 박 대통령께 건의하여 대통령 비서실로부터 외무부로 지시가 내려간 것이었다.

최종 심의가 끝나고 외무부 차관실에 들렀을 때 "공무 여행 심사를 거치지 않고 일반 여권을 발급하도록 하겠는데 박태준 사장의 의견을 확인해야한다"고 했다. 무역진흥공사(KOTRA)는 관용여권을 발급하고 있는데 포철은 어찌했으면 좋은지 하는 것이었다.

즉석에서 포항 본사로 박 사장님께 전화를 걸어 내용을 말씀드리고 차관을 직접 바꿔드렸다. 이때 사장님께서는 관용여권은 필요없고 그 대신 단수가 아닌 복수 여권(유효 기간 내에 여행 횟수에 관계없이 출입국 할 수 있는 여권)을 일정 T/O(정원)을 두어 인정해 달라고 말씀하셨다. 그 결과 해외 출장이 잦은 임원과 부장 등 20장의 복수 여권 T/O를 인정받게 되었다. 여행 자유화가 안된 당시로서는 커다란 혜택이었다.

27

최소비용으로 최대공장 건설

한경식(건설본부장상무)씨의 증언

회사 초창기의 창립 멤버와 직원들은 거의가 경력직이었다. 대한중석, 대한석탄공사, 호남비료 등 여러 회사에서 발탁되거나 공고를 거쳐 채용된 것이었다. 팀컬러(Team Color)는 그야말로 각양각색이었다. 근무 자세나 일의 추진 방식이 서로 달랐고 업무에 관한 지식 정도와 능력 역시 천차만별이었다.

그로인해 업무 추진상의 불협 화음이 많았다. 그때 각기 다른 토양에서 각기 다르게 성장해 온 우리들 오합지졸(烏合之卒, 갑자기 모인 훈련되지 않은 군사)을 하나의 강력한 군단으로 뭉쳐 단군 이래 최대의 민족적 역사(役事)인 포항제철 건설에 집중하도록 만든 것은 두말할 것도 없이 박태준 최고경영자의 제철보국에 대한 투철한 이념과 솔선수범하는 리더십이었다.

만약 공장 건설에 실패한다면 우리 모두가 영일만에 빠져 죽어야 한다는 책임 의식은 이른바 "우향우 정신"으로 발현되었다. 그때 롬멜하우스 정면에 내걸었던 구호는 "최소의 비용으로 최대의 공장 건설"이었다.

그일의 성패에 개인의 생명을 내걸었고 더 나아가 한 푼의 돈이라도 가장 효율적으로 사용하여 종합제철을 성공적으로 건설하여 멸사보국하겠다는 정신을 담은 슬로건이었다.

시발 택시, 공장위치 표지깃발, 골재원

나는 포항종합제철이 창립된지 40일 후이던 1968년 5월 10일부터 유네스코 회관에 자리 잡은 서울 본사에서 KISA BF, BOF, 배처 프랜드, 석산, 골재원 등의 낯선 용어를 익힌 다음에 5월 15일 정식 입사해 포항 현지로 내려가라는 명령을 받았다.

포스코에 오기 전에는 8년여 동안 대한석탄공사 장성광업소 전기 계장으로 있었다. 석탄공사는 당시 국내 최고의 직장으로 알려져 있었지만 1966년부터 석탄이 석유에 밀리기 시작하면서 전망이 밝지 않다고 생각하고 있던 중에 포스코의 경력사원 모집 공고를 보고 응시한 것이었다.

서울에서 기차로 대구로 내려간 뒤 다시 버스로 포항, 그리고 시발 택시를 타고 자갈밭 길을 덜컹거리며 달려 포항시 동촌동에 도착했을 때는 여기가 한국 제철 산업의 심장부가 되리라고는 도저히 상상할 수가 없었다. 그저 조용하고 한가로운 시골 마을이었다.

마을 입구에는 엄청나게 큰 당산나무가 버티고 있었고 조금 지나쳐 왼쪽으로 구부러지면 "부연사"라는 사찰이 있었다. 울창한 솔숲 속을 한참 더 걸어가서 건설 사무소인 롬멜하우스가 보였다. 우리의 숙식을 기댄 부연사, 그리고 롬멜하우스. 초기 요원들에게 많은 추억과 향수를 불러일으키는 이름이다.

건설사무소에 도착해보니 김명환 소장, 박용진 차장, 그리고 여직원 한 사람뿐이었다. 포항건설본부 전기담당으로 발령이 났을 때만 해도 나는 그저 막연히 공사용 전기 시설이나 전화선 인입 관련 일을 하게 되리라고 생각했다.

그러나 막상 현지에 부임하고 보니 그건 큰 오산이었다. 매일 같이 무더기로 쏟아져 내려오는 서울 본사의 지시를 처리하자면 담당 업무나 전공 같은 것을 따질 겨를도 없이 우선 발등에 떨어진 불부터 끄고 보아야했다. 불과 세 사람이 서로 담당을 따질 형편이 아니었기에 닥치는 대로 처리하지 않으면 안되었다. 더구나 내가 가장 졸자였으니 정신없이 좌충우돌할 수 밖에 없었다.

현지에서 맨 처음 시작한 일이 KISA에서 제시한 60만 톤 규모의 레이아웃에 따라 각 공장 위치에 표지 깃발을 만들어 꽂는 작업이었다. 가로 3.6m, 세로 2.4m의 대형 깃발을 2인치 파이프에 매달아 제선, 제강, 압연 등 각 공장부지에 세워 나갔다.

그러나 그 유명한 영일만의 바닷바람이 파이프를 두동강 냈다. 깃발은 가장자리가 헤어져 아주 흉한 꼴이 되고 만다. 표지기는 가장자리에 가죽을 덧대 누볐다. 깃대는 더 강한 것으로 바꾸었다. 하지만 그것도 얼마 견디지 못하고 몇 번이나 다시 세워야 했다.

그렇게 고생하며 공장 표지기를 세우고 나니 막막하기만 했던 모래벌판이 제법 공장부지라는 느낌을 주었다. 또 하나의 부차적인 효과는 표지기가 송정동, 동촌동 한가운데 세워짐에 따라 당시 이주를 거부하던 주민들에게 더 버텨서는 안되겠구나 하는 생각을 들게 해 준 것이었다. 아마도 심리적인 압박이 되었을 것이다.

다음으로 착수한 일은 석산(石山)과 골재원 조사였다. 매일 반트럭에다 삽과 곡괭이를 싣고 형산강, 냉천, 곡천상, 청하천 등을 돌아다니며 가마니에 샘플을 담아 서울 본사에 보냈다. 그 일을 끝내고는 갈평동, 문충동, 발산동 등 돌이 많은 산을 찾아다니며 석재 샘플을 채취해 서울로 보냈다. 삽과 곡괭이로 채취한 돌이다 보니 암석의 표피 부분이어서 부석(浮石)에 가까웠다.

 서울서는 다시 샘플을 모아보내라는 지시와 채근이 이어졌다. 어쩔 수 없이 채석공이 되어야 했다. 나는 포항 인근의 산과 강을 이 잡듯이 뒤지고 다녔기에 지리에 훤해졌다.

 1968년 7월 부임한 박종태 소장은 우리들이 부연사에 거처하는 동안 롬멜하우스 2층 소장사무실에 군대용 야전 침대를 깔고 거처했다. 모기장을 쳐드렸지만 잠버릇이 고약하셨는지 아침이면 흉터가 생길 정도로 심하게 모기 물린 자국을 내놓고 껄껄 웃으셨다.

 그때까지도 겨우 12명 밖에 안되는 인원이었지만 소장님을 위시해 아침마다 체조를 하고 계획적인 업무를 추진해 나갔으며 새로운 전통을 확립하기 위해 다 같이 한마음 한뜻으로 일했다.

PERT 교관이 분뇨통에 빠지다

 1968년 8월에 제 1합숙소를 구입하여 개축하고자 서울로 출장 간 기회에 박태준 사장님의 PERT(Program Evaluation and Review Technique, 프로젝트관리기법) 활용 지시가 있어서 책방을 찾아 책 몇 권을 사가지고 포항으로 내려왔다. 5일간의 독습 끝에 교안을 작성해 소장님을 위시한 전 사원에게 교육시킨 것을 시초로 포항에 PERT를 보급시켰으며 그후 1972년 초까지 포항에 부임하는 모든 직원을 교육하고 실제 활용상의 요령을 개발하여 교육 전파시켰다.

 1969년 들어서는 효자동 일대, 두호동 일대, 도구 일대를 대상으로 주택 단지 입지 조건을 조사해 보고하라는 지시에 따라 극비리에 주택단지 입지 조사에 나섰다. 조사를 나갈 때는 반드시 사복으로 바꾸어 입고 꼭 택시를 타고 다녔다. 포스코에서 주택 단지 입지를 물색하고 있다는 소문이 나면 땅값이 들썩일 수 있었다. 아무도 눈치채지 못하게 했다.

후보지를 종합적으로 검토한 결과 전기, 수도, 교통 등 모든 면에서 효자동 일대가 가장 적합한 것으로 판단되어 약 14만 평에 이르는 지역을 표시한 1만분의 1 지도를 조사 보고서와 함께 서울로 보냈다. 주택 단지 입지가 확정되고 부지 매수가 확정되자 부지 조성 공사가 본격적으로 시작되었다.

1969년 4월 5일까지 KISA 요원들이 입주할 수 있도록 도로와 독립주택, 독신료, 영빈관 보일러실 등을 긴급히 마련하라는 지시가 떨어졌다. 초기 요원들은 일당백으로 뛰어다녔다.

1969년 4월 5일 주택단지에 전기가 연결되었다. 주택지구 외곽을 따라 배선 선로를 가설하고 영빈관, 독립주택 등 인입선을 미관을 고려하여 케이블을 포설했다.

그때 참 어이없는 일을 당했다. 배선 선로감독으로서 한참 전주 위의 배선 상태를 올려다보며 걸어가다가 어디에 풍덩 빠져버렸는데, 하필이면 과수원 군데군데 분뇨를 모아 놓은 곳이었다. 거기에 내가 빠졌으니 말하자면 "똥통"에 빠진 것이었다.

순식간에 똥통은 내 하반신을 삼켜버렸고 그 안에서 허우적거렸다. 겨우 빠져나와 도랑물로 대충 씻은 후 택시를 타고 시내 욕탕으로 직행했다. 그때 상황을 상상하면 지금이야 웃음이 나오지만 당시는 죽을 맛이었다.

박태준 사장, 박 대통령 면전 브리핑 중 위경련 일으켜

서울에서 KISA와 갈등하고 일본과 새로운 방향을 모색하는 가운데 점차 공사가 진척되어가면서 조직도 바뀌고 많은 인원들이 포항으로 오기 시작하여 나도 포항 건설 본부 시절을 지나 포항사무소 전기과, 동력과, 정비부를 거쳐 건설기획부 공정 담당을 맡게 되었다. 당시 가장 어려웠던 업무 중 하나는 매주 건설 현황을 사진과 함께 서울 본사에 보고하는 일이었다.

자체 공사야 문제가 없지만 정부지원사업인 항만, 공업용수, 도시토목, 한전의 관련 공사, 전파통신 관련 공사 등의 진도 파악은 쉬운 일이 아니었다. 유일한 교통수단이던 반트럭을 타고 사진을 찍기 위해 정부 각 지원사업 현장을 돌아다녀야 하고 각 관청의 공사 감독을 찾아 사정하며 계약사항, 공정표, 매주 실적 진도 등을 알아내기 위해 진땀을 뺐다.

1969년 1월 연수원 준공과 더불어 KISA시절 60만 톤 레이아웃에 맞춰 상황실에 모형도를 설치했다가 대일청구권자금과 기술 협력이 성사되어 1970년 4월 1일 종합착공식에 대비해서는 103만 톤 레이아웃으로 새롭게 모형을 만드는 작업에 착수했다. 한 번도 보지 못한 제철소 모형을 만들기 위해 외국의 각 제철소 공장 사진을 모아 참조하여 제선공장, 제강공장, 압연공장 등의 모양을 제법 그럴싸하게 만들었다.

그런데 우리끼리만 조작할 때는 하자 없이 잘 되던 장비가 사장님만 모시고 하면 공장 표지 등이 하나, 둘 꺼지고 스피커에서 "삐잉" 하는 하우링 소리가 났다. 호되게 꾸지람을 들었지만 당시의 오디오 시스템이나 전구나 템프라 스위치나 기술 수준이 너무 후진적이어서 정말 애를 많이 먹었다.

드디어 1970년 4월 1일 정비공장을 스타트로 하는 종합 착공식을 박정희 대통령을 모시고 성대히 마치고 상황실에서 건설 공정과 레이아웃에 대한 브리핑을 하게 되어 있어서 당시 김완주 건설기획실장과 나는 상황실 운영을 위해 조작실에 대기하고 있었다.

이윽고 대통령을 모신 가운데 공장 배치 계획 설명에 이르러서는 갑자기 박 사장님께서 밖으로 나가셨다. 그리고 잠시 후 윤동석 부사장께서 대신 레이아웃 설명을 하기 시작했다.

그 당시엔 몰랐지만 박 사장님께서는 중첩된 과로로 위경련을 일으켜 대통령 주치의의 응급치료를 받으신 것이었다. 윤동석 부사장의 공장 배치 설명이 끝난 후 압연공장과 고로의 위치에 대한 대통령 각하의 질문이 있었는데 윤 부사장께서 모형에 익숙하지 못한 탓으로 금방 위치를 지시하기 어려워 내가 얼른 조작대에서 위치 표시등을 깜박깜박 켜곤 해서 상황 설명에 도움을 드렸다.

기적같은 주물선 공장 70일 공기 단축

1972년 당시 국가 5대 중공업사업의 하나였던 주물선 공장은 당초 강원산업에서 건설을 추진했었다. 그러나 항만 하역 설비, 원료 처리 설비, 컨베이 등 운반 설비, 용수, 전력, 가스, 코크스 등 포항제철 1기, 2기 설비와 관련성이 많아 포항제철이 맡아서 그 건설을 추진하는 것이 좋겠다는 정부 방침에 따라 1972년 4월 주물선 공장 건설추진반이 탄생했다.

그러나 주물선 공장은 초기에 상당 기간 적자를 면치 못할 것이라고 전망되어 포철로서는 달갑지 않은 설비였다. 때문에 독립채산제를 채택하도록 하고 가능한 한 1기 설비에 악영향을 끼치지 않도록 배려해야 했다.

최환용 건설반장을 위시해 한경식, 신치제, 백정의, 황경일 등 추진반 5명은 서울사무소에 파견되어 휴일도 없이 사업계획서 작성, 예산 편성, 구입 사양서 작성, 계약 사양 확정 등 업무를 진행했다. 그리고 "미쓰비시 상사(MSK)"와의 계약 사양서를 협의하기 위해 최환용 건설반장과 내가 일본으로 출장을 갔다.

MSK에서 작성한 계약사양의 분량이 적어도 1고로 사양서와 제1소결 사양서를 합친 분량은 될 것이라고 생각했는데 그 분량이 너무 적고 내용도 상세하지 못해 우리는 협상을 거부했다. 그리고 3일내에 더 상세한 설비 내용을 포함한 계약 사양서를 만들지 않으면 귀사의 무성의로 간주하고 귀국하겠다는 통고를 남기고 숙소에 왔다.

결국 MSK에서는 비상이 걸렸다. MSK는 상세 사양서를 만들겠으니 3일 후부터 협의를 시작하자고 했다. 이 한판의 승리는 적지 않은 의미를 지니고 있었다. 그후 MSK와의 협의에서 일단 우리 쪽에서 말을 꺼냈다하면 그대로 승복하는 전통이 생겼다.

우리가 한창 건설하고 있을 때 본사로부터 "70일 공기 단축" 지시가 떨어졌다. 우리는 우선 MSK 측에 10월 1일 화입(火入)할 수 있도록 선적을 1개월 앞당기고 현장공사는 40일 단축해야 한다고 통보했다.

MSK 측은 석유 파동으로 석유와 관련된 대부분의 기자재에 대한 2개월 내지 4개월 제작 및 선적 지연이 불가피하다고 하며 공기 단축은 불가능하고 공기 준수도 보장할 수 없다고 답변해 왔다. 우리로서는 어려운 여건일지라도 "비상 대책"을 수립하지 않을 수 없었다. 회사에서 한번 세운 목표는 어떠한 이유로도 변경할 수 없기 때문이었다. 이것이 "포스코 방식"이었다.

이영우 부장이 직접 일본으로 건너가 MSK 고위층을 만나 주물선 기자재 만큼은 절대 선적 지연이 없도록 협조를 당부하기도 했고 현장의 MSK 측 부장급이 참석한 공정 회의에서도 우리 측의 일방적인 훈시(?)가 2시간 동안이나 계속되어서 MSK측은 시무룩함과 놀라움이 범벅되어 어찌할 바를 몰랐다.

그러한 노력에도 기자재 도입은 평균 3개월 정도 지연되었다. 죽을 맛이었다. 결국 기전 공사에서만 5개월을 단축해야 했다. 우리는 동원할 수 있는 모든 수단을 강구했다. 인해전술을 통한 최대한의 병행 작업, 돌관 야간작업 실시, 비를 피할 수 있는 전천후 가설물 설치, 선적 후 10일 내에 설치 가능하도록 통관업무 협조 요청 등 관련부서의 협조를 얻어 비상사태에 돌입했다.

1974년 4월 15일 과장 이하 모든 직원은 굳은 결의로 부장에게 사표를 제출했다. 10월 1일 화입을 달성하지 못할 때에는 그 책임을 지고 물러나겠다는 뜻이었다. 부장 역시 사표를 썼다. 휴일이나 하계 휴가는 포기한지 오래고 야간 감독조를 마다하지 않았다.

7월 중 1개월 간의 긴 장마때는 미친 사람처럼 현장을 돌아다니며 텐트를 치고 그 속에서 할 수 있는 것은 하나도 빼지 않고 다했다. 당시 공기 단축에 제일 장애가 되는 것은 기자재 도입 지연이었다.

그러나 또한 결정적인 것은 국내에서 제작할 물량이 750 톤이나 되었는데 그 일부 소재는 일본에서 6월 말에나 선적될 예정이고 제작도면은 절반 정도밖에 도착하지 않은 상태였다.

9월 4일까지는 소결 공장 가동을 위한 컨베이어라인을 완료해야 했다. 그러나 3~4개월 밖에 남지 않은 시점에서 언제 도면과 소재가 도착하기를 기다려 제작하고 설치할지 그저 눈앞이 캄캄했다.

MSK에서 소재가 도착할 때까지 무작정 기다릴 수만은 없었다. 한국에서 긴급 조달해서 우선 사용하고 그 후 소재가 도착하면 현품으로 갚기로 하는 대책을 마련하고 모든 역량을 현장 제작에 집중했다. 다행히 시공업체인 대림산업도 이에 적극 협조하여 용접기 53대, 제작팀 12개 조, 260여 명을 매일 동원해 줘서 제작에 만전을 기할 수 있었다.

1974년 7월 26일 부사장 이하 이사들을 모시고 열풍로 건조를 위한 화입식이 예정되어 있었다. 화입식은 해야 하는데 문제는 그 건조용 버너가 전날 오후 4시에야 부산항에 도착한 것이었다.

부산 연락소의 적극적인 노력으로 그것이 주물선 현장에 도착한 것은 밤 9시였다. 밤을 꼬박 새워 버너를 설치할 수밖에 없었다. 전 인력이 동원되어 위험을 감수하며 매달린 끝에 화입식 1시간 전에 완료했다. 그래서 열풍로 화입을 예정대로 할 수 있었다.

이렇듯 수많은 난관을 극복하면서 주물선 공장 건설을 완료했다. 공장건설 기간에 총 15회의 고사를 지냈다는 점에서 알 수 있듯이 주물선 공장은 포철 공사 중 가장 힘들었고 고된 작업이었다.

고사(告祀)란 액운을 없애고 행운이 오도록 신에게 지내는 의식이다. 1974년 9월 30일은 마침 추석이었다. 그날 5시 부소장과 몇몇 부장들을 모시고 건설 종료와 안전 조업을 기원하는 간단한 기념 의식을 지내고 이미 제출했던 사표를 소각할 때는 만감이 교차했다. 1974년 10월 1일 공기를 70일 단축하면서 준공했다.

박정희 대통령의 직접 화입으로 보람 느껴

나는 제 2고로 건설반이 발족되자 건설반장이 되었다. 그리고 주물선 건설 요원들 모두 함께 제 2고로 건설반으로 발령되었다. 제 2고로 건설은 주물선 건설의 경험을 살려 공정상 장애 요인들을 미리 알아서 처리해 나갔다.

맨 먼저 일본 IHI와 시비가 붙은 것은 Ele.slag 용접봉과 Color Check 자재 등 공사용 자재를 KFX(원화자금)로 따로 수입해야 한다는 것이었다. 제 1고로 건설 때도 우리가 조달했던 것이다. 나는 그것은 모순이라고 생각했다.

계약 정신으로 볼 때 국내 생산 가능 품목은 국산으로 조달하고 국내 생산 불가 품목은 공급자 조달이었을 텐데 이렇게 하나씩, 둘씩 별도로 국내 생산 불가능 품목을 KFX로 구입해야 한다면 공정상 차질이 생길 가능성이 있기 때문에 나는 국내 생산 불가 품목은 IHI에서 조달하도록 완강히 주장하여 관철시켰다.

그 후 전기공사를 3개월 단축하기 위해 전기 관련 기기를 조기에 제작, 반입케 하여 시운전 기간을 충분히 확보하도록 했다. 제 2고로 건설을 위해 60톤 Tower Crane이 별도로 발주되어 있었다. 그러나 아무리 독촉을 해도 기계 공사 착공 시점인 1975년 2월 1일까지 현장에 도착하기는 어려웠다.

궁리 끝에 110톤 Tower Crane을 고로 노심(爐心)에 진입시키는 방안을 생각해 내어 약 2개월간 사본주와 고로 철피 1단을 설치할 수 있었다. 그후 60톤 타워 크레인이 설치되어 공기 단축에 크게 기여했다.

건설 초기에 또 하나의 공기 단축에 기여한 공법은 열풍로 내부에 설치하게 되어 있는 약 200톤이 넘는 Checker Support를 열풍로 Dome(반구형으로 된 지붕) 설치 이전에 노정으로 반입하는 방안을 강구하여 설치한 것이었다. 이것은 새로운 발상이었다.

고로 건설의 특징이라면 고로 화입 4개월 전부터 냉각 펌프의 운전, 열풍로 건조작업, 고로 건조 작업 등의 조업과 병행하면서 중요 이벤트도 반드시 지켜가며 신설해야 한다는 것이다. 또한 마무리 공사는 몇몇 감독원의 눈만으로는 미비점을 찾아내기 어렵기 때문에 모든 건설, 정비, 조업요원을 동원해서 찾아내야 했다.

 1976년 5월 31일 이날의 화입 목표를 달성하기 위해 우리는 24개월간 최선의 노력을 해온 결과로 1개월 공기를 단축하여 준공을 보게 되었다. 박정희 대통령께서 직접 화입(火入)을 해주시고 건설요원들의 노고를 치하해 주셔서 큰 보람을 느꼈다.

김기흥(뉴욕 사무소소장, 포스콘 초대사장)씨의 증언

 나는 1968년 5월 1일 포스코에 입사했다. 한국전력에 근무하던 중 포항제철에서 경력사원을 모집한다는 소식을 듣고 1968년 4월 20일 서울 명동 유네스코 회관으로 찾아가 박태준 사장님의 면접을 보고 국가적 대사업에 참여해야겠다는 큰 꿈을 품게 되었다.

 나는 어려운 가정 형편 때문에 철도고등학교를 다녔다. 학교에서 서울대에 입학하는 학생에게 장학금을 준다는 소식을 접하고 학업에 전념해 서울대 전기공학과에 입학했다. 돈에 쪼들리지 말아야 했다. 남들보다 책과 씨름하는 시간을 늘려야 했다. 서울대 전기공학과에서 줄곧 장학생으로 다녔고 졸업 후에는 한국전력에 입사했다.

 그때만 해도 한국전력, 대한중석, 호남비료, 석탄공사 등이 대졸자들이 선망하는 직장이었다. 박태준 사장께서는 나를 면접하면서

"포항제철은 국가적 사업으로서 박정희 대통령이 확신을 갖고 추진하는 회사이니 앞으로 세계적인 철강회사가 된다. 그러니 이리로 와서 큰일을 해보라"고 권유하셨다.

나는 망설이지 않을 수 없었다. 안정된 직장을 그만두고 신생회사로 가려니 적잖은 용기가 필요했다. 그렇지만 우리나라 산업의 중추신경이 될 일관제철소를 짓는 일에 참여한다는 것 자체가 국가에 헌신하겠다는 나의 꿈과 일치했다.

초창기 기술인력들이 다 그랬듯이 우리는 입사하자마자 KISA에서 보내온 GEP 검토에 매달렸다. 1969년 2월부터 약 3개월 간 일본 연수를 떠났다. 기계, 전기 파트는 후지 제철의 무로랑제철소로 갔고 다른 파트는 히로다 제철소로 향했다.

일본인들은 친절하게 가르쳐 주려고 했다. 무시하는 태도 같은 것도 보이지 않았고 책임 지위에 있는 사람들은 어려운 나라에서 배우러 왔으니 하나 하나 꼼꼼하게 가르쳐 주었다. 나만의 느낌이었는지 모르지만 36년 간의 식민 통치에 대한 미안함이 배어나는 것 같았다.

나는 일제 강점기 초등학교를 다닌 마지막 세대였기에 일본어를 능숙하게 구사할 수가 없었지만 연수 떠나기 전에 집중적으로 익힌 일본어가 그나마 도움이 되었다. 일본인 기술자들은 소중한 자료도 많이 건네주었다. 여기저기 공장을 둘러볼 때마다 이 자료를 얻을 수 있으면 좋겠다는 표정을 지으면 그들은 난처해 하면서도 주위를 살펴보다가 "그래 가져가세요" 하면서 건네주었다.

그 자료들은 거의가 프린트물이나 청사진이었다. 공식적으로 받은 자료, 억지를 써서 얻은 자료 등을 다 모아 놓으니 60kg에 달했다. 그걸 국내로 부치기 위해 우체국에 갔더니 소포 요금이 엄청 나왔지만 아무튼 그걸 바탕으로 일본 기술단(JG, Japan Group)이 낸 포항 1기 설비 계획서를 검토할 때 많은 참고가 되었다. 포항 1기 설비는 대부분 JG가 설계했고 일본의 설비 메이커에서 제작되었다.

사회적 인프라를 업그레이드시킨 포항제철

포항 1기 설비 설계가 끝나자 박태준 사장께서 나에게 서둘러 정비본부로 가라고 했다. 포스코가 도입한 설비는 당시로서는 최신 설비로서 국내에는 정비를 담당할 만한 인력이 없었기 때문에 일본 연수를 다녀온 인력들이 많았다.

모두들 자동차 후면에 병아리를 그리고 다니는 초보운전자 같았다. 1기, 2기, 3기까지는 운전, 정비 모두가 시원찮아 툭하면 고장이 나고 문제가 발생했다.

아무튼 나는 1971년까지는 기술부에서 1기, 2기 설비 계획을 담당했고 1974년부터 1976년까지는 동력부에서 차장을 맡았다. 동력부는 각 공장에서 사용하는 전기, 가스, 용수 등을 공급하는 부서로 모든 공장의 조건을 잘 파악해야 하는 중요한 업무를 수행한다.

당시 국내에서는 가스를 취급하는 데가 거의 없었다. JG 기술진은 가스가 폭발하면 가공할 사태가 벌어지니까 이를 취급할 때는 매우 엄격해야 한다고 누차 강조했다. 지금까지 포스코에서 가스 폭발사고가 없었던 것은 그때 JG로부터 얻은 교훈에 힘 입은 바가 크다.

열연공장은 대량의 전기를 소비한다. 당시 열연공장이 가동되면 한국전력 감시망 화면이 출렁거릴 정도였다. 전기뿐만 아니라 수도, 운송 등 모든 면에서 포항제철은 당시 우리 사회가 갖춘 인프라가 감당하기에 매우 벅찬 사업이었다.

포항제철 제품을 실은 차가 달리는 도로는 움푹 파였고 포항제철에 소요되는 막대한 공업용수 때문에 갈수기에 부족한 식수 문제로 경상북도와 잦은 마찰을 일으켰다. 그렇다 보니 욕도 많이 먹고 고 달팠지만 포항제철이 있었기에 국내 모든 산업의 관리 매뉴얼이 포항제철의 수준으로 격상되었고 모든 사회 간접 자원이 그 수준에 맞게 업그레이드(upgrade) 되었다.

현대그룹(현대양행) 공격 차단

1976년 12월 들어 박태준 사장께서는 나에게 공장정비도 경험했고 동력부 일도 해 봤으니 이젠 3기 설비 계획 업무를 맡으라며 설비기술부장으로 명령을 냈다. 흔히 박태준 사장을 이야기할 때 "인사의 귀재"라는 말을 빼놓지 않는다.

어떤 직원을 사전에 철저히 훈련시킨 후 적재적소에 배치하신 무수한 사례들을 보면 정말 맞는 말이다. 관점을 달리하면 개개인의 능력을 마지막 한 방울까지 남김없이 짜내는 것이었다.

아무튼 설비기술본부로 옮기면서 나는 "플랜트 국산화"라는 길고 긴 과제와 맞닥뜨렸다. 1972년부터 1976년까지 추진된 제3차 경제개발 5개년계획의 핵심 테마는 "중화학공업" 육성이었다. 그때까지 우리나라 경제를 이끌었던 가발, 봉제, 신발로는 더 이상의 성장을 일구어 낼 수 없다는 판단 아래 철강, 건설, 자동차, 조선 분야로 눈길을 돌렸던 것이다.

중화학공업을 육성하려면 이를 감당할 수 있는 기계 공장이 먼저 들어서야했다. 이러한 필요에 따라 만들어진 것이 "현대양행(現代洋行)"이었다. 경남 창원에 터를 잡은 현대양행은 세계 최대인 1만 5000톤 프레스 설비를 비롯하여 온갖 첨단 기계 공업 설비를 갖추였으나 일거리를 찾지 못하고 있었다.

　이러한 상황에서 현대양행은 포항제철 3, 4기 설비의 제작 및 엔지니어링에서부터 건설까지 모든 걸 맡아서 하겠다고 나섰다. 한마디로 공장 짓는 일은 자기들이 몽땅 도맡아 할 터이니 포항제철은 공장이나 돌리라는 거였다.

　일본 말에 무데뽀(無鐵砲) 말이 있는데 딱 그 짝이었다. 무데뽀란 일본어로 앞뒤 생각 없이 행동하는 것을 말한다. 그런데 더 기가 막힐 노릇은 그것을 말려야 할 정부에서 현대의 주장에 호의를 보이는 것이었다.

　우리로서는 엄청난 문제에 부딪친 거였다. 신설 현대양행을 살리기 위해 포항제철을 시험장으로 삼으려는 것과 하등 다를 바가 없었다. 이런 시도는 뿌리쳐야 했다.

　박태준 사장, 백덕현 설비기술본부장, 그리고 나까지 나서서 정부의 방침에 단호히 제동을 걸었다. 100년의 역사를 가진 독일과 일본의 설비 메이커들도 평생 고로나 제강, 압연 설비 중 하나를 특화해 제작하는데 아무런 경험도 없는 신생회사가 모든 설비를 다 하겠다니 말이 되겠는가. 게다가 종합 엔지니어링과 건설까지 하겠다는 것은 마치 풍차에 맞서는 돈키호테와 다를 바가 없는 일이었다.

　3기 설비는 모두 17개 공장 설비로 계획되어 있었다. 포스코에서는 고로, 제강, 압연 등 주설비는 도저히 현대양행의 능력으로는 안 된다, 그러니 배수 전수처리, 집진기 등 6개 부대설비만 맡아야 한다고 맞섰다. 사실은 그것도 문제지만 정부의 중화학공업 육성 정책에 호응하고 포스코도 살리기위한 조치였다.

　정부에서는 상공부 산하에 15명으로 구성된 국산화심의위원회를 발족시켜 설비 국산화에 대한 판단권을 부여했다. 국산화심의위원회에서는 이일을 다시 기계공업진흥회에 위촉했다. 진흥회는 국내의 전 중공업 업체가 참여하여 만든 단체니까 당연히 포항제철 3, 4기 설비는 전량 국산화가 가능하다고 주장하고 나섰다.

당시 국산화심의위원회 위원장은 육굉수 인하대학교 공대교수가 맡고 있었다. 매우 강직하고 원칙에 충실한 공학자로 알려진 분이었다. 나는 육 교수가 살고 있는 서울 효자동 인근에서 밤을 꼬박 새우다시피하며 새벽 5시 30분 육 교수 집 앞에서 그의 출근을 기다렸다. 6시 정각에 집을 나서는 육 교수를 막아섰다.

"교수님, 35% 이상은 절대 안됩니다. 오늘 심위 회의가 있는데 이를 꼭 관철해 주십시오. 그렇지 않으면 포항제철 확장 계획에 중대한 차질이 생깁니다."

"여기서 밤 새운거야?"

"예. 여기 문 앞에서 꼬박 밤을 새웠습니다."

"...알았어."

이렇게하여 포항 3기 설비는 포스코가 제시한 안대로 절충되었다. 이 절충 안에 따라 해외 메이커들은 자기들의 차관분 중에서 15%의 착수금 만큼을 국내 메이커에게 다시 차관을 주는 방식이었다. 해외 메이커들은 울며 겨자먹기로 어떻게든 자기들 설비를 팔아야 하니까 이 안을 수용했다. 그래서 국내 업체들은 포스코의 설비 구매 전략에 따라 돈도 벌고 기술도 습득했다.

덩샤오핑(鄧小平) 초청을 받은 박태준 회장

4반세기 대역사 종합 준공식을 마치고 1992년 10월 3일 박정희 대통령의 유택 앞에서 임무 완수 보고를 마친 박태준 회장께서는 중국 덩샤오핑 주석의 초청을 받았다. 그때 박 회장께서는 나에게 동행하자고 하셨다.

상하이 인근에 있는 바오산 제철소 안에 들어섰다. 놀랍게도 거기에 "광양제철소의 모형"이 만들어져 있었다. 광양제철소의 모든 매뉴얼까지 중국에 제공해 주라고 하셨던 박 회장의 그 지시가 거기에 그렇게 태어나 있었다.

그때 그 자리에는 당시 주룽지(朱镕基) 부총리가 귀빈을 맞이했다.

"중국에다 이대로 제철소를 지어주세요."

주룽지 부총리의 간곡한 청을 받은 박 회장께서 대답하셨다.

"그렇게 하겠습니다."

그러나 그 뒤에 박 회장께서 김영삼 대통령과 척을 지는 정치적 문제 때문에 모든 것이 무산되고 말았다. 만약 그때 그 일이 순조롭게 추진됐다면 한·중 역사가 달라졌을 것이며 동북아의 경제 질서마저 재편될 수도 있었다. 참으로 안타까운 일이었다.

28

중장비를 조작할 운전 기능공
태부족이 문제였다

한명환(건설본부 부본부장)씨 증언

　흔히 포항제철을 자본도, 기술도, 경험도 없는 상황에서 잘 건설되었다고 쉽게 이야기한다. 당시 국내 여건을 고려해보면 일관 제철소 건설은 한마디로 불가능한 일이었다. 불가능한 여건은 여러 가지가 있지만 핵심적인 것 세 가지만 말하겠다.
　첫째, 국내에는 제철 기술도, 경험 있는 인재도 전무했다. 국내에서 우수한 인재라고 모집한 200여 명 중 일관 제철소를 구경해 본 사람도 없었다.
　둘째, 자본이 없었다. 1인당 국민소득 100달러 미만인 나라에서 자본을 구할 수 없었고 국제 차관도 불가능했다.
　셋째, 국내 철강 수요가 미미했다. 정부는 중화학공업을 육성하고 수요를 창출하겠다는 의욕만 있었다. 그때까지 인도와 터키 등 몇몇 중진국에서 일관 제철소 건설을 시도했으나 모두 실패했다.
　이러한 상황에서 국운을 걸고 일관 제철소 건설을 시작한 것은 "철은 산업의 쌀"임을 깊이 인식했기 때문이다. 조국 근대화와 산업 육성을 위해서는 철 생산이 필수 불가결한 요건인 것이다.

우리는 반드시 계획된 일정 안에 세계적으로 경쟁력 있는 종합제철소를 건설해 수익을 창출해야만 하는 사명을 수행해야 했다. 만일 일정 안에 공장 건설을 못하든가 조업 후 적자가 발생할 경우에는 국가 재정이 감당하기 어려운 상황에 직면할 수 있었다.

따라서 "우향우 정신(포철에서는 물에 빠져 죽는다는 각오로 사용되었다)"은 그저 하는 말이 아니었다. 우리의 과업이 실패할 경우 모두가 영일만에 빠져죽는다는 각오를 단단히 하고 있었다.

공장 건설은 우선 영일만의 859만 5천m^2(260만 평) 부지를 4 ~ 4.5m 높이로 바다모래를 준설해 성토하는 것에서 시작되었다. 그리고 사막 같은 부지에 토목 기초, 건축 공사와 기계, 전기, 배관 공사 등이 진행되었다. 항만 건설과 하역 설비, 원료 치장, 소결과 코크스 공장 그리고 고로와 제강 공장 등 수십개 공장들이 시계열별로 건설돼 1973년 7월 3일 종합 준공되었다.

이 모든 공사는 국내에서는 어느 누구도 경험해 보지 못했으며 새로운 공법에 물량 또한 방대해 임직원 모두 엄청난 중압감을 느꼈다. 하지만 세기적인 대역사에 참여한다는 것을 영광으로 여기고 온몸을 던져 작업에 임했다.

보잘 것 없었던 건설 장비

나는 1969년 10월부터 1973년 7월까지 39개월 동안 건설 장비와 기계 운영을 총괄 관리하는 임무를 맡았으며 대과 없이 임무를 완수할 수 있었던 것을 천우신조로 여기고 있다. 당시 국내 건설 장비는 보잘것 없는 수준이었다. 그때까지 우리나라는 현대적인 대형 시설 공사가 거의 없다시피했으니 건설 장비도 필요치 않았던 것이다.

현대식 대형 산업 시설 건설 공사의 필수 장비인 크레인(Crane)만 해도 미군이 사용하다 불하한 5톤 급으로 붐(Boom) 길이 10m 이내의 것이 대부분이었다. 크레인이란 물체를 들어 올려서 운반하는 장비이다. 대량 토양 이동에 필요한 덤프트럭도 2.5톤 급이 태반이었고 신진 자동차에서 생산한 6톤 급이 고작이었다.

현재 사용되고 있는 20~30톤급 덤프트럭을 생각하면 얼마나 답답한 상황이었나를 짐작할 수 있다. 일본 기술단(JG)이 필요하다고 제시한 최소한의 장비 리스트와 당시 우리 실정을 비교해보면 다음과 같았다.

일본기술협력단 제시안	국내 현황
60톤급 이상의 타워 크레인 1대	없음
80톤급 이상의 트럭 크레인 2대	없음
45~60톤급 트럭 크레인 8대	없음
크레인 붐거리 90m 이상	없음
콘크리트 펌프카 2대	없음
항타기 디젤 6대	4대 보유
불도저 D-8급 2대	D-7급 보유

장비는 미국, 일본, 호주에서 긴급 수입할 수 있었으나 장비를 조작할 운전 기능공이 태부족하다는 게 문제였다. 다행히 중동 건설 붐으로 중동 공사에서 돌아온 기능공을 채용하고 이들에게 교육을 맡겨 기능공을 양성했다.

공사에는 현대건설, 대림산업, 동아건설 등 국내 상위 10여 개 건설사가 참여했으나 제대로 된 장비나 운전 기능공을 보유한 업체는 없었다. 제철공장기계와 구조물은 대부분 높이가 20~40m이며 특히 고로는 90m 높이에 원료장 입구가 있어 모든 작업은 고소 작업의 위험을 안고 있었다.

　기계와 구조물 설치 시공은 건설사 기능공들이 맡았으나 이들을 올려주는 크레인 작업은 포항제철 직원이 담당했기에 위험 부담은 포항제철이 안아야 했다. 요즘도 건설 현장에서 크레인 사고가 가끔 발생하는데 주로 인명피해에 관심을 보이지만 당시는 인명피해보다 기계나 구조물 파손에 관심을 더 가졌다.

　기계는 수리가 국내에서는 불가능해 일본이나 유럽에 수리를 맡겨야 했고 그렇게 되면 공사가 지연돼 국가적 목표인 준공일을 지킬 수 없기 때문에 가슴을 태우기도 했다. 다행스럽게 내가 기계 운영총괄을 맡고 있었던 39개월 동안 단 한 건의 치명적 사고 없이 1973년 7월 3일 역사적인 종합준공식을 맞이하게 되었다.

　이 대역사에 참여한 사람들의 헌신적인 노력을 알아준 하늘의 은혜라고 생각한다. 포항제철 1기 준공에 이어 포항에서 4기, 광양에서 4기 공사가 마무리되면서 세계적인 경쟁력을 자랑하는 2개 일관제철소가 만들어졌다. 이 공사에 참여한 것을 자랑스럽게 생각한다.

구자동(공작정비 공장장)씨의 증언
- 열연공장에 전념하다

　포항제철에 입사하기 전 부산에 있는 동명목재상사에 공채로 입사해 근무하고 있었다. 자형 한 분이 황경로 관리부장과 친분이 두터웠다. 두 분이 대화를 나누던 중 내 이야기가 나왔고 황 부장이 내가 일본 연수까지 다녀왔다면 안성맞춤이니 포항제철로 오면 어떻겠느냐고 제의를 했다.

　당시 동명목재(東明木材)는 국내 최대 규모 합판 메이커로 수출 실적 1위를 자랑하는 뜨는 기업이었다. 나는 궁색하지 않게 생활했지만 자형의 권유를 받아들여 1970년 7월 1일 포항제철에 입사했다. 나를 당시 부추긴 내면의식은 사명감과 보람이었다. 나는 국가적인 주요 대기계 공장에서 설계, 제작업무를 맡아 세상에 없는 것을 만들어 내는 꿈을 꾸고 있었다.

　샐러리맨으로서 안정된 삶을 살아가기에는 동명목재만한 곳이 없지만 포항제철은 그 이상의 것, 시대와 국가가 요구하는 사명을 실현할 수 있는 일터가 될 것 같았다. 공학도로서 오랫동안 꿈꿔온 이상을 펼칠 수 있는 무대가 포항제철이라고 믿었다.

　일반 설비부에 보임돼 짐을 풀고 보니 영일만 허허벌판에 펼쳐진 모래사장은 황량하기 그지 없었다. 건물이래야 연수원 옆에 사무실 퀀셋 건물 3채와 독신료 뿐이었다. 일반 설비부에는 이상수 부장이 있었으나 주로 일본에 주재하고 있었고 이명우, 남계열, 김준영 과장과 3급 최철락, 4급 3명, 나와 입사 동기 3명 등 11명이 있었다.

　시간이 지나면서 회사 분위기에 익숙해졌고 경력을 인정받아 토건부 시설과 업무인 공작정비공장용 천정 크레인 25톤 1대, 5톤 1대 제작감독으로 부산에 있는 대한조선공사에 출장을 다녔다. 그러던 중 김준영 과장의 호출을 받았다. 이재욱 압연 설비부장이 열연공장건설이 바쁜데 적격자가 없어 기계쪽 경험자를 추천해 달라고 하는데 어떻겠느냐는 것이었다.

건설 연수도 다녀올 수도 있고 건설 후에는 일반 설비부(후에 공무부)에 복귀해도 좋다고 했다. 나에게는 강력한 유인 요인이었다. 오랫동안 꿈꿔온 대한민국 최초, 최고의 연속압연공장건설 작업이라니 내가 적임자라는 생각이 들었다.

나는 성공을 마음속으로 다짐하고 승낙했다. 다음날 열연공장팀에 합류, 롬멜하우스 2층으로 자리를 옮겼다. 첫 업무가 열연공장 설비사양, 공장건설계획 및 공기구 검토, 스테이 파트 계획 검토 등이었다.

열연 공장 공급 계약서 검토 등의 업무를 바쁘게 수행하는 한편 길이 5m, 중량 360kg인 스트레이트 엣지를 처음 발주했다. 압연기 슈플레이트(Shoe Plate)를 설치할 때 반드시 필요한 도구로서 제작 기간이 6개월 이상 걸리므로 서둘러 일본에 제작 발주를 냈다. 이 도구는 나중에 후판공장 건설이 앞서 시작돼 열연공장용을 후판공장에 먼저 사용하기로 했다.

이듬해 1971년 5월 경 나와 포항제철 직원 1명, 삼부토건 2명이 일본 연수를 갔다. 히로시마 소재 미쓰비시중공업 에바공장과 고베 제강공장 가코가와제철소에서 우여곡절을 겪으며 귀한 경험을 쌓았다.

1971년 한 겨울 열연고장은 지붕만 덮고 벽체, 창문은 시공 중이었음으로 모래바람과 비바람이 몰아치면 고생이 이만저만이 아니었다. 설비 센터라인 피아노선이 바람에 날려 고정시키지 못해 열연

스케일피트(Pit) 양 옆에 천막 천으로 간이 담장을 설치하고 피아노선(Piano Wire Rods, 고탄소특수선)을 설치하는 상황이었다.

열연공장 일본 연수는 4명이 다녀왔으나 건설 현장에 참여한 사람은 나 혼자여서 고전할 수 밖에 없었다. 새벽에 계란 두 개, 참기름 한 숟갈 먹고 나오면 현장 점검과 미쓰비시상사(MSK) 공문 검토 등의 일이 기다리고 있었다.

MSK 공문은 항상 불만투성이었다. 시공업체인 대림산업의 공구 부실, 인원 부족, 작업 관리 문제 등에 얽힌 온갖 불만을 공문에 쏟아 놓았다. 점심은 국수 한 그릇 말아먹고 일어서기 바빴다.

가장 기초적인 첫 시공은 라이너패드(Liner Pad) 작업이었다. 당시는 열연설비 전체에 라이너패드 공법을 적용했다. 설비 특징에 따라 완전 가공된 각종 규격의 라이너를 무수축재(Nonshrink)와 시멘트를 1:1로 혼합, 앵커볼트홀 주위에 패트로 라이너 윗부분을 3~5mm를 남기고 플라스틱 해머로 두드려 공기층 없이 밀착, 15일 간 굳혔다.

그 위에 완전가공된 2장의 테이프 가공라이너로 기계 수평을 조정하는 정밀 시공의 1단계 작업을 수행했다. 라이너패드 작업은 초기에 착오가 많았다. 테스트 해머로 일일이 두들겨 검사를 했다. 불량개소는 대함마로 두드려 부셔 재시공을 반복하니 처음에는 불평불만이 많았다. 하지만 15일 양생 후 검사를 해야함으로 불량개소는 무조건 깨트려 재시공을 해야 했다. 점차 인식 작업 표준 대로 시공해 완벽한 라이너패드 작업을 완료하게 되었다.

일본인지 한국인지 분간하기 어려운 공사현장

건설 공사 계획 중 이재욱 부장이 조업 연수팀을 인솔해 6개월 간

신일본제철 무로랑제철소 열연공장 조업 연수를 다녀오라고 했다. 연수를 가지 않고 건설에 전념하겠다면 김종진 조업담당 부반장을 보내겠다는 것이었다.

종합제철 1기 설비 중 열연공장 규모가 가장 크고 정밀기계설비로 복잡했는데 제대로 건설 공사 경험을 쌓은 요원이 없었다. 공장 건설 후의 조업은 다소 시간이 걸리더라도 해결할 수 있지만 건설은 처음에 잘못하면 두고두고 말썽을 부리고 바로잡기가 불가능했다.

건설에 매진하느냐 조업 연수단을 인솔하느냐는 결정하기가 쉽지 않았다. 건설 공사 연수도 다녀왔지만 실제 건설 업무를 주관할 기술자는 나 외에는 없었다. 건설은 눈앞에 닥친 일이고 조업은 한참 후에 일어날 일이니 우선 건설에 매달려야겠다고 생각이 차츰 굳어졌다.

15일이 지나 부장이 어서 결정하라고 독촉을 했다. 일단 알겠다고 대답하고 다시 건설에 매달렸다. 다시 15일이 지나니 부장의 채근이 대단했다. 더 늦어지면 열연공장을 못 돌리게 되니 결정을 내려야만 했다.

어느 공장이든 기계 설치가 제대로 안되면 모든 게 허사가 된다. 그래서 "제가 건설 업무를 완성하겠습니다"고 최종적으로 말씀을 드렸다. 나의 결정에 따라 김종진 부반장의 인솔에 따라 조업 연수팀이 떠나게 되었다.

1972년 열연공장 공사가 끝날 무렵 조업 때 사용할 각 설비의 예비품 추천 목록을 작성했다. 그 결과 각종 감속기, 축실린더유압펌프 스케일브레이크용고압수펌프, 스핀들(Spindle), 각종 유압밸브 등의 품목과 수량이 책자로 한 권이나 되었다.

금액이 1000만 달러가 훨씬 넘어 외화를 절약하려고 국산화 및 국산품으로 대치하고 불요불급한 품목은 제외하거나 추려내고 2~3 페이지로 정리해 100만 달러 수준으로 제출했다. 너무 과하게 줄여서 걱정도 되고 두렵기도 했으나 조업은 순조롭게 진행되었다.

공사 피크 때는 MSK의 관리자가 108명에 이르렀는데 포항제철 전기공사 현장 감독은 12~13명이었으니 공사 현장이 일본인지 한국인지 분간하기 곤란할 정도였다. 지금 생각해도 무모한 도전이었지만 그것이 통하였으니 신기하기만 하다.

MSK(미쓰비시)의 슈퍼바이저료 인상 요구 공문 찢어버리고

공사와 계획 공기가 거의 일치할 즈음 MSK의 다카가와 제너럴 매니저로부터 공문이 왔다. 일본어에 능숙한 50대의 박씨라는 사람이 다카가와의 출퇴근 차를 운전하면서 MSK의 공문을 수발했는데 그 날도 박씨가 공문을 가져왔다.

"토건공사에서 3개월 늦어진 공기를 전기공사에서 만회했으니 슈퍼바이저료를 30% 더 지급하라"는 내용이었다. 나는 박씨의 면전에서 소리를 질렀다.

"토건공사 3개월 늦어진 것을 왜 포항제철에 책임을 넘기나? 토건공사 슈퍼바이징은 누가했나? MSK가 한 것 아닌가? 그걸 전기공사에서 만회 했으면 MSK 내부에서 토건과 가전이 타협을 봐야지 왜 우리에게 요구하나?"

나는 그 자리에서 공문을 찢어 쓰레기통에 던져버렸다. 그리고는 박씨에게 다카가와에게 내가 말한 대로 전하라고 했다. 공사 막바지에 긴장감이 극에 달해 있었고 대림산업 때문에 신경이 곤두서 있는 판에 화가 나 한 일이었다.

그렇다고는 해도 설비 공급회사 현장 제네럴 매니저의 공문을 찢어버렸으니 신경이 쓰이지 않을 수 없었다. 나야 어떤 불이익이 돌아오든 문제될 것이 없지만 열연공장 건설은 성공적으로 완수해야만 했다.

그들의 비협조가 문제를 일으킬 수도 있다는 생각에 마음이 무거웠다. 나는 부장에게도 보고도 하지 않고 며칠 동안 동정을 살피니 아무런 기척이 없어 안도의 한숨을 내쉬었다. 사실 수많은 슈퍼바이저료 30%면 비용이 얼마인가? 가뜩이나 회사는 자금 형편이 좋지 않은 때인데.

공사가 마무리될 무렵 이재욱 부장이 열연공장 준공식 때 외국인 대표로 다카가와 부장에게 감사패나 공로상을 주면서 어떻겠느냐고 두 번이나 얘기한 것을 완강하게 반대했던 것이 후회스럽다.

송경섭(광양제철소 행정부소장) 씨 증언
- 국가적 소명을 확신하지 못하면 스스로 떠나라

1971년 7월, 28세에 미지에 대한 희망과 기대 속에 포항제철에 입사했다. 기계기술자로서 큰일을 해낼 수 있다는 자부심을 품고 포항제철에 들어간 것이다. 어렵게 찾아간 곳은 끝이 보이지 않는 황량한 모래벌판과 휘몰아치는 모래바람, 이글거리는 7월의 태양 아래 들려오는 항타 소리뿐 여기서 무엇을 할 수 있을까? 공포가 와락 밀려왔다.

1971년 9월 조직 개편으로 일반 설비부 내에 시공설계를 위해

"기계 및 배관 설비 조정 담당"이라는 과 단위 조직이 만들어졌다. 최조주 과장과 나, 기계제도 전공의 주임 3명이 구성원이 되었다.

한 달이 채 지나기도 전에 과장은 일본으로 연수를 떠났다. 후판, 열연, 고로공장 항만 하역, 급배수설비 등의 도면과 자료, 수천억 원에 달하는 공사예산서가 계속 들이닥쳤다.

허허벌판에 보지도 못한 일관제철소의 기기설치공사, 시공설계... 몇날 며칠 밤새워 일해도 끝이 보이지 않았다. 토목 건축 분야는 SMEC라는 출자사가 설계회사로서 틀을 갖추고 업무를 시작했으나 기기 설치 공사는 아무것도 준비되어 있지 않아 회사가 원망스럽기까지 했다.

1고로의 대구경노정배관제작공사 설계를 마치고 인사과장을 찾아가 사표를 제출했지만 반려되고 일반 설비부 이상수 부장 등에게 열연공장 및 수처리설비 시공설계에 관한 기본 계획을 보고 받았다. 입사 2기생 3명을 지원받았으나 열연공장 시공설계는 진척을 가늠하기 어려웠다.

그런데 시공사인 O산업을 필두로 고로공장과 선시공에 들어가려던 후판공장 기기설치공사를 맡은 S건설이 계약 직전 상황에서 이상한 모습을 보였다. 포항제철 총량 예산의 85%에 시공하고 개런티를 걸고 계약하겠다는 제의와 더불어 공사를 거부하려는 태도를 보인 것이다.

박종태 포항제철 건설소장은 나와 1후판건설시공사의 건설 소장을 불러 "착공을 하지 않으려면 공사 현장에서 철수하고 지금 당장 철수 날짜를 말하라"고 강경하게 나갔다. "급박한 상황일수록 휘둘리지 말고 침착해야한다"는 말이 생각 나는 상황이었다.

1972년 3월 건설과 조업 책임을 수행하기 위한 100일간의 일본 연수를 마친 후 발전송풍설비기기 설치 공사주감독을 맡아 돌관공사에 임하게 되었다. 매월 1회 열리는 건설 회의 때 박태준 사장께서 비장한 표정으로 말했다.

"오늘이라도 국가적 소명을 확신하지 못하는 직원은 스스로 떠나라. 나 홀로 남아서라도 일관제철소 건설을 반드시 공기 내에 해 낼 것이다."

그 분은 이처럼 투철한 국가관을 가슴에 품고 있었고 이것이 강력한 리더십이 되어 불가능한 일을 가능하게 만들었다.

6.8 고로 화입(火入)과 1고로의 트러블

6.8 고로 화입 목표와 연결되어 있는 공장과 설비 등에 대한 D-day 일일 공정 카운팅이 시작되었다. 발전송풍설비는 1호 고압보일러의 화입식을 시작으로 20MW 1호 터빈 발전기도 시운전에 들어갔다. 발전용 고압보일러는 BFG(고로가스) 전소용을 목표로 Baker-C와 COG(코크스 가스), 코크스 공장에서 생산되는 조경유를 혼용 연료로 하고 있었다.

전 제철소 중에 시스템 원격제어 루프가 가장 많은 시스템 시운전에 들어가자 제조사인 일본 K중공업 기계 전공 슈퍼바이저와 미숙한 우리 요원만으로 시운전을 지속하는 것은 지는 싸움이라고 판단했다. 이에 제어계통 설계 기술자를 포항에 파견, 교육을 받음으로써 나는 물론 전 조정실 요원들은 자신감을 가지고 시운전에 임할 수 있었다. 그 후 더욱 숙련된 인터록크(Interlock) 시스템과 관련 전기회로(Sequence)까지 숙지토록 하여 시운전을 가속시킬 수 있었.

터빈과 발전기축을 연결하고 고압의 증기를 투입하는 무부하 시험 중 사고가 발생했다. 터빈 추기 배관의 클리닝을 위한 플러싱(Flushing) 중 역 지변의 재조립 누락으로 고압 증기가 역류해 회전수가 급상승, 정격 3600pm을 넘어 계기의 상한선인 5900pm에 도달한 초유의 사태였다.

다음날 아침 D-day 공정 점검반으로부터 발전소 시운전 검열을 받게 되었다. 보고를 받은 이정묵 부장은 특유의 웃음으로 디데이 공정 점검 검열을 받아넘겼다. 감격의 6.8 고로 출선 조업이 시작된지 1개월이 채 되기 전에 고로 송품량 헌팅으로 1고로는 휴통과 클리닝 조업이 80회 이상 반복되는 트러블이 생겼다.

박종태 제철소장, 1고로 조용선 공장장, 동력부장이 발전 송풍 조정실에서 밤을 새우며 현장을 지켰다. 차압 발신기 박스 내에 문제가 있음을 지적하고 전기식 및 기계식 발신기를 신제품으로 교체해도 현상은 변함이 없었다.

이때 조정실에서 같이 밤을 새우던 후지(富士) 공업의 선임기술책임자 이토씨의 도움으로 일본제어계통기술자와 통화해 트러블 상황을 설명했다. 그는 발신기 박스 내 계기의 영점 조정 때나 수리시 사용하는 매니플레이터(Manipulator) 밸브 세트를 교체해보라고 조언했다.

관련 기술자들에게 제어 계통을 설명하고 계장 요원들과 부품을 교체하고 조정실로 돌아왔다. 모두들 눈물을 흘리며 기뻐하던 모습이 지금도 눈에 선하다. 이로 인해 동력부는 부장 이하 전원이 징계 처분을 받았다. 나는 1기 설비 도입이 마무리될 때까지 24시간 대기 상태로 근무했으며 출장, 휴가, 해외 연수를 못 가게 되었다.

중앙정비기계 수리과의 고투

1976년 동력정비과장으로 보임하였고 1978년 공무부 중앙정비기계수리과장으로 전입돼 특임을 맡았다. 제철소 건설은 연산조강능력 260만 톤에서 550만 톤으로 증강되는 막바지 시점으로 별동대가 가동되는 상황이었다.

제철소 전체의 중요 설비 수리를 포함한 24시간 돌발 수리를 중앙정비과가 공장별 주임 책임 단위로 맡아 직접 수리하는 운영체계였다. 가장 큰 문제는 안전사고와 사기 저하였다.

안전사고가 발생하면 해당 과·부장이 감봉을 당했다. 스테인리스 철관이 귀하던 당시 우리 스스로 스테인리스 재질의 안전 탑을 제작해 기계수리 공장 안에 세웠다.

급여 중 동전은 안전탑에 투입하고 과(課) 포상금의 일부는 안전사고대비 비상금으로 저축해 안전의식도 고취하고 일선 감독자들의 책임의식도 강화했다.

3기 건설 공사 막바지에 이르러 공장 설비에 중요한 문제가 발생했다. 3고로 화입 D-day를 맞출 수 있을지 불투명해졌다. 본부장은 용단을 내렸다.

"이유 불문하고 중앙 정비를 투입해 책임지고 해결하라."

나는 기동타격수리부대로 특별 임무를 부여받았다. 건설공사 부문에만 250명 중 150명까지 투입해 3고로, 2제강, 2분괴, 3소결, 3석회소성공장 등 건설 공장의 문제 해결에 나섰다.

어느날은 자정이 넘은 시간에 본부장의 긴급 전화가 왔다. 3석회 문제로 본부장의 승용차를 보낼테니 공장으로 급히 오라는 것이었다.

석회담당 주임을 호출해 3석회소성공장에 도착했다. 지상에서 40m 정도를 올라가니 바람이 매서웠다. 오스트리아 기술자가 상황 설명을 했다. 지상에 있던 본부장이 내려오라고 해 감독 사무실로 함께 들어갔다. 본부장이 두터운 코트 안에서 꺼낸 약술(藥酒)를 함께 마셨다. 추위가 좀 가셨고 가슴 속으로 눈물이 흘렀다.

혁명적 특식 개발

부장과 협의해 부서브센터 1층에 대형 세탁기를 설치하고 속성건조시설을 확충했으며 임시 세탁원도 고용했다. 당시 작업복은 해마다 4벌 정도 지급되었는데 나의 판단으로는 중앙정비기계 수리요원은 최소 12벌이 필요했다. 정비 작업에 들어가 기름투성이가 되어 나오는 정비원들을 보며 가정에서 작업복을 세탁하는 것은 그들의 사기를 떨어뜨리게 된다는 생각이 들었다.

야간 작업이 최소 6시간, 심지어 8시간을 넘기는 날로 계속돼 야식조달은 필수가 되었다. 제강공장 화재 사고 때문에 화기 사용은 금지였다.

그래서 고온 포화 증기를 이용한 스테인리스 재질의 2중 구조금속 "라면(拉麵, Instant Ramyun)" 취사기를 자체 설계 제작했다. 취사실도 위생을 고려해 스테인리스 철판으로 제작해 기계 수리 공장 안에 설치했다.

"혁명적 특식"은 대성공을 거두었다. 특근 직원들의 사기 진작에 큰 힘이 되었고 제철소 간부들로부터 찬사를 받았다.

17.5m 높이 수직펌프 재가공해 사용

조강 생산량이 2기 260만 톤에서 3기 550만 톤으로 증가하자 분괴 및 슬러브의 단일 중량이 20톤에서 30톤으로 늘어났다. 이에 따라 2분괴, 2열연, 2후판, 3냉연, 선재, 전기강판 공장 등에서 과거에 겪어보지 못한 트러블이 계속 나타났다.

2분괴 공장은 공장 입구에 위치한 분괴 균열로 크레인부터 지하에 유압 설비, 이동형 테이블 롤러를 포함, 주설비인 압연기 및 전단기를 2년여 동안 고장 수리와 조업을 병행했다. 2분괴 공장은 24시간 중 12시간 전후를 넘나드는 작업 가능 시간을 겨우 유지했다.

제강공장에서 실려온 검붉은 강괴가 압연대기로 분괴 야드에 3단으로 쌓였다. 야드의 적재 한계를 버틸 수 없는 상황이 되었다.

주관은 공장정비 본부장이 하고 나는 중앙정비 담당을 맡았다. 분괴 압연기의 주부품인 압연 스쿠류넛(Screw Nut)의 연마기를 기계 수리 공장 안에 제작, 운영하게 되었다.

17.5m나 되는 대형 수직펌프는 2대를 일본 구보다(久保田) 펌프, 7대는 국산화해 YC 회사가 납품했는데 이것이 문제가 되었다. 국산화된 7대는 완전 불가능 상태로 나에게 맡겨졌다. 기계부품의 가공정밀도가 수평, 수직도와 정원도에서 허용 오차 한계를 벗어나 다단의 수직 펌프는 운전 불가능한 상태였다. 정비 공장에서 전부품을 재가공하고 완전 복구해 운전이 가능하도록 했다.

죄스럼움을 가슴에 품고서

그후 나는 본부장의 지명으로 2연주공장의 조업 대비를 위해 25

명의 정비 요원과 오스트리아 푀스트 알피네 제철소 연수를 준비했다. 연수원에서 독일어 교육을 1개월쯤 받고 있는데 갑자기 압연 정비부 차장으로 보임돼, 2차, 3차 공장 정상화 추진반에 들어가게 되었다.

몇 달 지나지 않아 김주영 본부장은 입원하였고 유명을 달리하셨다. 제철소가 흔들릴 수 있는 상황에서 중심을 잡고 분명하게 방향을 제시한 사람. 고난에 처한 후배들에게 용기와 의욕을 북돋아 준 사람, 그는 지혜롭고 실천하는 덕장이었다.

본부장은 병상에서 마지막 순간까지 안전화를 챙기며 고로공장에 나가야 한다고 했다. 돌이켜보면 당시 제철 공장 작업 중 사상자와 유명을 달리한 감독직 사원을 헤아려보면 가장 많은 사람이 1분괴공장, 정상화를 위한 정비와 관련되어 있었다.

1982년 5월 공무부장에 보임되었다. 일에 대한 두려움을 모르던 40세 때였다. 중앙정비직영인력 700여 명과 정비 협력 인원 3000여 명에 제철소 건설비 개선 및 개조 공사 인력 300여 명을 이끄는 책임을 감당하게 되었다.

첫 임무는 중대사고 복구였다. 1열연공장 2가열로 및 연돌 폭발 사고가 발생했는데 23일간 밤낮을 가리지 않는 돌관공사로 복구를 마쳤다. 지금 생각해도 아찔한 일은 복구 후 시운전 과정에서 COG 가스 대량 누출 사고가 발생한 것이었다.

복구된 가열로 옆에는 고온의 불꽃이 슬래브를 벌겋게 달구고 있는 전기 강판용 3가열로가 위치해 일촉즉발의 위기 상황에 직면했다. 그 순간 열연공장의 가열로 반장과 둘만 남아 긴급 재난 방지용 모래 주머니를 이용해 80mm정도 드세게 분출되는 가스 누출 구멍을 막았다. 그로 인해 열연공장 인입주수봉면의 긴급 폐쇄로 가열로 내에 부압이 발생하고 가스분기관의 방폭방지관이 터지는 수준에서 위기를 모면했다.

과욕이 부른 중대실수였다. 생사를 걸고 공장과 많은 생명을 구한 가열로 반장에게 표창을 상신했다.

박태준 회장, "용접대회를 개최하라"

박 회장께서 공무부장실을 불시에 방문해 공작정비공장을 시찰하고 얼마 후 제1호 메모 지시서를 보냈다.

"쇠를 만드는 우리가 선도하여 쇠를 다루는 용접 기술과 장비의 발전을 위하여 연구소와 공동으로 '전국 용접에 관련된 대회'를 개최하라"는 지시였다.

공작정비공장장과 포항제철 1호로 배출한 연봉학 기성(技聖)을 중심으로 국내 업체와 협력해 설비와 용접봉, 특수용접실기 등에 관한 전시회를 개최하고 연구소와 공동으로 국내 용접 관련 대학교수와 연구원 철강 관련 기업 실무 책임자들을 1박 2일 일정으로 초대해 세미나(Seminar)를 열었다.

그밖에도 조용선 생산담당 부소장의 지시로 1제강, 2제강 공장의 조업지원을 위한 제선 설비의 설계제작을 주관하였다. 또한 100톤 전로를 자가 제작 교체하고 한국 중공업의 제강 복사부 제작기술을 전수했다. 300톤 용선로의 용강유출 사고 복구를 주관하고 300톤 수강대차를 자가제작해 2제강 공장을 정상화하는 등 숨돌릴 틈 없는 작업이 이어졌다.

그 후 박태준 회장님으로부터 제2호 메모 지시서가 내려왔다.

"공작정비공장 설비를 근대화 하라."

김진천 공장장과 함께 공작정비공장 근대화 기본 계획을 보고하고 공장 FMS(Flexible Manufacturing System)화를 장기 목표로 시행에 들어갔다.

1982년 12월 나는 에너지 부장으로 전임돼 전력계통 안정화를 위한 직무를 수행했고 1989년 1월 광양제철소 행정부소장으로 명령을 받았다. 동력에너지 10년, 공작 정비 10년, 경영 관리 10년 등 30년 동안 "조국을 밀어가는 원동력"이 되기 위해 온몸을 던졌다.

29

일본을 능가하는
냉연공장(Cold Roller Steel)을 만들자

심장섭(도쿄지점장) 씨의 증언

냉연공장은 열연을 소재로 냉간 압연, 산세, 열처리를 거쳐 얇은 강판을 생산하는 공장이다. 나는 1970년 10월 포스코에 입사했다. 냉연강판을 중심으로 돌이켜보자면 그때 우리나라는 정부의 경제개발 5개년계획에 따라 국내 자동차산업, 가전산업 등 그 수요 업체에 대한 투자가 활발해지고 있었고 포스코는 냉연 공장 건설이 필요하다고 판단했다.

1970년대 초에 포스코는 일본그룹(NSC+VKK)에 냉연공장 건설을 위한 엔지니어링과 조업 지도를 요청했으나 거절당했다. 아마도 미래의 부메랑(Boomerang)을 염려했을 것이다.

그때 마침 오스트리아 푀스트 알피네가 포항의 첫 공장인 중후판 공장 건설의 파트너로 와 있었다. 그래서 그들로부터 엔지니어링, 설비 공급, 설비 구매자금 차관 도입의 협력을 받아 1 냉연공장을 1974년 착공해 1977년 준공하게 되었다.

이 설비는 생산 규모가 연산 60만 톤 정도였고 당시로서는 최신식이었다. 물론 현싯점에서 보면 연속식이 아니라 Batch 타입이었다. 그때 나도 그랬지만 냉연부서엔 냉연공장 조업 경험이 전혀 없었다. 여러 가지로 어려운 상황을 맞이할 수밖에 없었다. 도와줄 파트너를 찾아야 했다.

다행히 포항제철소 착공 전후에 박태준 사장님께 많은 자문을 해주었던 가와사키 제철이 우리의 협력 요청에 응해주었다. 짧은 기간이었으나 부분적인 용역 계약을 체결하여 우리는 조업 정상화에 큰 도움을 받을 수 있었다.

냉연강판 프로세스에서 생산성을 크게 끌어올린 연속기술은 1982년 신일본 제철의 히로하타 제철소가 처음 개발했다. 그들은 연산 100만 톤 규모로 산세에서 소둔까지의 연속설비를 세계에서 최초로 가동하게 되어 세계철강업계의 화제가 되었다.

1977년 냉연공장을 가동하기 시작하여 1980년 초에 안정적인 생산체제를 갖추고 있던 포스코로서는 그 소식이 부럽기만 했다. 하지만 1983년에 박태준 회장께서 단호한 결정을 내렸다.

"포철 2 내연공장을 세계 최고의 기술을 적용해서 건설하라."

그즈음에 4년간의 도쿄 근무를 마치고 귀국한 나는 설비 계획 2부장을 맡고 있었다. 박 회장께서 내린 그 지시는 "광양제철소 건설 계획"과 함께 나의 주 업무가 되었다. 당시로서는 제일 중요한 일이 광양제철소 건설에 매달리는 것이었지만 나는 1984년이 되자 눈, 코 뜰 사이도 없이 곧바로 "포항 2 냉연공장" 건설에 뛰어들어야 했다.

이제부터 소개하는 이야기는 그 시절의 잊을 수 없는 추억들이다. 이 추억담을 "포스코 30주년"을 맞아 정리했는데 다시 한번 정리해 보는 것이다.

1984년 그때 포항에 1 냉연공장이 있었지만 그것으로는 품질에서나 가격 경쟁에서나 어느 것 하나 일본을 이길 수 없는 상태였다. 일본을 이기지 않으면 포스코는 세계 최고가 될 수 없었다. 최고경영자의 철학과 목표도 그것이었다. 결국 "일본을 능가하는 2 냉연공장을 만들자"는 한마디를 목표로 삼았다.

그런데 그 시절 일본의 최신예 공장은 신일본 제철의 "히로하다(廣畑) 제철소"였다. 히로하다제철소의 냉연공장은 전부 연속식이었다. 우리의 1 냉연공장은 공정이 중간중간 분리되어 있어서 한 공정을 마치고 나면 크레인을 이용해 옮기고 그것을 처리하면 다시 옮기는 비연속식으로 되어 있었다. 반면에 일본의 히로하다제철소는 처음에 열연 코일을 가져오면 완전한 제품이 나올 때까지 완전 연속식으로 이 시스템은 그 당시 세계 최신예 냉연공장이었다.

자연히 능률 면에서나 생산성 면에서 일본의 공장이 앞서 나가는 것은 당연했다. 나에게 하명(下命)된 제 2 냉연공장 건설 계획은 일본의 것보다도 앞서 나가는 것을 만들어야만 하는 것이었다.

그런데 이 작업을 박 회장께서 나에게 하명한 것은 그럴만한 이유가 있었다. 나는 1982년에 히로하다 냉연공장을 견학한 적이 있었기 때문이었다. 하지만 그때는 포철이 제 2 냉연공장을 건설할 목적이 아니었고 일본의 새로운 기술을 보기 위해 도쿄 사무소 차장 시절에 견학 간 것이었다.

그때도 벌써 히로하다 측에서는 그 공장이 비밀 공장이라며 다른 시설은 다 보여주었지만 유독 그 냉연공장만은 보여주지 않았다. 그러니 더 궁금할 수 밖에 없었다. 오히려 공개된 것은 기술자들에게는 흥미가 반감되기 마련이다.

그래서 나는 비밀리에 감춰 놓은 것을 반드시 봐야겠다는 생각에 마침 가깝게 지내던 이치하라씨를 만나 부탁했다.

"나는 기술자로서 당신들의 비밀을 알려고 하는 게 아니다. 최신예 공장이 도대체 어떻게 생긴 것인지 구경만이라도 했으면 좋겠다. 명색이 도쿄에 나와 있는 포스코 차장인데 윗분이 묻더라도 구경은 했다고 말씀 드릴 수 있어야 되지 않겠나. 문을 활짝 열고 건물 안에 들어가서 보겠다는 것이 아니다. 머리만 좀 디밀고 보자."

이야기를 하면서도 좀 자존심이 상하기는 하는 일이었지만 도리가 없었다. 다행히 이치하라씨는 내 입장을 이해하는 것 같았다. 그는 고개를 갸우뚱하면서도 관계자에게 뭔가 이야기를 하고 왔다.

"공식적으로는 도저히 허락되지 않는다. 당신의 양심을 믿겠다. 비공식적이니까 공장 출입문에 서서 머리만 들이밀고 봐라."

경쟁 회사의 기술자는 양심을 집에 놔두고 다닌다던가! 나는 내심 쾌재를 불렀다.

"머리만 디밀어? 눈이 가면 발도 따라가게 돼있지."

그렇지만 시늉이라도 해야되니까 우선은 엉덩이를 뒤로 빼고 출입문에 머리를 디밀었다. 그 순간 이미 내 눈은 사진 찍듯이 현장을 담고 있었다. 그러면서 엉거주춤 몸까지 한발 공장 안으로 옮겨놓았다. 이치하라씨도 그 상황에서야 매정할 수가 없었는지 멈칫멈칫하면서도 막지 않았다.

그런데 들어가서 보니 역시 소재를 집어 넣고 최종 제품이 나올 때까지 완전 일직선상에서 연속식으로 되어 있었다. 놀라웠다. 일본의 기술이 놀라운 수준이라는 것은 알고 있었지만 내가 상상한 그 이상이었다.

공장을 나오면서 내 자신이 기술자라는 사실을 증오했다. 지금까지 무엇을 하고 있었느냐는 반문이 꼬리를 물었다. 공장을 훔쳐보았다는 것도 수치였다.

나는 이치하라씨에게 질문을 던졌다. 스피드라든지, 기계에서 생산하는 제품의 치수, 강종, 주요계측기를 어떻게 부착시켜놨는지 등을 지나가는 이야기처럼 물었다. 그것이 나에게는 전부 자료가 되었다.

이미 공장의 레이아웃이 눈 속에 박혀 있는 상태에서 그러한 자료들이 제공되니 벌써 최신예 냉연공장의 밑그림이 그려졌다. 바로 이러한 도둑질(?)을 분명히 해주었을 것이라고 생각하고 박 회장께서는 나에게 하명했을 것이 아니겠는가! 그러나 문제는 공장을 건설할 인력이 없었다.

광양에도 냉연공장을

1978년에 포항 제 1 냉연공장을 건설한 이후 근 6년의 공백이 있었기 때문에 공장에는 조업하는 사람만 있을 뿐이었고 엔지니어링 부서에서 냉연을 아는 사람이 전무한 상태였다.

"빌어먹을. 도대체 인력 관리를 어떻게 한거야?"

겨우 김근태 차장을 찾아내 둘이서 계획을 세우고 추진했다. 그때의 고생은 책 한 권을 써도 남을 정도였다.

어쨌든 국내 최초로 자동차용 도금강판까지 생산하는 제 2 냉연공장을 만드는데 총 2억 6000만 달러가 들어가면 되게끔 건설 계획을 완료했다. 그렇게 냉연공장 설비 계획을 마치고 나자 또다시 일이 기다리고 있었다. 광양에도 냉연공장을 만들라는 박태준 회장의 명령이었다.

"차라리 나를 죽여주소."

그러나 소용이 없었다. 김근태 계장 한 사람만 데리고 그 엄청난 공장 계획을 완료했는데 그만큼 고생을 했으면 며칠 "휴가"는 고사하고 단 하루라도 쉴 수 있게 해주는 것이 인지상정 아닌가!

박 회장으로부터는 그런 선물이 없었다. 오히려 포항의 경험을 살려 광양에서는 포항시설을 능가하는 공장을 더 빨리 건설할 수 있도록 계획을 완료하라는 것이었다.

"박 회장이 계시는 한 휴가는 글렀다. 도리 없지. 만들어 놓고 따지자."

광양 계획을 착수하자 마자 시간이 너무 촉박해 우선 당장 설비 구매부터 프랑스의 끌레심(Clesim), 독일 SMS, 일본의 히타치(日立) 등에게 경합을 시켰다. 그런데 구매를 하기 위해 기술 본부에서 사양 검토를 하는데 3개사가 경합을 하다 보니 도면의 높이만 1m가 넘을 만큼 자료가 방대했다.

그렇지 않아도 시간에 쫓기고 있는데 그걸 1주일 만에 봐야 했으니 시작부터 죽을 노릇이었다. 사실 서류 검토 못지 않게 설명을 듣는 것도 고역이었다. 왜냐하면 보통 자기 회사의 설비를 설명하기 위해서 많으면 10명 정도 적으면 7명 정도 오는 것이 관례인데 그렇게 몰려와서는 되는 소리, 안 되는 말을 잔뜩 늘어 놓았기 때문이었다.

그 당시 관련 에피소드가 하나 있다. 일본이나 독일 같은 곳은 이미 포철과의 거래 경험이 있었기 때문에 포철이 일을 추진하면 어떤 식으로 하는지 잘 알고 있지만 프랑스 사람들은 그때까지 우리하고 별다른 거래가 없어서 깜깜했다. 그러다 보니 한국에 간다고 하니까 관광을 겸해서 부부 한 팀이 넙죽 날아온 것이었다. 기가 막힐 노릇이었다.

어쨌거나 우리는 1주일 내에 설비 구매 계획을 끝내야 했고 그래서 밤새우는 일이 일상생활처럼 되었다. 그리고 설비 회사들도 당장

비즈니스와 관계되는 일이기 때문에 우리와 함께 밤을 새우며 설명하고 의논하는 것은 예사였다.

그러던 어느날 예상했던 대로 프랑스에서 부인과 같이 온 팀장이 우울한 눈빛으로 나를 만나자는 것이었다.

"나 이혼당하게 됐소, 아내를 한국까지 데리고 와서 관광은 고사하고 며칠씩 호텔에 넣어두고 맨날 외박만 하니 이젠 설득할 자신이 없소. 나는 이런줄 모르고 왔소."

예상을 했지만 어처구니가 없었다. 한편으로는 그들의 문화를 이해할 것도 같았다. 그렇다고 그의 요청을 수용할 수 있는 상황도 아니었다.

"나는 당신보다 회사에서 밤을 새는 날이 더 많아요. 나도 아내는 하나요. 집사람 불만이 보통이 아니요. 이런 일을 처음 겪는 당신을 개인적으로는 이해하지만 일이 급해요. 포스코에서 일을 하자면 달도 없고 해도 없소."

그는 맥 없이 돌아섰다. 이렇게 해서 광양의 냉연공장 설비 계획도 무사히 끝나고 1988년에 준공하게 되었다. 그런데 준공을 하고 보니까 이게 왠일인가. 막상 공장을 돌려보니 다른 곳은 괜찮은데 프랑스 회사에서 공급한 36만 톤 짜리 도금 공장에서 제품이 잘 나오지 않았다. 한마디로 거울처럼 매끈하게 나와야할 컬러가 얼룩 무늬 전투복처럼 얼룩덜룩하게 엉망이었다.

회사가 발칵 뒤집어졌다. 프랑스 기술자들도 속수무책이었다. 자신들은 설계한 대로 설비를 제공했을 뿐 컬러가 왜 엉망인지에 대해서는 알 수 없다며 오히려 설계가 잘못되어서 그런 게 아니냐는 것이었다.

이렇게되자 광양의 냉연부에서는 쓸 수 없는 설비를 구매했다는 투로 나에게 항의해 왔다. 나는 다급해졌다. 실제로 도금 공장에 뛰어들어 제품을 보니 엉망이었고 항의할 만했다. 나로서는 눈앞이 캄캄해졌다. 한국 최대의 도금 공장으로 경쟁력까지 자랑하면서 설비 계획을 했는데 이 모양이 되고 보니 달리 변명할 수도 없는 노릇이었다. 어떻게 해서든지 정상화시켜 놓는 것 외에는 다른 방법이 없었다.

나는 얼굴을 파묻은 채 며칠을 끙끙 앓다가 전부터 공적으로 사적으로 알고 지내던 NKK의 후쿠오카(福岡)에게 긴급타전을 했다. 일찍이 그는 광양제철소 건설 협력을 반대하고 우리의 광양 사업이 가망 없다고 주장해 오던 사람이었다.

"내 입장이 이렇게 되었는데 우리 회사로 보면 상당히 심각하다. 당신이 도와줄 수 있으면 좋겠다. 이건 회사 대 회사가 아니고 개인적인 부탁이다."

전화기 저쪽에서는 잠시 아무말이 없었다. 나는 초조했다.

"얼마나 고민이 되겠는가? 어떻게 해서든 시간을 내보겠다."

나는 고맙다는 말조차 하지 못했다. 한동안의 침묵이 그에게 보낸 나의 감사 표시였다.

후쿠오카는 1989년 1월 초 설계 담당인 쿠세씨와 함께 연휴를 이용해 날아왔다. 후쿠오카는 도착한 날부터 이틀 밤을 새우더니 3일째 되던 날 제대로 된 제품이 나온다면서 나를 가까이 불렀다.

"지금까지는 조업이 엉터리였다. 설비는 괜찮다. 당신네 조업자가 작동법을 잘 몰라서 조작을 잘못한 것이다."

그러면서 후쿠오카는 영하 10도를 오르내리는 강추위 속에서도 냉연부 조업자들을 전부 모아놓고 칠판 앞에서 직접 그림과 수치를 적어가며 조업법을 설명해 주었다. 나는 눈물을 훔쳤다.

"이제 작동을 해보시오."

이론적으로 계산한 수치에 맞춰서 전부 조작을 해보니 그야말로 제대로 된 제품이 나오는 것이었다.

"와 진짜 나온다이!"

그 직화로를 채용한 설비는 일본 전체에서도 한 두 군데 밖에 없었던 때였다. 그때의 냉연공장이 성공적으로 이루어진 이후 현재 광양에는 냉연공장이 4개나 더 생겼다. 전부 동일한 스타일이다. 문제가 있다고 난리를 치다가 알고 보니 그게 제일 좋은 선택이라서 동일한 설비를 선택한 것이다.

나는 자신하고 있다. 지금도 그때의 수준에서 크게 벗어나지 않고 있으며 1980년대에 준공된 설비나 작년에 준공된 설비나 앞으로 10년 후에 이어질 설비들도 지금의 설비와는 크게 변화가 없을 것이다.

이정부(건설본부이사) 씨 증언

포항제철 건설 초기 임직원들은 "최소비용으로 최대공장 건설"을 이루기 위해 온몸을 던졌다. 그리고 제철소 건설에 실패하면 영일만에 빠져 죽어야 한다는 "우향우 정신"을 항상 가슴에 새겼다.

이것은 박태준 사장께서 거듭 강조한 지침으로 당시 국내 다른 현장에서는 상상조차 하지 못할 일이었고 그 실행에 엄청난 노력과 열정이 투입되었다. 그중에 포스코를 일류 철강 기업으로 키워나간 핵심적인 내용 몇 가지를 정리해 보겠다.

무엇보다 건설 현장에서는 안전관리를 최우선적으로 강조했다. 회사 전직원과 현장 근로자들의 안전모 착용을 생활화하기 위해 "안전모를 착용하지 않은 직원의 머리를 돌맹이로 쳐라."고 본사 현관 앞에 자갈함을 비치할 정도였다.

안전제일을 실천하기 위해 거수경례를 할 때 구호를 "안전"으로 했고 본사에 전담 안전과를 만들었으며 모든 현장에 전담 안전 관리자를 배치했다. 또한 무사고 무재해 달성 목표를 설정해 표창제를 운영했다.

공사 품질 관리도 한치의 오차가 없도록 철저하게 했다. 건설회사가 측량을 하면서 오차가 발생하는 것을 예방하기 위해 전문 측량회사에 검측을 의뢰해 정밀 시공과 공기 단축이 가능하도록 했다.

인접한 타설비와의 연계 및 확장 건설과 조업시 정비를 위해 레이아웃실을 운영, 좌표상의 정확성을 기했다. 또한 모든 기기와 설비 부품의 규격, 재질 등을 제조과정부터 전문 검정 회사를 투입해 정밀 제작을 유도했다.

건설 현장에서 시공 착오가 발생하면 감사를 실시해 재시공토록 했다. 콘크리트에 균열이 발생하면 공기 준수에 어려움이 있더라도 폭파를 하고 다시 시공토록 해 경각심을 일깨웠다. 공기 준수도 목숨같이 여겼다.

건설 현장 근로자들은 휴일이나 명절에도 부득이하게 출근해야 했다. 추석과 설날 출근하는 근로자에게는 일당 임금을 200% 지급하고 자전거 등 경품권을 배부해 보상했다. 추석 차례는 현장에서 합동 차례를 지내 근로자들의 마음을 달래기도 했다.

건설 공기에 가장 큰 영향을 미치는 콘크리트 타설 목표량을 달성하기 위해 철야 공사를 많이 할 수밖에 없었다. 레미콘 운반 차량의 심야 운행을 위해 관리 분야 과장들이 운전석 옆에 탑승해 심야 운행을 하기도 했다.

일일 콘크리트 목표량을 타설하기 위해서는 일정량의 시멘트가 공급되어야했다. 그런데 시멘트 선적항의 부두 시설이 태풍으로 파손돼 시멘트 공급이 안되자 그것을 포항제철이 고쳐서 공급하기도 했다.

건설 현장에서 고가의 기계, 전기부품의 도난을 방지하기 위해 전담 경비원을 배치했으며 부품이 손실되면 공기 준수를 위해 해외에서 선박 운송 대신 항공편을 이용했다. 공기 단축과 준수를 위한 비상 근무 기간에는 새벽 5시 출근, 밤 11시 퇴근했다. 아침식사는 통근 버스에서 사과와 빵으로 해결하는 날이 적지 않았다.

당시 건설 공사 현장에서는 착공식이 끝난 후에 인력과 자재 등을 준비해 시공에 들어가는 것이 관행이었다. 하지만 포항제철은 착공식 다음 날부터 파일을 박는 항타 소리가 나는 것이 전통이었다.

종합준공이 임박했을 때 모든 현장 기자재의 정리정돈이 원활하지 않자 담당 건설회사가 해야 할 일을 포항제철이 운송출하부를 동원해 실시했다. 모든 생산공장은 준공식 다음 날부터 바로 상업 생산을 한다는 방침 하에 준공 전날까지 모든 시운전을 마쳤다. 건설사들은 통상 준공식 후에 잔여 자재, 장비, 현장 사무실 등을 정리정돈 했으나 포항제철은 준공식 전날까지 모든 정리정돈을 완료했다.

돌이켜보면 전직원이 이렇게 철저하고 완벽하게 일관제철소를 건립하겠다는 자세로 임했기에 세계가 놀라는 위업을 달성할 수 있었다. 모든 상황이 변했지만 지금 현장을 지키는 후배들도 모래바람이 부는 허허벌판에서 포항제철을 만들었다는 것을 기억해 주었으면 좋겠다.

설계(設計, Design)는 창조적인 임무

나는 서울대 토목공학과를 졸업하고 육군 소위로 임관했다. 그때 ROTC 출신 장교의 복무기간이 2년이었지만 "김신조 사건"이 터지는 바람에 좀 늦게 전역해서 토목설계 전문회사 한국건설계기술단에서 근무하게 되었다.

토목은 크게 설계와 공사로 나뉘었다. 나는 설계가 책과 씨름하는 창조적인 업무라고 생각했고 공사 현장에 가더라도 구조물의 설계 과정을 알아야 한다고 판단해 그곳에서 일했다. 그런데 설계 용역사업이 대부분 관청 발주여서 하반기에 집중되고 상반기에는 거의 휴무상태였다.

이런 것이 답답하게 느껴지는 때에 함께 일하던 선배 한 사람이 먼저 포스코로 가더니 나에게도 오라는 권유를 했다. 내가 경력사원으로 포스코에 몸을 담게 된 것은 1970년 12월로, 연관단지 사무부로 첫 발령이 났다. 철강 산업은 전후방 산업과 관련이 많으니 제철소 인근에 배후 단지를 필요로 한다. 연관단지의 매입, 측정, 조성, 분양 업무는 관리부에서 수행했고 나는 공사 및 기술적인 관리 업무를 맡았다.

연관단지를 측량하고 전체 단지를 매립해서 분양해야 했는데, 업무 편의를 위해 분양받은 업체가 매립 작업을 하도록 했다. 제철소 부지가 매립을 통해 높아졌기 때문에 연관단지도 그 정도로 높여야 했다.

그때 제철소와 연관단지 도로 설계가 나왔다. 살펴보니 그건 전혀 아니었다. 토목 공사는 하부 구조를 만드는 작업이기 때문에 이를 적당히 하고 넘어가 나중에 문제가 생기면 보완이 불가능해진다. 분양

받은 업체가 서류를 들고 서울에 있는 연관단지 사무부로 나를 찾아오면 매우 꼼꼼하게 체크했다. 그건 토목 기본에 해당하는 일이었다.

철저한 기술 감사로 완벽 시공 유도

이듬해 1971년 9월 사장실 감사과로 자리를 옮겼다. 아마도 연관단지 업무를 매우 꼼꼼하게 따져서 수행한 것이 그 연유가 아니었을까. 나는 그렇게 생각했다.

감사과는 1972년 6월 검사역실로 개편되었다. 내가 맡은 일은 여전히 설계, 공사, 레이아웃 관련 업무였다. 이때 정부 투자기관 관리에 관한 법률이 개정돼 "일상 감사"라는 새로운 제도가 생겼다. 감사관 사업이 마무리된 단계에서 거꾸로 소급해 일의 타당성 및 적부(適否)를 따지는 것이 일반적이었지만 이제는 품의(稟議) 단계에서 최종 결재 직전에 감사를 거쳐야 했다.

이 제도는 우리나라에서 포스코가 최초로 시행했다. 당시 설계 전문회사인 SMBC에서 설계를 끝내면 건설본부에서 공사 품의를 올리고 결재가 나면 업무부에서 건설업체와 공사 계약을 체결해 공사에 들어가는 체제였다.

나는 건설본부의 품의 단계에서 일상 감사를 수행했다. 감사부서에는 과장, 부장이 있었지만 토목, 건축에 관련된 감사는 모두 나에게 맡겨졌다.

입사 전 설계회사에서 2년 반 동안 근무하면서 설계 관련 업무를 책을 통해 이론적으로 독파한 나로서는 부실한 부분을 그냥 넘길 수가 없었다. 기계나 장비 분야는 모두 외국에서 들여온 기술이었지만 토목, 건축은 우리 손으로 수행해야 할 분야였기에 잠시라도 항타

소리가 들리지 않으면 "무엇하고 있느냐"고 호통을 치셨다.

그리고 공장이 준공되면 시제품 생산단계를 건너뛰고 바로 상업 생산에 들어가라고 엄명하셨다. 시간의 손실을 허용하지 않으셨다. 준공 전에는 2~3일 만에 주변 녹화까지 깔끔하게 마치라고 다그치셨다. 그러다 보니 감사에서 시간을 끌면 사장 지시를 내세우며 빨리 해달라는 독촉이 빗발치게 돼 있었다.

나는 이렇게 반문했다.

"그것도 사장님 지시지만 "최소 비용으로 최대 공장 건설"은 그것보다 우선하는 사장님의 기본 철학 아닙니까?"

나는 감사업무를 수행하면서 감사가 허술하면 현장에서 아무리 뭔가 절감 노력을 해도 허사가 된다는 생각을 갖게 되었다. 따라서 건설공사 부문에 대한 감사 업무의 기본 틀 확립에 많은 노력을 기울였다. 그 결과 2년 주기로 실시되는 감사원 감사의 지적 사항을 크게 줄였으며 이에 따라 포스코의 대외적 공신력을 크게 제고할 수 있었다.

세부적으로 설명하자면 계속 공사에 있어서 가설 건물 건설비, 공사 감독의 차량 유지비, 지하수 용출비, 가설 비계류 등 중복 반영, 각종 할증요율, 공사불량 과다산출 등을 철저히 배제했다. 예를 들어 건설 공사는 설비 공급자가 기본 설계를 제공하지만 도로 포장공사는 국내설계로 이루어지기 때문에 첫 번째 발주 공사 금액에서 약 3/1을 절감한다.

하지만 어쩔수 없는 일이었다. 그때 원활한 감사업무 수행을 위해서 감사원 근무 경험자 5명을 특채하기도 했다. 그들은 대부분 업무 및 회계 쪽이었다. 기술 쪽은 계속 나 혼자 고군분투하다 업무량이 너무 과중해서 1년 후 기술직이 충원됐다.

잊지못할 난공사는 포항2후판공장 토목공사

감사부에 근무하면서 엔지니어 영역의 업무를 했지만 내가 명실상부한 토목 엔지니어로서의 길을 걸은 것은 1973년 10월 설계부 설계1과로 발령이 나서부터였다. 그뒤로 나는 1990년 8월 포항로공업(현 포스코켐텍) 사장으로 부임할 때까지 무려 17년 세월을 오로지 토목 외길을 걸었다. 그 기간동안 나는 일반 직원에서 과장, 차장, 부소장을 거쳐 임원 직위에까지 올랐다.

1976년이었나. 박종태 초대 포항제철소장이 회사를 떠날 때 현장에서 비공식 이임식이 열렸다. 그 자리에서 하신 말씀이 오래 남아 있다.

"토목 쪽이 고생 많다. 토목은 사람이 살 수 없는 곳을 사람이 살 수 있는 곳으로 만드는 일이다."

어쩌면 교과서에나 나올 수 있는 원론적인 내용이지만 당시에는 그분의 강력한 카리스마와 어울려 매우 큰 울림으로 느껴져 왔다. 제철소란 사람이 살 수 있는 곳 정도가 아니라 사람이 고도의 활동을 해야 하는 일터 아니겠는가.

초창기 작업은 황량한 모래벌판에 제철소를 세우는 이른바 "그린필드 프로젝트"였기 때문에 땅을 고르고 굴착을 하고 파일을 박는 토목 공사가 주를 이루고 있었다.

포항 1냉연공장 토목공사 주감독으로 일했던 기억도 가끔 떠오른다. 포항 1냉연공장은 포스코에 도입된 최초의 미국 설비로서 규모면에서 당시까지 최대의 건축 면적, 최고의 높이, 최심(最深)의 굴착기 깊이를 기록했다. 토공량, 강관파일, 콘크리트 등 공사 물량에서도 최다였다.

나와 우리 동료들은 난(難)공사로 점철된 1기 설비와 2기 설비를 온갖 노력을 기울여 예정 공기보다 단축하여 준공시켰다. 그때 나는 그 공로로 국무총리표창을 받았다.

또 하나 잊지 못할 난공사는 역시 주감독으로 참여한 포항 2후판공장 토목 공사였다. 1냉연공장이 1기 설비 종합준공과 관계 없이 추진됐다면 2후판공장은 2기 설비 종합착공 이전에 별도로 착공됐다. 공장 규모나 공사 물량 면에서 1 냉연공장의 기록을 초과하는 공사였다.

제품 냉각야드 건물 기둥과 기둥 사이 간격이 60m, 천장 크레인을 지탱하는 보(Girden)의 무게가 80톤에 이르렀다. 트러스(Truss) 구조였으면 무게를 줄일 수 있었는데 플레이트 구조였기에 그럴 수가 없었다.

그만한 규모의 설비를 통째로 제작, 운반할 수는 없는 일이었다. 어쩔 도리 없이 공장에서 5개 부분으로 분리, 제작해서 운반한 뒤 현장에서 용접, 조립하는 과정을 거쳤다. 그 공사를 위해 120톤 크레인과 80톤 크레인 2대가 동원되기도 했다.

광양만의 추억들

나는 광양제철소 건설 때 선발대로 투입됐다. 동력검사부와 제강공사부 차장을 거쳐 건설 1부 차장으로 있던 1982년 2월이었다. 제2 제철소 건설 입지는 전국 5개 지역이 경합하는 바람에 광양으로 확정되기 전에 이미 전국 후보 지역을 돌아다니면서 측량과 지질조사를 시행한 바 있었다.

나는 처가가 대구인데 아내는 포항도 시골이라고 못마땅해 했다.

그런데 이제 광양으로 간다하니 아내는 혼자 가라고 했다. 생각 끝에 회사에 사표를 냈더니 본 척도 하지 않았다. 줄줄이 학교와 토목계의 선배들로 엮여 있는데 내 맘대로 짐을 쌀 수도 없었다.

정명식 당시 부사장께서 나를 부르더니 광양에 다녀오라고 하셨다. 공장부지는 이미 정해져 있으니 주택단지를 답사해서 건의하라는 것이었다.

나로서는 광양 프로젝트 또한 피할 수 없는 일이었다. 광양 사업소장은 심인보 당시 상무이사였다. 그 휘하에는 유상부 건설1부장, 김광남 건설2부장이 있었다. 나는 유상부 부장 아래서 1차장을 맡고 있었고 2차장은 이명섭 전 상무이사였다.

이 대목에서 나는 그때 유 부장의 고집과 뚝심을 짚고 넘어가야겠다. 제2 제철 입지가 아산만과 광양만으로 좁혀진 상황에서 기세등등한 신군부가 좌지우지하던 시절에 신군부는 아산만을 밀고 있었으나 유 부장은 "어떤일이 있어도 아산만은 안 된다"고 버텼다.

그때 박태준 회장께서 거창이 고향인 그에게 하신 말씀이 있다.

"거창(居昌)에서 거창한 인물이 나왔다."

광양 초기 요원들은 금호도 건설기지에 임시로 마련한 가설건물에서 기거했다. 저녁때 밖이 시끄러워 나갔다가 동네 청년들로부터 주먹세례를 받기도 했고 그들이 상수도관을 차단하는 바람에 아침에 세수도 못하고 출근하기 일쑤였다. 1982~1983년 초기 요원들은 2주에 한 번씩 포항 집에 다녀올 수 있도록 했다. 이번 주는 아버지가 올 것으로 믿고 버스 도착지에서 기다리다 아버지가 안 오는 것을 알고 풀이 죽어 돌아서는 아이들을 생각하면 안 가볼 수가 없었다.

포항에 가기 위해서는 오후 1시에 망덕으로 나가는 배를 타야했다. 그런데 망덕에 도착하기 바쁘게 되돌아오라는 연락이 오곤 했다. 서울에서 고위층이 내려온다는 전갈이 왔다는 것이었다.

정부 고위 인사들은 꼭 주말에 내려오기 때문에 이런 일이 반복되었다. 헐레벌떡 되돌아가 가설건물에서 국무총리에게 현황 브리핑을 한 적도 있다. 가설건물 인근에는 아무런 편의 시설이 없어 주말을 이용해 순천(順天)으로 나가 목욕이나 이발을 하고 해안지역 통금 시간인 6시 이전에 숙소에 돌아오려면 업무용 선박을 이용해야 했다.

당시에는 직원들의 월급도 이 선박으로 실어날라야 했다. 말이 선박이지 조각배에 불과했다. 태인도와 망덕 사이의 조수 간만의 차이는 3.5m였는데 썰물 시간에 걸리면 수심이 얕아져 배가 갯벌 속에 박히는 일이 자주 벌어졌다. 이럴 때면 물속에 들어가 몸으로 배를 밀어서 좌초를 면해야 했다.

한번은 작고하신 장세훈 포항제철소장께서 광양을 처음 방문하셨다. 큰 집에서 작은 집을 방문하러 오신 셈이었다.

섬이 많은 해안지역에서는 바닷속 조류가 이리저리 바뀌기 때문에 지진도(知津島) 인근에 조류측정기를 설치해 뒀다. 업무 연락선을 타고 지진도로 가는데 배의 밧줄을 조류측정기에 걸어야 했다. 한쪽 발은 배에다 걸쳐두고 다른 쪽 발을 조류측정기에 올렸는데 배가 파도에 밀려 빠져나가면서 몸이 공중에서 물속으로 빠지고 말았다.

이때 반사적으로 조류측정기의 안전계단을 잡고 턱걸이하듯이 빠져나왔기 망정이지 곤두박질쳤다면 아마 무사하지 못했을 것이다. 물 위에 올라오니 안전화에 갯벌 진흙이 덕지덕지 묻어 걸음을 뗄 수가 없을 정도였다. 겨울철이라 몹시 추웠지만 지진도에서 막걸리 한잔으로 겨우 체온을 유지했다.

광양제철소 건설 부지는 섬진강 서쪽 광양만 일대 전남지역으로 확정되어 있었지만 한때 섬진강 동쪽 하동군 길사리 해안 일대 경남 지역으로 변경될 수도 있다는 근거 없는 이야기가 떠돌기도 했다. 대형 건설 사업을 추진하기 위해서는 중앙 정부는 물론 지방 정부의 협조도 매우 긴요했는데 섬진강의 모래나 골재 채취 허가권은 전라남도가 쥐고 있었다.

당시 전남도지사는 후일 건설부장관을 지낸 김종호씨로 광양출신이었다. 나의 브리핑을 받은 김 지사는 모래 및 골재 채취 허가 이전에 조건을 달았다. 제철소로 이어지는 연륙교(連陸橋)를 전라도 쪽으로 먼저 내면 허가해 주겠다는 것이었다. 김 지사는 건설부장관이 된 후에도 여러 가지로 도움을 주셨다.

초기 광양에선 어업권 보상에 얽힌 주민들과의 갈등이 심했다. 나는 그 문제로 어지간히 골치를 앓았다. 광양군, 남해군, 하동군 3개 지역 어민들이 흡사 경쟁이라도 벌이듯 강경 자세를 보였다. 협상이란 우선 이야기를 주고 받아야 진전이 되든 결렬이 되는 것인데, 이야기 자체를 거부했다.

자료를 들고 이야기를 시작하면 "당신들은 대학 나오고 큰 회사 다녀서 유식한 모양인데 우린 무식해서 그런 것 모른다. 그러니 무식한 사람들 상대로 장난질하지 말고 우리 요구를 그대로 다 들어주면 된다"는 것이었다.

어민들의 요구는 이중, 삼중의 계산이 깔려 있었다. 특히 "관행 어업"에 대한 보상은 산 넘어 산이었다. 관행 어업권이란 오랫동안 계속하여 어업행위를 하는 이른바 입어의 관행이 있었고 이 관행에 대해 대다수 사람들이 인정하여 법적 확신을 얻은 관습법상의 권리를 말한다. 몇백 년간 조상대대로 이어오는 권리를 계산하는 것은 대단히 어려운 일이었다.

30

포항제철 주요 설비 구매 비사

김윤섭(도쿄사무소 판매부차장, 기획실 차장) 씨 증언

1969년 1월 옛 명지대 교사(남대문 근처)에서 상당히 치열했던 입사시험을 거쳐 이해 2월 15일 포항종합제철에 입사하여 외국계약부에 배치되었다. 노부길, 오창환, 임생묵, 한영수 그리고 나, 이렇게 경력 사원으로 들어온 5명이 첫날부터 KISA와의 Basic Agreement & Additional Terms to the Basic Agreement(약칭 Add Terms)의 번역에 착수했다.

나는 미, 영, 독, 불, 이 KISA 5개국 중 영국을 맡게 되었다. 당시 우리 부서의 Line-up(팀)은 김용각 이사님, 노중열 부장님, 이원희 차장님, 최병억 차장님 여상환 씨와 나 그리고 우리 신참 5명이었다. 미국의 코퍼스(Koppers)사가 준비한 법률적으로 매우 함축성이 많은 계약 문서를 번역하느라고 매일 저녁 늦게까지 고생을 많이 했다.

가장 어려웠던 것은 영국의 수출 보험제도에 관한 것이었다. 저녁은 주로 합동 매식이었고 때로는 YWCA 근처 다방에서 위스키 한두잔씩을 마시고 가거나(당시는 다방에서 양주를 팔았다) 혹은 임생묵(작고) 집에서 경영하는 "대동" 화식(和食)집에서 맥주나 정종을 생선회를 안주로 해 마시곤 했다. 다방이나 "대동"의 외상 값은 월급날 내가 주관하여 수금해서 갚았다.

그러나 KISA 프로젝트의 차관이 성사되지 못해 초기용량 60만 톤 제철소의 꿈이 물거품이 되었다. 한동안의 우여곡절 끝에 대일청구권자금과 상업차관으로 자금원이 바뀌고 초기용량 백만 톤으로 규모가 확대되었다. KISA 측의 파이낸싱 기관이 내세운 차관 거절사유가 한국에서의 조강 연산 60만 톤 제철소는 경제성 타당성이 없다고 하는 것이었다.

차관선이 일본으로 바뀔 때 쯤 노부길, 오창환 두 동료가 퇴직을 하여 신참은 5명에서 3명으로 줄고 대신 SMC Supply Mission에서 근무하던 김창섭씨가 1팀장, 내가 2팀장, 한영수씨가 3팀장이 되었다. 개편 이후 표준 계약안 작성과 조달청과 대일 청구권 사절단이 주관하는 청구권 자금 계약을 기존 법 테두리 내에서 우리(POSCO)가 위임을 받는 것이 우리 부서의 최대 당면 과제였다.

우선 표준안 작성을 위해서 회사가 갖고 있는 계약 관계 일본 서적이 외에 충무로 입구 일본 서적 취급 서점에서 도움 될 만한 것들을 추가로 구하고 경제기획원의 대학 선배를 통해서 한전, 현대 등 타사의 차관계약서 및 사업계획서를 빌려다가 복사를 하고 KISA 계약서 중 적당한 규약을 발췌하여 모으는 한편 조달 편람을 사다 놓고 관계규정을 검토하면서 예외적용을 받는 방안을 강구했다.

표준안 작성을 위해서 맨 먼저 필요 조문의 제목(Articles)을 작성하고 각 팀별로 분담하여 작성하였다. 그 결과 어떤 조문은 필요 이상으로 길거나 너무 간단하게 되는 등 조문 간의 균형이 안 맞고 어떤 조문은 미국식 표현이고 떠 어떤 조문은 일본식 표현이 되는 등 천차만별이었다. 이를 조정하기 위하여 브레인스토밍(BrainStorming)을 수없이 거듭했다.

그리고 조달청과 대일청구권 사절단의 위임을 받기 위한 방안에 관하여 현 규정을 무시하고 모든 권한을 포항제철에 위임토록 하여야 한다는 초고압적 톱-다운(Top-down)방식을 주장했다. 그러나 이전 직장에서 비교적 정부관청 출입을 많이 해온 나로서는 현 규정 테두리 안에서 방법을 찾는 것이 실현 가능하다는 것을 역설하였고 그리하여 차츰 그러한 합리적 방법으로 의견을 모으게 되었다.

작업의 방향은 가장 짧은 공기(工期)에 좋은 설비를 가장 저렴하게 구매하는 것이었다. 또한 종합제철소라는 점에서 설비 간의 유기적 연결을 유지하고 Turn-key(건설 업체가 공사를 끝까지 책임지는) 방식으로 공장을 건설하기 위해서는 포항제철이 구매위임을 받아야 한다는 것이었다. 그래서 일차적으로 조달청(OSROK)은 구매권을 대일청구권 사절단에 위임하고 사절단은 계약서에 서명하되 계약안은 포항제철이 작성한 것을 토대로 하며, 그 대신 포항제철은 청구권 관계 조달 규정상의 "일반 조항"에 벗어나지 않도록 계약안을 마련하는 것이었다.

이런 내용으로 노중열 부장님과 함께 경제기획원과 조달청의 관계자들에 대한 설득에 나섰다. 처음에는 심한 반발에 부딪치고 심한 무안을 당하기도 했다.

하지만 박태준 사장님께서 당시 경제기획원장관이던 김학열 장관을 설득하여 그분이 결단을 내리신 것으로 기억하고 있다. 정부기관의 고유 권한을 위임받는 것은 대단히 어려운 일이었다. 그래서 박 사장님께서 정리한 내용으로 박정희 대통령의 서명을 받아옴으로써 일단락되었다.

열연공장 상업 차관으로 전환

일관제철 건설에는 많은 시간이 소요됨으로 우선 최종공정인 압연공장을 먼저 건설하여 압연 조업 기술을 향상시키고 편수입 슬레브로 제품 생산을 함으로써 국내 수요 공급은 물론 판매능력의 조기 정착을 도모한다는 점에서 열연공장이 제1호 계약 대상으로 선정되었으며, 계약팀은 노중열 부장님, 김윤섭으로 정해졌고 설비팀은 백덕현 부장, 김종진씨로 선정되었다. 나중에 설비팀에는 남창희씨가 추가되었다.

정작 내가 일차 협상팀으로 선발되고 보니 걱정이 앞섰다. 그래서 준비된 계약 일반약관안을 재검토한 결과 아직도 손볼 것이 많았다. 여러 사람이 작업을 하다 보니 조문 간의 표현 균형이 안 맞고 오자, 탈자도 많았다. "세계의 미쓰비시"라고 자부하는 MSK팀에게 책잡히지 않게끔 하려니 이만저만 신경이 쓰이는 게 아니었다.

오래간만의 일본 나들이라 마음은 들뜨고 일은 산적하고 또한 EPB(경제기획원)에서 얻어올 자료나 정보도 많고 해서 내 정신이 아니었다. 1970년 9월 생애 세 번째로 일본 땅에 발을 디디게 되었다.

첫 번째 숙소는 비즈니스 호텔이었고 당시 혼자서 소장을 맡고 계시던 최주선 소장님의 배려로 동경사무소 코포맨션에서 기숙하게 되었다. 낮에는 협상에 임하고 저녁에는 동경사무소 잔무를 도와드렸다.

상대방인 MSK(미쓰비시)의 라인업은 야마다 중기부장, 다카시마씨였고 실무자 2명은 모두 동경대학 출신이었다. MSK의 제안서를 일별하였던 바 ① MSK 서울지점에 대한 영업세의 포스코 부담 ② 계약 통화가 미국 달러로 되어 있음에 따라 엔화에 대한 환차손

(Exchange Risk)의 포스코 부담 등 꽤 까다로운 조항이 들어 있었다.

영업세 문제는 우리 측 제안서에서 뺏는데 사카라이씨가 발견하지 못하고 그냥 넘어갔고, 환차손 문제는 예상 리스크를 계약가에 반영하든가 그대로 두든가 두가지 방안 중 후자로 정했다. 환차손 문제로 정부인가가 나지 않아 자금원을 상업차관에서 청구권 자금(엔화 표시)으로 돌리도록 하라는 지시를 받고 궁리하였으나 일본 정부의 승인 절차 등으로 시간이 너무 걸리고 공기(工期) 상 문제가 많아 결국 상업차관만으로 추진하게 되었다. 대신 예상 리스크 상당 부분의 설비가 깎여 나가는 아픔을 맛보아야 했다.

계약체결 정부인가 후 MSK 본사 경리팀에서 계약서에서 영업세 조항이 빠지게 된 경위를 조사하러 왔었다. 같은 실무자로서 사카라이씨가 이 일로 인하여 사내에서 어떤 처벌을 받지 않았나 해서 마음이 무척 무거웠다.

하루는 MSK 본사에서 협상 중 지진이 나서 건물이 약간 흔들렸다. 그때가 점심시간이 훨씬 지난 시간인데도 협상의 난항으로 점심시간이 늦어지고 있었다. 김종진씨가 말하기를 "점심을 못 먹어서 그런지 몸이 흔들리고 어지럽다"고 말해서 한바탕 웃음 바다가 되었다.

제선공장, 제강공장 및 석회소성설비 계약

협상안은 최초 계약인 열연공장 계약과 MSK와 이미 체결해 놓은 원료 처리설비, 급배수 설비 및 산소공장의 경우를 토대로 해서 진행했으나 제선공장의 자금원이 대일청구권자금임으로 해당 부문만 그 절차에 따르도록 고쳐서 협상을 벌였다. 담당자인 토지마씨도 까다로운 편이어서 협상은 원만하게 진행되지는 못했다. 여기에 허허실실형인 야마우치씨가 들어와 분위기가 다소 개선되었다.

협상 도중 내화벽돌에 대해 메이커 측에서 자격 문제(혹은 하자보증 문제)로 순순히 협의해 오지 않아 한때는 박태준 사장님의 지시로 홀연히 협상 테이블에서 사라져 귀국한 양 종적을 감춘 적도 있었다.

CITOH의 담당과장은 말수가 적고 점잖은 사람이었지만 차갑게 느껴졌고 松車씨는 CITOH 서울지점에서 약 1년 간 근무하면서 연세대 한국어학당에서 우리말을 배운 얌전한 성격의 사람이었다. 그래서 그런지 나는 계약 협상의 종반에 끼어들었는데도 협상 진전이 순조롭지 못했다. 타사와 이미 합의된 조건. 어떻게 보면 세세한 것까지 물고 늘어져서 협상 속도가 매우 느리게 되었다.

가장 어려웠으나 결과적으로 쾌재를 불렀던 것은 배선(Vessel Arragement) 문제였다. CITOH는 배선권(配船權)을 자기네가 가져야 한다고 주장하고 포항제철은 한국에서 가져야 한다고 강경하게 맞섰다. 한국 측은 고려해운을 주간사 사로 하여 대한해운공사 등 몇 개 사로 포스코 프로젝트 해운선사단(海運船社團)을 이미 구성해 놓고 있었으며 정부를 비롯하여 국내 여론이 Korean Flag Vessel을 강력히 요구하고 있었다.

다른 협상팀도 plant의 특성상 한국에는 길이가 길고 큰 용량의 크레인이 없어서 일본 측에 배선권을 주자는 의견도 있었으나 우리 협상팀은 우리 주장을 관철시켜 승리감을 맛보았다.

3개 협상팀 편성

박태준 사장님은 일본 측과의 계약 협상에 앞서 협상팀을 3개팀으로 편성하도록 했다.
 제1반: 노중열 부장, 김상섭씨
 제2반: 이원희 차장, 김윤섭
 제3반: 최주선 소장, 한영수씨

이러한 3개 팀 편성의 의미는 크게 두 가지였다고 판단된다. 첫째는 공기 단축의 일환으로 조속한 계약을 체결하기 위한 것이었고 둘째는 상호경쟁을 통한 유리한 계약 조건의 확보를 위한 것이었다.

계약을 끝내고 생각하니 박 사장님의 원려심모(遠慮深謀, 멀리까지 계획하여 깊이 생각한다)가 적중된 경우였다고 느껴졌다. 그리고 MSK, MBK 등 일본의 일류회사들과 접촉해 느낀 점은 영어 실력 면에서 보면 단연 우리가 앞서 있었고 단어나 문장 조성에 있어서나 계약안 준비의 성실도에 있어서도 우리가 월등하다는 것을 느꼈다.

그러나 관계부서 간의 협조, 회사 전체 조직력 면에서는 장구한 창업역사, 세계시장에서의 많은 경험 등이 밑받침되어 있는 그들과의 너무나도 큰 차이를 인정하지 않을 수 없었다. 특히 주요합의 내용에 관한 회의록을 방안지(方眼紙)에 연필로 써서 상대방에게 확인시킨 후 즉시 서명할 수 있도록 준비하는 기민성은 우리가 배울만한 것이었다.

젊은 측 해외 출장 건의 실현

계약 협상 진행 중에는 높은 직위의 사람은 도쿄에, 젊은 사람은 국내에 남는 양분 현상이 일어나 외자계약부의 사기에도 좋지 않았다. 특히 계약 협상하는 사람은 늘 국외에 출장 가고 잔류파는 정무인가 등 굳은 일만 도맡아 해야 하는 불공평한 현상도 일어났다.

그래서 나는 계약 협상을 담당한 사람이 귀국해서 정부인가를 받는 것이 사업 내용, 설명에도 좋고 하니 그렇게 하자고 건의했다. 그리고 고준식 부사장님께 젊은 층의 출장을 건의했다. 비록 일본어 구사 능력이 다소 떨어진다 해도 후일을 위한 훈련도 겸해서 보내야 한다고 말씀드렸다. 그래서 그 후 임생묵, 김철웅, 김문규, 정무창, 곽종안 씨 등의 일본 출장이 실현되었다.

포항 1기 설비 중 특히 주요 설비인 열연공장, 제선공장, 제강공장 계약을 내가 담당케 되어 영광스럽고 보람을 느낀다. 누구나 다 마찬가지겠지만 계약서가 인쇄되면 서명전까지 계약 금액 표시(아라비아 숫자 및 괄호 안의 영문 표기), 공급 범위(Scope of Supply), 공기 표시, 지체상금 적용률 등 실수가 있지 않나 하고 조바심을 내면서 살펴보게 된다.

그 밖에도 오자나 탈자가 없나, 대문자 표시가 되었나 걱정은 끝이 없었다. 나는 상대방으로부터 "족집게"라는 별명을 들을 만큼 타자기 실수를 곧잘 집어내어 다시 타자를 시키곤 하여 공급사 측 여사원들에게 많은 원망(?)을 듣기도 했다.

김상호(포스코 엔지니어링(PEC) 사장) 씨 증언
- 포스코 성공 힘은 혼(魂)이다

포항제철소 1기 설비 건설이 한창 진행되고 있던 1971년 당시 나는 제철기술 컨설턴트에 몸을 담은 후 스메크(SMEC), 세마건축사무소, 제철엔지니어링, 포스코개발, 포스에이씨로 발전과 변신을 거듭하는 기간을 거쳤고 이후 포항산업과학연구원(RIST) 기술위원에 이르기까지 무려 한세대를 포스코와 인연을 맺었다.

공과대학을 졸업하고도 타 종합설계공사를 거쳐 1971년 봄날에는 한국종합기술개발공사에서 설계의 기초를 다지며 부산의 M16공장 프로젝트를 맡고 있었다. 부산에 내려갔다 오면서 포항에 들렸더니 포항에 근무하고 있던 지인들이 포항제철에서 나같은 사람을 필요로 한다고 했다.

그래서 나는 박태준 사장님과 처음으로 뵙게 되었다. 내 생각으로는 이왕이면 포항제철로 가고 싶었는데 인터뷰를 마친 박 사장께서 나의 이력을 살펴보시더니 제철기술 컨설턴트로 가라고 하셨다.

1973년 3월에 발령이 났다. 그래서 나의 인생을 송두리째 제철산업건설에 바치게 된 계기가 되었다. 내가 1971년 3월 포항 현장에 도착했을 때 현장 사무소는 상황실 옆에 있는 가설 사무실이었고 현장은 아무것도 없는 허허벌판이었다. 제철소가 어떻게 생겼는지도 몰랐고 관련 자료도 없이 레이아웃에 좌표선과 도로망만 그려져 있는 도면 한 장과 설비 구매 시방서만 있었다.

설비 공급자가 확정되어 공급자가 제공하는 도면과 기본 설계도(Vender Drawing)가 도착하면서 토건 분야의 기초설계와 건물설계를 하고 되고 내역서 작성과 감리 업무까지 수행하게 되었다.

기전분야도 공급자가 제공하는 상세설계도와 설비 제작도면에 의해 시공설계와 적산설계(積算設計, 공사비를 산출하는 것) 업무를 위주로 수행했다. 제철기술 컨설턴트라는 조그만 용역회사가 오늘의 포스코건설로 성장하기까지에는 여러 가지 곡절이 있었지만 초창기 제철기술 컨설턴트가 설립된 경위와 경과를 정리해 보겠다.

1968년 포스코가 창립되고 KISA와의 계약이 해지된 뒤 일본으로 방향을 선회하면서 JG의 소속사인 후루카와 엔지니어링의 후루카와 사장이 박태준 사장께 제철소는 1기만으로 끝나지 않고 계속적으로 시설을 확장해야 할 터이니 포스코에서 기술을 전수할 회사를 만들어 양성하는 것이 좋겠다고 건의했다.

이에따라 포스코에서 서울기술단이라는 용역사를 인수하여 사명(社名)을 "제철기술 컨설턴트"로 바꾼 뒤 일본에서 귀국한 김주택씨에게 경영을 맡겼다. 이 회사는 포스코와 김주택 사장이 각각 50%의 지분으로 참여하면서 포스코 계열사로 편입되었다.

1973년에는 사명을 "스메크(SMEC)"로 바꾸었다. 1기 설비 준공 후 2기 설비 확장이 다소 유동적인 상황에서 제철소 관련 일이 없으니 당장 회사 유지가 어려워져 정부 공사 등 다른 일거리를 찾기 위해서였다.

그러나 찾아가는 곳 마다 문전박대를 받았다. 제철기술 컨설턴트라면 제철소 관련 일이나 하지 왜 엉뚱한 데를 기웃거리냐는 것이었다. 그러니까 그때의 문제는 제철기술 컨설턴트라는 사명이었다. 우선 밥벌이라도 하자면 사명(社名)을 바꿔야 했다.

그렇다고 호적을 근본적으로 파내는 것은 전혀 아니었다. 제철 기술 컨설턴트의 영문명이 "Seoul Mill Engineering Consultants Co. LTD"였는데 그 이니셜을 조합해서 "SMEC"로 한 것이다.

그래도 별 효과가 없었다. 특단의 조치가 내려졌다. 당시 회사 총직원이 100명이었는데 단 7명만 남기고 전원 퇴직시켰다. 7명 중 내가 부장으로 남아 나머지 인원과 함께 포스코의 잔여 업무를 처리했다.

1976년에는 분사형식으로 세마건축사무소를 설립했다. 당시 건축법이 개정돼 "건축사무소의 대표이사는 건축사가 되어야 한다"는 조항이 생겼기 때문에 포스코의 주택과 일반 건물의 설계업무를 수행하기 위해 별도 회사를 설립했는데 사실은 같은 회사로 운영했다.

1978년에는 사명을 제철엔지니어링(PEC)으로 변경했다. 제 2제철소 부지선정으로 아산만과 광양만을 두고 밀고 당기기가 계속되면서 또다시 경영난이 극에 달했다. 거의 2년 정도 놀고 있었다. 하는 수 없이 김주택 사장이 손을 떼고 포스코가 주식을 100% 인수하면서 사명도 PEC로 바꾼 것이었고 경영자도 포스코가 임명하게 되었다.

포스코가 주식을 100% 인수하고 사명을 바꿀 때 박태준 회장께서 "PEC 활용 방안"을 지시했다. 제철기술 컨설턴트 시절의 회장, 사장은 물론 모든 임원이 물러나고 당시 전무이던 나 혼자 남아 있었다. 백덕현 상무와 이윤 과장이 그 일을 맡았다.

나는 포스코 설비 기술 본부와 논의했다. 특별한 것은 아니었다. 어떤일을 PEC에 떼어줄 것인가 하는 문제였다. 포항에서 기전 분야는 시공 설계와 내역서 작성만 PEC가 수행했는데 앞으로 광양프로젝트에서는 가스 증유 설비와 수배전 설비, 공장 내 구내 배관과 배선 설계를 수행하며 토건 분야는 포항제철소와 동일하게 수행한다는 육성 방안이 만들어졌다.

제 2제철소 입지 선정의 우여곡절

1978년 제 2제철 입지가 아산만으로 결정된 단계에서 현대그룹이 대호지구 옆의 산을 잘라 아산만을 메우면 가로림만을 아산만보다 경제적으로 건설할 수 있다면서 그 사업을 현대가 수행하겠다는 뜻을 청와대에 건의하고 나섰다. 이에 따라 박정희 대통령은 포스코, 현대, 대림, 동아, 삼환 5개사가 개별적으로 시공을 고려한 종합 검토안을 내라고 지시했다.

1979년 당시 포스코는 그 업무를 수행하기 위해 청송대에서 검토반을 가동했다. 검토반은 당시 정명식 부사장, 백덕현 상무, 유상부 부장, 김경진 부장, 나 그리고 그 외 몇몇 사람이 매일 밤을 꼬박 새우다시피 하면서 2개월 동안 운영했다.

최종적으로 현대를 제외한 4개사와 네델란드의 데코사, 일본 항만 컨설턴트, 가와사키 제철이 모두 아산만을 추천하여 제 2제철 입지는 아산만으로 최종 결정되었다. 이에 따라 1979년 아산만에 포스코 현장 사무소를 개설하고 지질조사에 나서면서 나도 현장에 파견되었으나 그해 10.26 사태로 박정희 대통령이 서거하면서 1980년 4월 포스코 제 2제철소 추진반은 해체되었다.

그러나 우리는 1979년 박태준 사장님의 지시에 의해 제 2제철소 입지로 새로이 부각된 광양만 입지를 조사하면서 아산만과 광양만의 장단점을 다각적으로 비교 검토하게 되었다.

아산만은 조수간만의 차이가 최대 9.8m였다. 따라서 개항식(Open Tidal)으로 하면 하역효율이 저하되고 갑문식(Close Dike)으로 하면 약 2조원의 투자비가 추가되어야 하는 문제점이 있었다. 게다가 부지의 50%는 연약 지반이고 50%는 암반 지반이라 확장 공사 때의 발파로 인한 진동이 문제가 되었고 진입항로가 약 33km 길어서 항로의 유지 관리에 문제가 예상되었을 뿐 아니라 각종 인프라 비용, 원료 수송 비용이 많이 소요된다는 단점이 있었다.

반면에 광양만은 간만의 차가 3.8m로 개항식 항만으로도 하역 효율에 문제가 없었고 제철소 진입항로가 여수만과 광양만의 천연수로를 활용할 수 있어 항로의 유지 관리가 유리하며 인프라 시설이

나 제반 여건이 아산만보다 우월했다.

건설부에서 광양만을 반대한 가장 큰 이유는 광양만의 연약지반과 이에 따른 건설 공기가 문제였다. 여기에는 건설부의 오해가 있었다. 앞으로 포스코가 이 부분을 명확히 해두는 것이 필요하다. 당초 건설부가 유에스스틸(U.S. Steel) 엔지니어링에 검토를 의뢰한 광양만 후보지는 지금의 광양제철소가 들어있는 지역이 아니라 섬진강 동쪽, 그러니까 경상남도 하동군 갈사리 지역이었다.

거기는 연약 지반의 길이가 약 70m에 달해 대형 산업 시설이 들어갈 수 있는 지역이 아니었다. 그러나 광양제철소가 입지한 금호도 지역은 연약지반이 27m에 불과해 어렵지 않게 개량할 수 있었다. 그때 건설부에서는 두 지역을 마찬가지로 생각한 것 같았다. 개항식 항만 건설에 관해서는 그 문제를 해결하기 위해 나는 정명식 부사장과 함께 영국의 포트탈포트의 개항식 부두까지 직접 살펴 보았다.

우여곡절 끝에 1981년 4월 4일 전두환 대통령은 광양만을 2제철소 입지로 최종 결정했다. 다만 건설부의 우려를 반영하여 연약지반 개량과 공기(工期) 문제는 포스코가 책임져야 한다는 조건을 달았다.

그해 12월 1일 광양 건설 사무소를 개설하고 이듬해에는 전라남도와 경상남도에 용지매수를 위탁했다. 1982년에는 광양제철소 부지 조성 공사에 들어갔다.

광양제철소 입지 선정에서 PEC는 설비기술본부가 작성한 MEP를 기준으로 제철소의 부지 면적과 배치 계획, 부지 조성, 지질조사에 의한 설비 기초의 적합성 판단, 인프라 비용 등 제반 업무를 수행했다. 그때 박태준 회장, 유상부 부장을 보좌하여 건설부와 국가보위비상대책위원회에 보고하고 설득하느라 고생했던 기억이 떠오른다.

광양제철소 부지 조성 엔지니어링

광양제철소의 부지 면적은 307만 평, 주택단지와 연관단지를 포함하면 500만 평에 달했다. 부지 조성을 위한 최적 배치와 부지계획고(성토를 하고자 하는 계획된 높이)는 주변 해양환경 문제와 투자비의 최대 관건이 되었다. 부지 조성에서 1cm를 높이면 평당 2억원 정도 늘어나므로 경제적인 부지계획고의 결정은 초기 투자비 절감에 절대적이었다.

호안 시설, 단지 내 배수를 고려한 배수 시설, 설비 기초 공사비 등을 종합적으로 비교 검토한 결과 경제적인 부지계획고를 남쪽은 5m, 북쪽은 5.5m로 결정했다. 호안 길이는 약 25km, 준설량은 6500만m²에 달했다.

부지 위치 선정과 관련하여 광양만 일대의 연안 조류와 조위 변화를 확인하기 위해 "수리 모형 실험"을 해야 했으나 규모가 너무 커서 당시 우리나라 여건상 불가능했고 컴퓨터 시뮬레이션도 할 수 없어서 프랑스 르아브르사의 소그리아에 용역을 준 결과 PEC가 결정한 부지계획고가 적정하다는 확인을 받았다.

연약지반 처리는 원료처리설비와 일반도로 구간을 대상으로 준설토를 이용한 하중재하(Pre-loading)에 의해 모래말뚝(Sand Pile)과 모래다짐말뚝(Sand Compaction)공법을 병행했고 재하사의 높이와 재하기간은 확장 계획에 따른 기수별 건설 기간을 고려해 결정했다.

그때까지 우리나라 설계 기준에 지진(地震, Earthquake)은 고려대상이 아니었다. 그런데 1978년 10월 7일 발생한 홍성지진이 진도 5.0으로 꽤 문제의 여지가 있었다. 정부에서 내진 설계 기준을 제정하는 중이었다.

고로 공급사인 영국의 데이비 매키(Davy Mckey)사와 이 문제를 논의했는데 데이비 매키에서는 내진 설계를 반영할 경우 설비 공급이 6개월 간 지연되고 추가 비용이 발생한다고 했다. 자체적으로 검토하여 내진 설계 반영 여부를 결정할 수 밖에 없었다.

나는 한양대 김소구 교수가 발표한 우리나라의 지진 지도(지진 가속도 지도)를 근거로 고로 기초를 검토해 보았다. 그 결과 당초 설계된 내용으로도 문제가 없음을 확인할 수 있었다.

물론 나는 설계의 실패도 경험했다. 처음 해보는 설계의 실패 사례 중에는 포항 1기 원료처리 설비 중 크랏샤기초(Crusher FDN)가 공진 영역으로 설계되어 별도로 기초를 보강했던 일과 포항 4기 소결공장 확장공사 때 기둥의 슈(Shoe)가 판좌굴을 일으켜 30cm가 주저앉은 일이 있었다.

조업을 하면서 약 2개월에 걸쳐 Jack-up으로 복구했고 광양 1열 연공장의 스케일 피트 건설 중 연약 지반의 토류벽용 시트파열이 탄소성 설계가 되지 않아 붕괴되어 복구한 경험이 있다.

반면에 흐뭇했던 일은 광양 1고로 내진 설계 검토에 대한 안정성 평가로 공기 지연 없이 계속 공사를 할 수 있었던 것과 포항 2기 제강공장 용선동의 450톤 크레인 거더(Cranegirder)의 피로파괴로 300톤 레들에 용선을 담은채로 크레인 백거더(Backgirder)에 매달려 있는 것을 현장에서 계산하여 보완 조치하고 안전하게 복구시켰던 것이다.

부실 공사 추호도 용서 않은 최고경영자

박태준 사장께서는 포항 3기 설비 중 발전소지증보 건설 공사가 부실하게 시공되어 폭파한 일이 있었다. 광양 4기 설비에서도 발전설비의 전력케이블닥터 부실 공사가 발견되어 박 회장께서 이를 다이너마이트로 폭파하라고 지시했다.

그러나 마침 토요일이었기 때문에 여수 경찰서에서 관리하는 폭약을 얻을 수가 없었고 광양제철소 전 간부가 동원되어 10명씩 조를 짜서 해머로 부실 공사 부분을 두드려 부수기 시작했다. 간부들이 해머로 내려쳤지만 단단한 콘크리트를 부술 수가 없었다.

새벽 3시경 하는 수 없이 김봉진 광양제철소장과 오일용 PEC 사장이 박 회장님 숙소로 찾아가 다시는 이러한 일이 없도록 하겠다고 굳게 서약하고 용서를 받은 적도 있다.

호안공사를 진행하면서는 돌과 돌 사이에 손가락이 들어갈 정도의 간격을 발견하시고는 건설 회의 보고에서 "야! 인마, 그렇게 사이가 넓어도 괜찮은 거야?"하고 호통을 치시던 일도 생생하게 떠오른다.

엔지니어링 분야에 종사한 사람의 입장에서 볼 때 나는 포스코의 성공 요인을 나름대로 다섯 가지로 요약하고 있다.

첫째 지도자의 탁월한 리더십, 둘째 뛰어난 인재 구성과 구성원의 책임감 및 사명감, 셋째 저렴한 설비 구매와 철저한 공정 관리, 넷째 종합적인 목표 수립 및 관리의 철저, 다섯째 정부의 전폭적인 지원과 건설사의 헌신적이 노력이다.

31

재무전산화 금기사항을 깬 포스코

성기종(포스데이타 초대사장) 씨의 증언

나는 포스코의 전산 요원 1호였다. 대학에서 수학을 전공하고 고등학교 수학교사로 6년 동안 재직한 뒤 한국과학기술연구원(KIST)에서 전산 교육(電算, Computertized Education)을 받았다. 우리나라 최초의 전산 교육이었다.

신기술을 배우고 싶은 생각이었는데 당시 우리나라에서 전산이란 것이 대중에게는 생소한 분야였다. 지금은 전산이 공학의 한 분야로 되어 있지만 최초의 개념은 수학의 진법(進法)에서 태동한 것이다.

나로서는 도전해보고 싶은 분야였다. 포항제철소 1기 설비가 착공된 1970년 12월에 입사해 오직 전산, 정보 통신 외길을 걸어온 것이다. 나는 포스코 전산 요원 1호로 건설 중인 공장의 전산화 계획 수립에 착수했다.

포스코의 전산화가 처음 시작된 것은 1971년이었다. 그때는 전산화가 국내에 막 도입되던 시기여서 일반 기업은 이 분야에 관심도 없었고 일부 정부 기관 만이 컴퓨터를 도입하여 초보적인 수준의 시스템을 운영하고 있었다. 입사한지 6개월 만에 포스코의 전산화 마스터플랜(기본계획, Master Plan)을 수립하라는 지시가 떨어졌다.

KIST에서 전산 교육을 받기는 했지만 지금으로 따지면 학원에 6개월 정도 다닌 정도에 지나지 않는데 엄청난 규모의 포스코 시스템을 기획한다는 것은 무척 어려운 일이었다. 며칠 밤낮을 고민에 고민을 거듭하며 마스터플랜을 수립했지만 고준식 부사장님으로부터 호된 질책만 받고 말았다.

이렇게 시작된 나의 전산 인생은 개척자의 길이 흔히 그렇듯 가시밭길의 연속이었다. 1개 공장의 전산화를 위해 각종 장표와 매뉴얼을 산더미처럼 쌓아 놓고 연구에 몰입했다. 마치 쌀 한톨을 건지기 위해 뜨물 한양동이를 다 마시는 격이었다.

하루는 황경로 당시 상무께서 "이번 달 급여는 급여 대장을 전산으로 제출해야 돈을 내주겠다. 회사의 전산화를 촉진하기 위해서는 한 번쯤 25일에 급여를 지급하지 못하는 일이 있어도 좋다"고 하시면서 단호한 결심을 밝혔다. 인사부서와 전산부서가 한 덩어리가 되어 철야 작업으로 아슬아슬하게 그달 급여를 당일에 맞춰 지급하면서 포스코 최초의 전산화 작업이 이루어졌다.

포스코 재무 전산화 시작

분식회계(粉飾會計, Fraudulent Accounting)가 보편화 되어있던 1970년대에서 재무 전산화는 어느 회사나 절대 금기사항이었다. 분식회계란 경영성과가 실제보다 좋아 보이도록 회계장부상 정보를 고의적으로 조작하는 것을 말한다.

그러나 전산실에서는 황경로 상무에게 보고하여 회계 및 원가를 전산화한다는 결심을 받아냈다. 제철소 가동 초기에 전산화가 중심이 된 시스템을 구축해야만 회사의 토털 시스템을 조기에 이룰 수 있다고 강력히 주장한 결과였다.

"보고서를 들고 가면서도 걱정이 되었어요. 당시 회계전표는 수기(手記)로 작성했는데 여러 장을 겹쳐 한번에 작성하도록 되어 있는 이른바 원 라이팅(One Writing) 제도였어요. 이 제도는 황 상무께서 심혈을 기울여 고안한 것이었는데 우리가 새로운 솔루션을 제시하는 것은 황 상무께 도전하는 것이 아닌가 하는 생각이 드는 거야.

그런데 그건 기우였어요. 오히려 한술 더 떠서 회계과장과 원가과장에게 결산 다음달 5일까지 전산으로 찍은 결산서를 당신 책상 위에 올려놓으라고 하셨습니다. 내가 이 기회에 확실히 밝힐 것이 있는데, 흔히 나를 포스코의 초대 CIO(Chief Information Officer)로 알고 있는데 진정한 초대 CIO는 황경로 상무입니다."

1977년 재무전산화가 완료되고 얼마 후 감사원장(監査院長)을 중심으로 한 정부 평가단이 포스코를 방문했다. 포항제철소 건설사업이 어떻게 되어가고 있는지 추진 상황을 평가하기 위해 온 것이었다. 당시 박득표 이사는 재무전산화를 강조하여 보고하였고 보고를 받은 평가단이 크게 칭찬했다. 이후 포스코 전산실은 외부 기관의 전산화 견학으로 정신을 못 차릴 정도였다.

그러나 전산화의 주력인 생산, 판매 전산화는 나아갈 방향도 잡지 못하고 있었다. 회사 설립 초기 모든 설비와 기술은 일본에 의존했는데 막대한 돈을 지급하면서도 품질 및 생산 프로세스의 전산화는 JG(Japan Group)의 기술 지원 대상에서 제외된 것이 가장 큰 문제였다.

각 공정별 재고를 파악하는 것이 전산화의 일차 목표였다. 슬레브, 열연 코일, 최종 제품의 재고만 정확히 파악한다면 판매, 출하 관리에 크게 도움이 될 것 같았다.

당시 생산 관리 제도를 살펴보면 소재 공장에서 슬레브가 생산되면 공장에서는 개당 한 장씩 슬레브 카드를 작성하여 공정 관리과로 보내고 2~3일 후에 이들에 대한 압연 작업 지시를 공장으로 보내는 반복적인 일의 연속이었다. 많은 공장 관리원이 전자계산기로 계산을 하고 슬레브 카드를 책상 위에 압연 순서대로 늘어놓은 뒤에 먹지가 끼여있는 압연 작업 지시서에 써나가면 되는 것이었다. 열연 코일, 최종 제품 관리도 유사했다.

그것들은 전산 전문가의 입장에서는 전산화의 대상이었다. 1978년 12월 500만 톤 체제가 되니 사람의 작업으로는 그러한 일이 불가능해졌다. 마치 학교 석차카드를 작성하여 책상 위에 나열하면 되지만 대학수능시험은 컴퓨터 없이는 안 되는 것과 같았다. 게다가 냉연공장까지 가동되니 전산화의 필요성은 배가 되었다.

그러나 생산 관리의 전산화에 대한 실마리는 풀리지 않았다. 부분적으로는 전산화가 진척되고 있었지만 여러 가지 문제점이 복합적으로 저해요인으로 작용해 악순환의 연속이었다.

왜 그랬을까? 당시 생산 관리 부문의 개혁 과제를 정리해 보는 것도 역사적으로 의미가 있을 것이다. 첫째, 생산 실적 정보의 정확성이 가장 큰 문제였다. 세부 공정별 재고는 덮어두더라도 소재 슬레브의 재고 정보가 맞지 않았다. 압연 생산성이 떨어지니 납기 지연이 발생했다. 식별이 용이한 슬레브 관리가 그 정도였으니 다양한 제품의 관리는 말할 것도 없었다.

둘째, 수주와 생산과 출하 간의 손발이 맞지 않는 것이 시스템을 구축하는데 많은 영향을 미쳤다. 당시 "수주-생산-출하 유기화"라는 유행어가 생겼고 실제로 대책 조직까지 만들어졌다.

셋째, 작업 표준의 제정 및 준수가 생산 활동의 효율에 치명적인 영향을 미치고 있었다. 가열로에 장입할 슬레브를 지정하여 작업 지시가 나가면 동일 규격의 슬레브들 중에서 작업이 편리한 것으로 대체한다든가 수요가를 지정받아 상품 마킹을 끝내고 기다리던 제품이 다른 수요가로 마킹이 변질되어 출하되기도 했다.

넷째, 이용할 부서에서는 공장이 돌아가는 모습을 훤히 들여다보고 있기를 원하는데 전산실은 온라인 및 데이터 베이스 기술의 걸음마를 익히고 있으니 참으로 딱한 사정이었다.

오이타제철소의 노하우(Know-how)를 읽어내다

1980년에 포항제철소의 생산-판매 시스템은 슬레브 재고와 제품 재고의 정확한 물량과 위치를 파악하기 위한 전쟁터나 다름없었다. 당시는 생산 관리 및 전산 기술의 한계에 허덕이면서 새로운 광양제철소를 대비해야 하는 실험이었다.

이때 박태준 회장께서 제철 기술의 일본 탈피를 선언하시고 일본과 유럽의 경쟁을 유도했다. 이런 분위기에 신일본제철이 한 발짝 물러서면서 전산 기술 지원 의사를 밝혔다.

문제는 우리의 모델을 기미츠(君津)와 오이타(大分) 양 대제철소 중 어디의 시스템으로 하느냐 하는 것이었다. 전산실에서는 최신 제철소인 오이타로 결정했고 결과적으로 제철 시스템의 구성 방법에 대한 중요한 결과를 얻었다.

오이타제철소의 전산실장은 자기들이 제공하는 자료가 미흡하여 포스코에 도움이 안 될지도 모른다면서 일본인 특유의 걱정부터 앞

세웠다. 그들의 마스터 파일은 자기테이프시퀀스(Sequence, 단원배열) 방법을 채택하고 있었는데 방법 자체는 원시적인 것이었다. 그러나 자신들이 왜 이러한 방법을 채택했는지 원인을 규명해 주었다.

그래서 포스코 전산팀은 그들이 수십 년간 익혀온 공정 관리 기술에 대한 노하우를 찾아볼 수 있었다. 예를 들면 음악 테이프에 여러 노래가 수록되어 있는데 시퀀스 방법은 원하는 곡만 검색하여 들을 수 있는 랜덤 시스템이 아니고 처음부터 차례로 다 들어야 하는 시스템이었다.

그러다보니 원하는 노래 뿐만 아니라 다른 모든 노래를 배우게 된 거나 마찬가지였다. 아마 그들은 포스코가 그 자료를 해석해 낼 능력이 없을 것으로 생각하고 통째로 넘겨주었다. 그게 우리에게는 바이블이 되었다. 그때 그게 아니었더라면 광양제철소의 전산화가 어려웠을 것이다.

제2 이동통신,
이루지 못한 통신보국(通信報國, Communication)의 꿈

1979년 어느날 박태준 사장님의 호출을 받고 사장실로 들어가다가 깜짝 놀랐다. 그때 제철소 안에 위치해 있던 4층 건물의 2층 사장실 방문 위에는 "제철보국"이란 붓글씨가 걸려 있었는데 그날은 제철보국이 왼쪽에 걸려 있고 똑같은 크기의 "통신보국"이 걸려 있었다.

사장님은 제철보국이 어느 정도 완성되어가니 통신보국으로 한번 더 국가에 헌신할 계획이니 나에게 그런 준비를 하라고 말씀했다. 그러나 당시 포항제철소 전산화에 여념이 없었기에 마음속으로만 다짐을 했지 실제로 아무것도 할 수가 없었다.

이후 박정희 대통령께서 서거하면서 유야무야되는 것 같았지만 박 사장께서는 전혀 그게 아니었다. 10년이 지난 1989년 말, 포스데이타를 설립하면서 통신보국 프로젝트가 작동되었다.

1992년 광양제철소 4기가 완공되면 포스데이타에 매년 1조원씩 투자할 테니 대비하라는 독촉이 날아왔다. 보다 구체적으로 "일본 소프트뱅크 손정의 사장과 함께 한국에서 같이 사업을 하라"는 지시까지 내려왔다.

손정의 사장은 한국에서의 소프트웨어 유통 사업은 시기상조라며 회의적이었으나 설득에 설득을 거듭하여 1991년 "소프트뱅크 코리아"를 설립했다. 이후 박태준 회장의 독촉은 더더욱 강도가 높아져 갔다. "포스데이타는 언제 1조 원의 매출이 되는지 계획을 내라"는 것이었다.

매출 1천억 원도 안되는 회사를 1조 원으로 만들어 내라니 그때부터 나는 잠을 이룰 수가 없었다. 고민 끝에 시장조사를 해보았으나 당시 국내 시장 상황으로서는 소프트웨어로 1조 원의 매출은 불가능했다.

그때 생겨난 것이 박회장님의 "통신보국"이었다. 그래서 이런저런 조사를 진행하던 중 정부에서 제2 이동통신 사업을 민간에 허가한다는 정보가 포착되었다. 즉시 사업 요지를 정리해서 회장님께 보고드렸다. 하지만 박 회장님은 아무 말씀도 하지 않았다.

초조해서 견딜 수가 없었다. 회장님께서 어디로 움직이실 때 자동차에 동승하여 재차 삼차 독촉의 말씀을 드렸지만 역시 묵묵부답이었다.

그로부터 한 달 뒤 박태준 회장은 임원회의에서 포스코가 통신사업에 진출하겠다고 발표하고 성기중을 이동통신 추진단장, 김권식을 부단장으로 하여 사업을 추진하라고 지시했다.

그것은 박 회장님의 주도면밀성이 다시한번 드러나는 장면이었다. 그의 첫 보고를 받은 뒤 해당 분야의 전문가를 접촉하면서 사업의 타당성을 짚어보기 위해 한 달이라는 시간을 보냈다.

이후 박태준 회장께서 1992년 10월 물러나신 뒤 1994년 2월 우여곡절 끝에 포스코가 제2 이동통신 사업자로 선정되었다. 회사명은 박 회장께서 지어주신 대로 "신세기 이동통신"으로 했다.

포스코 회장에서 물러나신 뒤로 나를 보기만 하면 "매년 1조 원씩 대준다고 했는데 미안하다"고 입버릇처럼 말씀했다. 통신보국의 꿈을 접어야만 했던 회한이 얼마나 크셨으면 그런 말씀을 하실까 싶어 가슴이 아팠다.

포스데이타를 창립하고 초대 CEO를 지낸 당사자로서 지금은 다른 회사와 합병되면서 이름조차 없어진 포스데이타에 대한 애틋한 마음이 여기저기서 묻어나고 있다.

당시 포스데이타는 대학생 선호도에서 KT에 이어 2위였다. 인력의 질도 매우 뛰어났고 다들 세계 최고의 소프트웨어 회사로 발전시킨다는 꿈에 부풀어 있었다. 포스코 역사상 자회사가 모회사보다 급여가 높았던 예는 포스데이타가 유일했다.

당시 내가 뽑은 인력이 2000명이었다. 그러나 포스코의 경영권이 흔들리면서 포스데이타는 그야말로 쪼그라들고 말았다. 포스코 비서실 직원이 나에게 전화로 사정을 알려주었다. 어느 그룹 주력사 회장이 포스코 회장실에 찾아와서 "왜 포스코가 정보 통신 분야에 진출하느냐"며 항의 했다는 것이었다. "포스데이타는 포스코 출자사 일로 한정해야 한다"고 했다는 것이다. 외풍의 압력이 얼마나 거셌는지 알 수 있는 장면이다.

3300개의 인터페이스를 하나로 묶다

인터페이스(Interface)는 서로 다른 시스템이나 장치 간에 정보를 주고받는 경계면을 뜻한다. 성기중 부사장은 포스코에서 프로세스 컴퓨터와 비즈니스 컴퓨터가 완벽하게 연결되어 하나의 시스템으로 통합된 것은 PI(Process Innovation)가 완성되면서부터였다고 했다.

포항제철소는 일본의 FACOM, 광양제철소는 미국의 IBM을 도입했는데 이것이 본사 시스템과 연결되는 데는 오랜 시간이 걸렸다는 것이다. 하나씩 점차적으로 이루어지면서 주문에서 출하까지의 납기가 현저히 줄어들었다.

"포항 초기에는 주문에서 출하까지의 납기가 50일이었는데 이걸 내가 30일까지 단축시켰어요. 제철소와 행정부서의 시스템이 연결되지 않으면 30일은 절대 불가능해. 지금은 14일로 단축되어 있는 것으로 아는데 이는 PI와 ERP를 도입한 덕분이지요."

그는 유상부 회장이 취임하고 얼마 지나지 않아 회장실을 찾아갔다. 당시 포스코나 출자사를 완전히 떠나 "한국 정보 통신" CEO로 있을 때였다.

유 회장을 마주한 그는 정보통신 부문의 변화와 트렌드를 근거로 하면서 PI 추진을 권유했다. 유 회장은 책상을 치면서 "내가 바로 그걸 하려고 했다"고 말했다. 그러면서 그에게 현장 실사와 사전 컨설팅을 부탁했다.

"유 회장의 부탁을 받고 사람을 동원해서 포스코 전체 시스템을 조사했는데 무려 3300개의 인터페이스로 이루어져 있었다. 이래가지고는 공기 단축은 기대할 수 없는 거지. 바다 위에 섬이 3300개 있는데 이 섬들을 하나의 시스템으로 묶어야만 전체가 하나로 기능할 수 있는 것과 마찬가지예요.

　우리 제안에 따라 유 회장이 강력한 드라이브를 걸었어요. 그런 일은 그렇게 하지 않으면 절대 안 돼요. 의식 혁명이 이루어지지 않고서는 추진할 수 없는 일이지."

　그때 그는 PI 추진에 불만을 가진 사람들로부터 욕고 먹고 언짢은 소리도 들어야만 했다. 변화는 누구에게나 두려운 그 무엇으로 다가오기 때문이었을 것이다.

　"미국 IBM으로 보내려고 뽑은 10명을 이쪽에 투입했어요. 하루는 제철소를 방문하는 중 제강공장에 들렸는데 잘 아는 사람을 만났어요. 그런데 이 사람이 PI 추진에 불만이 많았던 사람이었던 모양이야. 대뜸 나보고 PI가 뭐냐는 거야. 파우더 인젝션(Powder Injection)인가요? 하면서 빈정거리더군. 왠만하면 식사나 함께 하자고 할 사이인데도 커피 한잔 내놓고 말았어요."

　PI와 같은 혁명적인 일은 기다리면 언젠가는 되는 일이 아니라는 게 그의 견해였다. 조직원의 의식을 근본적으로 뜯어고친다는 강력한 결단 아래 어떤 저항도 물리칠 각오가 되어있는 경영자가 전쟁을 치르듯이 추진해야 하는 일이라는 것이었다.

김진주(포스코 부사장) 씨의 증언
- 제철사업은 국가 간 경쟁이다

    1975년 3월 김종필 국무총리 주재로 제2 제철 관련 회의가 열렸다. 이 회의에는 관계 부처 장, 차관, 태완선 한국종합제철사장, 포항제철의 고준식 부사장이 참석했다.
    이 자리에서 "한국종합제철"이름으로 추진하던 제2 제철 건설 계획을 백지화하여 포항제철에 흡수합병시키고 제2 제철 건설은 포항제철의 2차 확장 공사가 끝나는 1978년 이후 포항제철의 제2 공장으로 추진한다는 방침이 정해졌다.
    그런데 수면 아래로 가라앉았던 제2 제철 논의에 다시 불이 붙은 것은 1977년이었다. 제1차 오일쇼크의 충격이 의외로 빠르게 진정되면서 정부는 다시 제2 제철을 추진하기로 했다. 이번에는 2년 전의 그 결정과 다르게 전개되었다. 제2 제철을 정부 주도로 할 것이냐 민간 주도로 할 것이냐를 두고 갑론을박이 벌어졌는데 이러한 상황에서 현대그룹(정주영 회장)이 먼저 민간 주도로 "현대"가 하는 것이 타당하다고 발표했다.
    그때 우리 포스코(포항제철)는 포항제철소 3, 4기 확장 공사에 전력을 기울이는 한편으로는 제2 제철은 포항제철의 제2 공장으로 건설한다는 한국종합제철 흡수합병 당시의 방침에 따라 사전 준비 작업을 진행하고 있었다. 그러나 중동(中東) 지역 건설 특수로 축적된 자금으로 철강산업 진출을 추진해온 "현대"는 정부의 어떤 자금 지원을 받지 않고 오직 자체 자금만으로 건설하겠다는 장점을 내세워 밀어붙이고 있었다.

정부의 관련 부처도 항만, 철도, 용수, 전기, 도로 등 사회간접자본 성격의 사업까지도 모두 자체 자금으로 건설하겠다는 "현대"를 지지하는 분위기가 역력했다.

포항제철은 1978년 6월 12일 정부에 제2 공장(포항제철은 제2 제철을 제2공장이라 불렀다) 건설 의사를 제시하고 "제2 공장 제1기 사업계획서"를 정부에 제출했다. 계획서에는 포항제철소의 조업과 건설을 통해 축적한 기술, 차관선과의 유대 관계, 원료 도입원의 확보, 일부 시설의 중복 투자를 배제하여 기존 포항공장과 설비상의 상호 보완으로 1사 2공장의 장점을 살려 국제 경쟁력 확보 등을 내세워 제2 공장 실수요자는 포항제철이 맡아야 한다는 의지를 강력히 표명했다.

현대는 6월 22일 인천제철을 인수하고 8월 18일 "제2 종합제철 1기 사업계획서"를 정부에 제출했다. 이로써 이른바 "제2 제철의 국·민영화 논쟁"이 촉발되었다.

현대는 정부 부담이 전혀 없는 순수 민간자본으로 추진한다는 점, 건설 회사를 보유하고 있기 때문에 저렴하게 건설할 수 있다는 점, 철강사업이 독점이 되면 수요가 입장에서는 경쟁력이 저하된다는 점을 주장하고, 포항제철은 일관제철소 건설과 조업경험, 축적된 인력과 기술력 등을 부각시켰다.

주무부서인 상공부와 승인부서인 경제기획원은 현대가 실수요자가 되는 것이 국가 차원에서 도움이 된다는 입장이었다. 대정부 로비(Lobby, 협상력) 측면에서 포항제철보다 월등한 현대는 아예 "아산제철소"라는 이름까지 지어서 강력하게 밀어붙였다.

이러한 배경 속에서 포항제철은 박태준 사장의 명에 따라 "제2 제철 설명단"을 구성했다. 설명단은 안병화 부사장을 단장으로 여상환, 박준민, 그리고 김진주 등 4사람이 주축이 되었다.

제2제철 실수요자 논리를 세우다

우리는 정부의 관련부처를 상대로 말 그대로 논리적 설명 활동을 펼쳐 나갔다. 그러나 반응은 전반적으로 부정적이었다. 설명 듣는 것 자체를 회피하는 분위기였다.

정부에 대한 설명이 끝나가는 시점이었다. 박태준 사장이 새로운 두 가지 지시를 내렸다. 하나는 제2제철소 실수요자 결정에는 최종적으로 대통령 결재가 나야하니 대통령 면담을 신청하라는 것이었고 다른 하나는 대통령 보고시에 포항제철이 하는 것이 국가경제발전에 꼭 필요하다는 자료를 만들라는 것이었다. 건설 경험, 조업 기술, 국제 경쟁력 등 건설이나 조업에 관련된 사안이 문제가 아니라 국가가 예산으로 포항제철을 지원하는 것이 정부의 올바른 선택임을 증명해야 하는 보고서를 만드는 작업이었다.

그때 시점으로 우리나라의 경제 발전과 이에 따른 산업구조의 장기 발전 전망에 따르면 1인당 국민소득이 2만 달러가 되어 가는 2000년경에는 자동차, 건설, 조선, 가전 사업 등 철강재가 중심이 되는 중공업 중심의 산업구조로 변하게 되어 있었다. 그런 시대에 진입했을 때 산업부문의 대부분을 "현대"라는 일개 기업이 독점하게 되면 "현대 집중"이 극심해지고 산업구조의 왜곡을 불러올 것이다.

여기에다 산업 발달의 기초 소재인 철강까지도 독점하게 되면 국민 경제 전체에 엄청난 부담을 안겨줄 가능성이 높았다. 또한 모든 선진 국가들이 선진국이 된 뒤에도 철강산업만은 국가가 정책적으로 직, 간접으로 관리하는 예를 보더라도 하나의 개인기업에 과도하게 의존하는 것은 바람직하지 않다는 자료를 만들었다.

제2 제철 실수요자 문제는 1978년 10월 박태준 사장의 주장을 받아들인 박정희 대통령이 포항제철로 결단을 내림으로서 막을 내렸다. 정부는 1978년 10월 27일 제2제철 실수요자를 포항제철로 확정하고 10월 30일 이를 발표했다.

그뒤 1979년 6월에 아산만으로 입지가 선정되었으나 항만과 용수 등 사회간접자본 부분이 열악하여 다른 대안을 찾게 되었고 박정희 대통령이 서거(1979.10.29.)하고 나서 1981년 "박태준 회장, 고준식 사장" 체제가 되고 전두환 대통령 시대가 출범하면서 그해 4월에 광양만으로 최종 확정되었다.

한 번도 거론된 적이 없었고 대상 입지에 전혀 든 적이 없던 광양만에 대해 내가 박 회장님으로부터 처음으로 들은 것은 1981년 어느날이었다. 회장비서실로부터 당시 동부그룹 회장님으로 계시던 황경로 회장님을 모시고 창원에 있는 한국중공업(현 두산중공업)에 가서 대기하고 있으라는 지시를 받고 황 회장과 한국중공업에서 대기하고 있었다.

1년전 쯤 박 회장님의 지시로 적자가 계속되는 한국중공업을 포항제철이 인수하려는 "비공개 작업"을 한 일이 있어서 나는 그것과 관련된 사항으로 우리를 보자고 하신 것으로 짐작했다. 그런데 대우(大宇)중공업의 헬기로 도착한 박 회장님께서 회사 현황을 보고 받으신 다음에 황 회장과 나를 헬기에 타라고 하셨다.

헬기가 남해안을 끼고 비행해 섬진강 하구에 다다르자 지금 광양제철소가 들어있는 광양만 일대를 가리키며 저기가 제2제철 입지이니 잘 보아두라고 말씀했다.

뒷날에 박회장님께서는 광양만을 추천한 사람은 해군 참모 총장을 지낸 이맹기(李孟基) 전 대한해운 사장이며, 아산만이 제철소 입지로서 여러 문제점을 드러내면서 고심하고 있을 때 이맹기 제독이 "제가 알고 있는 좋은 곳이 있습니다"하고 광양만을 추천했다고 말씀하셨다.

냉연제품 공급해주라는 회장 지시 거부

1982년 11월에 나는 냉연판매부장으로 보임되었다. 당시 냉연제품 시장환경은 연합철강, 일신제강 등 기존 철강회사들과 경쟁하고 있었으며 자동차는 현대 자동차가 처음으로 "포니(Pony)"라는 이름의 소형차를 생산하기 시작하고 가전(家電)제품도 수입에 의존하는 가운데 냉연제품의 수요가 조금씩 증가하는 초기였다.

그리고 공장에서 나오는 여러 부산물도 냉연판매부에서 판매했다. 냉연제품의 판매실적이 부진할 수밖에 없는 시장 상황에서 냉연공장만이 적자를 내고 있었다. 어떻게든 시장을 개척하라는 박 회장님의 특명이 내려졌다.

몇 개의 대리점이 부도를 냈고 몇 개의 대리점은 부도 위기에 있었다. 내가 냉연부장으로 일 년쯤 동분서주한 즈음이었다. 1979년 2차 석유 파동의 영향에서 벗어나면서 판매량도 늘어나고 수요 시장이 정상을 찾아가고 있었다.

그런 어느날이었다. 젊은 사람이 나를 찾아와서 "방금 박태준 회장님과 점심식사를 하고왔다"면서 박 회장님의 자필 메모지를 내밀었다. "김진주 부장 앞"으로 되어있는 메모지에는 불황에는 남아돌고 호황에는 품귀를 빚고 있는 제품을 몇 % 늘려 주라는 내용이었다.

나는 그 자리에서 그 메모지를 바로 찢어버리고 당장 거래를 끊겠다고 으름장을 놓았다. 이튿날 박태준 회장님이 부르셨다.

"야, 네가 회장이냐, 내가 회장이냐?"

"제가 왜 회장입니까. 저는 부장입니다."

"회장이 그런 지시도 못하냐?"

"그건 안됩니다. 제가 판매 책임자로서 안 팔리는 제품을 끼워 팔거나 불황 시에 안 팔리는 제품은 불황 시에 판매한 비율로 호황 시에 물량을 주겠다는 약속을 하고 판매를 하는데 불황 시에는 안 사가고 호황 시에 회장님께 조금의 정치 자금을 드리고 찾아오는 업체에 물량을 늘려 주게 되면 제가 판매부장으로서 판매를 할 수 없으며 여러 수요자들이 인맥을 통해 물량을 더 받기 위해 회장님께 간다면 판매하는 저도 어렵고 그 여파가 회장님께도 나쁜 영향이 생길 수 있으니 회장님의 지시를 따를 수 없었습니다. 계속 그렇게 하신다면 회장님께서 판매부장을 하시는 걸로 알고 저는 물러가겠습니다."

다음날 나는 무보직의 본사부 대기 발령을 받았다. 그러나 얼마 후에는 감사실 조사역이 되었고 이어서 경영정책실장이 되었다.

연합철강, 한국중공업 정상화를 돕다

1986년 나는 은퇴후 고문으로 계시던 고준식 전 사장님을 모시고 연합철강 정상화에 나섰다. 연합철강은 1966년 권철현씨에 의해 창업된 중견 철강회사다. 5공화국이 출범한 뒤 전두환 대통령이 철강업계의 골칫거리인 연합철강 처리문제를 국회 재무분과 위원장을 맡고 있는 박태준 회장님께 부탁한 데 따른 조치였다.

연합철강을 시작한 권철현씨와 정치적으로 인수한 동국제강의 장

상태씨 간의 경영권 싸움으로 회사가 파업을 계속하는 등 정상적인 경영이 어려운 상태였다. 연합철강 서울 본사에는 고준식 사장님을 모시고 이영부 사장과 김진주가 그리고, 부산공장은 박종태 당시 부사장님과 신창식 전무가 1년 간의 노력으로 정상화시켰다.

그리고 포항제철로 복귀하라는 명령을 받고 복귀하는 중에 1987년에는 한국중공업과 한국전력의 원자력 발전소 건설에 따른 주도권 싸움으로 양사의 사장이 사직한 상태에서 한국중공업 경영 정상화 작업에 참여하기도 했다. 안병화 사장님은 포항제철 사장에서 한국중공업 사장을 하시다가 노태우 대통령이 취임하고 초대 상공부 장관을 거쳐 한국전력 사장을 맡으셨다.

한보철강 인수 실패는 안타까운 일

1997년 그동안 위태위태한 상황을 보이던 한보철강이 결국 부도를 내고 말았다. 당시 철강업계에서 일어난 문제의 뒤처리는 응당 포스코의 몫이었다. 한보철강의 투자비는 회계상 약 5조원 정도로 잡혀 있었는데 포스코의 위탁 경영팀에서 계산해 보니 실질 가치는 1조9000억원 정도였다.

포항제철의 고로에 해당하는 COREX 설비를 살리고 압연 설비 일부를 보완하여 가동하고 생산되는 제품은 포스코의 포스틸에서 위탁판매하는 계약으로 위탁 경영에 들어갔다. 그러나 유상부 회장이 취임하고 계약을 해지하고 팀을 철수시켰다.

이후 재산가 권철현씨 측에서(전 연합철강 사장) 일본 자본과 합작으로 인수했지만 가동할 능력이 없어 포기했다. 그리고 나서 포스코에 매각하려고 했으나 포스코는 시기를 놓치고 말았다. 그 뒤에 철강 경기가 좋아지면서 채권단에서 입찰 절차를 밟아 입찰에서 현대제철이 포스코를 누르고 인수에 성공했다.

그 현대제철이 포스코의 경쟁사로 성장하여 오늘날의 시장구조를 만들었다. 포스코가 위탁경영을 계속하든지, 기회가 왔을 때 포스코가 빨리 매입하든지 아니면 입찰에서 이길 수도 있었다. 하지만 결정을 해야 하는 경영자가 여러 번의 기회를 놓치고 결국은 현대에 넘기고 말았다.

포스코가 국내외에서 철강의 시장 지배력(Market Power)에 엄청난 타격을 입게 되는 시작임을 눈치채지 못한 무능의 소산이었다. 흔히 독과점 문제를 들먹이지만 철강산업의 특성상 기업간의 경쟁이 아니라 국가 간의 경쟁이다.

그래서 유럽에서 시작한 철강산업이 미국으로 갔고 다시 일본을 거쳐 한국으로 와서 포스코의 것이 되었다. 그리고 중국으로 간 것이다. 오늘날 중국이 모든 시장 지배력을 쥐고 있는 것이 철강산업의 특징을 잘 말해 주고 있는 것이다.

신세기 통신 매각은 미래가치 창조 포기였다

신세기 통신은 박태준 회장때 시작하여 정명식 회장을 거쳐 김만제 회장이 완결지어 포스코 미래에 가장 희망있는 전략사업부문이 되었다. 이동통신(Mobile Carrier)은 포스코가 보유한 자금력과 기술력을 총동원하여 정치적으로 2대에 걸친 대통령이 관련된 통신 사업자들을 물리치고 새로운 통신사업의 실수요자로 선정될 수 있었으며 그것은 포스코의 제2 도약을 확보한 사업이었다.

당시 신세기통신이 채용한 CDMA(코드분할다중접속)기술은 세계 최초로 상용화한 최첨단 기술로 그때까지 세계적으로 유일한 기술이었다. 포스코의 자금력으로 성장시켰으면 지금쯤 포스코는 통신시장의 주역이 되었을 것이다.

그러나 포스코는 매각해 버렸다. 매각할 당시에 포스코는 자금 부족으로 무엇을 매각해야 할 사정도 아니었고 특별히 포기해야 할 이유도 없었다. 그럼에도 불구하고 2000년 1월 3일 대주주권 16.6%를 SK텔레콤에 1조 8000억 원에 매각했다. 이것은 포스코의 미래를 매각한 것이었으며 그 결과가 오늘날의 뒤떨어진 포스코의 자화상이 되었다.

김만제 회장과 포스코

김만제 회장은 부총리 겸 경제기획원 장관을 지낸 경제학자이다. 나의 시각으로 김만제 회장과 그의 경영철학 그리고 포스코의 변화는 크게 두가지로 분석 정리해 볼 수 있다.

하나는 김만제 회장 본인이 원하여 포스코에 온 것이 아니라 박태준 회장님과 김영삼 대통령과의 불화와 대립에서 이루어진 일이다. 또 하나는 박 회장님이 명예회장으로 물러나신 데 이어 황경로 회장이 취임했으나 박 회장님이 기약 없이 일본으로 떠나신 뒤 김영삼 정부에 의해 황 회장님도 물러나시고 그 후임으로 경영을 맡은 정명식 회장과 조말수 사장이 의견 대립과 불화를 일으킨 데 대해 김영삼 정부가 책임을 물어 두 분이 떠나면서 김만제 회장이 떠밀리듯 부임한 것이다.

김만제 회장은 회사의 현황을 잘 알고 있는 사장, 부사장들의 의견을 모아서 의사를 결정하는 경영위원회를 통하여 중요사항을 합의하여 결정하도록 했으며 퇴직한 회장, 사장 등 전임 임원들과의 정기적인 회의제도를 만들어 회사 경영에 자문을 받았다.

자신의 경영권을 대폭 축소하고 사장, 부사장, 제철소장에게 권한을 대폭 위임했다. 임직원들의 숙원이던 임금을 인상하고 휴가제를 실시하는 등 복리후생 정책도 시행했다.

김 회장은 1994년에는 우리나라의 금융시장이 나빠지는 추세임을 재빨리 인식하고 외화 자금의 부족을 예상하고 포스코 주식을 미국 뉴욕 증시와 런던 증시에 상장하고 해외 저금리의 사채(社債)와 차관을 도입해 35억 달러 이상의 외화를 보유케 했다. IMF 사태가 왔을 때 제2, 3금융권이 부도와 도산을 하는데도 포스코는 일체의 손실이 없었다. 그 결과 국가적으로 문제가 된 "삼미특수강"을 저가에 인수하고 "한보철강"을 위탁경영하게 되었다.

김영삼 정부 때와 마찬가지로 DJ(김대중)정부 출범 이후에도 포스코에 많은 변화가 있었다. 1998년 초 나는 포스코의 고발로 대검 중수부의 조사를 받아야했다.

김만제 체제에서 판매, 자금, 기획조정실장 등의 직책을 맡으면서 임직원의 봉급을 너무 많이 올려주었다거나 복리후생, 교육, 해외 출장 등에 과다한 비용을 썼다거나 삼미특수강 인수와 관련해 돈을 받았다거나 하는 것 등등이 이유였다. 몇 개월의 조사를 마치고 검찰은 "혐의 없음"으로 결론을 내렸고 불기소 처리되었다.

32

100톤 전로(轉爐, converter) 국산화에 성공하다

연봉학(포철 기성(技聖) 1호) 씨의 증언

　포스코는 1975년 해당기술 부문에서 최고 기능을 보유한 우수인력을 선정해 개인의 자긍심 고취와 회사의 기술 발전에 활력을 주기 위해 "기성(技聖)"제도를 만들었다.
　제철 기술의 최고 달인을 뭐라고 부를 것인가. 그 명칭을 고민하는 실무자에게 박태준 사장은 이렇게 물었다.
　"베토벤을 뭐라고 불러?"
　"악성이라고 합니다."
　그 악성(樂聖)이 "기성"이라는 포스코 특유의 작명을 낳았다. 연봉학 기성은 포스코의 제 1호 기성이다.
　그는 호적상 1935년보다 2년 먼저 평남 선천에서 태어났다. 열다섯 살 때 6.25 전쟁이 터졌다. 1950년 늦가을에 UN군이 평양에 진입했을 때 그는 치안대로 들어갔다. 중공군 진입과 1.4 후퇴, 부모 형제와 작별하고 미군 트럭에 올랐다.
　"가고 싶은 데로 가라."

그들이 내려준 곳은 포천군 가산면의 밤나무 밭이 유명한 동네였다. 그는 하루를 꼬박 걸어 서울의 피란민 수용소(현 마포 초등학교)에 닿았다. 곧 민병대에 지원, 경남 통영까지 17일 동안 걸어서 내려갔다.

그러나 그곳에 기다리는 것은 "굶주림"이었다. 기아선상의 훈련 3개월을 마치자 어느 날 문득 "집으로 돌아가라"고 했다. "국민 방위군 사건"의 여파였다. 1.4 후퇴 시기 국민방위군의 간부들이 방위군 예산을 부정 착복한 결과 철수 도중에 많은 병사들을 아사(餓死)시킨 사건이다.

참으로 어처구니 없는 일이었다. 그는 무작정 서울로 향했다. 솔잎, 열매, 파, 마늘 따위로 연명하면서 충청도에 접어드니 거지꼴이었다. 도로변 초가에 앉아 쉬는 사이 그의 처지를 들은 농부가 알려줬다.

"충청도에는 연씨들이 많고 집성촌도 있어!"

그는 괴산군 문정면 지서(현 파출소) 앞에서 순경한테 잡혔다. 패잔병으로 오해한 그가 자초지중을 듣고 "우리집으로 가자"고 했다. 순경의 이름은 김태국이다. 그는 이 은인의 집에서 농사를 거들며 3년 남짓 의탁한 뒤 1955년 봄에 인천으로 찾아가 "대한중공업"에서 처음으로 쇠를 만졌다.

1968년 12월 그는 한국알미늄으로 옮겼다. 기계 제작, 설치 등 이 분야에 뛰어난 재능을 알아준 상사는 김준영씨였다. 그분이 먼저 포스코에 가서 연봉학을 추천했다.

그는 포항 1기 설비 공사가 진행 중이던 1971년 8월 2일 포스코에 입사해 고로에서부터 제강, 압연, 기타 부대 설비에 이르기까지 제철소의 모든 설비를 주무르며 제관(製罐) 외길 인생을 걸었다.

"나는 7월에 교육을 받고 8월 2일 정식으로 입사하여 현장에 투입되었는데 제철소 부지가 건물이라고는 하나도 없는 허허벌판이었다. 제일 먼저 정비공장을 착공했는데 그 착공식이 1기 설비 종합착공식이었습니다. 그때부터 기계들이 하나씩 현장에 도착했는데 기계를 꺼내고 난 뒤 박스를 탈의실 겸 비품 보관장소로 썼다. 거기 모여 도시락을 함께 먹기도 했다."

그때 현장에는 파일 항타소리가 진동했는데 1기 설비 24개 공장이 들어서는 터를 다지는 작업이었다. 파일이 지하 암반에 닿을 때까지 두드려 박고 나서 지상에 남은 부분은 잘라버렸기 때문에 건설현장에는 파일 토막이 나뒹굴었다.

김준연 과장(연학봉을 포스코로 불러들인 사람)이 그에게 파일 토막을 이어붙여 재생할 수 있는 방법을 모색해 보라고 지시했다.

"사실은 나도 똑같은 생각을 하고 있었습니다. 일본으로부터 수입해오는 파일 1본의 값이 50만원이었습니다. 지금의 화폐가치로 환산하면 100배도 넘지요. 그런데 그 잘린 토막들을 그냥 고철로 버린다는 것은 포스코의 여건이나 국고로 보아 아깝기 짝이 없는 일이었어요.

장비가 문제였는데 김준영 과장은 장비가 있으면 누군들 못하겠나, 없으면 만들어쓰라는 것이었습니다."

김준영 과장은 장비도 장비거니와 설령 장비가 있더라도 토막들을 정확히 직선으로 이어 붙일 수 있을까를 걱정하고 있었다. 이른바 썬터링 작업을 해낼 수 있느냐 하는 것이었다. 용접 부위에 미세한 각도 오차만 생겨도 안되기 때문이었다. 그런건 항타 한번에 부서지고 만다.

내가 김 과장께 말씀드렸다.

"그건 별것 아닙니다. 바닥만 정확하게 평면을 만들면 됩니다. 그 바닥 위에 긴 파일 두 개를 옆으로 붙여놓고 그 위의 홈에 토막들을 일렬로 올려놓으면 그건 틀림없이 정확한 직선이 됩니다. 그 상태에서 가장자리를 잘 정리해서 용접하면 되는 거지요.

그때 절단기와 용접기만 가지고 무려 300여 본을 만들었습니다. 돈으로 치면 상당한 액수일 겁니다."

사진 필름까지 다 뺏기고

나는 입사 3개월 만인 11월에 일본 야하타제철소로 연수를 떠났다. 연수를 떠나기 전 매일 새벽 2시까지 일본어 공부에 매달렸다. 말이 통하지 않고서는 연수다운 연수를 받을 수 없다는 생각에서였다.

첫눈에 들어온 야하타제철소의 위용은 우리를 압도하고도 남았다. 그러나 주눅들지는 않았다. 우리가 관광을 갔다면 그랬을지도 모르지요. 하지만 우리는 제철소를 짓기 위한 연수생이었기 때문에 우리도 2년 후면 저런 제철소를 세울수 있다는 꿈에 부풀었습니다.

야하타의 사무실에는 우리가 필요로 하는 귀한 자료가 즐비했어요. 특히 열처리 시간과 경과가 정확히 기록된 책자가 눈에 들어왔습니다.

"제철 설비 제작 표준시간 마스터 테이블이었는데 30년 이상의 제작실적과 기술적인 문제, 각종 데이터가 상세히 기록되어 있었어요. 일본인 기술자들은 우리가 그 자료를 보는 것까지는 허용했지만 기록이나 복사는 불허했습니다."

같이 간 동료 중에는 자료를 촬영, 현상하다가 들켜서 모두 빼앗

기기도 했다.

"어찌 자료들이 탐나지 않았겠어요. 사무실 밖으로 가지고 나갈 수 없었기 때문에 각 페이지를 촬영해서 제철소 인근 현상소에 맡겼는데 그 현상소에서 제철소에 알린 것입니다. 한국인이 이런 걸 현상, 인화해 달라고 하는데 해줘도 되느냐고 물은 거지요.

결국 필름까지 다 뺏기고 선금으로 지급한 현상금만 되돌려 받은 겁니다. 요즘 같으면 형사 처벌을 받고도 남았을 것입니다."

100톤 국산 전로 생산 성공

1976년 "기성보"에 임명된 연봉학 제관공은 1979년 들어 제1제강 전로 교체 시기가 다가오자 100톤 전로 자체 제작에 나섰다. 당시 한국의 플랜트 산업은 극히 초보적인 수준에 머물러 있었다. 더구나 제철소의 정비공장은 플랜트 제작에 필요한 그 어떤 장비도 갖추고 있지 않았다.

일본인 기술자들은 그에게 전로 제작 계획에 "어처구니가 없다"는 반응을 보였다. 사내에서도 회의적인 시선이 압도적이었다.

"'당시 국내 기술로는 어림도 없다'는 것이 객관적인 사실입니다. 100톤 전로는 무게가 무려 154톤이나 되는 대형 구조물인데 일본이 특허를 가지고 있었습니다. 그러나 우리가 전로를 만들어 판매하는 것이 아니고 자체적으로 사용하기 때문에 큰 문제가 없었습니다. 그리고 무엇보다 일본 측에서는 결국 안 될 일로 생각하고 크게 신경을 쓰지 않는 눈치였습니다."

이 프로젝트를 성공시키려면 154톤 무게를 아이들 장난감처럼 가볍게 다룰 수 있는 크레인과 두꺼운 철판을 떡 주무르듯이 다루어

원하는 형상을 마음대로 만드는 프레스가 있어야 했다. 그러나 고작 30톤 크레인과 1000톤 프레스가 있을 뿐이었다.

논리적으로나 상식적으로나 될 일이 아니었다. 그러나 그는 작업계획에 대해 치밀하게 검토하고 방안을 모색한 뒤 동료들에게 알렸다. 동료들의 반응은 예상한 대로였다. 모두가 불가능하다는 것이었다.

"막상 반대에 부딪히자 오히려 포기할 수 없다는 오기 같은 것이 생기더군요. 동료들을 설득하고 상사에게 자신 있게 보고한 다음 제작에 착수했습니다. 반드시 내 손으로 제철 설비의 국산화를 이루고야 말겠다고 다짐하면서 제작에 들어간 지 2달이 지났을 무렵에는 밥 먹는 것도 잊어버릴 정도로 미쳐 있었습니다."

그러던 어느 날이었다. 그날도 일에 파묻혀 있다가 늦은 시간이 되어서야 퇴근 준비를 하고 있는데 아내가 쓰러졌다는 연락이 왔다. 그는 한동안 잊고 지내던 아내의 얼굴이 떠올랐다.

집에 도착하니 아내는 이미 병원에 실려간 후였다. 서둘러 병원에 도착하니 서울의 큰 병원으로 옮겨야 할 정도로 위급한 상태라는 것이었다.

"아내가 그토록 아픈 것도 모르고 있던 나 자신이 그렇게 미울 수가 없었습니다. 한편으로는 아픈 내색 한번 안 했던 아내가 원망스럽기도 했습니다. 서울의 큰 병원에서는 위암이라면서 너무 늦어 수술이 불가능하다고 하더군요.

기가막힌 것은 앞으로 3개월 시한부 선고가 내려진 것입니다. 좋다는 약은 다 구해 병마와 싸웠지만 아내는 죽음을 향해 한 발 한 발 다가가고 있었어요."

그럼에도 불구하고 그는 아침이 되면 불같이 몸을 일으켜 출근을 재촉했다. 결코 포기할 수 없는 일이 기다리고 있었다.

전로 제작에 있어 가장 중요한 것은 전로의 밑부분이다. 45mm의 두꺼운 철판을 마치 달걀 밑부분과 유사한 형태로 만들어야 하고 전체 몸통은 수직으로 내려오다 활처럼 휘어져 들어가며 원호를 그리는 형틀을 만들어야 했다.

먼저 주강품으로 형틀을 만들어 1000톤 프레스로 눌러 찍어 내리는 기본 계획을 세웠다. 그렇게 형(型) 제작에 착수했다. 처음부터 어려움을 각오한 일이기는 했지만 몇 차례 시험 제작을 거쳐도 좀처럼 원하는 형이 나오지 않았다.

"밤 늦도록 실패의 원인을 찾아 대책을 세워야 했고 퇴근하면서 생각이 끊이지 않아 한참 후 정신을 차려보면 집 앞에 와 있었습니다. 화장실에 앉아서도 그 생각에 젖어 있다 보면 병석에 누워 있던 아내가 일어나 정신을 차리게 해준 것이 한두 번이 아니었습니다."

그때 생각 나는 것이 있었다. 포스코가 100톤 전로를 자체 제작한다고 했을 때 다른 설비 때문에 슈퍼바이저(Supervisor, 감독)로 와 있던 일본인 기술자가 한 말이 있었다.

"당신들은 안 될 것이요. 아무나 하는 것이 아니요."

징그러운 표정으로 비웃던 얼굴이었다.

"그 순간 다시 한번 각오를 다지게 되었고 무서운 독기마저 끓어오르더군요. 두고 봐라. 이 일 만큼은 꼭 성공시킬 것이다. 이런 생각이었어요. 이후 5차 실험 작업에 들어갔을 때 드디어 우리가 원하는 치수를 얻었어요. 우리는 모두 작업장 바닥에 주저 앉아 서로 부등켜 안고 울었습니다."

1979년 2월 시작한 100톤 전로 국산화는 그의 불타는 의지가 원동력이 되어 7월 말에 마무리 작업에 들어가게 되었다. 8월 2일 전로의 응력(Stress, 물체가 외부의 힘을 받았을 때 물체 내부에서 발생하는 저항력)을 제거하기 위한 열처리 작업을 하게 되면 마침내 100톤 전로의 국산화가 이루어지는 날이었다.

그가 병원에서 밤을 새우고 병실문을 나서는 순간 희미한 아내의 목소리가 들려왔다.

"여보, 오늘 하루만 같이 있어주면 안될까요…?"

그는 눈을 꼭 감고 아내를 이해시켰다.

"오늘은 내가 그동안 기울여 온 노력이 결실을 맺는 매우 중요한 날이요. 갔다가 끝나는 대로 곧장 오리다."

"출근과 동시에 마무리 작업에 들어가 열처리 작업이 성공적으로 끝나고 기어코 아내는 "그동안 잘 해 드리지 못해 미안해요" 이 한마디를 남기고 눈을 감았어요. 그날은 내가 1971년 8월 2일 입사한 후 꼭 9년이 되는 1979년 8월 2일이었어요. 나더러 다들 그랬어요, 아내를 잃고 전로를 얻었다고"

고로설비 사고 해결, 영국 유력 철강지(誌)에 소개

1991년 4월 들어서 포항 4고로가 기울어지는 설비 사고가 발생했다. 고로 내부의 내화물이 마모되어 노심(爐心)의 열이 밖으로 전달되는 바람에 외피가 팽창하여 고로가 전체적으로 1000분의 7 정도가 기울어진 것이었다.

이에 따라 고로 상부에서 광석을 장입하는 큐트(Cute)의 회전이 멈춰 조업이 중단된 상태였다. 일본의 여러 제철소에 유사한 사례가 있었는지 알아봤지만 그런 일은 없었다는 것이었다.

황경로 부회장께서 부르시더니 "이거 보통 일이 아닌데 "연 기성"

당신이 어떻게든 해내야지" 이러시는 거야. 궁리에 궁리를 거듭하여 작업에 들어갔다. 팽창한 부분의 외피를 팽창한 만큼 잘라내는 방법이었다.

고로를 옆에서 평면 상태로 볼 때 팽창하지 않은 부분을 꼭지점으로 하여 팽창한 부분에 이등삼각형을 그리는 겁니다. 이때 밑변의 길이는 팽창한 길이와 정확하게 일치시켜야 했다. 일본의 고로 메이커인 IHI의 요청으로 5명의 기술진이 현장에 와서 작업과정을 지켜봤다.

정확히 절단하여 서서히 내려 앉히는 작업이 절대적으로 요구되는 가운데 작업은 성공적으로 마쳐졌다. 일본 기술자들은 아무 말 없이 의미 있는 웃음만 남기고 돌아갔다.

이후 각 언론의 인터뷰 요청이 쇄도했다. 영국의 유력 철강지 〈이그나이팅스틸(Igniting Steel)〉은 2 페이지를 할애해 내용을 소개했다.

제1호 기성의 지론

제관공 연봉학은 입사 13년 만인 1984년 4월 1일 창립기념일에 포스코 기능인 최고의 영예인 제1호 기성에 임명되었다. 야하타제철에서는 숙노(宿老)제도가 있는데 야하타 100년 역사에 8명 밖에 없었다. 기성 제도는 그 숙노 제도를 벤치마킹한 것이었다.

그는 1994년 이사보, 1998년 보좌직에 오르며 기능인력의 등불이 되었다. 옳은 기술자는 어떤 사람인가? 연학봉 기성의 지론은 무엇보다 이론과 실무를 합쳐야 한다는 것이다. 한쪽만 있으면 반쪽 기술자다. 옳은 기술자는 늘 자기 기록을 남기면서 이론적으로 공부

해야 한다는 뜻이다.

그는 모든 작업 일지를 빠짐없이 썼다. 이것이 그를 "기성"으로 올려준 원동력이라고 한다.

그러나 작업은 혼자서 하는 게 아니다. 동료들의 협력은 필수다. 원만한 인간관계가 원만한 협력을 가져온다. 하나의 프로젝트에 "미쳤다"는 소리를 들을 만큼 몰두하면서 원만한 인간관계도 이뤄내야 한다. 이것이 그의 지론이다.

변성복(1984년 기성보, 1993년 기성) 씨의 증언

2011년 9월 경이였다. 변성복 기성은 저녁에 시간을 내어 청송대로 오라는 박태준 창업회장의 부름을 받았다. 청송대에는 장옥자 여사와 이대공 포스코교육재단 이사장, 김용민 포스텍 총장이 함께 있었다. 연학봉 초대 기성도 있었다.

박 회장님께서는 파이넥스(Finex) 공법에 대해 어떻게 생각하느냐고 물었습니다. 파이넥스 공법이란 포스코와 지멘스VAI가 개발한 공법이다. 기존 용광로 공법과 달리 가루 형태의 철광석과 일반 유연탄을 사용해 쇳물을 양산하는 기술이다.

파이넥스 공법은 당시 세계적으로 공인된 실적이 없기 때문에 이를 도입한 포스코가 리스크를 안을 수 밖에 없다고 생각하신 나머지 걱정을 하고 계신 것 같았다.

나는 "포스코는 저력이 있지 않습니까. 믿어 주십시오."라고 대답했다.

포스코가 파이넥스보다 먼저 도입한 공법은 코렉스(COREX, 1995년 11월 준공)였다. 코렉스의 원천 기술은 오스트리아의 푀스트 알피네가 개발했는데 포스코는 푀스트 알피네와 기술 협약을 체결하여 이후의 연구를 공동으로 추진하기로 한 것이었다.

그러나 코렉스는 원료 용해로(鎔解爐)의 내용적에 한계가 있고 생산원가 등에서 불리하다고 판단하여 대신에 파이넥스 공법 연구팀을 구성하게 되었다.

나는 그날 박태준 회장님께 "파이넥스는 용융로의 대형화, 저가 원료의 호환성 있는 사용, 제조 원가의 절감, 미래 파이넥스 제선 설비의 대형화 등이 이루어지면 미래 철강 산업을 선도할 수 있는 획기적인 기술로서 포스코가 자체 엔지니어링 기술로 개발할 수 있다"고 말씀 드렸다.

"그리고 앞으로 자원 고갈이 심화되면 반드시 저가 원료 사용 시대가 올 것입니다"고 말씀드렸다. 박 회장님은 고개를 끄덕이셨다.

나는 부산에 있는 동국제강에 근무하던 중 1972년 3월 특채로 포스코에 입사했다. 동국제강에서 익힌 전로 조업기술을 포스코가 높이 산 것이었다.

"동국제강에는 김학기 전 부사장도 계셨는데 김 전 부사장께서 먼저 포스코에 합류하시고 몇 년 뒤에 나를 부르셨지요. 동국제강에서는 베서머 전로로 제강조업을 하다가 나중에 7톤 LD전로를 시험가동했는데 결국 실패하고 말았습니다. 베서머 전로는 공기 중에 섞여 있는 24%의 산소로 취련을 하지만 LD전로는 정제된 99.9%의 순수 산소로 취련을 합니다.

포스코는 100% LD 전로 체제니까 개인적으로는 동국제강에서 실패한 LD 전로에 도전하고 싶은 생각도 있었습니다."

나는 1965년 공채 1기로 동국제강에 입사했다. 부서 선택은 본인이 하도록 했는데 여러 부서 중 제철소의 핵심인 제강을 하기로 마음 먹었고 회사의 배려로 부산공업전문대학에 다니면서 제강 이론을 깊이 있게 공부할 수 있었다.

"LD전로는 1948년 푀스트 알피네가 개발했습니다. 그러나 이걸 꽃 피운 건 일본입니다. 1950년 오스트리아로부터 LD 제강법을 도입한 뒤 이 공법이 안고 있는 문제점을 모두 해결하고 노하우를 축적하여 기술적으로 푀스트 알피네를 앞지른 것입니다."

연수는 일본의 속박에서 벗어나는 지름길이었다

1972년 8월은 유난히 더웠다. 롬멜하우스 옆 군용 반달형 막사(현재 역사관 자리)의 군대 내무반 같은 일본어 강의실 내부는 퀸셋(Quonset)의 검은 콜타르 철판이 달아오르면서 그야말로 찜통이었다. 에어컨은 커녕 선풍기 한 대도 없었다.

그래도 청강생들의 눈망울은 초롱초롱 빛났다. 군소업체에서 현장 경험을 쌓은 철강기술자들로서 모두 30세 전후였는데 여기서 익힌 일본어가 연수의 성패를 가르는 키(Key)였기에 서로 앞자리를 차지하려고 경쟁했다. 일본어 성적으로 연수자를 선발하고 연수 현장에서의 평가에 따라 직위가 결정되는 것이어서 경쟁이 치열했다.

일본어 강사는 진도를 따라오지 못하는 수강생에게는 앞뒤 가리지 않고 핀잔을 주었다. 단체로 평가하는 것이 아니라 한사람 한사람 확인하면서 진행했기 때문에 망신을 당하기 일쑤였고 집에 가서는 새벽 3~4시까지 예습에 매달렸다. 나는 일본에서 태어나 유아기를 일본에서 보냈으니 일본에 대한 약간의 감이 있어서 자주 칭찬을 받았다.

그때 경영층에서는 철강 정련기술을 어떻게 확보할 것인가 고심을 거듭하고 있었다. 일본어 구사 능력이 있고 동국제강에서 베서머 전로를 경험한 변성복. 그의 경력을 확인한 박태준 사장이 그에게 기술 연수의 필요성에 대해 물었다.

"동국제강에서 근무할 때 7톤 전로 설비를 일본에서 들여와 큐폴과 용선에다 고철을 넣어 취련을 했으나 번번이 실패했습니다. 철저히 매뉴얼 대로 했지만 안되었습니다. 현장 기술은 이론이 아니고 경험에서 터득한 노하우가 우선입니다. 연수는 꼭 필요합니다."

그래서 나는 일본 연수를 떠났다. 박태준 사장은 일본으로 떠나는 연수생들에게 당부했다. 포항제철을 가동할 기술들을 머릿속에 듬뿍 담아오라고. 철강 기술이라면 무엇이든지 하나도 빼놓지 말고 모두 담아 오라고…

"당시 총 600명이 떠났는데 포스코가 JG에 500만 달러의 연수비를 지급한 것으로 기억합니다. 나중에 들은 이야기지만 당초 KISA에서는 초기 몇 년은 외국의 전문 기술단과 운영 계약을 맺고 공장 관리와 직원 교육을 맡기라는 의견을 정부에 제시했다는 것입니다. 박 사장께서 기술 연수를 선택한 것은 정말 잘한 것이었습니다. 그때 만약 일본으로 기술 연수를 하지 않고 외국 기술진에게 공장 운영을 위탁했다면 제철 기술 분야에서 한국은 일본의 영원한 속국이었을 것입니다."

일본에 도착한 연수단은 부문별로 가와사키, 가마이시, 무로랑, 야하타 등으로 흩어졌다. 나를 포함한 제강부문 28명은 NKK의 가와사키제철소로 갔다.

"너무도 당연한 이야기지만 강(鋼)의 성질은 제강의 취련에서 결정됩니다. 고로에서는 철광석을 녹여 쇳물을 생산하고 압연에서는 제강에서 이미 성질이 결정된 강철을 제품으로 만드는 거지요. 제강은 현재 포스코가 생산하고 있는 약 1000가지 강종(鋼種)의 성질을 결정하는 공정입니다.

 기본적으로 쇳물 속에 함께 녹아있는 탄소, 인, 황 등의 불순물을 여러 가지 방법으로 제거하고 취련 과정에서 스며든 산소까지 배출시키는 거죠. 이때 각종 물리적, 화학적 방법이 동원됩니다. 고온에 태워 없애거나 스레그로 분리해 내는 것이 물리적 방법이라면 다른 첨가물로 화학 반응을 일으켜 제거하는 것은 화학적 방법이지요. 유황이나 인은 고온에도 타지 않기 때문에 생석회를 넣어 칼슘 화합물을 만들어 제거하는데 그것 또한 화학적 방법입니다. 그런데 그 방법이 1000가지 강종 모두 다릅니다. 얼마만큼 제거하고 얼마만큼 남기느냐에 따라 제각각의 강철이 되는 것입니다."

 일본 기술자들은 취련 작업까지는 허용했지만 최종 탈산작업과 성분 조절은 절대 맡겨주지 않았다. 항의를 거듭했지만 출강작업은 절대 못하게 했다.

 연수 계약서에 명시돼 있는 부분이었지만 일본인 현장 실무자는 계약과 관계없이 기술을 공개할 수 없다고 했다. 그것도 그럴 것이 연수자 한 사람이 출강작업을 하면서 탈산작업 미숙으로 전로 1차 지분 용강을 모두 스크랩으로 처리한 일이 있었던 것이다.

 요즘은 전로 작업이 컴퓨터에 의해 제어되지만 당시는 모든 작업이 숙련된 제강 기술자의 감과 경험으로 이루어졌다. 용강 속 탄소와 산소의 비중이 안 맞으면 기공이 숭숭 뚫린 스폰지 모양의 강이 되고 만다. 나는 동국제강에서 7톤 전로의 가동에 실패한 것도 바로 이 때문이란 걸 알았다.

해외에서 어렵게 익힌 기술로 1기 설비 가동 성공

영일만의 에어콘도 없는 찜통 같던 강의실에서 배운 일본어가 나에게는 큰 도움이 되었지만 일본인 특유의 문화는 적응하기 어려웠다. 일본인은 소위 다테마에(建前, 겉모습)와 혼네(本音, 속마음)가 많이 다르다. 인간적으로 사귀어야 마음이 열리는 사람들이다.

나는 그때 괜찮은 일본어 실력으로 그 사람들과 사귀면서 "솔직히 좀 가르쳐달라"고 읍소하다시피 해 기술자료를 얻었다. 그들에게 동양적 사고의 일면이 있기도 했다.

나는 일본의 전통적인 가업 승계 풍토가 매우 의미 있는 사회적, 국가적 자산이라는 점을 보게 되었다. 도쿄대학 법학과를 졸업한 준재들도 집에서 부르면 가업을 승계하기 위해 달려간다는 것이었다.

수 대에 걸친 가업 승계로 가업이 예술적 경지로 승화된 것을 그들은 "시니세(老鋪)"라고 하여 집안의 자랑으로 삼았다. 시니세는 빵집으로부터 첨단 소재를 만드는 하이테크 기업에 없어서는 안 될 자성 재료에 이르기까지 다양했다.

1860년 대 메이지 유신 이후 일본은 서구의 선진 기술 도입에 심혈을 기울였는데 당시 그들의 학습은 배움이라기 보다는 "모방"이었다.

"그러나 모방만으로 그쳤다면 오늘날 일본의 공업력은 존재하지 않았을 겁니다. LD전로 한 가지만 보더라도 원천 기술 개발자인 푀스크알피네의 설비보다 가와사키의 설비가 훨씬 튼튼하고 잔 고장이 없습니다. 정련기술도 마찬가지입니다. 들여온 기술을 자기 기술로 소화하고 그 위에 새로운 발상을 입혀 조기에 자력화한 것은 "시니세"라는 뿌리 깊은 사회적 토양이 조성되어 있었기 때문이 아닌가 생각합니다."

가와사키제철소에서 현장 기술자의 OJT(On the Job Training)를 통해 배운 내용은 한마디로 용선(鎔銑)을 용강(鎔鋼)으로 바꾸는 기술이었다. 선(銑)으로는 압연을 할 수 없기 때문에 거기에 함유되어 있는 탄소를 태워 없애고 불순물은 매용제를 이용하여 부상분리시켜 강(鋼)을 만드는 것이었다.

나는 가와사키 제철소에서 제강공정의 이론과 실기를 어렵사리 배우고 나서 일주일 간 OG설비 제어기술 수학 연수를 받기 위해 야하타제철소로 갔다. 전로에서 산소 취련으로 탄소를 태우면 60~70%의 일산화탄소와 탄산가스가 발생하는데 집진 설비를 통해 먼지를 빼고 온도를 저하시켜 가스만 분리해 내는 기술이다.

포항1기 설비 운전은 일본인 슈퍼바이저들의 지도에 의해 이루어졌다. 초기의 우리 기술자들은 일본인들이 돌아가고 나면 우리 손으로 제강공장을 가동한다는 설렘과 함께 복잡하기 짝이 없는 전로 작업을 과연 잘 할 수 있을까하는 두려움을 안고 조업에 임했다.

"그때 내가 느낀 것은 "철은 어떤 금속이라도 다 받아준다"는 사실이었습니다. 철에 섞이지 않는 금속은 없습니다. 그래서 무한한 합금이 가능해지고 1000가지가 넘는 강종을 생산할 수 있는 것이지요. 일본 연수 과정에서 서러움을 당하면서 기술을 배웠지만 결국 거기서 배운 기술로 제강공장을 돌리게 되었어요. 물론 시행착오도 겪었지만 비교적 빨리 그리고 순탄하게 조업에 성공했습니다."

1978년에는 다시 후쿠야마제철소로 연수를 떠났다. 품질 향상을 위한 복합 취련에 예비하여 제강전산 제어기술을 익히기 위한 3개월 간의 연수였다.

"복합취련이란 전로의 상부에서는 산소로, 저부에서는 아르곤과 질소로 동시에 취련하는 기술입니다. 지금까지의 상부 취련만으로는 위에서 탈탄, 탈황이 일어났기 때문에 용강의 품질에 문제가 있었습니다. 이러한 고도의 기술은 도입한다고 해서 그대로 적용되는 것은 아닙니다. 그 기술을 소화할 수 있는 능력이 있어야 합니다.

우리 기술진은 이에대한 사전 공부가 되어 있었습니다. 1978년 준공된 3기 설비부터 이 기술이 적용되었는데 당시 큰 이벤트 없이 복합취련이 시작되었기 때문에 사람들의 뇌리에 별로 남아 있지 않았지만 포스코 기술사(史)에 크게 기록될 획기적인 일이었습니다."

제강공장에서 많은 기술을 개발했고 관련 특허도 상당수 출원했지만 1993년 전로 3/3기 가동 기술을 개발하여 대량 생산 체제를 구축한 것이 나의 기억에 남아있다. 이제 제철소의 모든 공정은 전산제어로 이루어지고 있다.

그러나 제강조업만은 아직도 10%정도 사람에 의존하고 있다. 전산조업은 수치적으로 정확하게 계산할 수 있지만 감(感)은 인간만이 느낄 수 있는 것이기 때문이다.

나는 1984년 기성보로 임명된지 9년 만인 1993년 제강부문 기성(技聖)으로 임명되었다. 정년이 10년 연장되어 2006년에 정년퇴임했지만 퇴임한 그해 6월부터 2014년 1월까지 포스코의 요청으로 재입사하여 노후의 열정도 포스코에 불살랐다.

33

포항 3고로의 냉입사고(冷入事故)와 싸우다

김일학(광양생산기술선강본부 기성) 씨 증언

　1979년 8월로 접어들면서 포항 제3고로가 노황부조(爐況不調)를 보이기 시작했다. 여러 가지 조치를 취했지만 사태는 점점 우려할 방향으로 진전되었다. 노내 온도가 1400도 이하로 떨어지면서 출선구가 막히는 단계에 이르렀다.

　이른바 3고로 "냉입사고"였다. 김일학 기성은 당시 3고로 안전주임이었다. 그는 묵중한 고로와 밤낮으로 씨름을 했다. 그러나 노황이 정상화될 기미가 보이지 않았다. 고로철피 안쪽에 설치된 냉각반의 물이 노내로 흘러들어가 고로 내부 온도가 떨어진 것이 원인이었다.

　코크스와 철광석을 장입하고 풍구를 통해 1200도의 열풍을 불어넣으면 코크스가 타고 철광석이 녹으면서 노내 온도는 최고 2200도까지 치솟는데, 이게 1400도까지 떨어지면서 문제를 일으킨 것이었다. 이런 상황에서 출선(出銑)을 하면 철성분은 흘러나오지만 슬레그는 노내에서 굳어져 바닥에서부터 쌓이게 된다. 결국 출선구가 막히고 말았다.

고로 내부에 쌓인 슬레그 레벨이 통풍구에까지 이르자 풍구를 열고 이걸 꺼내기로 하고 34개의 풍구 아래 바닥에 빙 둘러 모래를 깔고 각 풍구마다 사람을 배치했다.

"풍구 아래 샌드베드(Sand Bed)를 만들고 몇 개 열어보는데 노내에 쌓인 슬레그가 쏟아져 나와 모래 바닥에 떨어졌다. 급히 1.5m 아래의 주상으로 뛰어내렸지만 그만 발을 데이고 말았다. 안전화 위에 떨어졌지만 워낙 고온의 물건이다 보니 안전화를 태우고 발에 화상을 입었다.

현장으로 달려온 의료실 요원들이 주사를 놓아주고 약도 주어 그런대로 버텼는데 발이 부어 견딜 수 없어 시내 외과병원으로 갔더니 늦었다고 큰 병원으로 가라고 했다. 성모병원에서 수술을 받고 입원해 있는데 현장 상황이 궁금해 견딜 수가 없었다. 병원에 누워 있다는 게 마치 죄인이 된 심정이었다."

고로 박사로 알려진 김철우 기술연구소장이 매일 현장을 찾았고 제철소장 이하 제철소 고위간부들이 아예 사고 현장으로 출근하는 강행군 속에 3고로는 결국 한 달 만에 정상화되었지만 이후에도 6개월 간 부분적으로 문제를 일으켰다. 그러니까 완전한 정상화가 이루어지기 까지는 7개월의 시간이 소요된 셈이었다.

그 기간 중에는 1,2 고로의 출선량을 최대로 늘리고 심지어는 주물선 고로까지 제강용 용선을 생산하는 것으로 제강 소재를 맞추었다.

쌍용시멘트 근무 경험으로 석회소성 공장에 배치

나는 이후 포항 4기 고로와 주물선 고로, 그리고 광양의 5기로를 모두 섭렵한 고로조업의 달인(達人)으로 불렸다. 그래서 제선분야의 기성에 올랐다. 그러나 내가 포항제철소에서 처음 일을 시작한 곳은 제강부의 석회소성 공장이었다.

석회소성공장은 석회석을 가열하여 석회를 생산하는 곳이다. 나는 쌍용시멘트 원료계에서 일하다가 1972년 8월 30일 경력사원으로 포스코에 입사했다. 1기 설비 건설이 한창이던 때였다.

간단한 테스트를 거쳐 39명이 함께 입사했는데 쌍용시멘트 근무 경력 때문에 석회소성 공장으로 발령이 났다. 당시 나는 제강조업 현장 근무를 원했다. 시멘트 공장 근무를 그만두고 제철소로 왔는데 또 석회석을 취급하는 일을 하려니 신이 나지 않았다.

제철소에 왔으면 모름지기 펄펄 끓는 쇳물을 다루는 현장에서 일하는 것이 제격이라고 생각했다. 그러나 그쪽에 자리가 없었다. 알아보니 제강조업의 마지막 라인인 조괴공장의 작업이 매우 힘들어 다들 가기를 기피한다고 하기에 제강부 차장에게 그곳으로 보내 달라고 했더니 거기는 너무 힘든 곳이니 좀 기다려 보라고 했다.

1973년 6월 8일 내용적 1660m²의 제 1고로가 화입되고 나서 본격적인 쇳물 생산이 이루어졌다. 하지만 초기 조업은 매우 어려웠다. 우리나라의 최초의 용광로는 호락호락하게 쇳물을 내주지 않았다. 용광로를 빠져나온 쇳물은 대탕도를 흘러가면서 비중 차에 따라 슬레그는 상부로 오르고 용선은 하부로 흐르다가 분리된다. 그런데 어렵게 출선이 된 후에도 쇳물의 온도가 조금씩 낮아지고 규소(Si) 성분이 높아 유동성이 나빠지면 상부에 떠오른 슬레그는 흘러가지만 하부에 흐르는 쇳물은 바닥에 자꾸 눌어붙기 때문에 4각으로 제작된 각목으로 부착 부위를 계속 문질러주어야 했다.

이는 너무 고된 일이었다. 일본 JG(Japan Group) 기술 지도 요원의 권유에 따라 6~7일 주야근무체제로 이 작업에 매달리다 보니 모두가 손에 물집이 생기면서 탈진 상태에 이르렀다.

그러나 당시로서는 이 작업을 멈출 수가 없었다. 일본 기술요원들은 노전(爐前)작업이 고열의 힘든 작업임을 감안해 4조 3교대로 할 것을 제안했다.

당시 포항제철의 근무체제는 3조 3교대였다. 그런데 고로 노전작업반만은 4조 3교대로 실시하기로 하고 필요한 인력을 사내에서 모집했다. 나는 거기에 지원했다.

조용선 당시 1고로 공장장과 최의주 인사과장이 면접을 보았는데 거기에 뽑혀 1973년 6월 16일 고로 노전반으로 갔다. 고로에 불을 당긴지 9일 차가 되는 날이었다.

반장이 반원으로 갔으니 직급상으로는 손해를 본거였다. 그러나 나이나 경력 같은 것은 따지지 말자고 결심하고 내가 그토록 원했던 쇳물의 현장에서 뭔가 해봐야겠다는 생각으로 정말 열심히 일하고 공부했다. 일관제철소의 핵심 설비인 고로에서 근무한다는 것은 큰 자부심을 느끼게 했다.

33년 쇳물 인생

그때부터 나의 쇳물 인생 33년이 시작되었다. 고로설비는 석회소성설비와는 비교할 수 없을 만큼 중압감으로 다가왔다. 스스로 원한 일이었기에 여기서 포기하면 낙오자가 되는 길 밖에 없다는 각오로 작업에 임했다.

당시에는 교대작업을 하는 작업장(長)은 대졸사원들이 맡고 있었는데 이들은 일본 가마이시(釜石)제철소 장기 연수 과정에서 손에 넣은 자료들을 체계적으로 정리해 노트를 만들어가고 있었다. 나는 그것을 빌려 시내에 나가 청사진을 구어 너덜너덜해 질 정도로 공부에 매달렸다.

고열에 노출된 출선 작업 현장은 모든 작업 요원들에게 견디기 힘든 인내를 강요했다. 나는 나의 꿈을 이뤄내는 터전이라는 마음가짐으로 작업을 해나갔다. 특히 우리나라 최초의 용광로가 처음 쇳물을 토해내는 광경을 바라보는 자체가 감동이었고 행복이었다. 그러니 그때 나의 쇳물 인생은 예정된 것이었다.

이후 나는 새로운 고로가 준공될 때마다 그쪽으로 옮기면서 포항제철의 모든 고로를 거치게 되었다. 1974년 6월에는 주물선 고로가 준공되어 반장 밑의 차석으로 갔다. 주물선 고로는 내용적 330m²의 소형 고로로서 중소기업 수준에 머물러 있던 국내 주물 업계에 소재를 공급하기 위해 국가전략적 사업으로 추진되었는데 몇 번의 우여곡절을 거친 끝에 포스코가 실수요자가 되었다.

주물선 고로에서 쇳물을 굳혀 냉선(冷銑)을 만들면 그게 최종 제품이다. 포스코 제품 중에 제강과 압연 공정을 거치지 않는 유일한 제품이다.

1976년에는 2고로가 준공되어 그곳으로 갔는데 이때 비로서 "반장" 직함을 얻었다. 1977년 말에 3기 설비가 준공되면서 3고로 주임이 되었고 1980년 8월 4고로를 거쳐 1985년 광양 제선부로 옮긴 뒤 2005년 회사를 떠날때까지 잠시도 고로를 떠난 적이 없었다.

고로에 코크스나 소결광의 분이 너무 많이 들어가면 광석 자체의 성분 불량 등으로 인해 노황부조가 발생하기는 한다. 하지만 그걸 감안한다고 해도 포항 3고로는 건설에서부터 원칙적으로 문제가 있다고 나는 진단했다. 3고로 건설 당시는 이른바 "중동(中東) 붐"으로 국내 고급 기술인력이 대거 해외로 빠져나갔기 때문에 비계공, 용접공 등의 핵심 인력이 모자라 공기(工期)에 영향을 미쳤다.

고로 시공사가 현대건설이었는데 기술인력을 구하지 못해 궁여지책으로 계열사인 현대중공업의 기술인력을 대거 동원해 현장에 투입하기도 했다.

고로 조업은 노내에 있는 고온의 용융물과 고로 철피 내부에 설치된 냉각반의 온도가 밸런스를 이루어야 한다. 물과 열의 싸움이다. 물이 들어가는 파이프에서 물이 나가는 파이프 사이에 수많은 냉각기반이 설치되는데 통수작업을 해서 하나하나 점검해 보니 물이 새는 곳이 한두 군데가 아니었다. 용접작업의 부실 때문이었다. 참 어렵게 준공했는데 결국 냉입사고를 일으키고 말았다.

고로의 포스코형 시스템

포항제철소 건설 당시 일본으로부터 많은 도움을 받은 것은 사실이지만 일본인 기술자들이 중요한 핵심 기술은 공개하지 않았다. 또 그런 기술들은 기술자들의 오랜 경험을 통해 체득한 "손끝의 기술"이었기 때문에 표준화되어 있는 것도 아니었다.

그래서 포스코는 1고로 작업을 하면서 터득한 기술을 2고로로, 다시 2고로에서 3고로로, 다시 3고로에서 4고로로 피드백(Feedback, 되먹임)하는 식으로 전체적인 제선기술을 발전, 축적시켜 나갔다.

포항제철소 4기 설비가 준공된 이후 일본의 태도는 완전히 달라졌다. 결국 광양제철소 건설 시에는 설비 공급에 있어 고자세와 높은 가격으로 대응하기에 이르렀다. 광양제철소 주요 설비 중 압연설비만 일본 미쓰비시가 공급하고 나머지 고로, 제강, 연주 설비는 유럽에서 들여온 것도 이 때문이었다.

1984년 광양 1기 건설에 들어갈 때 박태준 회장님의 지시에 따라 고로 조업 요원 4명이 제선설비 공급사인 영국 데이비(Davy)에서 18개월 동안 연수를 받기도 했다. 과장급, 기술원, 주임, 반장직원 각 1명으로 연수팀이 꾸려졌다.

당초 2년 계획이었는데 18개월로 연수를 마쳤다. 같이 어울려 다니면 영어 습득에 장애가 될까 봐 하숙집도 따로 잡았는데 이때 관련 주요자료를 많이 확보했다.

설비 시스템이 일본과 상당한 차이가 있었다. 예를 들면 일본 시스템에는 고로에서 생산된 쇳물을 임시로 저장하는 혼선로가 있지만 데이비는 그게 없었다. 지금보면 포항과 광양의 직원들 분위기가 조금 다른데 광양이 약간 개방적이다. 유럽을 상대하면서 그들의 문화와 오픈 마인드가 전수되지 않았나 생각된다.

포스코의 고로 조업 기술체계는 포항의 일본 시스템과 광양의 유럽시스템이 복합되어 있다. 두 체계가 독자적으로 존재하는 것이 아니라 하나로 어우러져 새로운 "포스코형 시스템"으로 만들어진 것이다.

포항, 광양 10기(基) 고로 거친 고로 1인자

나는 포스코 인생 33년 동안 고로 설비 개선에 끊임없이 정열을 쏟았다. 포항과 광양 각 5기의 고로, 모두 10기의 고로와 깊은 인연을 맺었다.

건설과 화입, 조업에 참여해 정상 조업도 달성, 세계 신기록을 연속적으로 갱신하는 한편 광양제철소 제선 부문이 세계 최고의 경쟁력을 갖추는데 초석을 놓았다. 작은 성취에 만족하지 않고 부단한 자기 개발을 추구하면서 초기에 저기능 사원이 대다수였던 광양제철소 고로 인력의 기능도를 세계 최고 수준으로 끌어올려 창의와 의욕이 넘치는 조업현장으로 바꾸었다.

"고온의 가스가 열교환을 거치지 않고 용광로 바깥으로 배출되는 취발사고, 고로 내부의 온도가 떨어져 쇳물이 용광로 밖으로 배출되지 않는 냉입사고 등을 겪었지만 그런 사고를 극복하는 과정에서 더욱 탄탄한 기반 지식과 경험을 쌓았다"고 나는 생각한다.

출선구 개공용 치공구(治工具)인 심리스파이프(Seamless Pipe) 내부로 연소성이 없는 고압 질소와 미스트를 쏘아 넣으면서 단번에 출선구를 뚫는 일발개공 기술을 개발해 출선 작업의 고정관념을 무너뜨린 것도 따지고 보면 여러 가지 지식의 조합에서 나온 것이었다. 일발개공 기술은 광양은 물론 포항제철소 전 고로에도 적용되었고 이후 세계적으로 일반화된 기술로 상용화(常用化)되었다.

고로를 건설하거나 개수할 때 소요되는 내화물은 조선내화(朝鮮耐化)가 생산하고 시공은 포스코켐텍이 담당했다. 서로 손발이 맞지 않아 비효율적인 점이 있었다. 그래서 조선내화의 하도급 업체인 ㈜선우ENC가 고로탕도 책임 시공을 하는 체제로 전환했다.

나는 2005년 퇴사 후 선우ENC에 근무하다 2008년 4월 SNNC로 자리를 옮겼다. 포스코 계열사인 SNNC는 스테인리스 강의 주원료인 페로니켈 등을 생산, 판매하는 국내 최초의 페로니켈 전문 기업이다.

"거기에 있으면서도 포스코 고로에 문제가 생기면 즉시 현장으로 달려가야 했다. 심지어는 파이넥스 현장에까지 불려간 적이 있다.

근무처가 제철소 인근인데다, 사는데가 주택 단지이니 언제든 출동할 준비가 되어 있는 셈이었다.

다른 회사 공장에 간다는 생각이 전혀 들지 않했다. 여기가 나의 주된 일터인데 무슨 일이 있어서 잠시 현장을 비운 사이 문제가 있다고 하니 달려갈 수밖에 없다고 생각했다. 포항 1고로 조업과 지금의 고로 작업을 비교하면 몇백 년이 흘러간 것처럼 생각된다. 요즘에는 5분이면 끝나는 출선구 개공작업도 1시간 이상 걸리기 일쑤였고 어떤 때는 2시간이 소요되기도 했다.

요즘에야 고로 내부를 살피는 각종 전산 장비가 갖추어졌고 모든 작업이 자동화로 이루어지지만 그때는 고로 내부 사정을 알 수 없으니 모든 걸 감(感)에 의존할 수밖에 없었고 개공 시에는 산소 운반 용기를 어깨에 메고 작업에 임했었다."

조용선(고로 공장장, 포항제철소장) 씨의 증언
- 한국 첫 용광로(鎔鑛爐, Blast Furnace)에 바친 열정

정연하게 정립된 목표는 아니었으나 나는 대학때부터 금속공학을 전공한 공학도로서 중공업 분야에 참여하겠다는 생각을 갖고 있었다. 내가 포스코의 일원이 되어 국가적 사업에 선배 동료와 고락을 함께 할 수 있게 된 것은 그러한 바람이 있었기 때문이리라.

분야별로 다르기는 하지만 너나 할 것 없이 모두 백지상태에서 의욕만으로 출발한 일관제철공장 건설이었다. 금속을 전공한 기술자로서 용광로를 기필코 성공적으로 건설해 내야 하는 책임감만으로 끊임없이 닥쳐오는 어려움을 극복하기란 여간 힘든 일이 아니었다.

1969년 중반에 KISA 계획이 와해된 후 새로운 사업 계획으로 초기 생산량을 103만 톤 규모로 바꾸어 제철소 설비 계획을 시작한 때부터 1973년 6월 8일 우리나라 최초의 용광로에 불을 붙여 철 생산에 성공한 때까지는 그야말로 숨가쁜 나날들이었다.

용광로 생산요원 모집

1972년 초 조업요원 공모 때의 일이다. 나는 제선부문 신입사원 전형위원으로 지명되어 인사부에서 받은 두툼한 서류 속에 파묻히게 되었다.

당시 우리나라엔 그럴만한 일자리가 없어 취업이 매우 어려운 상황이라 입사 응모자 수가 대단히 많았다. 쇳물을 다루게 될 출선 요원으로는 당시 우리나라의 크고 작은 주물 공장, 혹은 수년 전까지 가동한 바 있는 삼화제철, 인천제철 등에서 근무했던 사람들이 많이 응모해 쇳물을 다듬어 본 경험자를 쉽게 뽑을 수 있었다.

그러나 용광로 기계 운전요원의 경우는 사정이 달랐다. 용광로 중앙 운전실을 견학해 본 사람은 잘 알겠지만 당시에도 고로의 기계 설비는 이미 컴퓨터가 도입되어 운전 모드가 다양할 뿐 아니라 고도로 자동화되어 있어 전문적인 기초 이론과 높은 기능도를 필요로 하는 분야였다. 그런데 지원자들은 모집 공고에 발표된 "고로 작업공"과 "열풍로 운전공"을 잘못 이해하여 큐포라(주물 공장)에서 용해 원료의 운반 경력을 가진 사람이 대부분이었다.

"이거 야단났구만."하고 나는 지망자 중에서 간신히 추려 용광로 직무로 전환 시켜 소요 인원을 확보할 수 있었다. 고로 운전 요원 중

90% 이상이 자신도 모르는 사이에 고로와 평생 인연을 맺게 된 셈이다.

그러나 그들은 기계, 전기 부문에서 건설과 운전을 아주 훌륭히 해냈을 뿐만 아니라 용광로의 조업을 성공시킨 기간 요원이 되었고 오늘날엔 세계 최우수 용광로 전문가가 되어 후배를 키우며 용광로를 지켜 나가는 소임을 다하고 있다.

부작업장(長) 제도 신설해 기간요원 훈련

나는 1968년 1월부터 1969년 1월까지 1년 동안 UN의 저개발국 훈련프로그램의 하나인 콜롬보계획(Colombo Plan)에 의해 호주에 있는 뉴 캐슬(New Castle) 제철소에서 훈련을 받을 기회가 있었다. 원래 나는 대우중공업의 전신인 한국기계공업(주) 연구 계장으로 일하고 있었는데 서울대 금속학과 김동훈 교수께서 건설부 유관기관인 한국 종합개발 공사에서 일해보라는 권유를 받고 포철과의 인연이 시작되었다.

호주에 있는 동안 이미 포철이 시작되었고 훈련을 마치고 돌아온 나는 자연스럽게 포철 건설에 참여하게 되었다. 이후에 포철에서 3개월간의 JG(일본기술단) 연수 기회를 가진 후 고로 건설반장으로 보임되었다.

고로 건설반장 시절 포철 최초의 용광로 가동을 1년 여 남겨두고 일본 현지 훈련을 위한 요원을 선발하던 때의 일이다. 생산 책임자인 고로 작업장(현 주임)이 되려면 최소한 1년간은 직접 용광로 현장에서 실무 훈련을 쌓아야 한다고 판단했다. 특히 우리와 같은 신설 제철소에서 초기 조업을 감당해 내기 위해서는 더더욱 그러했다.

그러나 당시 연수 계획으로는 교대 별로 작업장 기간직 1명에 대해 고작 6개월의 간의 연수 기간이 주어졌을 뿐이었다. 궁리 끝에 작업장급 2명을 하나로 묶으면 6개월의 2배인 1년이 되지 않겠나 싶어 "고로 기술원"이라는 직제를 새로 만들었다. 즉 교대별 정원을 1명에서 2명으로 증원시키고 연수 계획 인원 18명 중 3명을 "고로 기술 요원"으로 바꾸기로 결정했다.

관계부서에서는 아무리 고로가 어려워도 조직에 없는 부작업장제(부주임)를 유독 용광로에만 만들어 변칙적으로 운영할 수 없다는 의견을 내놓았다. 결재과정에서 난항을 거듭하기는 했으나 결국 승인을 얻어냈다.

JG 연수 6개월 동안에는 2인 1조가 되어 작업장은 주상에서의 작업을, 그리고 기술원은 중앙 운전실에서 노랑 컨트롤을 전담하여 입체적인 훈련을 받았다. 이들은 실로 모든 고난을 감내하며 일심일체가 되어 용광로 조업을 성공시켰으며 우리를 지도해 준 일본인 기술자가 놀랄 정도의 실적을 거두었다. 100년 전통의 역사를 지닌 일본 고로 기술을 단 6개월 동안 훈련을 받은 그들이 제법 고로의 달인이라도 된 것처럼 진지한 자세로 모든 난관을 헤쳐나가는 모습은 구도자의 자세처럼 경건해 보이기까지 했다.

매일 밤 토론회가 이어졌고 일주일에 한번씩은 개인의 연수 노트를 검사하여 열심히 하는 요원에게는 상도 수여하며 면학 분위기를 조성해 나갔다. 뿐만 아니라 고로 노체나 풍로와 관련된 돌발사태가 일어날 때마다 필요한 공구류를 빠지지 않고 스케치하게 했다.

이들은 조업을 개시한지 1년이 지나자 모두 용광로를 원숙하게 지휘 통제하는 "기술인"으로 성장했으며 기간직 2명이 하던 작업을 혼자 충분히 할 수 있는 수준까지 성장했다.

연수 중의 고로 사고를 천재일우의 기회로

천재일우(千載一遇)란 좀처럼 만나기 어려운 좋은 기회를 말한다. 일본 가마이시(釜石)제철소에서 연수 중에 고로 노황이 아주 나빴던 어느 날이었다. 갑자기 고로가 멈추고 24개의 풍구로부터 시뻘건 쇳물과 슬레그가 넘쳐나오기 시작했다. 노황조로부터 오류가 연속적으로 발생하여 노열이 급격히 떨어지고 노내 용융물의 배출이 지연되어 큰 사고로 이어진 것이었다.

그러나 이 사고는 연수 중인 우리에게는 천재일우의 좋은 기회가 되었다. 복구 시 요원의 배치는 어떻게 하며 풍구에 대해서는 어떤 조치가 필요한가, 억류된 슬레그 제거에는 어떤 공구가 필요한가, 재송풍 시 노열 보상을 위한 장입물 비율은? 초출선을 위한 준비 작업시 대탕도와 지방도, 스키마 준비는 어떻게 하고 재송풍 시 송풍량을 증가시키는 증풍 방안은? 어느 것 하나 소홀히 할수 없는 소중한 것들이었다.

각 파트별로 분담하여 일어나고 있는 현상과 대응 방법 등을 치밀하게 배수진을 치고 이른바 노하우를 습득하는데 전력을 다했다. 우리는 이렇게 방열복이 땀에 흠뻑 젖도록 쇳물도 다루어 보았고 일본 조업 요원들과 같이 3교대를 해가며 연수를 했다.

하지만 사실 우리의 훈련과정은 조연에 불과했다. 우리는 다가오는 결전의 순간을 위해 모든 고로 조업과 운전을 직접 해보기로 했다. JG 측에 부탁하여 천신만고 끝에 실제 상황에서의 팀웍 훈련을 할 수 있는 기회를 얻어냈다.

두렵기도 했지만 그래도 현지 요원이 있었기에 겁 없이 고로 전체의 핸들을 포스코 훈련 요원이 손을 쥐게 된 것이다. 어려운 일도 있었지만 무사히 훈련이 끝났다.

실제적인 체험을 통해 많은 것을 배웠으며 귀국후에는 30여명의 일본 연수생들이 교사가 되어 100여명의 조업 요원에게 교육을 했다. 지금 생각하면 정말 겁 없는 날이었지만 그것은 한국 최초의 용광로를 위해 당연히 바쳐야하는 정성이고 열정이었다.

열풍로에 갇혀 죽을 뻔한 순간

1고로 공장의 설비별 단독 시운전을 끝내고 연동 시운전을 할 때의 일이었다. 당시 무엇에 씌웠는지 아무에게도 연락하지 않고 나는 혼자서 12호 열풍로 내부의 청소 상태를 점검하기 위해 임시 가설된 사다리를 통해 열풍로 안으로 들어갔다.

들어가 몇 걸음 옮기고 있는데 갑자기 열풍변이 닫히는 것이었다. 꼼짝없이 갇히는 신세가 되고 말았다. 열풍로에 갇혀 시운전을 중단시킬 아무런 수단도 없었다. 그저 죽음을 받아들일 수밖에 없다고 생각하니 오히려 마음이 차분해졌다.

그때였다. 무슨 소리가 나기에 바라보니 열풍변이 다시 열리는 게 아닌가! 기적이었다. 나는 아무 일도 없었던 것처럼 툭툭 털고 밖으로 나왔다. 알고 보니 내가 열풍로 안으로 들어갈 때 우연히 마주쳤던 정비 요원이 중앙운전실에 연락하여 운전을 중단시켰던 것이다.

그일은 나만이 기억하는 하나의 해프닝으로 끝났지만 분명 죽을 뻔한 상황에서 살아난 일이었다. 다만 이일을 가볍게 넘길 수 없는 이유는 오직 어떻게 하면 설비를 정상적으로 가동하여 쇳물을 만들어내려는 의지에서 빚어진 일이었다는 것이다. 포스코 초창기의 사람들은 모두 이런 정신이었다.

34

철강거인 박태준 겨울에 떠나다

(독자들이여, 우리는 이제 어쩔수 없이 박태준 회장의 부음을 전할 수밖에 없음을 받아들여야 되겠다.)

2013년 12월 13일 오후 5시 20분 국내외 언론들이 속보를 알렸다. "박태준 타계," 향년 84세. 호는 청암(靑岩). 빈소는 연세대 세브란스 병원 장례식장, 장례는 사회장. 장지는 서울 동작동 국립현충원 국가유공자 묘역. 정부는 고인의 영전에 청조근정훈장을 추서했다.

사회장(社會葬)은 국가장 다음으로 예우를 갖추어 거행하는 장례로 국가의 유명인사나 사회에 헌신봉사하였거나 공익에 이바지 하다가 사망한 고인을 추모하는 장례의식이다. 박태준 회장이 작고하고 영결식 날까지 5일 동안 일반 시민을 포함해 각계 조문객 8만7천명이 서울, 포항, 광양 등 전국 7곳의 분향소를 찾았다.

김수환 추기경, 성철스님, 한경직 목사 등 극소수 원로를 빼면 이번 만큼 범국민적 추모 열기가 뜨거웠던 적은 없었다.

박태준 회장은 연세대 신촌세브란스병원에서 치료를 받다 운명했다. 연세대 세브란스 병원은 박 전 회장의 사망 직후 브리핑을 열어 "박 전 회장이 급성 폐 손상으로 인해 숨졌다"고 밝혔다.

박 전 회장을 치료한 장준 연세대 세브란스병원 호흡기내과 교수는 "박 전회장은 지난달 11일 한쪽 폐와 흉막을 모두 절제하는 흉막폐절제 수술을 받았다"면서 "수술 당시 보니 폐부위에서 석면과 규폐가 발견됐다"고 말했다.

규폐증(硅肺症, Silicosis)은 규사 등의 먼지를 흡입하여 폐에 흉터가 생기는 질환으로 폐에 영구적인 반흔을 남긴다. 우리는 포스코 부지 영일만이 모래 먼지 바람이 유난히 센 곳이라는 것을 염두에 둔다면 박 회장의 규폐증이 어디서 왔는가를 충분히 연관지어 볼 수 있다.

병원 측은 석면과 규폐로 인해 생긴 염증으로 인해 상태가 악화되었다고 설명했다. 박 전회장은 수면 유도 하에 치료를 받던 중 갑자기 호흡 곤란 증세가 찾아와 결국 숨졌다고 병원 측은 밝혔다. 병원 측은 "부인과 자녀, 손자, 손녀 등 유족 10여 명이 지켜보는 가운데 조용히 눈을 감았다"고 전했다.

병원 측은 박 전 회장은 10년 전인 2001년 흉막섬유종이 발견돼 미국 뉴욕 코넬대(Cornell University) 병원에서 종양제거 수술을 받았는데 최근 수개월 전에 그 후유증이 진행됐다고 전했다. 박태준 회장은 호흡 곤란 증세로 세브란스 병원에 입원하면서 죽음의 그림자가 다가옴을 느꼈다.

그는 중환자실로 옮기기 전 유언을 남겼다.

"포스코(POSCO)가 국가 산업의 동력이 되어 만족스럽다. 더 크게 성장해서 세계 최강의 포스코가 되었으면 한다. 포스코의 임직원은 애국심을 가지고 일할 것을 당부한다."

철강왕은 마지만 순간까지도 국가(國家)를 잊지 않았다. 그는 만

24년 간 거대기업 최고경영자로 있었지만 집 한 채, 주식 한 주 없이 갔다. 미국에 거주하는 둘째 딸 유아씨 소유의 서울 한남동 집에서 살았고 그 스스로 가진 돈이 없어서 가족들이 병원비를 보태야 했다. 국가를 위한 봉사에 대가를 바라지 않았던 고인은 좌우명대로 "짧은 인생을 영원히 조국에" 바쳤다. 그러면서 그는 "포스코 창업 1세대들이 어렵게 사는 사람이 많아 안타깝다"며 남은 식구들을 걱정했다.

전세계 주요 인사들이 고인을 가리켜 "미국 카네기를 뛰어넘는 철강왕"이라 평할 정도로 그가 세계 철강사에 남긴 족적은 위대했다. 1990년 당시 프랑스의 미테랑(Adrien Marie Mitterrand) 대통령은 박태준 명예회장에게 외국인에게는 최고 훈장인 "레지옹도뇌르 코망되르(La Legion d'honnerur Commandeur)"를 수여하면서 "한국에 봉사하고 또 봉사하는 것이 당신(박태준) 인생에 영원한 지상 명령이었다"고 치하하기도 했다.

박태준 명예회장은 교육자이기도 했다. 그는 포스텍(POSTECH, Pohang University of Science and Technology)이라는 일류 연구 중심 대학을 창학했고 세계적 수준으로 키웠다. 유치원을 비롯, 초, 중, 고교 등 12개 교육 기관을 만들어 교육 보국에 힘을 기울였다.

박 명예회장을 평소 지근거리에서 모셔온 이대공 포스코교육재단 이사장은 "교육재단의 모든 임, 교직원과 학생, 학부모, 졸업생 모두 비통한 심정"이라며 "고인의 교육 보국에 대한 확고한 의지와 선견지명, 단기간에 세계최고 수준의 교육을 실현한 추진력을 모든 구성원이 영원히 기억하고 숭고한 건학 이념을 계승, 발전시켜 나갈 것"이라며 눈시울을 붉혔다.

미무라 아키오 일본 신일본제철 회장은 "박태준 회장은 하나의 기업을 일으킨 훌륭한 경영자이기도 하지만 거기서 그치지 않고 국가 그 자체를 걱정하고 경영한 큰 인물이었다"고 말했다.

이재용 삼성전자사장(현 회장)은 "스티브 잡스(Steven Paul Jobs)가 정보 통신(IT) 산업계에 미친 영향보다 고인이 우리나라 산업과 사회에 남기신 공적이 몇배 더 크다"고 했다.

"2011년 젊은 과학자 상"을 받은 안종현 성균관대 신소재공학부 교수는 추억했다. "1998년 초 이른 새벽부터 연구를 하고 있었는데 학교(포항공과대학)를 돌아보시던 박태준 회장님과 우연히 만났다. 그때 나라를 위해 큰일을 해달라며 따뜻하게 격려해 주시던 모습이 잊혀지지 않는다."

50여년에 걸쳐 박태준 회장과 가장 가까운 동지요 후배였던 황경로 포스코 제2대 회장은 동아일보와의 인터뷰에서 명료히 말했다. "박태준 회장님의 리더십의 근간은 "청렴결백"이었고 그 때문에 수십 년 동안 포스코를 이끌 수 있었다."

상중에 특별한 문상객이 몰려왔다. "지구촌 국제학교"의 다문화 가정 어린이 30여 명이었다. 그들은 이구동성으로 감사의 말을 바쳤다.

"박태준 할아버지, 저희 지구촌 학교를 만들어 주셔서 고맙습니다."

어린이 몇몇은 크레파스와 물감으로 그린 고인의 모습을 영정처럼 가슴에 품고 있었다.

저자는 "매일 경제" 상공부 출입기자 때, 상공부 출입기자단이 포항제철 건설 현장을 시찰할 때 박태준 회장을 만났으며, 박태준 회장이 DJ 정부의 국무총리 재직시에 언론사 대표 초청 만찬에 YTN

사장 자격으로 참석해 그의 해박하면서도 유쾌한 이야기를 듣는 기회를 가졌다. 박태준 회장의 유머 감각은 일류였다. 삼가 고인의 명복을 비는 바이다.

- 끝 -

백인호

매일경제 편집국장,
MBN 대표이사,
YTN 사장,
가천대 초빙교수

〈저서〉
장편소설『삼성오디세이아』
『현대오디세이아』
『자동차왕 정몽구 오디세이아』
『SK 오디세이아』
『LG 오디세이아』
『롯데 오디세이아』
『삼성 이건희 오디세이아』
『한화 오디세이아』
『대한항공 오디세이아』
『CJ 오디세이아』

포스코(포항제철) 오디세이아

발 행 일	2025년 10월 1일
지 은 이	백인호
펴 낸 이	박상영
펴 낸 곳	도서출판 정음서원
주　　소	서울특별시 관악구 서원7길 24, 102호
전　　화	02-877-3038
팩　　스	02-6008-9469
이 메 일	mooriang@hanmail.net
신고번호	제2010-000028호
신고일자	2010년 4월 8일
I S B N	979-11-94270-05-8, 03320
정　　가	25,000원

ⓒ백인호, 2025

※ 이 책은 저작권법으로 보호받는 저작물입니다. 저작권자의 서면 허락 없이 임의로
　 전재 및 복제할 수 없습니다. (저작권자 이메일: qqtalk38@naver.com)

※ 잘못된 책은 바꾸어 드립니다.

값 25000 원
03320
ISBN 979-11-94270-05-8